U0710866

中国西部大开发发展报告（2019）

新时代促进西部地区高质量发展思路研究

Report on Western Region Development Of China（2019）

Research on the Pathways towards High-quality Development of Western Regions in the New Era

董雪兵　周谷平　主编

中国人民大学出版社
·北京·

中国西部大开发发展报告（2019）
编委会

序　言

　　时至 2019 年，国家实施西部大开发战略已历廿载。20 年来，西部大开发战略成效卓著，西部地区经济持续快速增长，地区生产总值占全国的比重不断提高。特别是党的十八大以来，在以习近平同志为核心的党中央的坚强领导下，西部地区人民生活质量与水平、生态保护、环境治理、基础设施、科技教育、特色优势产业等方面都得到了极大提升，经济社会发展取得了重大历史性成就，为决胜全面建成小康社会奠定了比较坚实的基础，同时也扩展了国家发展的战略回旋空间。但同时，西部地区发展不平衡不充分的问题依然突出，脱贫攻坚任务依然艰巨，与东部地区的发展差距依然较大，维护民族团结、社会稳定、国家安全的任务依然繁重，西部地区仍然是全面建成小康社会、实现社会主义现代化的短板和薄弱环节。

　　随着中国特色社会主义进入新时代，我国社会主要矛盾已经转化为人民日益增长的美好生活需要和不平衡不充分的发展之间的矛盾。以习近平新时代中国特色社会主义思想为指导，紧紧围绕我国社会主要矛盾的变化，坚持适应把握引领经济发展新常态，推动西部地区由高速增长向高质量发展转变，对新时代解决西部地区发展不平衡不充分问题、补齐社会主义现代化短板、推进西部大开发加快形成新格局至关重要。2020 年 5 月印发的《中共中央 国务院关于新时代推进西部大开发形成新格局的指导意见》（以下简称《意见》）为有效解决上述问题指明了方向，标志着西部大开发战略迈入新阶段，西部地区也将开启新时期高质量发展的新局面。

　　作为一个长期跟踪研究西部地区发展的专门性研究机构，浙江大学中国西部发展研究院对西部地区 20 年的发展做了大量前期调查与研究，不仅为《意见》的出台提供了智力成果支持，而且全程参与了《意见》的起草工作。《中国西部大开发发展报告（2019）——新时代促进西部地区高质量发展思路研究》就是前期调查与研究的一个重要成果。该报告秉承了浙江大学中国西部发展研究院一贯坚持的东西互动、内外联动、开放发展的基本理念，紧紧围绕"新时代促进西部地区高质量发展"这一主题，在深入分析西部大开发 20 年经验，深入研究西部地区发展规律、阶段特征、形势问题的基础上，提出了西部地区高质量发展的总体思路、战略目标和重点任务，并对区域协调发展、开放型经济发展、创新发展路径、战略性新兴产业发展、军民融合发展、推进生态经济发展、乡村振兴、公共服务与民生保障、人才发展策略等涉及西部地区高质量发展的重点专题进行了深入研究，提出了相应的政策举措，对下一步《意见》的贯彻实施、推动西部地区高质量发展有一定的决策参考价值。

自 2012 年起，浙江大学中国西部发展研究院承担了"教育部哲学社会科学系列发展报告"项目"中国西部大开发发展报告"，每年围绕一个主题编撰出版。时至今日，这项研究工作已经持续了 8 年。此前，各年度报告主题分别为西部大开发综合问题、生态文明建设、能源问题、"一带一路"建设与西部大开发、全面建设小康社会、教育、创新发展等。经过持续多年的编撰出版，本报告已形成良好的学术影响力、政策影响力和社会影响力，其权威性、学术性、战略性并重，科学、全面、系统地解读了西部大开发发展状况、态势与未来走向以及国家政策等，从战略层面对西部大开发进行了全面的分析和探讨，具有较高的理论价值与实践价值。

大道至简，实干为要。"十四五"时期是我国在全面建成小康社会、实现第一个百年奋斗目标之后，乘势而上开启全面建设社会主义现代化国家新征程、向第二个百年奋斗目标进军的第一个五年，也是推进西部地区高质量发展的关键时期。愿以此书为引，全社会凝心聚力、顽强奋斗，向着经济健康可持续、社会和谐稳定、文化繁荣发展、生态环境持续向好的高质量发展目标，向着夺取全面建设社会主义现代化国家新胜利，向着实现中华民族伟大复兴中国梦奋进！

秦玉才

（原国家发改委西部开发司司长，现任国家发改委
国际合作中心"一带一路"研究院院长）

目　录

总　论

摘　要

　　总论第一部分在回顾过去 20 年来西部大开发的发展经验的基础上，厘清了西部地区发展的经济规律和自然规律，并对西部地区所处的发展阶段和特征做出了判断。报告认为西部地区在基础设施建设、工业发展、生态环境保护、跨区域协作机制、扶贫脱贫、开放建设等方面都取得了巨大成就，扭转了东西部地区差距不断扩大的趋势，改变了西部地区的落后状况，有效促进了区域经济协调发展。同时指出，当前世界处于百年未有之大变局，全球经济增长总体趋缓，中国经济发展也处于转换发展方式、优化经济结构、转换增长动力的关键期，西部地区在新时期新形势下发展机遇和挑战并存，其中内生发展动力不足、区域发展不均衡、生态环境脆弱等问题尤为突出。

　　第二部分基于西部地区发展基础和内外部环境，提出持续推动西部地区高质量发展是我国西部地区解决深层次矛盾和结构性问题的根本出路，进一步明确了今后一段时期西部地区高质量发展的总体思路、战略目标和主要任务。

　　第三部分围绕新时代如何推进西部大开发形成新格局提出了相应的举措。一是坚持创新发展，增强内生发展动力，逐步从投资驱动转向创新驱动；二是围绕抓重点、补短板、强弱项，统筹制定差异化发展政策，促进区域协调发展；三是通过筑牢国家生态安全屏障、坚持集约绿色发展之路、完善生态环境治理系统，加强西部地区生态文明建设；四是深入融入"一带一路"建设，构建更开放的体制机制和更高层次的外向型经济，加快形成全面开放的新格局；五是通过完善城乡公共服务普惠共享、合理配置要素、实施乡村振兴战略和巩固提升脱贫攻坚成果，促进城乡共享发展成果的局面；六是坚持契约精神、执法公正性，营造良好的营商法制环境，坚持开放治理、竞争公平性，不断优化投资贸易、市场和经营环境。

Abstract

The first part of this report reviews the development of the western region over the past 20 years, and judges the current development stages and characteristics of the western region based on the experiences and the laws of the economic and natural development. It is believed that the western region has made great achievements in infrastructure construction, industrial development, ecological environmental protection, cross-regional cooperation mechanisms, poverty alleviation, and the development of opening. All of these have reversed the growing gap between the eastern and western regions, and changed the backward situation in the western region effectively promoted coordinated progress in the economic, social and environmental spheres. The world is experiencing profound shifts unseen in a century. Global economic growth is generally slowing and also China's economy has been transitioning from a phase of rapid growth to a stage of high-quality development. It is a pivotal stage for transforming our growth model, improving our economic structure, and fostering new drivers of growth. In this new situation, development opportunities and challenges coexist in the western region. Among them, the problems of insufficient endogenous driving force of development, uneven regional development, and fragile ecological environment are particularly prominent.

Based on the development foundation and environment of the western region. The second part of this report proposes that the continuous promotion of high-quality development in the western region is the fundamental way to resolve deep-level contradictions and structural problems in the western region. Furthermore, it makes sure how we should go about doing it. This involves fundamental issues like the overarching objective, tasks, plans and strategic steps.

The third part puts forward measures to reach a new stage in the large-scale development of the western region. (1) We must uphold the innovation development strategy, continue to increase endogenous development driving force, and gradually shift from investment-driven to innovation-driven. (2) We will focus on priorities, address inadequacies, shore up points of weakness and carry out different policies to promote coordinated regional development. （3）We will strengthen leadership for building an ecological civilization by improving the system of shields for ecological security and adhering to intensive green development，and completing the ecological environment governance system. （4）Deeply integrating the development of the western region into "The Belt and Road" initiative，and building a more open system and high-level outward-oriented economy，and accelerating to make new ground in pursuing opening up on all fronts. （5）We should promote the sharing of the gains of reform and development benefit all our people by improving the public services in rural areas，ensuring the market-based allocation of factors of production，carrying out the rural vitalization strategy，and continue to implement targeted poverty reduction and alleviation measures. Adhere to the spirit of contract，fairness of law enforcement，create a good business legal environment，adhere to open governance，fairness in competition，and constantly optimize the investment and trade，market and operating environment. （6）We will remain committed to contract spirit，justice of law enforcement and establish a better business environment. We will expand foreign trade，and uphold fair market competition. We will constantly adopt policies to promote high-standard liberalization and facilitation of trade and investment，significantly ease market access，further open the service sector and protect the legitimate rights. All investors in western region will be treated equally.

一、在总结过去 20 年西部大开发经验的基础上，厘清西部地区发展的自然与经济发展规律

1999 年，江泽民提出，加快中西部地区发展步伐的条件已经具备，时机已经成熟，要"抓住世纪之交历史机遇，加快西部地区开发步伐"。2000 年 1 月，国务院成立了西部地区开发领导小组。随即，国务院召开西部地区开发会议，研究加快西部地区发展的基本思路和战略任务，确定了西部大开发战略的初步设想和主要目标：一是加快基础设施建设；二是加强生态环境保护和建设；三是积极调整产业结构；四是大力发展科技和教育；五是加大改革开放力度。经过 20 年全面展开实施西部大开发战略，西部地区的面貌有了很大改观，经济快速发展，综合实力显著提高。

党的十八大以来，以习近平同志为核心的党中央高度重视西部发展问题。2019 年 3 月，中央深改委第七次会议审议通过了《关于新时代推进西部大开发

形成新格局的指导意见》，会议指出："推进西部大开发形成新格局，要围绕抓重点、补短板、强弱项，更加注重抓好大保护，从中华民族长远利益考虑，把生态环境保护放到重要位置，坚持走生态优先、绿色发展的新路子。要更加注重抓好大开放，发挥共建'一带一路'的引领带动作用，加快建设内外通道和区域性枢纽，完善基础设施网络，提高对外开放和外向型经济发展水平。要更加注重推动高质量发展，贯彻落实新发展理念，深化供给侧结构性改革，促进西部地区经济社会发展与人口、资源、环境相协调。"

在承前启后的关键节点，本报告基于过去 20 年西部大开发的主要成就与经验，以及现阶段面临的问题与挑战，研究归纳了西部地区的发展规律，对西部的发展阶段做出研判，为进一步实现西部高质量发展提供参考。

（一）西部大开发取得的成就

西部大开发 20 年来，在党中央、国务院的坚强领导和全国人民的大力支持下，西部地区各族干部群众艰苦奋斗、开拓创新、众志成城、砥砺前行，推动西部发展迈上新台阶，西部地区已具备较强的经济实力，人力资源不断积累，市场空间不断拓展，发展能力不断增强，发展活力竞相迸发，发展动力加快转换。

（1）基础设施网络基本建成，东西部基础设施差距趋于缩小。西部大开发 20 年来，交通、能源、水利、通信、医疗、教育等基础设施不断完善，其中西电东送、西气东输及青藏铁路三大标志性工程的实施为基础设施网络的建成起到了重要铺垫作用。交通基础设施建设尤为硕果累累，国家西部大开发的十大重点工程中，有六项为交通建设工程，全面涵盖铁路、公路、轻轨、机场等设施。2006 年，青藏铁路正式通车，至此火车开进中国最后一个无铁路省份。至 2016 年，西部地区铁路营业里程达 50 236 公里，高速公路里程达 47 592 公里，比 1999 年分别增加了 1.35 倍和 17.8 倍，其中西部高速公路里程由 1999 年不足东部的 50% 增长至 2016 年反超东部 28%。基础设施网络充分发挥了支撑引领作用，西部经济在基础设施建设完善后飞跃式增长，并且为下一步高质量发展奠定了"硬实力"基础。

（2）工业化水平快速提高，现代产业体系逐渐形成。"十五"以来，西部通过国家主导或扶持政策，重点发展了能源化工、资源开采加工、农副产品加工、装备制造等第二产业，形成了一批特色资源加工工业基地和优势产业发展基地。同时，服务业产值也快速增长，正在形成农业基础比较稳固、第二产业比较发达、第三产业发展迅速的现代产业体系。如图 0 - 1 所示，西部地区从 1999 年到 2016 年，第二产业、第三产业生产总值分别由 6 297 亿元、5 405 亿元增长至 67 356 亿元、70 860 亿元，第一产业占总产值的比例下降为 11.87%，而第二产业、第三产业占总产值的比例分别增长至 42.95%、45.18%。

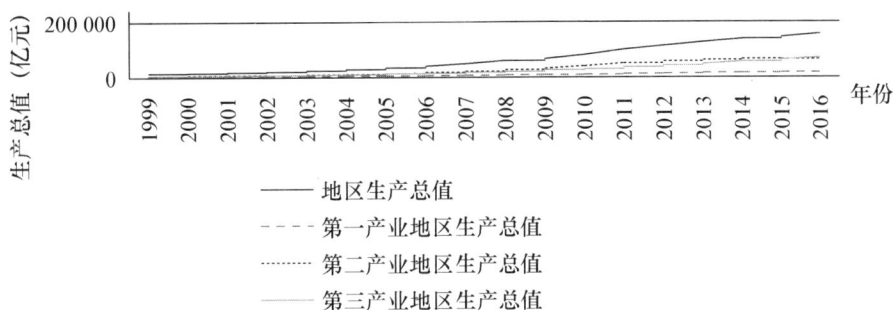

图 0-1　西部地区 1999—2016 年三大产业生产总值演变趋势

（3）国家生态安全屏障基本建成，生态环境不断改善。西部大开发重点着眼于筑牢国家生态安全屏障，通过实施重大生态工程，完善生态保护补偿机制，加大生态环境保护力度，全面促进资源集约节约利用，增强西部地区抵御自然灾害的综合防范能力。西部通过退耕还林、退牧还草等工程，显著提高了森林覆盖率、城市绿化率；通过三北防护林、三江源生态保护、祁连山生态保护等生态工程，形成了防治沙漠化、生物灭绝、水土流失等自然灾害的生态屏障。

（4）跨区域协作机制不断成熟，东西部合作不断深化。国家通过东西部对口帮扶等一系列区域协作举措，促进西部地区和其他区域的经济合作。西部地区通过承接东部地区的产业转移，加速工业化进程，吸纳了大量西部劳动力就业，提高了当地收入水平。西部借机发展自身优势产业将特色产品向东部输送，形成了生产要素流通交融的新格局；此外，政府通过转移支付手段，构建了东西部结对帮扶机制，对西部扶贫事业做出重大贡献。东西部对口支援工作已经开展了二十多年，经过不断探索，现已形成多层次、多形式、全方位的扶贫协作和对口支援格局，开创了优势互补、长期合作、聚焦扶贫、实现共赢的良好局面，东西部区域合作规模不断扩大，层次不断深化。

（5）高技术产业规模扩张明显，研发投入逐年增加。创新发展是五大发展理念之首，西部地区的创新发展在西部大开发战略实施中有了长足进步。高技术产业规模呈现逐年扩张的态势，高技术产业主营业务收入由 2000 年的 787 亿元增长至 2016 年的 17 862 亿元，其中四川与重庆的业务收入分别达 5 995 亿元与 4 896 亿元，居西部前两位；研发投入强度逐年提高，2005 年至 2014 年，西部地区 R&D 经费投入从 312 亿元增加到 1 560 亿元，年均增长率近 20%，快于同期西部地区 GDP 年均增长率 16.8%。西部地区高新技术产业群已初步形成，在航天、太阳能利用、大数据、人工智能等领域都已经具备了开发能力，甚至居于全国领先地位，如贵州成立了全球第一家大数据交易所。西部地区在创新动力方面充分发挥自身后发优势，推进跨越式发展。

（6）贫困发生率逐年降低，精准扶贫效果显著。西部地区贫困人口占比高、贫困程度深、脱贫难度大，是脱贫攻坚战的重要战略要地。西部扶贫一直是西部大开发的重点任务，尤其自"精准扶贫"提出以来，西部脱贫攻坚工作取得了决定性进展。从2010年至2016年，西部地区的农村贫困人口数量由8 430万人下降至2 250万人，年均降低9.5%，同时，西部地区农村常住居民人均可支配收入实际年均增速超10%，高于全国农村居民人均可支配收入增速（8.2%），西部地区人民生活水平不断提高，与东部的差距趋于缩小，扶贫减贫效益突出，相当程度上破除了贫困的代际传承。

（7）开放格局逐渐形成，开放平台建设不断加快。"一带一路"倡议提出以来，西部地区从"开放末梢"转变为"开放前沿"，西部地区积极走向国际市场，参与经济全球化，对外开放程度大幅提高。1999年至2016年，西部地区进出口总额由140亿美元上升至2 618亿美元，整体增长约18倍。其中，重庆、四川2016年进出口总额分别超620亿美元、490亿美元，成为我国西部地区对外开放的"川渝高地"。随着"一带一路"建设的推进，西部开放路径沿着丝绸之路经济带向外延伸，逐步从原先的对外开放腹地走向前沿，成为区域开放布局的重要一环。

（8）公共服务供给显著增加，共享发展水平持续提升。20年来，以教育、公共卫生与健康服务和养老服务保障为代表性领域的基本公共服务体系建设取得了显著成效。西部地区的基本公共服务得到了长足的发展，基本公共服务不均衡的状况得到了一定的缓解，绝大部分地区实现了"学有所教、病有所医、老有所养"。在新的历史时期和转型升级的关键时期，要使全体人民在经济社会发展中有更多获得感，使发展成果由人民共享。基本公共服务水平的提升和均等化已成为西部地区缩小区域差距、缩小城乡差距、缩小贫富差距的重要路径和举措。

（二）西部地区发展规律

实现西部地区高质量发展必须从西部地区的经验事实出发，深入探究西部发展的经济规律与自然规律。总体上来说，西部地区的自然资源丰富，但环境承载力不足，人居环境有待提升。应以事实为准绳，以规律为引导，制定相适应的城镇化、工业化、人口、生态保护等政策。西部发展过程中所显现的重要规律包括以下几方面：

（1）经济分化是区域发展过程中必然出现的不平衡阶段。区域经济学认为，区域发展的过程是从平衡走向不平衡，再回归平衡的过程。近年来，西部地区内部分化现象逐渐显现。总量增长方面，西部地区中，西南地区增长态势显著好于西北地区，区域增长极发展态势显著好于其他地区；产业发展方面，传统制造业发展缓慢甚至出现倒退，而高技术产业，尤其是计算机、通信与现代服务业增长迅猛。在经济增长下行压力加大的现状下，淘汰落后产能、提质增效的要求愈发紧迫，从而导致部分产业和部分区域遭遇转型阵痛。此现象短期内可能会导致部门间收入差距与区域间经济发展差距扩大，但是长期来看有利于淘汰效率低、产能过剩、成本高昂的企业，促进动能转换，形成效率更高的经济结构。暂时处于落后阶段的地区或行业也可以通过提升自身创新驱动力、提高质量效益谋求转型升级。从不平衡走向平衡，是高质量发展的必经之路。

（2）地区要素禀赋是最优产业结构的决定因素。地区要素禀赋随时间和发展阶段变化，形成了动态比较优势。一般而言，在发展初期阶段，劳动力、自然资源等要素相对丰富，而资本相对稀缺，生产大部分集中于劳动密集型、资本密集型产业；而在发展比较成熟的阶段，一般资本要素会相对丰裕，这个阶段会通过更多技术创新来完成产业升级。具体来看，又根据不同资源或者要素的时空分布差异适宜发展不同的产业。以水资源为例，西部地区呈现出"南丰北缺"的特征，西北六省面积占到西部的 57%，但却只拥有 18% 的水资源，因此西北地区不适宜发展钢铁化工等高耗水产业，西南地区则可有秩序有规划地发展水资源依赖型产业。要素禀赋规律要求西部因地制宜，根植于本地比较优势，构建适宜的产业结构，并随发展阶段变化不断迭代。

（3）有效市场是民营经济发展与创新驱动的先决条件。新结构经济学强调，经济发展要求两个主体，即"有效市场"和"有为政府"，市场在资源配置中起决定性作用。民营经济比公有制经济具有更强的活力，但同时要求更完善的市场机制。西部地区民营企业数量仅占全国的 16.4%，与占比 65.7% 的东部有巨大的差距。这源于西部地区仍然有比较重的计划经济痕迹，企业更多地依赖国家扶持手段，竞争机制不完善，价格信号不能准确有效地反映市场供需状况。民营企业还是研发创新的主体，但市场力量没有充分体现，使得创新活动缺乏激励。西部还需要进一步厘清政府与市场的边界，深化放管服改革，培育民营经济发展和创新活动的土壤环境。

（4）生态安全保障须以政府力量和市场力量共同作用为基础。生态环境本质上属于公共物品，并且供给过程中有很强的外部性，处理生态环境供给问题，既可以借助政府行政命令手段，又可以通过市场力量进行。但是市场本身无法处理环境外部性问题，需要政府通过征收环保税，推进用能权、用水权、污染物排放权交易等手段将外部性内部化，激发市场参与主体自发地节能减排，从而充分利用市场高效率地推进生态保护工作。此外，由于西部是我国生态环境的特殊重要地区，必须设立生态保护红线，保障国家生态安全，而市场手段缺乏对生态保护红线的刚性约束，因此政府需要通过行政命令或者立法手段，兜底保障生态保护红线不被跨越，双管齐下保障西部生态安全。

（5）人口空间分布是区位条件和经济发展长期作用的结果。"胡焕庸线"理论是用来描述我国人口空间分布的重要理论。"胡焕庸线"由地理学家胡焕庸提出，是一条划分我国人口密度的对比线，这条线的东南方地区以44％的国土面积养育了94％的人口，而西北方地区占56％的国土面积，人口却仅占6％，"胡焕庸线"以西地区与西部十二省（区、市）基本上重合。"胡焕庸线"是否存在、能否破除的问题引起了学界的热议。胡焕庸（1990）认为人口分布差异有三个原因：自然环境不同、经济发展水平不同和社会历史条件不同。尹文耀等（2016）基于新中国成立以来的区域人口增长和迁移数据研究发现，从1951年至2014年，"胡焕庸线"两侧人口比例相对稳定，但工业化、非农化、城镇化推动西北部人口占比升高。西部开发历经20年的时间，并没有大幅度地改变东西部的人口比例，这说明，"胡焕庸线"的存在是客观的，西部大开发的政策因素并没有从根本上动摇我国人口空间分布的规律。东西部区位条件的差异决定了初始的人口分布特征，此特征也会受到经济发展历程潜移默化的影响，但是短期内难以发生本质改变，它是长期作用的结果。随着西部区域要素壁垒逐渐破除，发展阶段不断深化，发展质量不断提高，我国会自然形成更科学合理的人口空间分布结构。

（三）西部地区发展阶段判断与特征

西部大开发历程迈过20年，已经实现经济社会发展的重大飞跃。在这承前启后的关键节点上，西部正处在由注重速度的发展转向注重质量的发展，由工业化建设转向现代产业体系建设，由要素驱动转向创新驱动的关键时期，可以从以下角度为西部发展阶段注释：

（1）西部地区正处于从要素驱动经济发展向内生经济发展转型的窗口期。过去，西部地区的发展较多地依赖大量投入资源，依靠规模扩张来促进经济增长，经济模式对政策规划的依赖性较强。随着"资源红利""人口红利"逐渐消减，西部地区依靠要素投入驱动经济发展的传统发展路径已不适应现代的区域竞争。培育内生发展动力是破解"资源诅咒"、打破西部发展桎梏的必需手段。西部地区由现实倒逼改革，新旧动能转换工作已经初见成效，一大批高新技术企业成长起来，人力资本积累处于上升阶梯，R&D研发投入不断增加，但是西部仍然面临着前沿生产要素不足、创新孵化激励制度不完善的问题。成功转变增长动能是实现高质量发展、建立现代化经济体系的前提和关键。

（2）西部地区正处于破除城乡二元结构的攻坚阶段。西部经过多年城镇化建设，城镇化率已经显著提高，从2005年至2014年，西部地区的城镇人口由1.24亿人增至1.75亿人，年均增长率约为4％，城镇化水平由35％提高到47％。根据城镇化发展理论，西部地区已经处在城镇化的高速发展阶段。但是西部城乡二元结构依然明显，城乡隔离的户籍制度、权属不清的农村土地制度、存在盲点的社会保障制度、标准过高的行政设置等都给农村居民进一步向城镇迁移带来了阻碍，同时西部地区城市人口集聚度不高，城镇人居环境有待改善，削弱了农村人口向城镇迁移的主观意愿。

（3）西部地区正处于从重工业化向现代产业体系转型的阶段。产业经济学将工业化阶段分为三个大阶段和六个小阶段，三个大阶段分别为准工业化阶段、工业化阶段、后工业化阶段，其中工业化阶段又包括工业化初级阶段、中级阶段、高级阶段。据此理论，西部地区应处于工业化中级阶段向高级阶段过渡的时期，中级阶段的特征是重化工业的大规模发展，产业大部分以资本密集型为主，西部过去一段时间内矿产资源开发等重工业产业比较发达，但产业链条层次较低，尚没有达到高级阶段的要求——第三产业持续高速增长并成为拉动经济的主要力量。此外，西部地区又出现了后工业化阶段的一些特征：制造业由资本密集型产业向技术密集型产业转换，高新科技产业崭露头角。这是因为随着发展观念的进步和中国经济社会进入新常态，西部产业的建设思路已经从强调工业化转向强调三大产业融合协调发展，不能再单独使用工业化阶段理论为西部注释，西部地区正从重工业化阶段转向结构升级、创新推进的现代产业体系建设阶段。

（4）西部地区正处于人民生活质量稳步提升阶段。西部地区的城乡居民人均可支配收入、城乡居民人均消费水平都呈逐年上升的趋势，从 2000 年到 2014 年，西部各省（区、市）的城镇人均可支配收入由最低 4 912 元增长至最低 21 803 元，农村人均可支配收入由最低 1 330 元增长至最低 6 276 元，不同省（区、市）城乡人均消费支出增长为原来的几倍甚至十几倍，恩格尔系数指标呈下降趋势，发展型和享受型支出占比逐步上升。整体看来，西部地区的人民生活质量已经比开发初期有了很大改善，实现了"消费升级"，大部分地区不但解决了温饱问题，而且教育、娱乐、医疗等消费占比、层次得到显著提升。

（5）西部地区正处于经济发展与环境保护从相互冲突到良性互动的转型阶段。环境库兹涅茨曲线理论认为，环境污染水平随经济发展先升高再降低，西部地区的发展轨迹一定程度上印证了该理论。过去西部地区发展较多地依赖高污染高能耗产业，能源耗竭和环境污染问题突出，同时由于西部地区环境承载力差，导致环境保护和经济发展目标相互制约，绿色发展遭遇阻力。随着西部地区增长动能的转换以及能源环境工程技术的不断提升，GDP 增长和能源消耗逐渐脱钩，单位 GDP 能耗不断降低。从 2005 年至 2013 年，四川省单位 GDP 能耗由 1.60 吨标准煤/万元下降至 1.08 吨标准煤/万元，陕西省由 1.42 吨标准煤/万元下降至 0.73 吨标准煤/万元，是西部地区的突出代表。以光伏、风电为代表的清洁新能源产业部分取代了煤化工、石油化工等化石能源产业。环境资源丰富地区利用本地比较优势开发绿色旅游产业，将"绿水青山"转变为"金山银山"，西部环境指标在环境库兹涅茨曲线上已经或者将要达峰，即将进入经济发展与环境保护良性互动阶段。

（四）西部高质量发展面临的问题与挑战

当前，我国经济运行稳中有变、变中有忧，外部环境复杂严峻，经济面临下行压力。西部地区20年来取得的卓越成就来之不易，但也要清醒地认识到，西部地区高质量发展仍然面临不少问题，需要着力解决，主要表现为以下方面：

（1）内生发展动力不足，缺乏创新驱动力。2016年，习近平总书记在视察宁夏时指出："越是欠发达地区，越需要实施创新驱动发展战略"。西部地区缺乏创新投入要素，高素质科研人才和高技术研发基础设施更多地集聚在发达城市，企业作为创新主体也更愿意将研发部门设置在发达城市。西部地区也缺乏创新激励机制，相比发达地区，西部地区在鼓励创新的政策措施上有差距。此外，在知识产权保护、人才引进等创新保障机制建设中也有所落后。

（2）区域内部分化明显，协调发展任务依然艰巨。西部地区区域泰尔指数上升态势明显，地区内部经济差距趋于扩大。西部主要以省会等大型城市辐射带动周边区域经济发展，但也出现了大型城市虹吸效应过强，导致周边发展滞后的问题。同时"一带一路"建设带动了西部重点城市的经济快速增长，但客观上扩大了西部地区内部的绝对经济差距。如何提高西部地区增长极的溢出效应、发达地区对西部地区的溢出效应和城市对乡村的溢出效应，实现从非平衡发展向平衡发展的过渡，仍是一个亟待解决的问题。

（3）绿色发展面临制约，生态补偿机制仍需完善。西部生态环境具有脆弱性和不可恢复的特征，水土流失、空气污染、沙漠化等环境污染灾害时有发生，部分地区在保护环境和发展经济之间陷入两难困境。此外，生态补偿机制不够完善，补偿形式单一，主要依赖中央对地方的纵向转移支付，缺乏区域之间、流域上下游之间、不同社会群体之间的横向生态补偿机制。

（4）相对贫困现状依然严峻，共享发展仍需推进。2020年西部地区将与全国其他地区一道全面建成小康社会，宣告西部地区全面消除绝对贫困。但相对贫困现象仍将长期存在，可持续的扶贫长效机制仍需建立。在经济社会不断发展的过程中，新的问题会不断出现，新的问题也要依靠发展解决。只有不断提高后发地区人民生活水平，才能实现全体人民共享发展成果的愿景。

（5）信息基础设施仍需完善，制度基础设施分化明显。西部地区基础设施建设仍然存在着现代化信息基础设施欠缺、分布密度不足的问题。制度基础设施水平不高、分化明显，体现在营商环境指数上，陕西、四川和重庆在各项指标的排名中均位居全国中上游，但其他省（区、市）的软硬环境各项指标都排在靠后的位置。

新时代西部地区发展面临着诸多挑战。当今复杂多变的国际政治经济格局给西部开放发展带来了较大挑战，中美贸易摩擦、宗教极端势力渗透、边疆安全形势等都会威胁西部社会稳定。西部地区与十多个国家接壤，陆地边境线绵延超过12 000公里，战略安全任务十分艰巨，复杂的国际形势必然对西部地区特别是边境少数民族聚居地区带来不同程度的影响，不利于西部地区进一步打开开放窗口。西部地区在数字经济时代的冲击下面临挑战。在我国产业逐渐迈向全球价值链中高端的过程中，数字经济对传统经济模式与经济体系的改变逐渐深化，数字经济逐渐成为参与全球竞争的重要途径，数字人才资源逐渐成为数字经济时代的第一资源，西部地区的人才结构和产业结构需进行调整优化，以应对新时代的新挑战。

二、西部地区高质量发展的内涵与总体思路

中国特色社会主义进入了新时代。我国经济发展进入了新阶段，基本特征就是由高速增长阶段转向高质量发展阶段。当今世界正处于百年未有之大变局，推动高质量发展是我国西部地区解决深层次问题和结构性问题的根本出路，也是今后一个时期确定发展思路、明确战略任务、制定政策举措的关键所在。

（一）西部高质量发展的内涵

当前中国处于近代以来最好的发展时期，世界处于百年未有之大变局，两者同步交织、相互激荡。全球新一轮科技革命和产业变革呈加速趋势，以信息技术深度和全面应用为特征的技术革命迅猛发展，源于数字技术的颠覆性新兴技术将不断涌现，以交叉融合方式带动各领域技术突破。新技术革命将深刻改变国家之间的比较优势与竞争优势，并直接深度推动国际产业分工与转移格局的深刻变动。与此同时，全球经济增长在未来5～10年总体趋缓，全球经济治理变革将进入加速期，以中美为代表的大国博弈复杂多变，经济全球化不稳定因素增多，全球治理正面临深度变革。

西部地区新时代经济发展的阶段性基本特征也是由高速增长阶段转向高质量发展阶段，全面开启社会主义现代化新征程。对于高质量发展的基本内涵，习近平总书记已明确指出，高质量发展就是能够很好满足人民日益增长的美好生活需要的发展，是体现新发展理念的发展，是创新成为第一动力、协调成为内生特点、绿色成为普遍形态、开放成为必由之路、共享成为根本目的的发展。

新时代西部地区发展正处在转变发展方式、优化经济结构、转换增长动力的攻关期，持续推动高质量发展是切实解决现实问题和推进现代化建设的唯一有效

途径。首先，高质量发展是西部地区适应经济发展新常态的主动选择，西部地区靠投资要素驱动的高速增长已不可持续，必须遵循经济规律，坚定不移地实施创新驱动发展战略，在实现高质量发展上不断取得新进展。其次，高质量发展是贯彻新发展理念的根本体现，只有贯彻新发展理念，才能更好地直面西部地区经济发展的深层次矛盾和结构性问题，切实增强西部地区自我发展能力与内生增长动力。再次，西部地区发展不平衡不充分问题突出，只有通过高质量发展，才能在质的提升中实现量的有效增长，给人民群众带来更多的获得感、幸福感、安全感。最后，高质量发展是西部地区建设现代化经济体系的必由之路，西部地区只有推动高质量发展，才能在更好地巩固提升全面建成小康社会成果的基础上，推动经济发展质量变革、效率变革、动力变革，提高全要素生产率，不断增强西部地区经济创新力和竞争力，为全面建设社会主义现代化打下扎实基础。

西部地区推动高质量发展必须以深化供给侧结构性改革为工作主线，紧紧抓住和运用好可以大有作为的历史性重要战略机遇期：新一轮科技革命和产业变革的新机遇、新时代推进西部大开发形成新格局的新机遇、改革开放走深走实的新机遇、深挖和扩大国内需求市场的新机遇。

（二）总体思路

以习近平新时代中国特色社会主义思想为指导，深入贯彻落实党的十九大和十九届二中、三中、四中全会以及习近平总书记视察西部地区重要讲话精神，统筹推进"五位一体"总体布局，协调推进"四个全面"战略布局，坚持稳中求进工作总基调，坚持新发展理念，坚持推动高质量发展，坚持以深化供给侧结构性改革为主线，坚持深化市场化改革、扩大高水平开放，统筹推进稳增长、促改革、调结构、惠民生、防风险，着力增强自我发展能力与内生增长动力，着力加快建设现代化经济体系，着力推进治理体系与治理能力现代化，不断增强人民群众的获得感、幸福感、安全感，形成大保护、大开放、高质量发展的新格局，促进西部地区经济社会发展与人口、资源、环境相协调，为与全国同期基本实现社会主义现代化打下坚实的基础。

按照总体目标的要求，西部地区推动高质量发展须遵循以下基本导向：

——坚持守牢底线，保持经济持续健康发展与社会稳定。建立稳定脱贫长效机制，巩固脱贫攻坚成果，优先保障和改善民生。坚持底线思维，强化源头管控，防范化解重大风险。充分发挥扩大有效投资的关键性作用和国内消费需求的基础性作用，扩展国家发展的战略回旋空间。

——坚持以增强自我发展能力与内生动力为基点。持续推进创新创业政策升级，大力发展民营经济，有效增强西部区域经济自我发展能力，夯实区域发展的产业基础，强化创新能力与创新体系建设，不断增强经济增长的内生动力。

——坚持以推动高质量发展为主题。深入践行新发展理念，坚持质量第一、效益优先，以深化供给侧结构性改革为主线，因地制宜、系统谋划，突出重点、整体推进，加快建设现代化经济体系，推动形成新时代高质量发展新格局，形成西部地区高质量发展有效路径。

——坚持以深化供给侧结构性改革为工作主线。着力在"巩固、增强、提升、畅通"八个字上下功夫，围绕传统产业转型升级、新兴产业培育壮大、特色优势产业做大做强、现代服务业提质增效，深化供给侧结构性改革，加快建设实体经济、科技创新、现代金融、人力资源协同发展的产业体系，构建市场机制有效、微观主体有活力、宏观调控有度的经济体制。

（三）战略目标

到 2035 年，西部地区在全面建成小康社会的基础上，与全国同步基本实现社会主义现代化。具体为：

——经济实力、科技实力将大幅跃升，自我发展能力与水平不断提升，经济高质量发展的内生动力显著增强，区域创新能力不断提升、体系基本形成，东西双向开放协同并进，形成全方位全面高水平开放的新格局。

——坚持生态优先与绿色转型发展，生态环境建设取得重要进展，筑牢国家生态安全屏障，绿色发展的美丽西部目标基本实现。

——城市群和区域中心城市高质量发展，区域城乡协调发展体系基本完善，大中小城市和小城镇网络与体系建立健全。

——人民生活更为宽裕，中等收入群体比例明显提高，城乡区域发展差距和居民生活水平差距显著缩小，基本公共服务均等化基本实现，全体人民共同富裕迈出坚实步伐。

——政府治理体系和治理能力现代化基本实现，现代社会治理格局基本形成，社会充满活力又和谐有序，民族边疆地区繁荣团结安全稳定。

三、西部地区推动高质量发展的重点任务

（一）创新发展与内生增长

新一代信息技术正引领科技革命快速演进，产品竞争由工序竞争、工艺竞争逐步演变为区域创新链、创新环境的竞争。良好的创新环境不仅需要资金、科技、人才等硬性要素，而且需要合理的创新体制机制，以及开放包容的人文关怀及环境。

我国西部地区地广人稀、资源丰富，但粗放式发展和管理较为明显。西部地区高质量发展离不开自身资源优势，还要改变资源依赖的路径，寻求创新发展途

径。与东部沿海发达地区相比，西部地区的营商环境相对不好，市场化创新成果、科创人才自然而然选择东部地区，西部地区的创新环境自然差距更大，与东部地区的创新发展差距越来越大。

总之，我国西部地区的创新环境还有待优化，科技合作、产学研交流程度不高，科技成果转化率低；产业集群很难形成，多以国有企业主导，产业链也多处于中低端，企业以生存为主，产业链以委托加工为主，自主创新机制并未形成，创新环境基本未形成；产品质量层次不高，缺乏行业领军型企业，也缺乏相应的行业龙头企业和规模以上企业，中小企业配套发展也不足；依赖文化多于创新文化，创新学习的氛围也不浓厚。西部地区的硬件设施不够完善，确保创新环境营造的制度"软件"需要努力提升，极力改善创新环境，为创新要素集聚集中做出努力。总之，西部地区的高质量发展，必须发挥各自优势，集聚创新要素，培育创新主体，推动适合本地资源和本地市场的科技成果转化，低成本为企业提供融资服务，推动经济发展壮大与升级，激励和保障人才创新创业。

1. 以促进科技成果转化激发内生动力

首先要建立知识产权保护与侵权惩戒机制。产权激励是推动科技成果转化的关键性制度基础，西部地区相对缺乏对知识产权的尊重和保护意识。就全球各国的经验做法而言，科技成果转化应用较好的国家和地区，往往具有较好的知识产权保护体系、维权体系和商业化运营体系，知识产品保护链条较为完整。我国西部地区的行业协会、知识产权保护等服务机构对企业的服务作用，无法满足本地龙头企业对高端专业化的知识产权服务的需求，也无法有效覆盖中小企业对知识产权的初级需求，知识服务的供给与需求存在一定程度的脱节。如东部某市在这方面做得就较好，较早成立了知识产权保护中心，包括行政管理、法律保护、仲裁调解和市场运营四个方面，吸引了相应的服务企业入驻，可以说，能有效促进知识产权保护、转化、协同、配套的联动，能加快科技研发成果快速转化和新一代信息技术产业快速发展。

其次要创新机制、转变理念，建立成果转化的内生模式。西部地区创新成果转化形式单一、过程僵硬，缺乏柔性、灵活的思维意识和组织模式。可以按照"技术入股＋股权奖励＋团队现金入股"的方式，优化成果转化模式。如位于中关村软件园的北京量子信息科学研究院探索建立知识产权共享机制，知识产权形成的收益向一线科研人员倾斜，并通过吸引社会资金投入设立量子信息研究与成果转化基金，引入专业化服务机构，推进成果转移转化。机制创新是多方面的，除了成果转化模式需要创新外，成果转化工作的组织形式也需要创新。可以注重建立专门的技术转移中心，成立技术转移转化公司，实行市场化运营。也可以共建企业技术中心，围绕原始创新、前沿引领形成一揽子支持措施、创新机制，广泛吸引社会资本和产业界参与科技成果转化。

2. 以拓展企业融资渠道服务内生动力

深化融资供给侧改革，更好地为民营企业提供高效融资服务。西部地区国有企业比重高，国有企业本质上不存在融资难的根本性问题，但占比不高、创新活力又很强的民营企业的融资需求依然很高。加之西部地区民间融资或私募基金供给也严重不足，使得企业对各类国有和商业银行等金融机构的依赖度更大。经验表明，企业融资难融资贵已是一个普遍问题，必须开展多方面改革，特别是对融资需求，必须深化融资供给侧改革，更好地服务企业实际发展需求。金融机构应创新资信方式，创新金融产品、改造业务流程、转变经营理念，根据资信评价，放宽融资门槛，鼓励企业开展联合贷款，联合付息、联合承担风险。创新与完善金融机构考核评价体系和激励奖励方式，将业绩考核与支持企业贷款项目挂钩，解决企业贷款难问题，更好地服务企业实际融资需求。

拓展融资渠道，形成充分竞争的金融多主体供给方式。贯彻落实中央文件精神，为积极有效地促进金融机构从信贷政策和业务考核等方面为企业提供服务，与其他市场主体需求一致，将企业融资量、融资导向作为金融机构考核评价内容，全面利用金融货币政策工具，在金融机构贷款、债券发行、股权融资等方面采取积极措施，为拓展企业融资途径提供强有力的保障。鼓励金融市场主体积极参与，突出城市银行、小额贷款公司、私募基金、股权和债券等渠道的作用，拓展企业融资途径。在宏观经济政策、货币政策和信贷政策的支持下，对量大面宽的中小企业开展支持，建立普惠型金融支持机制，着力发挥其在信用评价和个性化服务上的作用。鼓励利用大数据征信产品，直接提高金融产品融资比重，降低企业融资成本。转变金融机构产品管理理念，坚持市场化导向理念，简化流程、降低成本、优化链条，为企业提供高效、高质的融资服务。

3. 以促进实体经济升级夯实内生动力

构建绿色产业发展体系，走产业生态化之路。西部生态脆弱区因地理条件和生态环境存在较强的外部约束性，致使产业发展的可能性选择与其他地区有较大差异。这些地区具有倚重自然资源的粗放式开发共性，滋生了表现不一、程度不均但实质相同的"资源诅咒"现象和由此带来的"产业锁定"问题。以绿色发展为主线，推动一、二、三产业深度融合，构建起绿色现代农业体系、工业体系、服务业体系，全面推行资源节约、循环发展、生产清洁、低碳高效的绿色生产方式。通过西部生态脆弱区"产业—生态"良性互动关系的建构，以产业业态的创新系统推动该地区的产业转型升级，走出一条全域产业生态化、绿色化发展之路，为我国生态文明建设实践提供富有学习借鉴意义的可贵经验。

构建数字经济融合体系，走制造业上云之路。西部地区数字经济融合发展中也存在一些问题：一是企业效益一般，开展数字融合升级前期投入费用较大，企业看不到市场前景，不愿过早开展数字化升级改造，宁愿观望等待。二是企业主在数字融合升级上的理念有待提高。部分实体企业因自身基础薄弱，信息化水平滞后，缺乏利用大数据的理念和技术手段，融合发展的积极性不高。三是数字融合升级的服务体系不完整。西部地区大数据与传统行业融合不深，产业发展协同效应发挥不明显，运用大数据推动实体经济发展的产业体系不够健全。建议加强顶层设计。首先，在标准的制定上，好的企业标准可以上升为国家标准，这有赖于政企双方的配合。其次，要激发企业的内生动力。企业是市场的主体，企业有融合的意愿，政府就会事半功倍。再次，要夯实数字经济的技术基础或者说是关键技术。比如一些软件、核心零部件元器件、系统解决方案等，有大量的工作要做。最后，要增强配套服务能力。比如建立一些研发中心、公共服务平台，减少审批项目等。要推动两种经济向纵深维度融合，最终促进经济高质量发展。

4. 以激励人才创新创业增强内生动力

搭建吸引人才的服务平台，通过人才引进为西部带来投资项目和资金。作为地理意义上的高地，西部地区正面临"人才洼地"的困扰。应积极破除制约人才发展的观念性因素和制度因素，最大限度地激发人才创新创造的活力和动力。西部地区可以围绕"人才＋项目＋资金"模式，建立招才引才平台与机制。如四川省为吸引更多的海外人才来中国、到西部、赴四川创新创业而打造的以海科会为对接平台、以"海科杯"为项目平台、以"侨梦苑"为服务平台、以"海创学院"为培训平台、以"海创基金"为融资平台的"五位一体"全链条、全要素创新服务招才引智网络体系如今已初步成型。如浙江省绍兴市政府就致力于提供全员全过程、"保姆式"的贴心服务，引得一大批海内外高层次人才带着项目落户绍兴，与此同时，创新推出"鉴湖英才"一站式服务平台，完善和丰富高层次人才"一卡通"和科技人才企业创新券服务，帮助解决创业中的融资难题以及生活难题。此外，亦可以借助政府资金，成立人才引进专项基金，探索高端人才产融结合创业新路，通过引导、托底等方式与社会资本共同承担项目投资风险，打造良好融资环境。

搭建多层次的创新创业实践平台，引导人才就地创业创新。政府、高校要积极创造条件，为本地人才搭建创业创新、服务社会的多层次的创新创业实践平台，并组织人才在各类平台上开展创新创业实践。如西部地区的高校可以采取以下几方面举措：一是推进部分学院创新创业教育试点改革，建设"天工班"和行业设计与制作创新等创新创业平台。二是建设若干个开放式大学生创新实践基地和校、院研究生创新实验中心，为学生参加科技创新活动提供实践训练平台。三是与地方政府共同打造创新创业支持平台；与创投机构开展合作，积极吸引和对接社会资源。四是根据创业团队在不同发展阶段的需要，搭建"学院＋学校＋校外"的创新创业服务孵化平台。

5. 以创新政府服务管理保障内生动力

优化政府高效管理的架构体系。未雨绸缪总是好事，要有总体发展目标和阶段性发展目标，把阶段性目标分解为具体任务进行落实和保障。在管理架构及设置上，可以成立省级政务服务管理办公室，针对现有的政务信息、政务模块、资源管理、资源交易、权力运行、监督管理、网站管理、信息编报等方面的工作，形成集成高效的运行体制。在操作流程上，采取一窗式收集、一站式办理模式，在一个窗口实现全流程服务；采取线下线上相结合、同步实施、同步管理的全面协同方式；采取打破行政层级的突破式创新管理，逐步实现服务体系的快捷化、程序化和规范化，保障服务的口碑和质量。

打造线上审批服务平台。做好服务民众的最后一公里，即实施最快一公里、最优一公里和最美一公里制度，是提高行政服务质量和效率的重要内容。目前，部分西部省份已建成从区到村的五级服务职能体系，分别设立相应的服务窗口，其中村级以上行政服务的覆盖率达 100%，村级行政服务的覆盖率达 80% 以上。满足人民群众日益增长的服务需求，要坚持线上服务和线下服务紧密结合的方针。为此，很多西部省份着力开展线上审批和线上监管，实现了全天候服务的网上政府，随时随地地方便人民群众办事，实现了申请审批办理事项一个窗、一张网、一体化管理，重点解决群众办事询问信息不对称、理解有偏差的问题，进一步增强了人民群众的获得感。

注重流程优化，实行集中审批。限时限期办理是对工作效率的最好体现，突出公正、公开、公平的原则，规范各级行政权力，确保各级行政权力运行按照同一标准、同一规范、同一程序、同一态度开展服务工作。实施一站式行政申请审批管理改革，是深化"放管服"改革的重要内容，是惠民的重要举措。近年来，一些西部省份积极推进大众创业、万众创新，为做好服务、营造良好的政务环境，着力开展行政审批、行政许可集中受理服务，提高服务效率，并鼓励各地结合本地情况积极探索创新。一些地市也纷纷成立行政审批局，大大改变了以往各部门相互推诿、相互扯皮等现象，大大提高了审批效率、监管效率和服务品质。

（二）关于统筹区域协调发展的问题

习近平总书记在党的十九大报告中指出，要"实施区域协调发展战略"，"建立更加有效的区域协调发展新机制"。这是对我国区域发展的新部署新要求，是新时代解决人民日益增长的美好生活需要和不平衡不充分的发展之间的矛盾的重要途径，对加快建设现代化经济体系、促进高质量发展、实现"两个一百年"奋斗目标，具有重大战略意义。

西部地区在总量和平均水平上正逐步实现经济增长和社会发展的目标，但在平衡性、协调性、可持续性上依然存在短板。要补足这些短板，就要兼顾经济社会各领域的协调发展。协调发展既包括不同地区在空间上的协调，也包括经济增长、社会管理、社会保障、文化事业、生态文明等不同领域的协调。为此，需要着重做好以下工作：

1. 西部欠发达地区应将加快发展摆在重要位置

（1）以加快发展消除西部地区的局部贫困。

从总体来看，西部地区已摆脱了大面积贫困的局面，贫困只是在局部地区、少数家庭存在。党的十八大以来，以习近平同志为核心的党中央十分重视并大力推进精准扶贫，推动边疆地区开发开放，促进民族地区和谐发展。党的十九大报告进一步将欠发达地区放在区域协调发展战略的优先位置。要继续坚定不移地实施精准脱贫，因地制宜地培育当地的特色产业，不断提高欠发达地区的自我发展能力。

（2）多渠道、多方式支持欠发达地区加快发展。

西部的边疆地区、民族地区、贫困地区、生态脆弱区是影响区域协调发展的主要短板。要加大力度支持欠发达地区的软硬件建设，特别是交通、通信、教育、卫生等基础设施建设，提高公共服务覆盖水平和服务能力；要建立规范稳定的扶持协作机制，不断创新政府部门、企业、社会组织等多元主体的对口帮扶模式，为欠发达地区加快发展创造多方面的条件。

2. 建立务实高效的区域协调发展新机制

（1）以体制机制的创新推动区域协调发展。

党的十九大报告指出，推进区域协调发展，关键在于体制机制的创新。要充分发挥市场配置各类资源的作用，促进生产要素自由有序高效流动，建立全国统一开放、竞争有序的市场体系。着力构建现代化、立体化的交通系统，加快境内外通道和区域性交通枢纽的建设，高起点建设安全、快速、大容量、低成本的综合性交通网络，实现区域间基础设施通达程度的基本均衡。

（2）缩小基本公共服务的差距。

要实现区域之间、城乡之间的协调发展，需要不断缩小基本公共服务差距，努力消除区域间资源配置不均衡、服务水平差异较大等短板，提高公共服务对群众的可及性，实现区域间基本公共服务均等化。支持开展多层次、多形式的区域合作，鼓励创新性的区域合作机制。

3. 以生态文明建设促进区域协调发展

（1）加强西部生态脆弱区的环境保护。

西部地区是我国重要的生态安全屏障，同时也是我国生态环境脆弱、荒漠化和水土流失较为严重的区域。西部地区的生态环境保护对全国的生态安全都具有战略意义。西部地区要全面贯彻落实节约资源和保护环境的基本国策，因地制宜，严格落实可持续发展战略，推动经济从高耗能、高排放的不可持续发展方式向低耗能、低排放、高效益的资源集约型发展方式转变。

（2）发展环境友好型产业。

西部地区应将大力发展生态旅游业等地方特色明显的优势产业作为经济发展的重点领域，逐步培育环境友好型产业作为当地的支柱产业。为实现这一目标，需要着力发展高产、优质、高效、安全农业，大力治理农业点源、面源污染。利用西部地区的资源发展绿色经济与循环经济，积极推进推广清洁环保生产方式，逐步提高循环经济在地区经济总量中的比重。鼓励多种方式的绿化措施，提高林草植被覆盖度，提高植被在涵养水源、防风固沙、水土保持、增加生物多样性等方面的功能。加强生态环境领域的基础设施建设，推广垃圾减量与分类，健全生态环境监测与环境问题应对体系。加强对生态功能区的保护，提高生态系统服务功能的可持续性。

4. 推进新型城镇化以促进城乡协调发展

（1）加快发展区域性城市群促进新型城镇化。

城镇化是提高农民收入、提高基本公共服务覆盖率、促进城乡协调发展的重要途径。新型城镇化强调城市人口在公共教育、医疗等方面享受城市户口所具有的待遇，公共服务质量进一步提高，让更多的民众公平享受城市发展红利。在西部地区的一些资源环境承载能力较强的区域加快发展新的城市群和中小城市、小城镇，促进经济增长和市场空间由东向西、由沿海向内地、由大江大河向陆路交通干线梯次推进，是促进区域协调发展的重要途径。

（2）培育各具特色的城镇产业体系。

要根据当地的资源禀赋和比较优势，培育发展各具特色的城镇产业体系。要创造条件、筑巢引凤，努力促成有市场、有效益的劳动密集型、环境友好型产业向西部转移，在承接转移中发挥本地比较优势，进一步优化产业结构，做大做强有本地特色的产业经济。同时，改造提升传统产业，淘汰落后过剩产能，壮大先进制造业和节能环保、新一代信息技术、生物、新能源、新材料等战略性新兴产业。在承接产业转移、推进新型城镇化的过程中，要坚持节地节能、生态环保，务必保护好耕地资源、保护好生态环境，建设绿色低碳、和谐宜居的新型城镇。

5. 鼓励民营经济发展以促进区域协调

（1）转变观念、体制和管理制度，鼓励民营经济发展。

与东部沿海地区相比，西部地区的民营经济面临的发展环境有所欠缺。由于经济体制、管理制度、思想观念等种种制约因素的存在，民营经济发展难以充分发挥其应有的作用。深度发展民营经济，改革体制，改变观念，转换理念，提升西部整体竞争力，是西部高质量发展的关键所在。应放宽对西部地区民营企业的准入政策，推动民营领域发展，支持民营企业参与环境建设。

（2）营造利于民营企业发展的环境。

制定、执行对各种所有制经济一视同仁的政策体系，为不同所有制经济平等竞争创造良好的体制环境和政策环境。鼓励各种所有制企业相互参股、并购，支持民营企业通过参股、收购、兼并、重组等方式参与国有、集体企业改革。改善企业的融资环境，支持民企上市融资和发行债券，纳入政府发展资金扶持范围，拓宽直接融资渠道，引导、支持运用股份制、股份合作制等形式，集中民间资金转化为民营资本。鼓励和支持公司制的民营企业，特别是符合产业政策的企业创造条件上市融资和发行债券。民营企业的内部治理可以通过发展中介组织（如会计师事务所、律师事务所、审计所、咨询公司等）和行业协会来改进。通过中介组织的发展，使中小民营企业能够以较低的成本获得其发展所必需的支持和帮助。要明确政府与市场的边界，减少政府对资源配置的直接干预，加强市场在资源配置中所起到的决定性作用；发挥信息技术的联通作用，缩短审批流程并提高审批效率，节约搜寻成本、跑腿成本，完善市场环境，打造服务型政府。

（三）加强西部地区生态文明建设

环境经济学理论认为，一国的环境质量与其发展水平密切相关。在经济发展初期，民众更多地关注收入的提高，愿意以环境质量的降低来换取收入的提高，在这一阶段，经济的不断发展将伴随着环境的持续恶化；但是当经济发展水平到达某个转折点时，民众不再愿意以牺牲环境为代价来换取收入的进一步提高，在这一阶段，经济的发展反而会促使环境质量提高，这种"倒U形"关系被称为"环境库兹涅茨曲线"。欧美发达国家的实践也印证了这一理论。然而，生态环境的改善并不会自动实现，因为环境污染具有外部性，市场机制无法实现帕累托最优结果，必须通过政府干预加以矫正。

改革开放40年以来，中国的经济获得了快速发展，人均收入也大幅度提高。2017年，中国的人均GDP已经接近9 000美元，按照世界银行的最新标准，属于中等偏上收入国家，民众对高质量生态环境的需求也变得越来越迫切。习近平总书记提出的"良好生态环境是最普惠的民生福祉"，正是针对当前的现实情况做出的深刻而准确的论断。因此，加强生态文明建设，促进经济高质量发展，是符合当前我国经济发展阶段的正确战略选择。

西部地区对我国生态文明建设具有特殊而重要的意义。西部地区是长江、黄河等大江大河的发源地，是我国森林、草原、湿地等生态资源的集中分布区，也是重要的生物多样性聚集区，但与此同时，西部地区也是我国水土流失，土地石漠化、荒漠化最严重的地区。因此，加强西部地区生态保护和修复，不仅对西部地区本身生态环境的改善具有重要作用，而且对构筑国家生态安全屏障也具有特殊而重要的意义。

本部分将重点阐述如何加强西部地区生态环境保护。我们认为，最重要的是要做好以下三点：首先要筑牢国家生态安全屏障；其次要促使西部地区走绿色发展之路；最后要建立和完善生态环境治理的长效体系。

1. 筑牢国家生态安全屏障

（1）加强重点生态区综合治理。

西部地区地域广袤，不同区域的气候条件各异，面临的生态环境问题差异巨大。西北地区荒漠化、西南地区石漠化、黄土高原水土流失等不同问题，对西部地区的生态环境保护和修复提出了不同的挑战。因此，必须根据各区域生态环境特征，对重点区域进行分类施策和治理（重点生态区划分参照《西部地区重点生态区综合治理规划纲要（2012—2020年）》）。西北草原荒漠化防治区应以治理和恢复退化草地、防沙治沙为重点，宜林则林，宜草则草，宜荒则荒，要充分发挥自然生态系统的自我修复能力。黄土高原水土保持区应以减少水土流失为主要目标，兼顾土壤次生盐碱化和土壤沙化治理，要以小流域为单元、以支流为骨干、集中连片、规模治理。青藏高原江河水源涵养区应以保护草原、湿地、湖泊、森林、生物多样性为重点，全力推进青海三江源国家生态保护综合试验区建设、川西藏区生态保护建设。西南石漠化防治区应以扩大林草植被、遏制石漠化、减少坡耕地水土流失、南方草地保护为重点，实施石漠化综合治理、封山育林、人工造林种草等工程。重要森林生态功能区应以保护生物物种、基因和生态系统多样性、涵养水源为重点，大力实施天然林资源保护、湿地保护、防护林体系建设等工程。

（2）划定并严守生态保护红线。

生态保护红线是指在生态空间范围内具有重要水源涵养、生物多样性维护、水土保持、防风固沙等功能的特殊重要区域，以及水土流失和土地沙化、石漠化、盐渍化等生态环境敏感脆弱区，必须强制性地加以严格保护。生态保护红线是保障和维护国家生态安全的底线和生命线，也是我国生态环境治理的一项重要制度创新。由于西部地区是我国生态环境的特殊重要地区，也是生态环境敏感脆弱地区，因此在西部地区实行生态保护红线制度尤为迫切。当前，我国的生态保护红线制度仍处于起步阶段，必须不断加以调整和完善。首先，要尽快完成西部地区的生态保护红线划定工作，在资源环境承载能力和国土空间开发适宜性评价的基础上，按生态功能重要性、生态环境敏感性识别生态保护红线范围，确保生态保护红线布局合理、边界清晰，并根据经济社会发展需求和监管能力的提升，不断优化和完善生态保护红线的布局。其次，要强化区域管控，对于已划定红线的区域，必须按禁止开发区域的要求进行管理，严禁不符合主体功能定位的各类开发活动，实行最严格的生态保护制度。最后，要严守生态保护红线，不断强化红线的刚性约束，确保红线区域生态功能不降低、面积不减少、性质不改变，因国家重大基础设施、重大民生项目建设等确需调整的，必须报国务院批准。

（3）建立以国家公园为主体的自然保护地体系。

建立自然保护地是世界各国保护自然生态资源的通行做法。当前，虽然西部地区已经建立了包括自然保护区、森林公园、湿地公园、风景名胜区、水源保护区等在内的多种类型的自然保护地，但是这些自然保护地分属不同部门，管理上存在交叉重叠，而且没有经过系统的整体规划，缺乏完整性和系统性，无法形成完整的体系。针对这些问题，党中央和国务院提出了建立以国家公园为主体的自然保护地体系的构想，这是我国生态环境保护的新体制新模式，对保护自然生态系统的完整性和原真性具有重大意义。目前，国家公园体制仍处于试点阶段，必须不断完善和调整。首先，必须改革当前各类自然保护地管理体系交叉重叠、多头管理的碎片化问题，形成统一规范的国家公园体制。国家林业和草原局作为各类自然保护地的主管单位，应在厘清各类自然保护地家底的基础上，研究制定科学的分类标准，对相关自然保护地进行功能重组，构建以国家公园为代表的自然保护地体系。其次，西部地区国家公园的建设必须坚持将山水林田湖草作为一个生命共同体的理念，统筹考虑保护与利用，始终突出自然生态系统保护的整体性和系统性，合理划定单个国家公园的范围。最后，对西部地区国家公园必须按照主体功能区规划中的禁止开发区进行管理，并纳入生态保护红线管控范围，实行最严格的保护制度。

2. 走绿色发展之路

（1）构建绿色循环低碳的产业体系。

西部地区能源、矿产资源丰富，在多年发展过程中逐步形成了以能源和矿产资源加工为主导产业的产业结构。这种以高耗能、高污染产业为主导的产业结构给西部地区脆弱的生态环境造成了极大的负担。加快产业结构转型升级，实现产业的绿色低碳循环发展是西部地区生态文明建设的必由之路。第一，要对传统高耗能、高污染产业进行绿色循环化改造，特别是要在能源、冶金、建材、有色、化工、电镀、造纸、印染、农副食品加工等行业全面推进清洁生产改造或清洁化改造，构建绿色产业链体系。提高污染排放标准，加大电力、钢铁、电解铝、平板玻璃等重点行业落后产能淘汰力度，鼓励各地制定范围更广、标准更严的落后产能淘汰政策，尽快实现电力和钢铁企业的超低排放。第二，要大力发展战略性新兴产业，推进节能环保产业、清洁生产产业、清洁能源产业的发展，推行合同能源管理、合同节水管理等节能和环境服务业，积极探索区域环境托管服务等新模式。第三，要大幅度增加环保科研投入，引进相关科研人才，增强科技创新能力，构建市场导向的绿色技术创新体系，提高相关企业节能、环保、资源循环利用等绿色产业技术装备水平。第四，要对重点区域、重点流域、重点行业和产业布局开展规划环评，调整优化不符合生态环境功能定位的产业布局、规模和结构。

（2）推广绿色生活方式。

生活方式向绿色化转变不仅对生态环境保护有直接影响，而且可以倒逼上游生产企业向绿色化转变，因此对西部生态环境保护具有极其重要的作用，必须加以高度重视。受传统生活方式的影响，当前西部地区乃至全国各地的民众对绿色生活方式的践行仍然不够重视，绿色消费的观念仍然没有深入人心，必须进一步加以恰当的引导和激励。首先，要加强宣传教育，使"环境就是民生，青山就是美丽，蓝天也是幸福，绿水青山就是金山银山"等价值理念深入人心，切实增强西部地区民众的节约意识、环境意识和生态意识，牢固树立生态文明理念，推动西部地区民众在衣、食、住、行、游等方面加快向勤俭节约、绿色低碳、文明健康的方式转变。观念的改变并非一朝一夕能完成，必须持之以恒，久久为功。其次，要进一步完善环境标志产品认证工作，拓展纳入认证的产品范围，提升认证标准，规范认证体系，严厉打击伪绿色、假认证等行为。西部地区各级政府机关、事业单位和团体组织用财政性资金进行的产品采购，应当优先采购环境标志产品，并且通过税收优惠、财政补贴等经济激励，引导西部地区企业和民众优先购买环境标志产品。最后，加强餐饮业污染排放监管，大力推广环保服装材料、绿色家具、新能源汽车等产品，通过创建绿色社区、绿色商场、绿色酒店、绿色学校等行动，配合财税激励措施，推动西部地区民众在衣食住行等方面向全面绿色化转变。

（3）加强城乡环境综合治理。

优美的城乡环境，既是民众的共同愿望，也是经济社会发展的重要依托，更是一个地区综合竞争力的重要体现。西部大开发以来，西部地区的城乡环境有了明显改观，人居环境大幅度改善，但是各地在城乡人居环境和容貌秩序方面仍然存在不少亟待解决的问题，脏乱差现象仍不同程度存在。进一步加强城乡环境综合治理，是西部地区生态文明建设不可忽视的重要内容。第一，要加强城市黑臭水体治理，加快补齐城镇污水收集和处理设施短板，尽快实现污水管网全覆盖、全收集、全处理。完善污水处理收费政策，各地要按规定将污水处理收费标准尽快调整到位，原则上应补偿到污水处理和污泥处置设施正常运营并合理盈利。第二，要加强农业农村污染治理，以建设美丽宜居村庄为导向，持续开展农村人居环境整治行动，全面提升人居环境质量。减少化肥农药使用量，制定并严格执行化肥农药等农业投入品质量标准，严格控制高毒高风险农药的使用，推进有机肥替代化肥、病虫害绿色防控替代化学防治和废弃农膜回收，完善废旧地膜和包装废弃物等回收处理制度。第三，加强城乡生活垃圾收运体系建设，提升城乡生活垃圾处理能力，尽快实现西部地区城乡生活垃圾收集处理全覆盖。大力推广垃圾分类处理，推动生活垃圾减量化、资源化、无害化处理。

3. 建立和完善生态环境治理的长效体系

（1）健全市场激励体系。

生态环境作为一种公共物品，离不开各级政府的管制，而政府管制的方式有多种，既可以是行政命令的方式，也可以是基于市场的方式。相对而言，基于市场的生态环境规制方式更为有效。西部地区是高耗能、高污染企业的聚集地，在西部地区生态环境保护过程中，更多地使用基于市场激励的管制措施能达到事半功倍的效果。然而当前西部地区的市场化规制仍然处于初级阶段，没有形成完整的体系，需要进一步改进和完善。第一，西部各省份要进一步推进用能权、用水权以及二氧化硫、化学需氧量等常规污染物排放权交易的试点工作，在总量控制的基础上，合理配置初始用能权、用水权及污染物排放权，引导企业有序开展用能权、用水权和污染物排放权交易。在试点工作的基础上，进一步扩大交易范围，逐步形成覆盖整个西部地区乃至全国统一的交易市场。第二，要进一步推进全国碳排放权交易市场建设，除现有的电力行业外，进一步将西部地区的钢铁、冶金、煤化工等高耗能行业纳入碳排放权交易市场。在条件成熟的情况下，可以考虑与欧盟或"一带一路"国家等国际碳排放权交易市场接轨，形成跨境碳排放权交易市场，深度参与全球气候治理。第三，完善生态补偿制度，加大对重点生态区、生态红线区、自然保护地的财政转移支付，进一步扩大和提高退耕还林还草、退牧还草、退耕还湿的补偿范围和标准，积极探索流域横向生态补偿制度。

（2）强化监管与协调体系。

企业是生态环境保护的主体。当前西部地区的一些企业仍然存在违法排污、破坏生态环境、难以监管等问题，必须加强西部各级政府的生态环境监管工作，坚决纠正违法排污乱象，落实企业及其主要负责人的生态环境保护责任。第一，要建立独立、权威、高效的生态环境监测体系，构建天地一体化的生态环境监测网络，依托在线监控、卫星遥感、无人机等科技技术，充分发挥大数据和人工智能等信息技术的作用，不断扩大和提高生态环境保护监管范围和智慧化、精准化水平。第二，要制定符合西部地区实际情况的生态文明建设目标评价考核办法和党政领导干部生态环境损害责任追究实施办法，建立西部地区绿色发展评价体系和生态文明建设考核目标体系，提高生态保护指标在考核中的权重。对西部自然条件特别恶劣、不宜大规模开发的地区，应取消主要领导工业发展考核和 GDP 考核。第三，要结合地理特征、污染程度、城市空间布局以及污染物输送规律，建立西部地区跨区域跨部门的协作机制，破解污染长距离传输、区域间相互影响的难题。特别是在成渝、呼包银、乌鲁木齐城市群等重点区域，要进一步深化区域联防联控机制，实现环境保护的统一规划、统一监测、统一监管、统一环评、统一协调。同时，要加强不同部门的协作，发挥部门协同治理的效果。第四，要特别注意的是，在加强生态环境监管的过程中，要严格禁止"一刀切"的做法，对于符合生态环境保护要求的企业，不得采取集中停产整治措施，要坚决避免以生态环境保护为借口紧急停工停业停产等简单粗暴的做法。

（3）完善法律法规体系。

生态环境保护必须依靠制度和法治。以法律的武器治理污染，用法治的力量保护生态环境，才能真正实现生态文明建设的长期平稳推进。当前，有关生态环境保护的全国性和地方性法律法规已达到 60 余部，但是并没有形成完整体系，而且部分法律法规已经和当前的生态文明建设不相适应，需要进行调整修改。首先，要对现有生态环境保护法规、规章、规范性文件进行清理整合，及时废止或修改与当前生态文明建设不相适应的法律法规，同时，在现行环保法和相关污染防治专项法的基础上，研究编纂环境法典，推进生态环境立法的适度法典化。其次，全国人大要加快制定和修改全国性有关生态补偿、国家公园、生态环境监测、排污许可、碳排放权交易管理等方面的法律法规，西部地区有立法权的地方人大也要加快制定和修改生态环境保护方面的地方性法规，结合本地实际进一步明确细化上位法规定，鼓励西部地区在生态环境保护领域先于国家进行立法。最后，要加强生态环境保护的司法力量建设，整合组建生态环境保护综合执法队伍，统一实行生态环境保护执法，建立生态环境保护综合执法机关、公安机关、检察机关、审判机关信息共享、案情通报、案件移送制度，完善生态环境保护领域民事、行政公益诉讼制度，加大对生态环境违法犯罪行为的制裁和惩处力度。

（四）深度融入"一带一路"建设，加快形成全面开放新格局

以开放促改革、促发展，是我国现代化建设不断取得新成就的重要法宝。我国对外开放从沿海起步，由东向西渐次推进，特别是随着"一带一路"建设加快推进，内陆和沿边地区开放取得长足发展，西部地区逐步从开放末梢走向开放前沿，开放型经济发展空间广阔。按照十九大报告加大西部开放力度的部署，推动西部内陆和沿边地区从开放的洼地变为开放的高地，加快形成陆海内外联动、东西双向互济的开放格局。在新时代加快推进全面开放的新征程上，西部地区须立足实际，抢抓机遇，主动契合和担当国家战略使命，以深度融入"一带一路"建设为统领，明确部署主动作为，统筹整合国家战略举措，加快明确战略新部署的重点，以形成新一轮对内对外全面开放的战略合力，在提升对内对外开放水平上迈出更大步伐，加快形成全面开放新格局，进而促进高质量发展与区域协调发展。

1. 推进开放空间拓展与布局优化

（1）全面推进开放通道综合建设。我国以"一带一路"为重点的新一轮全面开放，是以基础设施互联互通共建共享为先导的，国际开放大通道建设的推进，将直接推动西部地区全面开放新格局加快形成。一方面，要以"一带一路"建设为统领，以中蒙俄、新亚欧大陆桥、中国—中亚—西亚、中国—中南半岛、中巴、孟中印缅等国际经济走廊为主体框架，加强沿线各国政府间的磋商，加快统筹推进国际开放大通道的共建共享，加快铁路、公路、水运、航空、信息对外通道建设，大力完善跨境运输通道、区域骨干通道和信息化数字化等开放基础设施建设，提升西部全面开放的条件与能力支撑，更好地发挥向西开放前沿地带的区位优势，有效拓展西部地区全面开放的经济空间。另一方面，加大力度补齐西部基础设施短板，支持西部地区更加有效地参与和深度融入"一带一路"建设，推动从沿海到沿江沿边全面开放新格局加快形成，构建联通内外、东西互济的境内基础设施骨架与网络，加强西部与粤港澳大湾区、长江经济带和长三角地区综合立体交通走廊等的衔接，有效提升西部内陆全面开放新布局的交通条件。在此基础上，要把西部地区开放大通道和补短板基础设施建设与开放平台高地、重点经济区、省会城市和重要节点城市的发展联动协同，加快构建西部全面开放和高质量发展的经济走廊、经济带与城市群，探索建设自由贸易港，推动西部内陆和沿边地区从开放的洼地变为开放的高地。

（2）深入推进开放口岸综合建设。口岸是对外开放的重要门户和窗口，是开展国际经贸、国际交往和国际旅游的必经通道，也是连接和利用两个市场、两种资源的重要渠道。首先，要加强口岸基础设施建设，优化内陆和沿边口岸布局，打造西部口岸集群和枢纽口岸。沿边地区要面向东北亚、中亚、东南亚和南亚，统筹谋划边境口岸发展，打通"一带一路"国际运输大通道建设连接内外的关键节点，加强西部地区与周边东亚、南亚、西亚、中亚国家的经济往来。内陆地区要结合内陆全面开放加快形成新格局的需要，加快内陆重庆、西安、成都等地区的口岸开放，打造若干口岸集群和枢纽口岸，发挥牵引与带动作用。其次，深入推进口岸的"三互"大通关建设，全面完善配套"关、检、汇、税、商、物、融"一站式服务功能，统筹推进"单一窗口"建设，全面推进口岸管理部门间信息共享，要让信息数据多跑路，让群众少跑腿，共建、共管、共享大通关信息平台，深化电子口岸与智慧口岸建设，构建起与国际规则接轨的大通关格局。再次，加强开放口岸、口岸经济与口岸城市的联动协同发展，充分依托西部内陆沿边开放口岸的独特区位优势，大力发展边贸、商贸物流、加工贸易等开放型口岸经济，构建口岸经济产业体系，推动口岸经济产业集群化发展，推动枢纽口岸经济与城市联动协同发展，促进产城融合高质量发展。

（3）统筹推进开放平台综合建设。开放平台是开放的载体，是优化区域开放布局的有效途径。首先，加强开放平台统筹，针对开放平台间规划衔接不到位、功能定位雷同、同质化竞争激烈等重点问题，以及较为广泛存在信息、政策孤岛等突出现象，要强化统筹开放平台的空间布局、功能定位与发展导向，加强开放平台分类指导，以目标为导向激励开放平台特色化、差异化发展，加快形成规划互衔、布局合理、功能协调的开放平台区域布局。其次，加强开放平台联动协同，针对当前西部开放平台建设中互联互通不足、报关监管联动不够、产业链价值链协同不强和协同管理体制不顺等问题，要加大力度加快补齐基础设施短板，促进平台间全方位、多层次的互联互通，推动口岸大通关建设，共建共享国际贸易功能系统，完善区域内区域间的协同招商机制。再次，加强开放枢纽与高地建设，围绕国家自由贸易试验区、内陆开放性经济试验区、国家级新区和跨境经济合作区等开放平台，打造一批贸易投资区域枢纽城市，如重庆、西安和成都等为第一层次，着眼于提高自贸试验区建设质量，赋予自贸试验区更大的改革自主权，对标国际先进规则，强化改革举措系统集成，形成更多制度性开放的创新成果，彰显全面开放的试验田作用。

2. 发展更高层次开放型经济

（1）全面加快提升对外开放水平。在当今全球经济一体化背景下，西部地区高质量发展离不开高水平的对外开放。首先，全面加快提升进出口贸易水平。坚持货物贸易与服务贸易更好地结合，加快货物贸易优化升级，加快外贸转型升级基地、贸易平台、国际营销网络建设，鼓励高新技术、高端装备制造、知名品牌出口，引导加工贸易转型升级。促进服务贸易创新发展，鼓励文化旅游、平台软件、研发设计等服务出口，大力发展服务外包。培育贸易新业态新模式，支持跨境电子商务、市场采购贸易、外贸综合服务等健康发展。同时实施更加积极的进口政策，扩大先进技术设备、关键零部件和优质消费品等进口，促进进出口平衡发展。其次，坚持"走出去"与"引进来"双向开放并重，健全"引进来""走出去"服务保障体系，要适应高质量发展要求，着力提高引资质量，引进外资搭载的先进技术、经营理念、管理经验和市场机会等，带动西部地区嵌入全球产业链、价值链、创新链。要坚持引资和引技引智并举，瞄准欧美发达国家加大引资引技引智力度，提升利用外资的技术溢出效应、产业升级效应，加强创新能力开放合作，促进经济迈向中高端水平。再次，促进西部地区国际产能合作，大力推动西部地区参与"一带一路"互联互通建设，大力支持西部民营企业到沿线国家开展国际产能合作，开拓国际市场，以产业投资与商品贸易相结合的方式，着力培育，根植市场，打响中国西部国际品牌。

（2）加强东西互动与区域协作，深入推进对内全面开放。随着"一带一路"建设加快推进，西部地区全面对内开放的空间广阔。首先，西部要全面对内开放。西部地区要将扩大对内开放作为对外开放的前提和基础，让民资内资与外资待遇同等，对国有和民营经济一视同仁，平等对待大中小企业，推动资源土地股权资金等要素市场对内全面开放，推进行业尤其是服务业对内全面开放。其次，引导东部产业向西部有序转移，促进我国向西开放的全球化产业链区域分工与价值链重塑。鼓励东部地区制造业到西部沿边地区投资设厂、建立基地，共同开拓周边国家（地区）市场，加强产业转移示范区建设。探索建设"飞地产业园区"、跨省合作园区等合作模式，鼓励和支持沿海发达地区与西部地区共建进口资源深加工基地和出口加工基地。再次，加强省际开放协作，积极开展跨区域合作。支持西部地区与东中部地区之间依托现有机制，建立和完善合作平台，积极参与推进长江经济带发展和京津冀协同发展，深化粤港澳大湾区、长三角一体化、泛北部湾等区域合作。推动跨区域联合科研平台和科技园区发展，加快提升参与全球资源配置的能力。最后，稳步推进西部区域一体化进程。建立健全毗邻地区衔接机制，促进区域一体化和良性互动，加强推动跨省基础设施对接，着力打通铁路、高铁和高速公路断头路，构建西部省际交通骨干网一体化格局。大力促进人才要素跨区域流动与高效配置，加强海关通关、检验检疫、多式联运、电商物流等方面合作，提高经济要素跨区域流动效率。以重庆、成都、西安、贵阳、昆明、南宁等西部中心城市周边为重点，加大力度探索区域一体化合作机制。

（3）积极有序推进沿边开放开发。沿边开放开发是我国深化与周边国家和地区合作的重要途径，也是沿边地区经济社会发展的重要支撑。首先，加快补齐交通与社会基础设施短板，大力改善沿边地区开放合作条件。加大中央财政对沿边地区基础设施、城镇建设、产业发展等方面的支持力度，加快推进互联互通境内段项目建设，继续加大沿边陆路口岸综合建设力度，加强边境城市航空口岸能力建设，加大对边境地区民生改善的支持力度，提升基本公共服务水平。充分发挥沿边省（区）和沿边各类开发开放功能区作用，持续推进兴边富民行动，建设我国向西、向北开放的窗口和向东南亚、南亚开放的重要门户，将沿边地区建设成为沟通我国与周边国家的合作交往平台。其次，积极推动边境和跨境产业园区发展。鼓励边境地区与毗邻国家地方政府加强务实合作，支持特色优势产业发展及其产品进出口，支持边境经济合作区加快发展，建设国际贸易物流节点和加工基地，稳步发展跨境经济合作区。支持沿边地区建设面向"一带一路"沿线国家的西部特色出口产品质量安全示范区。积极推进云南、广西沿边金融综合改革试验区建设，在符合条件的沿边地区复制推广经验。再次，培育壮大边境口岸城镇，积极探索沿边特色小镇建设。设立沿边重点地区产业发展（创业投资）和特色小镇引导基金，支持边境贸易综合试验区、边境文化旅游试验区和跨境文化旅游合作区建设，提升边境地区国际执法合作水平，研究制定沿边地区自驾车出入境管理办法，促进人员往来便利化，优化边民互市贸易检验检疫管理制度，加强国际防控传染病疫情合作。

3. 构建全面开放新体制机制

（1）全面优化对内对外开放营商环境。当前全球化竞争日趋激烈，培育西部地区全面开放竞争新优势的关键，并不在于优惠政策攀比，而是更好地构建稳定公平透明、法治化、可预期的营商环境。首先，加强开放型经济法制建设。加快统一内外资法律法规，制定新的外资基础性法律，加快形成高标准的贸易投资规则体系。西部地区应以保护产权、维护契约、统一市场、公平竞争、有效监管为基本导向，推进对内对外开放的地方性立法、执法与司法建设。积极参与国际经贸法律交流，强化涉外法律服务能力建设。其次，全面实行准入前国民待遇加负面清单管理制度，加快完善外商投资管理体制与商事制度，营造公平竞争的市场环境，凡是在西部地区注册的企业，都要一视同仁、平等对待，在资质许可、标准制定、政府采购等方面，给予内外资企业同等待遇。再次，保护外商民资内资的合法权益。要认真落实《中共中央国务院关于完善产权保护制度依法保护产权的意见》，不以强制转让技术作为市场准入的前提条件，加强知识产权保护。同时，充分发挥行业协会商会在制定技术标准、规范行业秩序、开拓国际市场、应对贸易摩擦等方面的积极作用，支持协会商会加强与国际行业组织的交流合作，建设国际化服务平台。

（2）大力培育开放主体，优化市场竞争环境。开放市场主体非禁即入、国际国内要素有序自由流动、资源全球高效配置、国际国内市场深度融合是全面开放的核心内涵与重要标志。首先，积极推进市场制度开放。大力培育与激活开放市场主体，加快西部民营经济发展，推行市场准入负面清单制度，拓宽外资民资内资投资领域与范围。凡是法律法规和国家政策未明确禁止的，一律允许各类市场主体进入；凡是已向外资开放或承诺开放的领域，一律向民间资本开放；凡是影响民间资本公平进入和竞争的各种障碍，一律予以清除。其次，加强西部各类国际化市场中介组织培育与开放市场体系建设。加快培育西部地区境外风险评估咨询、国际会计审计、国际法律咨询与服务等国际化市场中介组织。加大力度培育和发展西部地区多层次企业股权市场，大幅提高各类民营企业直接融资比重，有序放宽证券业股比限制，有序推进银行业对外对内开放，形成公平、有序、良性的金融市场体系。再次，优化市场公平竞争环境。持续深化"放管服"改革，推动西部各级政府职能深刻转变，逐步建立权力清单制度，健全全社会诚信体系，清理妨碍全国统一市场和公平竞争的各种地方性规定和做法，保证各类所有制企业依法平等使用生产要素、公开公平公正地参与市场竞争，建立统一开放、竞争有序的市场体系和监管规则。

（3）构建多层次对内对外开放合作新机制。构建互利共赢、多元平衡、安全高效的多层次开放合作新机制，是西部深度融入"一带一路"建设和有效参与国家周边外交，加快形成全方位多层次开放新格局的重要支撑。首先，构建科技创新与交流合作新机制，积极融入全球创新网络，全面提高西部科技创新的国际合作水平，着力构建以企业为主体、以市场为导向、产学研相结合的科技技术创新体系，支持西部企业参与全球创新资源配置，开展多层次、多领域、多形式的国际科技合作，在开放合作中提高自主创新能力。其次，构建西部地区对外交流合作新机制，充分发挥公共外交、民间外交、地方交往等多种交流形式的作用，推动拓展国际友好城市网络，加快构建中国—东盟港口城市合作网络。充分发挥西部地区现有国家级论坛和展会的作用，优化现有论坛展会结构，提升西部民族地区展会层次和水平。再次，构建西部与周边国家民心相通新机制。充分发挥西部地区边境线长、毗邻国家多、民族相同和文化相近的特殊优势，支持西部地区智库探索开展智库联盟合作，积极探索教育、卫生与文化等社会领域交流合作的新方式新途径新机制，有效促进我国与周边国家的民心相通。

（五）促进西部地区城乡共享发展

共享是中国特色社会主义的本质要求。改革开放特别是党的十八大以来，我国在统筹城乡发展方面取得了重大进展，但是城乡公共服务不均等、城乡要素流动不顺畅、产业发展水平差异明显以及城乡居民收入差距大等问题依然存在，影响城乡共享发展成果的体制机制障碍还没有破除。现阶段，我国进入决胜全面建成小康社会、全面建设社会主义现代化强国的新时代，对共享发展提出了新的要求。党的十九大提出了乡村振兴战略，并将城乡融合发展写入党的文献，意在以城乡融合发展为顶层设计总基调，通过更为有效的体制机制安排，重塑自由平等的新型城乡关系，使得全体人民在共建共治共享发展中有更多获得感。这一重大决策部署的根本在于更大程度上保障农村居民的发展权益和机会，通过产权制度改革和要素市场化配置，推动城乡在基础设施建设、要素配置、公共服务、产业发展等方面协调发展，逐步缩小城乡基础设施、公共服务、收入和生活水平等方面的差距。

1. 完善城乡基本公共服务普惠共享机制

（1）建立城乡教育资源均衡配置机制。

近年来，西部农村地区教育基础设施供给数量大幅增长，但是城乡教育的质量还存在较大差距。由于教师收入待遇、职业发展以及东中部地区的强大吸引力等因素影响，西部地区农村优秀教师流失严重，师资人员整体素质不高，骨干人才短缺，城乡教育质量和教学水平的差距反而有扩大趋势。随着农民生活水平提升和交通日益便利，农村学龄儿童入城读书的现象普遍增加，农村基层教学硬件资源闲置的同时又加大了中心城市教育服务压力。因此，要统筹城乡教育资源分配，建立以城带乡、城乡一体、均衡发展的义务教育发展机制。科学推进城乡公办义务教育学校标准化建设，全面改善西部地区义务教育薄弱学校办学设施，加强寄宿制学校建设，提升乡村各类学校的教育和治理水平。按照经济、产业和人口相关规划，合理安排普通高中、中等职业教育发展规划，进一步扩大中等职业教育规模。发展以就业为导向、服务农村经济社会发展的现代职业教育，加强职业教育实习实训基地建设和"双师型"教师队伍建设，逐步分类推进中等职业教育免除学杂费。推动中小学教师资源向基层和乡村倾斜，健全教师管理机制，进一步提升基层教师待遇，增强教师岗位吸引力。创新教师培训与交流模式，推行县域内校长教师交流轮岗和城乡教育联合体模式，促进师资均衡配置。实施教育对口支援工程，动员城市以对口支援的方式帮助农村地区加快发展教育。完善教育信息化发展机制，积极发展"互联网＋教育"，推进乡村中小学信息化硬件设施建设，优化数字化教育资源公共服务体系，推动优质教育资源城乡共享。

（2）健全乡村医疗卫生服务体系。

西部地区是我国贫困人口的主要分布地。农村家庭因病致贫、因病返贫现象在西部地区较为严重。按照"保基本、强基层、建机制"的要求，加大对农村基层医疗卫生设施建设的支持力度，改善乡镇卫生院和村卫生室的条件，改善基本医疗卫生服务的公平性、可及性。强化合作办医、技术帮扶，形成以省、市级医院为主体的医疗卫生人才服务下沉格局，提升县域医疗卫生机构服务能力。建立公立医院与基层医疗机构利益共享机制，鼓励县医院与乡镇卫生院建立县域医共体，增强县级医院对乡镇卫生系统的宏观指导。根据西部地区农村医疗习惯和特点，制定切实可行的西部城乡医疗卫生信息化发展规划和实施方案。鼓励建设覆盖县级以上医院的远程医疗信息网络，提升医疗卫生信息化水平。建设人口健康信息平台、远程医疗服务系统和省级远程医疗服务平台。切实加强乡村医生队伍建设，加大对基层医务人员人才的激励，提供针对基层卫生人员的培养计划，支持并推动乡村医生申请执业（助理）医师资格。采用柔性用人形式，推动公立医院技术人员下沉帮扶，缓解基层医疗机构人才短缺问题。认真落实集中连片特殊困难地区、民族地区、革命老区等各项优惠政策，优先安排西部落后地区，并给予倾斜支持，缩小西部地区区域内城乡卫生资源差异。

（3）重构多层次社会保障服务体系。

相比城市居民，还有部分西部农村人群没有被纳入社会保障范围，不能及时获得保障，城乡保障制度之间的转移衔接也还不通畅。随着人口老龄化进程加快，养老保险基金出现缺口的压力也在逐步增大，对经济不发达的西部地区社会保障改革带来了重大挑战。按照兜底线、织密网、建机制的要求，全面建成覆盖全民、城乡统筹、权责清晰、保障适度、可持续的多层次社会保障体系。全面实施全民参保计划，以进城务工人员、新就业形态人员、灵活就业人员为重点，把更多的人员纳入社会保障范围，推动实现制度和人群最广泛的覆盖。进一步完善城乡基本养老保险制度，按照国家统一部署合理调整西部地区退休人员基本养老金水平。推进低保制度城乡统筹发展，健全低保标准动态调整机制。加快建立以居家养老为基础，以社区养老服务为依托，社会机构参与的多元主体农村养老服务体系。进一步完善城乡居民大病保险制度，健全城乡疾病联合应急救助制度，全方位实施重特大疾病医疗救助工作。创新多元化照料服务模式，健全农村留守儿童和妇女、老年人关爱服务体系。

2. 建立健全城乡要素合理配置体制机制

（1）积极推动农业人口市民化。

改革开放以来，我国经历了世界上最大规模、最迅速的城市化历程。进城务工人员还没有享受与所在城市居民同等的公共服务，尤其是农村流动人口在城市就业，其子女获得的教育质量与城市儿童存在差距，未来形成的劳动力素质和能获得的发展机会必然不同。因此，要积极整合城乡人口资源，以农业转移人口为重点，稳步推进户籍制度改革。放宽西部中心城市落户条件，完善居住证政策，在劳动就业、基本公共教育、基本医疗卫生服务、公共文化服务、证照办理等相关公共服务基础上，追加其他城市户籍人口享有的公共服务权利。优化人力资源配置，消除西部城乡、区域间人口流动的制度性障碍。突出确保就业优先的发展战略，实施积极的就业推进政策，构建城乡均等化公共就业服务体系。以增加农村就业为重点，帮助困难农村劳动者提升素质和职业技能，拓展就业空间，实现更高质量和更充分的就业。支持和引导西部地区地方政府为农业转移人口提供免费的公共就业服务，落实农业转移人口在常住地可按规定享受相应的就业创业扶持政策。

（2）深化农村土地制度改革。

农民作为集体经济成员，享有集体土地承包经营权、宅基地使用权和集体收益分配权，但是由于不少地方集体经济经营性资产归属不明晰，因此农民难以获得应有的收入。近年来，住房政策、金融政策、社会保障政策等收入再分配政策也对城乡居民的财产性收入带来影响，城市居民的财产性收入增长远远高于农村居民。新一轮农村改革包含巩固和完善农村基本经营制度、深化农村土地制度改革、深入推进集体产权制度改革等。西部地区越来越多的农民转移到城市劳动，在这一转移中，必须充分尊重农民的转移意愿和权利，依法维护搬迁农民落户城市后的土地承包权、宅基地使用权、集体收益分配权等，任何地方政府不得强行要求进城落户农民放弃在农村的相关权益，不得采取硬性措施"一刀切"。加快完成农村承包地确权登记颁证，进一步完善承包地所有权、承包权、经营权三权分置制度，探索宅基地所有权、资格权、使用权三权分置改革。探索农民自主选择机制，探索农民依法自愿有偿转让土地承包权、集体收益分配权等权益的有效途径，鼓励和支持农业转移人口就地就近城镇化，保障农业转移人口享有与城镇居民同等权利，承担同等义务。在推进建立健全农村土地征收制度、农村集体经营性用地入市、农村宅基地制度改革工作的基础上，进一步完善配套制度，建立长效机制。

（3）完善农村金融服务体系。

长期以来，大部分农村基层金融网点只办理存、贷、汇等业务，其他金融产品匮乏，业务覆盖率低。由于"成本高、风险高、效益低"，农村金融服务对支农信贷和服务的力度都比城市地区小。当前，农村公共服务建设投入主要来自各级财政支持和乡村自筹，但是西部地区各级财政收入困难，加上能提供金融服务的银行也非常少，很多公共服务建设未能按时保质完成，未来必须发挥财政资金四两拨千斤的作用，撬动更多社会资金投入。完善农村金融服务体系，扩大国有商业银行在县域、农村的网点布局，创新农村信用社、农商行、村镇银行等金融机构针对农村发展的金融服务模式。加大政策性银行支农贷款投放力度，在贷款规模和利率上给予补贴。完善农村担保金融服务，探索依法合规的与农村集体经济相关的使用权、经营权等担保融资方式，探索农村产权抵押贷款新机制。拓展农村融资渠道，支持条件良好的西部地区通过制度安排、财政扶持等方式，筹集资金建立城乡共享发展基金、专业性农村信用担保机构等，解决农村贷款难、担保难的问题，同时加强信用体系和法制保障机制建设，加强农村金融风险防范预警管理。积极研究创新市场化融资模式，努力拓宽支持城乡发展的资金来源，因地制宜创新项目融资模式，提供更好的金融服务和金融产品。支持城市搭建城中村改造合作平台，探索政府引导下的社会资本与村集体合作共赢模式。采用政府购买、贷款补贴等方式，支持社会力量进入乡村生活性服务业。推进西部农业政策性保险业务，分散农业风险。

3. 因地制宜实施乡村振兴战略

（1）加快城乡基础设施一体化建设。

相对于东部沿海和大中城市周边地区农村，广大西部地区的村庄还面临着早期粗放发展带来的资源低效利用和前期缺乏科学规划造成发展受限的问题。西部地区必须加大农村地区基础设施建设，加快补齐农村基础设施短板，提升农村基础设施和服务水平。科学编制市县发展规划，以市县域为整体，以实现基础设施城乡共建、城乡联网、城乡共享为目标，统筹规划交通路网、城乡公交、水利、电网、通信、卫生厕所等重要设施建设，推动向城市郊区乡村和规模较大中心镇延伸。构建事权清晰、权责一致、省级统筹、市县负责的城乡基础设施一体化建设机制。按照分级分类投入机制的要求，创新融资模式，统筹支持城乡基础设施一体化发展。

（2）发展壮大乡村产业。

西部地区农村人口流出多，经济密度低，农村呈现"空心化"发展趋势。乡村振兴的重点需要促进城乡平衡和农村内部的平衡，促进城乡充分融合发展。在此过程中，其核心是要让没有进城务工的农民也有机会分享社会发展成果。因此，当前要把握城乡融合发展和乡村振兴发展的机遇，结合各地资源禀赋，加快农业结构调整步伐；深入挖掘独特的历史文化资源，有序开发优势特色资源，挖掘文化、观光、养老等功能和价值，培育农业农村新产业新业态。充分发挥农村电商等互联网经济的优势，推动农业生产经营模式转变，因地制宜地大力发展乡村产业，以制度、技术和商业模式创新为动力，推进农村一、二、三产业交叉融合。完善电子商务扶持政策，实施电子商务进农村综合工程，加快建立健全适应农产品电商发展的新型农业社会化服务体系。完善"农户＋合作社""农户＋公司"利益联结机制，理顺产业组织管理体制，创新收益分享模式，促进小农户适应现代农业发展，让农民分享更多二、三产业收益。优化农村创新创业环境，鼓励和引导城市工商资本下乡，带动技术、人才向农村地区流动，激活农村新型经营主体，全面增强农村发展活力。

（3）搭建城乡产业协调发展平台。

随着城乡经济发展，传统种植、养殖业占地方生产总值的比重越来越小，而城市和乡村发展中加工物流、休闲旅游、健康养生等与城市和现代产业要素相关的产业越来越蓬勃发展。因此，要整合现有的农业产业园、产业科技园区、农产品加工园区等平台和资源，搭建城乡产业协同发展平台，促进城乡劳动力、农产品等要素自由流动、有效配置和有机融合。优化农村营商环境，鼓励农业企业建立农村创新创业基地，以企业为主导带动农业产业技术创新和相关产业链发展，用城市的科技特别是农业科技改造乡村传统农业，延长乡村农业产业链。鼓励有条件的地区的农民以土地、林权、劳动力为纽带，开展多种形式的合作和联合，组建农民专业合作社，通过股份制、合作制、租赁等形式，参与产业融合发展。鼓励有条件的地区培育特色小镇，创建一批城乡融合典型项目，发挥示范带动作用，推动农村产业发展与新型城镇化相结合。

4. 全面巩固提升脱贫攻坚成果

（1）坚决打赢脱贫攻坚战。

坚持乡村振兴、区域经济发展与脱贫攻坚相结合，推动脱贫攻坚与新型城镇化发展相结合，坚持"输血"与"造血"相结合，坚持整体推进和重点突破相结合，继续采取产业扶贫、电商扶贫、就业扶贫、易地搬迁扶贫、社会兜底等方式推进脱贫攻坚工作，切实提高脱贫攻坚成效。全面推动产业扶贫，完善扶持政策，以市场的力量推动特色产业发展，特别是种养、手工、商贸流通等扶贫主导产业，鼓励民族地区发展民族用品、工艺品以及农畜产品加工等手工制造业。注重扶志扶智，引导贫困群众克服"等靠要"思想，逐步消除精神贫困。开展贫困劳动力适用技能培训、农村脱贫致富带头人培训，提高贫困群众劳动技能和务工经商的基本能力，形成群众稳定脱贫不返贫的长效机制。推动贫困地区区域合作与对外开放，发挥东西部扶贫协作和中央单位定点帮扶的作用，深化合作交流，引导支持更多企业到西部投资兴业，借智借力借资解决贫困地区群众就业参与、增收难问题。优化脱贫攻坚考核体系，精准落实脱贫政策，提升脱贫资金使用效率，确保脱贫有实效、可持续、经得起历史考验。

（2）坚持精准扶贫精准脱贫。

党的十九大对打赢脱贫攻坚战做出了战略部署，把"精准脱贫"确定为决胜全面小康三大攻坚战之一。西部地区如四川凉山州、云南怒江州、甘肃临夏州等属于深度贫困地区，不仅贫困发生率高，贫困程度深，而且基础条件薄弱，致贫原因复杂，脱贫难度大。因此，西部地区精准扶贫、精准脱贫的工作重点是聚焦深度贫困地区攻坚工作，针对深度贫困县、深度贫困乡镇、深度贫困村，采取更加集中、更加有效的支持举措实施脱贫攻坚，在新增财政专项扶贫资金和新增涉农资金方面予以倾斜支持，优先安排公益性基础设施项目、社会事业领域重大工程建设项目。以解决突出制约问题为重点，以重大扶贫工程和到村到户帮扶为抓手，改进贫困人口帮扶模式，采用以工代赈等形式，提倡多劳多得、多劳多奖的新观念，激发贫困人口脱贫致富的活力，帮助贫困人口树立自主脱贫的思想，保障脱贫的持续性。对完全或部分丧失劳动能力的特殊贫困人口，综合实施保障性扶贫政策。

（六）优化营商环境

调研中发现，相比东部沿海地区，西部地区政府部门依法行政的思维还不强，影响了企业家的投资信心。在调研中企业普遍反映相关部门法治意识还不够强，法治思维欠缺，优化企业营商环境的规范性文件缺乏，在一些地方政府主导的招商引资活动及政策制定未充分听取企业意见，有的领导更换后政策也随之改变。在走访企业中了解到因政策不规范、决策不合理而导致的投资下降约占25％。有的地方因某一类纠纷或案件突发，随意设置限制政策。

此外，地方政府契约精神还不够，有损政府公信力。主要表现为随意毁约解约现象较多。在调研中发现有些地方政府引进项目后发现还有更好的招商方案，又与新的资方就同一项目再次签订相关投资意向，对与原先引进企业签订的协议直接违约不履行。履约诚信度不高。有些政府与企业签订的土地收储协议、招商引资协议因领导更换、政策变动而拒绝或怠于履行，观其理由，大多数是打着公共利益的旗号。同时，政务法治环境还有待优化，依法行政能力有待提高，体现为执法水平还不够高。某市政府法制部门2017年行政复议依法纠错案件613件，占比18％，尽管比2016年的699件、占比25.9％有了明显下降，但是纠错案件数量和占比仍然处于高位，其中工商、食品药品、土地等领域执法案件占了50％，提升执法水平任务重空间大。此外，还依然存在以罚代管现象。市场监管领域涉企部门规章、规范性文件较为繁杂，加之缺乏必要的普法或公示，企业一旦存在包装瑕疵被职业打假人举报后，市场监管部门往往是顶格处罚，忽视法的指引价值。如，某制药企业因标识瑕疵被罚没200多万元，提起行政复议后，因事实不清和证据不足且适用法律依据也有误被依法撤销。为此，建议做好法治和经济环境的营造。

1. 法治环境：坚持契约精神、执法公正性

完善决策程序，优化营商法治环境。一是营商制度要法治化。针对一些地方制定政策、决策的过程中随意性、个人意志性较强，缺乏合理性的情况，建议加强各省份营商环境制度建设的顶层设计，建立营商制度体系，使优化营商环境的政策、决策合理化、法治化。二是营商决策要透明化。在地方立法、制定营商政策或决策的过程中，提高企业代表、群众代表的参与度，对"两代表一委员"征求意见不能图形式、走过场。听证会要真听证，认真研究相关意见，吸收采纳合理建议，使规则制定与决策程序更加科学民主。加大重大行政决策的合法性审查力度，包括对决策权限、决策程序、决策内容是否合法的全面审查，重大行政决策未经合法性审查或者经审查不合法的，不得提交有关机关决策。

深化"最多跑一次"改革，建设法治政府、信用政府。一是建立公职人员法治思维。在建设法治化营商环境的过程中，对各级公职人员进行行政执法、管理用法系统化培训，将契约精神、公平竞争、执法谦抑等现代市场经济与法治理念贯彻到位，使之深入人心。二是界定公共利益标准。在全省（区、市）范围内统一公共利益标准，减少地方政府"以公共利益"为名毁约的现象。对政府相关责任人员因非公共利益原因而违约产生的败诉或损害企业利益的行为严格追责。三是立法先行，以制度巩固改革成果。用法治方式优化营商环境，建议将本省

（区、市）企业权益保护规定升格为地方性法规，研究制定省级营商环境保护条例，提升营商环境法律保障级别，将改革成果以法规形式巩固下来。同时，加大普法宣传，建议市场监管部门在企业设立登记时根据新设立企业类型提供相关法律法规的书面提示服务。

转变执法理念，提高执法人员的执法技能与综合素质。一是树立执法目的正当性理念，发挥法的价值指引功能。行政机关必须严格遵守《行政处罚法》的规定，行政处罚遵循有利于相对人的原则，严格遵循行政处罚与教育相结合的原则、遵循比例原则，充分发挥法的价值指引功能。二是规范自由裁量权。规范自由裁量基准，减少执法过重或过轻的现象，全面梳理涉及行政处罚执法的权力，明确违法性质、主观恶性、情节等因素，规范自由裁量权，防止权力滥用。加大综合执法力度，防止法律、法规在执法中走样，让群众在每次执法中感受到公平正义。

2. 经济环境：坚持开放治理、竞争公平性

营造开放便利的投资贸易环境。全面落实准入前国民待遇加负面清单的外资管理制度，继续优化外商投资企业与项目的创设流程，最大限度地简化申报、审批或者备案事项，促进外商投资项目便利化。开展实施联合审批、多图联审等方式，简化外资项目审批流程。结合实际情况动态修订外资评估技术导则，编制报告要突出重点，减少审批前环境评估程序。采取区域评估法，在政府组织专业力量对某一区域的水土、排放、灾害进行统一评估后，项目可以免做环评。实施项目建设进程承诺制，政府定期限，加强协调，企业重承诺、守信用，最终推进项目如期建成。进一步改善服务跨境贸易管理，协调不同海关以及检验检疫程序，提升贸易便利化水平。

营造公平竞争的市场环境。把公平公正公开运用到守法、执法的各个环节，依法保护各类市场主体的所有权益。建立以法制为基础的政府和市场的边界，遵循社会主义市场经济发展规律，依照法律框架体系借助市场化手段和行为处理和调整各类市场纠纷。健全法律法规体系，运用大数据健全市场主体信用体系。加强产权保护，严厉打击各类侵害产权和欺行霸市、商业贿赂、制假售假等严重扰乱市场秩序的行为，建立定期专项检查制度。坚决打击针对各类投资的隐性障碍，清除废除妨碍市场秩序和公平竞争环境的行为、规定和做法，大大减少清单事项，按照"非禁即入"的原则实施。

营造宽松有序的经营环境。全面降低企业各项运营成本，降低企业各项税负。中美贸易摩擦在较长时间仍将持续，新型冠状病毒肺炎疫情斩断了全球供应链体系，不但西部地区，中东部地区经济增长亦将放缓，财政收入亦将相应减少，我国还将继续开展减税减费政策，有效降低企业负担、降低企业成本，提高企业效益。未来一段时间，应进一步深化税制改革，继续开展结构性减税，建立

税种科学、结构优化、法律健全、规范公平、征管高效的税收制度。

参考文献

[1] 郭星华，刘朔. 中国城乡关系七十年回望：国家全力的下沉、回缩与再进入：有关城乡关系变迁的社会学思考 [J]. 社会科学，2019（4）.

[2] 国家发展和改革委员会. 西部地区重点生态区综合治理规划纲要（2012—2020 年）[Z]. 2013.

[3] 国务院. 关于进一步完善退耕还林政策措施的若干意见 [Z]. 2002.

[4] 国务院办公厅. 关于健全生态保护补偿机制的意见 [Z]. 2016.

[5] 国务院办公厅. 关于进一步推进排污权有偿使用和交易试点工作的指导意见 [Z]. 2016.

[6] 环境保护部. 关于加快推进生活方式绿色化的实施意见 [Z]. 2015.

[7] 环境保护部、国家发展和改革委员会、财政部. 关于加强国家重点生态功能区环境保护和管理的意见 [Z]. 2013.

[8] 环境保护部、国家发展和改革委员会、科技部，等. 关于推进大气污染联防联控工作改善区域空气质量的指导意见 [Z]. 2010.

[9] 生态环境部. 关于进一步强化生态环境保护监管执法的意见 [Z]. 2018.

[10] 张国清，何怡情，欧盟共享发展理念之考察 [J]. 浙江社会科学，2018（7）.

[11] 中共中央、国务院. 关于全面加强生态环境保护，坚决打好污染防治攻坚战的意见 [Z]. 2018.

[12] 中共中央、国务院. 生态文明体制改革总体方案 [Z]. 2015.

[13] 中共中央办公厅、国务院办公厅. 关于划定并严守生态保护红线的若干意见 [Z]. 2017.

[14] 中共中央办公厅、国务院办公厅. 建立国家公园体制总体方案 [Z]. 2017.

[15] 中共中央、国务院关于建立健全城乡融合发展体制机制和政策体系的意见 [N]. 人民日报，2019-05-06.

[16] 中央全面深化改革委员会. 关于新时代推进西部大开发形成新格局的指导意见 [Z]. 2019.

——执笔人：董雪兵、钱滔、周伟、朱西湖，
浙江大学中国西部发展研究院；杜立民、徐曦磊，
浙江大学经济学院；张旭亮，浙江工业大学

第一章　西部地区区域协调发展研究

摘　要

围绕中央经济工作会议提出的区域协调发展的三大要求"实现基本公共服务均等化，基础设施通达程度比较均衡，人民生活水平大体相当"，本章采用教育资源、公共卫生资源、移动电话普及率和互联网普及率作为主要指标，对西部地区内部协调发展程度进行了衡量。针对西部地区内部发展的分化，本章将西部地区划分为增长极地区、生态保护区、民族地区和边疆地区，提出了不同类型区域采取差异化的政策。

Abstract

According to the three requirements of regional coordinated development put forward by the central economic working conference, "equalization of basic public services, balanced access to infrastructure, and equivalent living standards of the people", this chapter introduces education resources, public health resources, mobile phone penetration rate and internet penetration rate as the main indicators to evaluate the level of coordinated development in the western region quantity. In view of the internal development and differentiation of the western region, the western region is divided into growth pole region, ecological protection region, ethnic region and frontier region, and different policies are put forward according to different types of regions.

2017 年 12 月，中央经济工作会议提出了区域协调发展的三大目标：实现基本公共服务均等化，基础设施通达程度比较均衡，人民生活水平大体相当。实现西部地区域内的协调发展，对于建设现代化经济体系，促进经济结构性改革，实现全国经济社会高质量发展，最终实现"两个一百年"奋斗目标，具有重大的战略意义。

西部地区内部自然禀赋的不同、人文社会因素、经济因素、国家政策与区域战略的选择、制度体制等因素的约束，造成了域内城乡、区域发展的现实差异。通过对现有约束的改变，尤其是通过制度创新及具体机制的改革，以协调发展来缩小这些差距便成为应有之义。要尊重经济规律和社会发展规律，因势利导，统筹兼顾，在推动发展、缩小差距的前提下，实现西部地区经济社会的长期可持续发展。

一、西部地区经济发展的协调性分析

（一）西部省份之间经济发展的差异

党的十八大以来，西部地区经济社会发展取得了巨大成就，各项经济指标增长速度多年位居全国各区域前列。从赶超发展转向高质量发展，西部各省份打好组合拳，积极推动经济发展质量变革、效率变革、动力变革。新时期西部地区的区域发展呈现出协调与分化并存、合作与竞争并行、效率与公平并重的新特点。客观准确地认识西部发展的新特点，有助于进一步推动西部区域协调发展向更高层次迈进。西部区域发展总体上呈现出缓中趋稳、稳中有进的发展态势，但同时区域间、区域内城乡间都出现了不同程度的分化。

1. 西部各省份经济产值占比的变化

图1-1展示了西部各省级行政区地区生产总值的占比变化情况。四川省一直都是占比最大的省级行政区，陕西、重庆、广西、云南、内蒙古的地区生产总值占比也较高，而排在最后四位的甘肃、宁夏、青海和西藏四省区地区生产总值之和尚不及四川省的一半。经济规模大的经济体，往往具备较强的虹吸效应，会将其周边经济体量较小且经济发展水平较低地区的资本、人力资源等可移动要素吸引过来，在加速自身发展的同时，影响周边地区的经济发展能力，扩大区域差距。这里可以从经济发展的角度得到明确的结论，西部地区经济发展的协调程度有待于进一步提高。

图1-2展示了西部地区各省份三大产业产值占该产业总产值的比重。2017年，三大产业产值占该产业总产值的比重最高的是四川省，重庆、陕西、广西、内蒙古次之，而甘肃、宁夏、青海和西藏三大产业占相应产业总产值的比重都是排在后列，其中西藏地区的比重一直最低。重庆地区第三产业比重位于西部地区第二位。2012—2017年，西部地区产业的经济格局有所改变，作为领头羊的四川

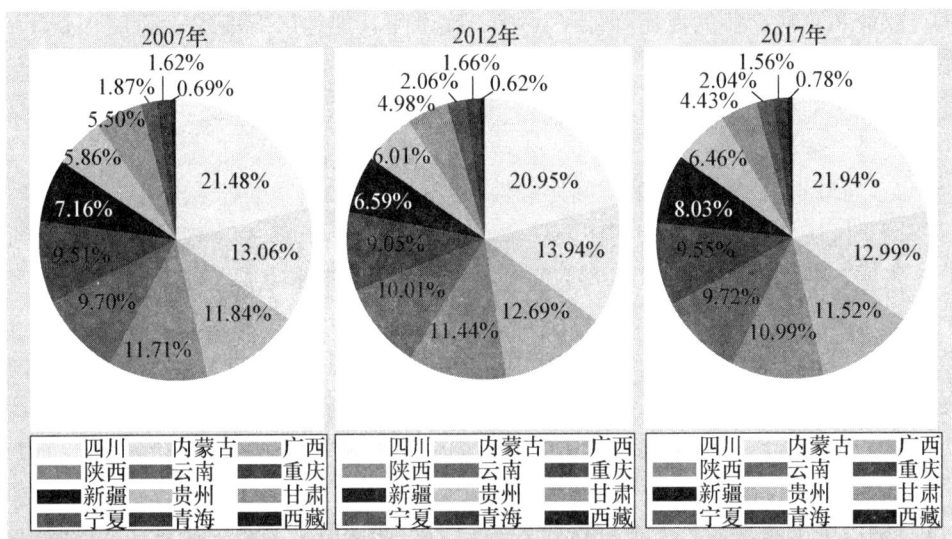

图 1-1 各省份地区生产总值占西部生产总值的比重

资料来源：历年《中国统计年鉴》。

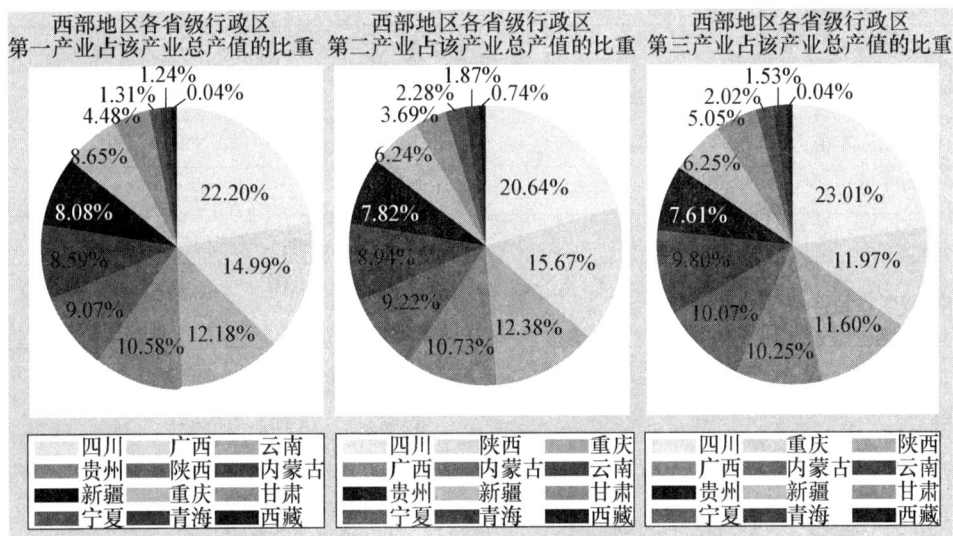

图 1-2 2017 年西部地区各省级行政区三大产业产值占该产业总产值的比重

资料来源：历年《中国统计年鉴》。

第一产业和第二产业的占比降低了一些，这说明其他地区产业发展速度加快了；第二产业占比方面陕西省上升至第二位，而内蒙古由第二位跌至第五位；第三产业方面重庆的占比上升到第二位，而内蒙古从第二位跌至第五位，其余省份产业占比的排名变化不大。

2. 西部省份经济发展的空间协调性

衡量区域发展差距的常用工具是泰尔指数（Theil index）。利用泰尔指数的分析表明，西部地区各省份间人均实际 GDP 的离差基本上保持平稳，虽然进入 21 世纪以来出现了一定的分化，但在 2010 年以后出现了收敛趋势。利用泰尔指数方法，可以将经济空间相关性的变化分为五种类型，如表 1-1 所示。第一种是由于政策红利或邻省（区、市）的强溢出效应，本省（市）经济发展水平显著提高，如重庆、四川；第二种是由于本省内生发展动力不足导致经济发展水平下降，如青海、甘肃；第三种是由于本省的吸收能力不足或虹吸效应，导致邻省（区）的经济发展水平高于本省，如云南；第四种是由于邻省经济内生发展动力不足，其经济发展水平不足，如西藏、新疆；第五种是经济空间相关性保持相对稳定，如内蒙古、贵州、陕西、宁夏、广西。

表 1-1　　　　　　　　　　西部省份经济发展的空间协调性分析

	期初类型	期末类型	省份
类型一：本省（市）经济发展水平提高	L-L	H-L	四川、重庆
类型二：本省经济发展水平不足	H-L	L-L	青海、甘肃
类型三：邻省（区）经济发展水平提高	L-L	L-H	云南
类型四：邻省经济发展水平不足	L-H	L-L	西藏、新疆
类型五：经济空间相关性相对稳定	—	—	内蒙古、贵州、陕西、宁夏、广西

从时间演进角度来看，西部大开发初期，低—低聚类主要集中在西北地区。到 2017 年，重庆、四川成为高水平经济发展集聚区，贵州的经济发展明显加快；云南、内蒙古、陕西、宁夏、广西的发展质量也不断提高。从这个角度来说，西部发展的收敛特征越来越明显。而且随着时间的推移，不同省份的经济表现有所不同。

在西部区域协调发展中，老少边穷等欠发达地区由于自然、经济、社会等条件的限制，在市场自由竞争中处于弱势地位。习近平总书记多次强调，"全面实现小康，少数民族一个都不能少，一个都不能掉队"，"全面建成小康社会，没有老区的全面小康，是不完整的"，"绝不能让一个苏区老区掉队"，"小康不小康，关键看老乡"，"让贫困人口和贫困地区同全国一道进入全面小康社会是我们党的庄严承诺"。因此，以习近平同志为核心的党中央始终高度重视老少边穷地区的发展，着力推进精准扶贫，推进基本公共服务均等化，增强老少边穷等地区的自我发展能力，保障这些地区人民生活和发展的需求，让改革开放的成果更多更公平地惠及所有人民。

从脱贫攻坚成效来看，贫困人口从 1978 年的 7.7 亿人锐减至 2017 年的 3 046 万人，年均减贫人口规模达到 1 896 万人，贫困发生率从 1978 年的 97.5% 下降至 2017 年的 3.1%，贫困人口年均减少 7.9%。随着交通、教育、医疗等基础设施建设的深入推进，老少边穷等欠发达地区的自我造血机制不断完善，到 2017 年，贫困地区农村居民人均可支配收入已达到 9 377 元，保障了贫困人口对美好生活的向往与追求。为实现全面建成小康社会的目标，需要营造宽松便捷的市场准入环境，充分发挥市场机制在资源配置中的基础性作用，打造公平有序的竞争环境，充分实现资源要素有序自由流动与正常交换，激发市场主体和社会主体的积极性与发展活力，提高经济要素的配置效率。

（二）大型企业在各省份的布局差异

经济布局影响就业机会和薪酬水平，进而影响地方财政收入和公共服务。因此，经济布局是协调发展的重要因素。本章选择中国企业 500 强在全国的分布作为衡量经济布局的指标。如表 1-2 所示，中国企业 500 强主要分布在东部地区，达 365 家，占比 73%。西部的四川、重庆最多，分别有 14 家和 12 家；陕西和云南均只有 7 家。虽然西部省（区、市）之间大型企业的分布差距并不大，但与东部相比，差距巨大。广东、山东、江苏、浙江每个省的 500 强企业均超过 40 家。在这种环境下，资金、技术和人力资源必然向东部地区流动，东部对中西部地区的虹吸效应将长期存在。

表 1-2　　　　　中国企业 500 强在各省级行政区的分布（2018 年）

省级行政区	500 强企业数量
北京市	101
天津市	17
河北省	24
山西省	10
内蒙古自治区	4
辽宁省	9
吉林省	3

续前表

省级行政区	500 强企业数量
黑龙江省	2
河南省	9
湖北省	11
湖南省	7
广东省	48
广西壮族自治区	6
海南省	1
重庆市	12
四川省	14
贵州省	2
云南省	7
西藏自治区	0
陕西省	7
甘肃省	4
青海省	1
宁夏回族自治区	2
新疆维吾尔自治区	4
山东省	49
上海市	27
江苏省	44
浙江省	44
安徽省	14
福建省	10
江西省	7

（三）就业人口在各省级行政区之间的流动

经济发展的差异影响人口流动的方向与规模。图 1-3 是全国各省（区、市）人口净流入的差异。西部地区的少数民族聚集区新疆、内蒙古、宁夏、西藏为人口净流入区，而四川、广西、贵州、重庆、甘肃人口仍为净流出状态。虽然在国家政策引导和经济成本差异的推动下，西部地区已经有相当规模的资金和人力资源回流，但目前仍未改变人口净流出的格局。由于涉及迁移和流动的人口多数较为年轻，并且大多处于劳动生产率较高的年龄阶段，这样就带给了人口流入的东部发达地区丰裕的劳动力，促进了东部发达地区劳动密集型产业的发展，同时也促进了当地消费能力的提升，客观上推动了流入地公共事业治理能力的提升。对于相当部分的作为人口流出地的西部省份，其经济发展潜力受到了影响。

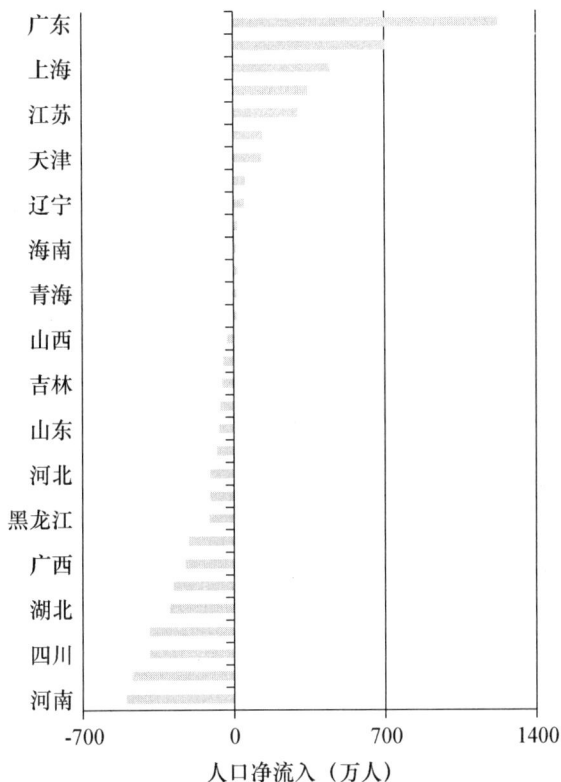

图 1-3　各省（区、市）人口净流入情况（2010—2015 年）

（四）西部区域公共服务资源分布的差异

1. 西部地区高等教育资源分布的差异

表 1-3 是我国建设世界一流大学和世界一流学科的分布，其中包括 36 所世界一流大学 A 类建设高校和 6 所世界一流大学 B 类建设高校。一流高校最多的是北京市，共有 8 所高校入选，其次是上海市，共有 4 所高校入选，排在第三位的是陕西省和湖南省，均有 3 所高校入选。陕西省的西北农林科技大学入选了世界一流大学 B 类建设高校。四川省有 2 所大学入选。除此之外，包括贵州、广西、青海、西藏、山西、内蒙古、宁夏等在内的十个省份至今没有世界一流大学建设高校。

表 1 - 3　　　各省（区、市）建设世界一流大学和世界一流学科的分布

排名	地区	一流高校 A 类数量	一流高校 B 类数量	一流学科数量
1	北京	8	0	162
2	上海	4	0	57
3	江苏	2	0	43
4	湖北	2	0	29
5	陕西	2	1	17
6	广东	2	0	18
6	湖南	2	1	12
8	四川	2	0	14
9	天津	2	0	12
10	浙江	1	0	20
11	山东	2	0	6
12	安徽	1	0	13
13	吉林	1	0	12
14	黑龙江	1	0	11
14	辽宁	1	1	5
16	福建	1	0	6
17	甘肃	1	0	4
17	重庆	1	0	4
19	河南	0	1	4
20	新疆	0	1	4
21	云南	0	1	2
22	广西	0	0	1
22	贵州	0	0	1
22	海南	0	0	1
22	河北	0	0	1
22	江西	0	0	1
22	内蒙古	0	0	1
22	宁夏	0	0	1
22	青海	0	0	1
22	山西	0	0	1
22	西藏	0	0	1

从建设世界一流学科的入选数量来看，北京市拥有 162 个一流学科，排在第二位到第四位的省份分别是上海市、江苏省和湖北省。西部的陕西、四川分别有 17 个和 14 个一流学科。贵州、广西、青海、西藏、内蒙古、宁夏分别只有 1 个学科入选了世界一流学科建设名单。与东部地区相比，西部地区教育资源较为弱势，分布也更加悬殊。

值得注意的是，西部教育资源的流失现象较为严重。东部与西部高校在资源平台、队伍建设、研究经费和研究排行等各个指标上的差距不断加大，东部高校对优秀师资的虹吸效应近年来日益凸显。由于人才流失严重，西部高校处在非常不利的位置，发展受到极大影响。在市场规律的影响下，西部高校在资金和硬软件上难有优势，无法吸引人才，甚至留不住现有人才，西部在高等教育师资、生源等条件上与东部地区的差距进一步加大，西部高校的在校学生难以获得与东部地区相当的优质教育资源，高校毕业生的流失也将持续。

2. 西部地区医疗卫生资源分布的差异

表 1-4 是全国三甲医院分布情况，东部地区仍占据较大优势，西部地区广西、四川、陕西相对领先，而西藏、宁夏的三甲医院数量较少。但与高等教育资源相比，三甲医院的差异相对较小，特别是考虑到除四川外，西部省份人口普遍少于东部省份，所以人均医疗资源的差异要略小于教育资源的差异。

表 1-4　　　　　　　　全国各省（区、市）三甲医院分布

省级行政区	三甲医院数量（所）
北京市	62
天津市	42
河北省	46
山西省	24
内蒙古自治区	12
辽宁省	76
吉林省	32
黑龙江省	44
河南省	56
湖北省	60
湖南省	38
广东省	83

续前表

省级行政区	三甲医院数量（所）
广西壮族自治区	46
海南省	10
重庆市	25
四川省	37
贵州省	13
云南省	22
西藏自治区	1
陕西省	52
甘肃省	20
青海省	12
宁夏回族自治区	6
新疆维吾尔自治区	26
山东省	74
上海市	45
江苏省	77
浙江省	34
安徽省	26
福建省	27
江西省	28

　　除了三甲医院外，其他指标如医疗卫生机构、每千人卫生技术人员数、每千人医疗卫生机构床位数、孕产妇住院分娩率、医院床位使用情况、西部地区居民参加医疗保险情况等，也是衡量基本公共卫生服务均衡性的重要指标。从现有统计数据来看，西部地区的公共医疗卫生服务正在不断改善，服务水平正在不断提高。但是西部地区原有医疗服务资源较为落后以及医疗资源布局结构不合理，使得西部地区总体公共医疗卫生服务落后于较发达的东部地区，且在诸多指标上落后于全国同期水平，影响了医疗卫生服务提供的公平与效率，并且西部地区内部不同区域在公共医疗卫生事业的发展水平及速度上也出现了分化的趋势。

　　3. 西部地区信息化基础设施分布的差异

　　图1-4是2018年各省份移动电话普及情况。从省份来看，移动电话普及率最高的前十个省份分别是北京、上海、广东、浙江、宁夏、陕西、江苏、内蒙古、重庆和海南。其中，西部地区的宁夏高达127.3部/百人，全国排名第五位。

陕西、内蒙古、重庆也高于部分中东部省份。西部地区普及率最低的是西藏，但西藏仍高于中部地区的湖南、安徽、江西。可见，在移动电话普及率这一指标上，西部地区并不落后，区内差异也较小，成功实现了区域间的均衡、协调发展，这是西部"基础设施通达性"的亮点。

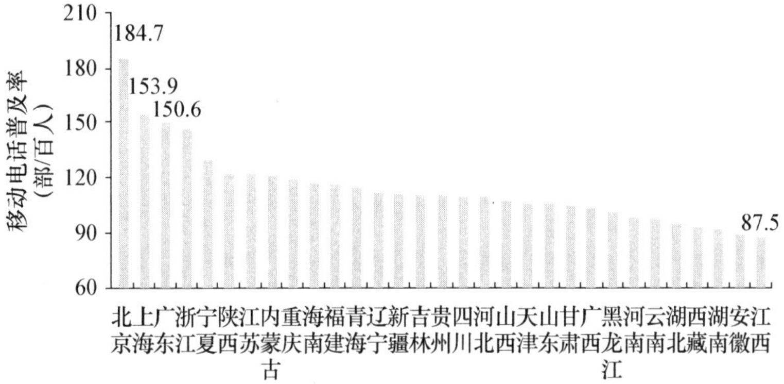

图1-4 2018年各省份移动电话普及率

资料来源：《2018年中国通信业统计公报》。

图1-5展示了全国各省份的互联网普及率。互联网普及率＝各省份网民数/人口数。截至2018年12月，全国互联网普及率为57.7%。由图1-5可见，云南、甘肃、西藏、四川、贵州等省区的互联网普及率明显低于全国平均水平。与移动通信相比，互联网基础设施需要更多投资，更依赖经济发展水平。但与教育、医疗资源相比，西部地区的信息化基础设施与东、中部地区的差距相对较小。

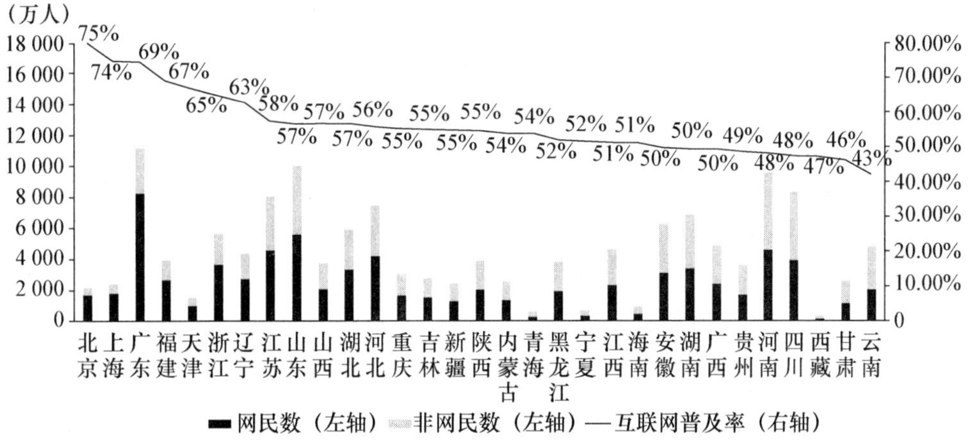

图1-5 2018年全国省级行政区互联网普及情况

资料来源：《2018年中国互联网发展报告》。

以"云上贵州"为代表的大数据、云计算产业在西部地区具有一定的优势，青海、云南、新疆等省区也在利用自然条件优势，着力发展大数据和云计算等产业。目前阿里巴巴、腾讯、华为、苹果、中国移动、中国联通、中国电信都在贵州建立了数据中心，以便利用贵州平均温度低、电力消耗少的优势。云南、新疆等省区的电力成本也低于中东部地区，也在发展大数据存储、加工、服务以及相关配套产业，有望实现数据驱动型经济的跨越式发展。上述地区的经济正在从资源优势型向数据驱动型发展模式转变，这是西部地区高质量发展的具体体现。

二、西部地区发展特征与分类

西部地区地域广大，经济基础、资源禀赋、自然环境、社会文化差异显著。西部的区域协调发展，需要根据不同的条件确定发展路径，如经济发展条件好、人口密度高的区域可以承担经济增长、增加就业岗位、提高公共服务水平的功能；生态保护区不以发展经济为目标，而是通过引导人口迁出、生态保护和修复来实现其可持续发展的功能；边疆地区则承担着社会稳定和国家安全的任务。按照这些不同特征，西部地区可以分为增长极地区、生态保护区、边疆地区、民族地区。

（一）增长极地区

西部地区的增长极地区以成渝城市群、关中平原城市群、兰州—西宁城市群、呼包鄂榆城市群为代表。这几个城市群地区由于经济基础好，不断强化生产要素的汇集，使得城市群原有的虹吸效应作用突出，具体的表现是欠发达地区的人口向城市群的流动和迁移，以及内资和外资的不断进入，这在提高人口集中度的同时，也使得经济的集中度不断提高，将会出现人口重心和经济重心不断靠近的发展趋势。同时西部地区城市群间的生产要素及资本的流动将更加显著。

1. 成渝城市群

成渝城市群处于沿长江通道横轴和包昆通道纵轴的交汇地带，是沟通中亚、南亚、东南亚的交通走廊，具有承东启西、连接南北的区位优势，是西部地区重要的经济增长极。成渝城市群基础设施较为健全，辖区内装备制造、电子技术、信息产业、金融服务业相对领先，是西部地区经济基础最好的城市群，对周边地区有一定的辐射带动作用。下一步，成渝城市群要建设成为重要的现代产业基地、西南地区的经济中心、统筹城乡发展的示范区。

2. 关中平原城市群

关中平原城市群是我国沟通南北、衔接东西的枢纽所在。关中平原城市群跨越了中西部，主要范围是陕西的西安、咸阳、铜川、宝鸡、渭南、商洛、杨凌农业高新技术产业示范区，此外还包含山西的运城和临汾，甘肃的平凉、庆阳。关中平原是我国古代丝绸之路的起点，是华夏文明的发祥地之一。关中平原城市群的工业体系较为完整，部分主导产业的聚集度高，是我国西北地区发展基础最好、发展潜力最大的城市群。关中平原城市群的信息技术、新材料、军工科技、航空航天、战略性新兴产业发展很快，是全国重要的国防科技、装备制造业基地。下一步，关中平原城市群要建设成为以军民融合为特色的国家创新高地、"一带一路"对外开放的战略支点和我国内陆生态文明建设的先行区。

3. 兰州—西宁城市群

兰州—西宁城市群包含兰州、西宁、天水市、定西、海东、海北等22个地州市，是中国西部重要的跨省区经济区域。兰州—西宁城市群的发展对于推动甘肃、青海、宁夏经济社会的全面进步、加强地区民族团结、稳定西北区域，具有深远的意义。兰州—西宁城市群在石油勘探、石油化工、冶金等传统产业方面有一定优势，目前区域内在着力发展生物医药、新材料、高端装备制造等产业。兰州—西宁城市群降水量偏少，生态环境有一定的脆弱性，因此生态保护也是该城市群的重要工作领域。

4. 呼包鄂榆城市群

呼包鄂榆城市群位于全国"两横三纵"城市化战略格局包昆通道纵轴的北端，包括内蒙古自治区中西部的核心区（呼和浩特市、包头市、鄂尔多斯市）以及陕西省榆林市。呼包鄂榆城市群在推进形成西部大开发新格局、推进新型城镇化和完善沿边开发开放布局中具有重要地位。呼包鄂榆城市群的能源化工、装备制造、现代农牧等传统产业基础较好，同时新材料、大数据云计算、生物科技等战略性新兴产业以及现代服务业发展势头强劲。呼包鄂榆城市群下一步将发展成为高端能源化工基地、民族地区城乡融合发展先行区、"一带一路"西北地区开放战略支点、西北地区生态文明合作示范区。

对于上述增长极，要坚持城镇化的发展方向，坚持多点多极战略，均衡西部地区的发展。强化西部地区非中心城市的发展，根据其相应的比较优势发展相关的产业，为承接域内中心城市相关产业的转移做好铺垫，开辟形成有序的网络化产业转移路径。实现西部地区各城市的分区功能与城市的相应产业结构特征相吻合，有针对性地制定西部地区增长极区域的相关政策，推动西部地区经济社会的全面协调发展。例如，对于川渝地区重要的增长极，要充分发挥其人口和产业集聚的优势，以及由此形成的极化优势的辐射带动效应，因势利导，通过合理的政策强化辐射效应的效果；或通过行政手段的直接介入利用区域增长极化效应建立新的增长极，抓住极化效应与辐射效应间的时间窗口，使区域中心城市从过去的过度吸收发展模式逐渐过渡到分散发展模式，从而强化中心城市对周边区域的扩散效应，促进整个区域的协调发展。此外，西部增长极地区应继续执行土地增量政策，控制工业用地和住宅用地的供应，以节约土地的使用，提高土地的使用效率。

（二）生态保护区

西部地区的黄土高原、青藏高原、内蒙古高原、西南丘陵山地等，森林、草原、湿地、荒漠等生态系统均有分布，是我国"两屏三带"生态安全战略格局的重要组成部分。我国主要的江河均发源于西部地区，水资源量占全国水资源总量的55.6%，水能资源占全国可开发量的70%左右，为我国水资源和能源安全提供了重要保障。西部地区集中分布着许多特有的珍稀野生动植物物种，是我国重要的生物多样性基因库。各类动物特有种占全国的50%～80%。在植物种类中，仅高等植物就有2万种以上，约占我国高等植物种类总数的70%。青藏高原更是世界山地生物物种最主要的分布与形成中心，是全球25个生物多样性热点地区之一。西部地区分布着类型多样的自然景观和独特的人文资源，形成了众多具有鲜明特色的旅游资源，是我国乃至世界重要的旅游目的地。

国家发改委在《西部地区重点生态区综合治理规划纲要（2012—2020年）》和《全国主体功能区规划》中明确了西部的重点生态区，见表1-5。

表1-5　　　　　　　　　　　　西部重点生态区

名称	范围
西北草原荒漠化防治区	内蒙古草原、宁夏中部干旱带、石羊河流域、黑河流域、疏勒河流域、天山北麓、塔里木河上游等荒漠化防治区
黄土高原水土保持区	陕西北部及中部、甘肃东中部、宁夏南部等水土保持区
青藏高原江河水源涵养区	祁连山、环青海湖、青海三江源、四川西部、西藏东北部三江水源涵养区等
西南石漠化防治区	贵州、云南东部、广西西北部、重庆东部等喀斯特石漠化防治区
重要森林生态功能区	秦岭、巴山、武陵山、四川西南部、云南西北部、广西北部、西藏东南部高原边缘、新疆东北部、内蒙古东北部等森林综合保育区

西部地区地理范围广大，各地区的经济发展水平差距较大，这种发展阶段的不同必然会导致不发达地区与较发达地区对经济发展与生态环境问题的关切选择不同。不发达地区由于内生的对缓解经济增长的压力及对贫困治理的诉求，必然更加侧重于经济发展，而较发达地区会由于城市化建设累积的各种矛盾，从而更加倾向于关注生态环境的保护问题。在这种激励之下，较为发达地区倾向于向不发达地区转移污染型的产业，而不发达地区也因发展的压力倾向于接纳这种具有

高度负外部性的产业转移，但是这种经济上短期的"双赢"会因负外部性的积累与强化，最终导致整体利益的受损。因此，西部地区不同区域应该建立相应的协调机制，树立全局意识，共同维护域内的生态环境，同时与中东部发达地区建立有效的沟通协商机制，积极引进先进的环境治理技术，引入适宜西部地区发展的生产技术。中东部地区应通过必要的转移支付分担西部地区维护生态环境的成本，以形成中东部发达地区与西部特定地区共担成本、共享利益的经济—生态补偿机制。

对于生态保护区而言，"发展"的含义主要不是做大经济总量，而是保护好自然生态。这些区域要根据资源环境的承载能力、现有开发密度和发展潜力，统筹考虑经济布局和国土利用，按照国家层面的主体功能定位规范空间开发秩序，完善区域可持续发展政策。

部分环境承载能力弱的地区如青藏高原地区，不适宜以追求物质财富的增长为目标，而应在不破坏生态环境的前提下谋发展；对于环境承载力适中的地区如广西、云南等地区，在不追求转嫁生态环境影响的条件下，应以协调经济与生态环境的均衡发展为目标；对于环境承载力较高的地区如四川省，应该在保护生态环境的同时，确立以经济高速增长为核心发展目标。同时，应该制定相应的发展战略，以使得劳动、资本、技术等生产要素能够实现从生态环境承载能力较弱的地区向承载能力较强的地区的空间转移，这需要发挥城市群对资源的极化效应以及辐射效应。

实现域内行政区域经济发展与生态环境整体的协调并形成硬性约束，便是解决问题的关键。这要求建立高层级的西部地区发展协调机构，以便实现统筹规划，从而制定出适应西部地区整体经济生态协调发展的产业发展规划以及合理布局的专项规划，最终形成有效的、共赢的生态责任分担与利益共享机制。同时还要基于各地不同的经济发展水平与自然禀赋确立共同但有区别的责任原则，这要求西部地区内各经济主体都承担起各自的生态环境保护责任，以实现经济发展与生态环境保护的协调。

（三）边疆地区和民族地区

少数民族占人口比重大的省级行政区西藏、新疆、广西、云南、内蒙古、贵州、宁夏等多位于边疆地区，因此边疆地区和民族地区发展所面临的困难有一致性。受历史传统、地理条件和经济条件的影响，西部边疆地区、民族地区与中东部地区以及西部主要城市群的经济发展水平存在较大落差。由于自然条件及经济基础水平的限制，西部边疆地区、民族地区地方财政不足，较多地依赖中央财政的转移支付，在民生领域和生态环境保护方面面临较多短板。通过科学发展、加快发展，缩小边疆地区、民族地区与国家核心区域之间经济发展水平和社会服务方面的差距，促进边疆地区民族和谐，提升边疆地区、民族地区民众对国家的认同感，维护边疆地区的稳定。

边疆地区、民族地区往往也是西部的重点贫困地区。因此在坚持精准扶贫，强化社会保障建设的政策方向的基础上，需要尊重民族文化与宗教，实施区内汉族与少数民族一体化发展政策，逐步消除民族隔阂，增强少数民族吸收外部文化与科技的动力。

在西部地区高质量发展的要求下，西部的边疆地区、民族地区需要扬长避短，发展区域性优势产业，如在保护生态环境的前提下发展旅游业、特色农牧业、光伏发电、风力发电等；在财政方面，要继续保持中央财政对边疆地区、民族地区的转移支付力度，提升这些地区经济自身的造血功能，加强边疆地区、民族地区与中东部地区、西部核心地区的经济联系，形成一体化协调发展机制，推动西部地区经济社会的全面发展。

三、西部地区协调发展的对策建议

（一）长江经济带的协调发展

长江经济带横跨我国东中西三大区域，其中上游的青海省、西藏自治区、四川省、云南省、重庆市属于西部地区。与长三角地区相比，长江上游的经济一体化及区域协调水平还有待进一步提高。

1. 以省际合作机制促进区域协调发展

以习近平同志为核心的党中央把握引领经济发展新常态，贯彻落实新发展理念，科学谋划中国经济新棋局，提出实施长江经济带发展战略。为贯彻这一发展战略，国家发展和改革委员会协调沿江省份建立了长江经济带"1＋3"省际协商合作机制，在基础设施互联互通、长江流域资源与生态环境保护方面协同行动，在公共服务方面逐步实现共建共享。这一机制有助于打破行政区划界限和壁垒，推动沿江各省份在区域发展与环境保护方面协同行动。此外，四川、重庆、云南、贵州四省市签署了《关于建立长江上游地区省际协商合作机制的协议》，江西、湖北、湖南三省签署了《关于建立长江中游地区省际协商合作机制的协议》。目前，长江中上游地区已形成了多层次的协商合作机制架构，为长江经济带协调发展提供了制度性保障，并在落实工作部署上取得了一定成效。

2. 加强长江流域生态保护，实现科学、绿色、可持续的开发

2018年两会期间，习近平总书记在与重庆代表团座谈时强调："如果长江经济带搞大开发，下面的积极性会很高、投资驱动会非常强烈，一哄而上，最后损害的是生态环境。过去已经有一些地方抢跑，甚至出现无序开发，违法挖河砂、

搞捕捞、搞运输，岸线被随意占用等情况，如果这样下去，所谓的长江经济带建设就变成了一个'建设性'的大破坏。所以，我强调长江经济带不搞大开发、要共抓大保护，来刹住无序开发的情况，实现科学、绿色、可持续的开发。"

正确处理生态环境保护与经济社会协调发展，实现长江经济带的绿色可持续发展，对于全国各地的生态文明建设具有示范作用。在环境保护和排污治理上，统一划定沿江生态控制区范围，制定沿江省份统一的国家标准，最大限度地降低污染排放量，从源头上遏制环境污染和生态破坏。此外，还应依托生态环境部及新设立的流域管理机构针对全流域的各类生态违法行为，制定实施统一的执法标准，进行垂直管理。

（二）黄河流域的协调发展

2019 年 8—9 月，习近平总书记先后考察了黄河流域的甘肃、河南。在黄河流域生态保护和高质量发展座谈会上，习近平指出：要坚持山水林田湖草综合治理、系统治理、源头治理，统筹推进各项工作，加强协同配合，推动黄河流域高质量发展。要坚持绿水青山就是金山银山的理念，坚持生态优先、绿色发展，以水而定、量水而行，因地制宜、分类施策，上下游、干支流、左右岸统筹谋划，共同抓好大保护，协同推进大治理，着力加强生态保护治理、保障黄河长治久安、促进全流域高质量发展、改善人民群众生活、保护传承弘扬黄河文化，让黄河成为造福人民的幸福河。

1. 加强黄河流域生态保护和高质量发展的统筹协调

黄河流域生态保护和经济社会高质量发展是对立统一的有机整体，生态保护是经济社会高质量发展的前提和基础，经济社会高质量发展为生态保护提供制度和物质保障。在这样一个复杂的系统工程中，地方部门在决策时要科学论证，坚持中央统筹、省负总责、市县落实的工作机制。中央统筹制定流域重大规划政策，并在涉及区域发展和环境保护的重大问题上进行协调。未来，河长制、湖长制组织体系将进一步得到加强，跨区域管理协调机制将进一步得到完善，流域内水生态环境保护修复需要各省份相关机构联合防治、联合执法。

2. 进一步推动黄河流域的脱贫攻坚

在全面建成小康社会的过程中，黄河流域仍面临着脱贫攻坚的重要任务。作为诸多民族聚居的区域，其由于自然条件的限制及历史因素，产业基础不够雄厚，经济社会发展相对滞后。在这一前提下，积极发展经济，打赢脱贫攻坚战，解决好当地群众关心的饮水、黄河防洪、环境保护等问题，对维护民族团结、保持社会稳定有重要意义。

3. 确保经济发展与生态保护的平衡

黄河流域既是我国重要的经济区，也是重要的生态屏障。在经济方面，河套地区、黄淮海平原、汾渭平原是重要的农产品产区，粮食和肉类产量占全国的比例达到三分之一。黄河流域的煤炭、石油、天然气资源丰富，陕西、宁夏、山西是我国重要的能源、化工、原材料和基础工业基地。

黄河流域是我国重要的生态屏障之一，连接了青藏高原和黄土高原两大生态脆弱区，面临水土保持、沙漠治理、污水治理等一系列环保问题。黄河上游的三江源、祁连山等区域是国家重点生态功能区，不宜以产业经济为主，而应在国家生态补偿制度的支持下保护生态、涵养水源，为国家整体的生态安全提供保障。河套地区、汾渭平原等区域需要发展节水农业，提高农产品质量与产量，为区域和国家的粮食安全提供支持。下游的华北平原是我国重要的经济地带和人口密集区，经济发展条件好的中心城市要集约发展，提高产业和人口承载能力。

（三）民族地区、边疆地区的协调发展

民族地区、边疆地区是西部地区全面建成小康社会、实现基本公共服务均等化的重点区域和难点区域，也是区域协调必须大力扶持的区域。这些区域存在产业基础薄弱、基础设施缺乏、发展能力低、基本公共服务不完善等一系列问题。对于上述特殊区域的发展，国家已经给予特殊政策支持，旨在增强其可持续发展能力，全面推动这些区域各项事业的发展，努力缩小这些区域与发达地区的经济社会发展差距。

1. 发挥区位优势，促进民族地区、边疆地区开放开发

充分利用边疆地区、民族地区临边的独特区位优势和现有的合作基础，支持边境经济合作区、跨境经济合作区、沿边国家级口岸、开发开放试验区等区域的开放，推动我国新时期对外开放新格局的形成。实施更加积极主动的开放战略，深度融入"一带一路"建设，整体提高开放的总体水平，构建内陆与沿海地区联动的全方位开放新格局，把西部边疆地区、民族地区建设成为我国"一带一路"对外开放的重要基地和沿边开发开放经济带。

2. 保证现行标准下的发展质量

民族地区是脱贫攻坚的难点所在。2017年12月20日，中央经济工作会议指出："打好精准脱贫攻坚战，要保证现行标准下的脱贫质量，既不降低标准，也不吊高胃口，瞄准特定贫困群众精准帮扶，向深度贫困地区聚焦发力，激发贫困人口内生动力，加强考核监督"。根据民族地区的禀赋结构和发展阶段，把脱贫攻坚与县域经济发展有机结合起来，选择符合内部禀赋要求和外部市场需求的旅游业及相关产业、民族文化产业及相关产业、康养产业及相关产业和碳汇产业，是现阶段推动乡村振兴和县域经济发展的重要途径。精准扶贫的着力点由精准识别向精准帮扶、稳定脱贫转变，由关注脱贫速度向保证脱贫质量转变，由以开发式扶贫为主向开发式扶贫与保障式扶贫并重转变。

（四）优化对口帮扶政策，实现"精准帮扶"

1. 对口帮扶应兼顾经济与生态的可持续性

国家基于扶持西部欠发达地区的需要，鼓励经济发达省份对口帮扶西部欠发达的省份。由于西部地区范围广，各地区的经济发展水平差距较大，这种发展阶段的不同会导致欠发达地区与较发达地区在经济发展战略与发展措施上出现分化。不发达地区由于内生的对缓解经济增长的压力及对贫困治理的诉求，更加侧重于经济发展。较为发达地区倾向于向不发达地区转移低附加值、高能耗、高污染的产业，而欠发达地区也因发展的压力倾向于接纳这种具有高度负外部性的产业转移，但是这种方式只能在短期内收到成效，长期来看会因负外部性的积累与强化（如生态破坏与环境污染），最终导致西部地区长期利益受损。因此，对口帮扶应兼顾经济领域的可持续性与生态环境的可持续性。

2. 着力实现供需匹配的对口帮扶

一些贫困地区的自身条件有限，人力、物力、资源、产业等要素跟不上，无法承接帮扶项目；还有一些贫困地区需要的是"雪中送炭"的项目，送来的却是"锦上添花"的支援，供需错位反而会延迟贫困地区的脱贫时间。供需错位还表现为项目难度与当地扶贫干部的能力不匹配。有些帮扶项目实施周期长，完成难度大。当地宁要简单易做、短期有效的项目，也不愿或不敢选择颇具挑战、着眼长远的项目。这样就会错失贫困地区来之不易的脱贫良机。

在全面建成小康社会的条件下，扶贫工作已基本实现目标，要巩固扶贫成果，防止因病返贫等现象，需要因地制宜地采取多种策略。比如，国家适时调整东西部扶贫协作结对关系，并相应调整帮扶工作的内容和导向，如果被帮扶地区跟不上节奏，就难以保证优质项目引得进来、落得了地。只有及时调整具体政策，才能打通对口帮扶的全通道，实现以东部之长补西部之短，以东部的先发优势激发西部的后发效应。对口帮扶并非仅仅是简单的经济支援，更有价值的是提供帮扶的发达省份的发展经验和发展模式。由于经济发达省份的发展经验及发展模式的取得与完善是基于其特定的发展环境的，因此新的发展模式需要真正植根于接受对口支援的西部省份。

参考文献

[1] 杨光斌. 制度范式：一种研究中国政治变迁的途径 [J]. 中国人民大学学报，2003（3）：117-123.

[2] J.R.科斯. 财产权利与制度变迁 [M]. 上海：上海人民出版社，1994：375-377.

［3］肖建国. 民事诉讼程序价值论［M］. 北京：中国人民大学出版社，2000：5-6.

［4］高兆明. 政治正义：中国问题意识［M］. 北京：人民出版社，2014：237-238.

［5］齐晶晶，阎维洁. 制度创新与经济发展：新视角、新观点的分析［J］. 经济体制改革，2009（4）：31-35.

［6］汪增洋，张士杰. 中国城市群建设与区域协调发展："中国城市群发展高端论坛"综述［J］. 重庆大学学报（社会科学版），2018（5）：29-33.

［7］钟茂初. 经济增长：环境规制从"权衡"转向"制衡"的制度机理［J］. 中国地质大学学报（社会科学版），2017（3）：64-73.

［8］习近平. 在黄河流域生态保护和高质量发展座谈会上的讲话［EB/OL］. (2019-10-15)［2019-12-18］. http://www.xinhuanet.com/politics/leaders/2019-10/15/c_1125107042.htm.

——执笔人：周伟，浙江大学中国西部发展研究院

第二章　西部地区开放型经济发展研究

摘　要

　　20 世纪末，我国在国家层面开始实施西部大开发战略。从那时起，西部地区经济开始呈现加速发展态势。20 年来，西部地区经济社会发展及人民生活水平得到了较大提高，为新时期西部地区进一步推动开放型经济及高质量发展奠定了较为坚实的基础。随着国家区域发展战略总体布局不断完善，特别是随着"一带一路"建设的持续推进，西部地区的开放发展正面临前所未有的历史机遇。下一个 15 年，是西部地区高质量发展的关键时期，是全面建成小康成果的巩固期。西部地区应以开放型经济发展为重点，通过加快创新对外开放机制，挖掘"一带一路"建设红利，不断拓展西部地区经济社会发展新空间，在推动西部动力转换、结构转型的基础上，持续推动新时期西部地区高质量发展。

Abstract

Since the end of the 20th century，the country started the western development strategy，the economic development in the western region began to accelerate，the people's living standards continue to improve，which has laid a solid foundation for the development of the open economy in the western region. With the continuous improvement of the overall layout of the national regional development strategy，especially the continuous development of the "The Belt and Road" construction，the open development of the western region is facing unprecedented historical opportunities. The next 15 years will be a critical period for the high-quality development of the western region and the consolidation of the achievements of building a moderately prosperous society in an all-round way. The western region should focus on the development of an open economy，accelerate the mechanism of opening up to the outside world，tap the bonus of "The Belt and Road"，expand the new space for regional development，and strive to realize the dynamic transformation，structural transformation，upgrading and sharing development of the western region.

20 世纪末，我国在国家层面开始实施西部大开发战略。从那时起，西部地区经济开始呈现加速发展态势。20 年来，西部地区经济社会发展及人民生活水平得到了较大提高①。从经济总量看，统计数据显示，西部地区地区生产总值占全国的比重已由 2000 年的 17.04％提高到 2018 年 20.0％。此外，从增长速度看，西部地区地区生产总值增长速度超过全国平均水平，已逐步成为当前我国经济增长的新引擎。如图 2-1 所示，2018 年西部各省份地区生产总值平均增长率为 7.34％，仅次于中部地区 7.77％的平均增速，超过东部地区 6.45％的平均增速，其中西藏、贵州、云南位居全国前三位。

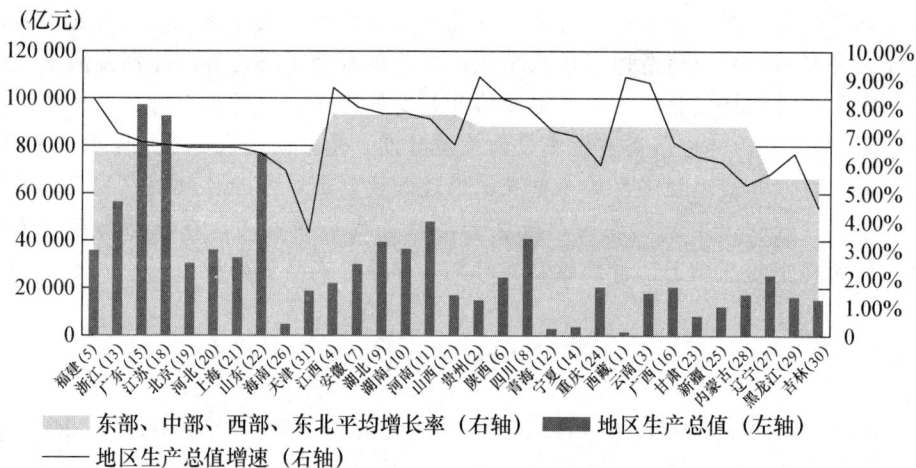

图 2-1　2018 年西部地区各省（区、市）地区生产总值增长率及其在全国的排名

注：括号中为增速排名。

资料来源：根据国家统计局数据整理。

然而，我们也应指出，西部地区的经济发展，与全国许多省份类似，也面临

---

① 郑长德. 开放带动："一带一路"建设与西部地区的经济发展［J］. 南开学报（哲学社会科学版），2017（3）：40-49.

着一些共同的问题。比如，西部大部分地区由于生态环境等方面的原因，面临较为严重的环境约束；同时，技术发展相对落后，在研发与技术方面也面临较大的约束。此外，西部各地区经济发展差距大，经济增长的平衡性亟待提高；西部许多省份发展的内生动力不足，经济增长的可持续性有待增强；许多地区开放型经济发展水平不高，经济发展的包容性有待提高。现结合郑长德等人的研究①，总结如下：

首先，通过分析西部地区的产业结构，可以发现：在西部许多省份，其产业结构中，资源型产业还是占相当高的比重，而加工制造业占比不高，其中高新技术产业占比还是较低；从服务业来看，西部地区的服务业大多是低端服务业，相对来说，中、高端服务业占比不高；而且，西部一些地区还存在对产业结构进行逆向调整的问题。

其次，从西部地区发展的驱动力来看，投资主要以政府投资为主，包括直接投资与间接投资，民间投资与市场投资相对来说还比较弱。从投资来源看，来自中央以及本地区之外的其他地区地方政府的投资占西部地区投资的绝大部分，相对来说，国外直接投资所占比重还比较低。此外，从发展驱动类型上看，要素投入驱动占相当大的成分，而创新驱动力明显不足，地区全要素生产率还是比较低。

最后，在发展的包容性及可持续方面，虽然到 2020 年我国已全面建成小康社会，但西部地区相对贫困人口还比较多，城乡、行业及区域间发展不平衡问题比较突出，资源利用效率比较低，发展的共享性及可持续性等尚有待进一步提高。

下一个 15 年是西部地区高质量发展的关键时期，是全面建成小康成果的巩固期。随着国家区域发展战略总体布局不断完善，特别是"一带一路"建设的持续推进，西部地区的开放发展正面临前所未有的历史机遇。因此，在下一个 15 年中，西部地区应紧紧抓住"一带一路"建设带来的发展契机，以开放型经济发展为重点，不断拓展西部地区经济社会发展新空间，在推动西部动力转换、结构转型的基础上，持续推动新时期西部地区高质量发展。

一、西部地区开放型经济发展概述

随着对外开放战略的分层、有序推进，我国已逐步形成了"全方位、多层次、宽领域"的对外开放格局。随着对外开放形势的变化，在我国对外开放格局

① 郑长德. 开放带动："一带一路"建设与西部地区的经济发展〔J〕. 南开学报（哲学社会科学版），2017（3）：40—49.

中，西部地区开放已经显得越来越重要，其不仅是我国对外开放格局的重要组成部分，而且是我国推动开放型经济发展的重要环节，同时也是我国促进区域协调发展的必然选择。随着我国对外开放不断扩大及持续深化，西部地区的开放型经济获得了长足的发展。

（一）西部地区开放型经济发展的总体情况

综观近十年全国各省（区、市）的对外开放情况，北京、上海、广东、江苏、浙江、天津、福建等省份始终走在全国前列，而贵州、内蒙古、甘肃、宁夏、青海、西藏和新疆等西部省份综合开放水平始终位于全国后列。如图 2-2 所示，根据国家发改委国际合作中心研发的中国区域对外开放指数，2017 年我国东部、中部、西部及东北四大区域的对外开放指数综合得分情况是，东部区域综合得分为 30.45，中部地区综合得分为 17.6，东北地区综合得分为 19.23，而西部地区综合得分最低，为 12.11。

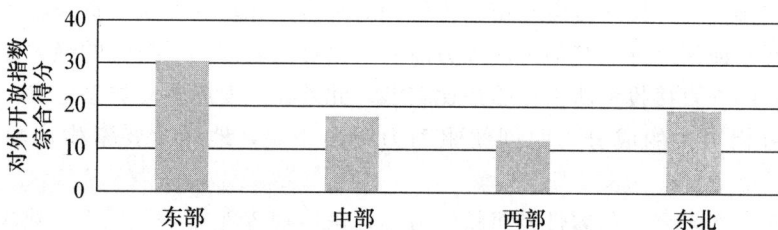

图 2-2 2017 年四大区域对外开放指数综合得分情况

资料来源：国家发改委国际合作中心. 中国对外开放 40 年. 北京：人民出版社，2018.

总体来说，在对外开放度方面，与全国其他地区相比，西部地区还是相对落后的，究其原因，主要在于①：一是由于区位优势、发展战略及政策倾斜等方面原因，我国长期形成了以东部沿海为主导的对外开放格局，而包括西部地区在内的其他地区，其对外开放及开放型经济发展都是依靠东部沿海的对外开放带动的。二是由于交通地理环境、基础设施、运输成本等方面原因，西部地区对外贸易发展相对困难，这也在很大程度上决定了东西部对外贸易及开放型经济发展的差距在不断拉大。

此外，如图 2-3 所示，从西部地区内部来看，西部内陆省份对外开放指数综合得分要明显高于沿边省份。西部地区周边国家大多属于经济发展水平不高的发展中国家，市场相对狭窄，产品的需求层次也不高，这在很大程度上导致了西

---

① 亢晨. "一带一路"倡议下西部地区经济发展的机遇与挑战 [J]. 马克思主义学刊，2017（3）：97-102.

部沿边地区的出口产品以低端机电产品和轻工业产品等劳动密集型产品为主，进口方面也主要以矿产、能源等初级产品为主，对外开放层次较低。①

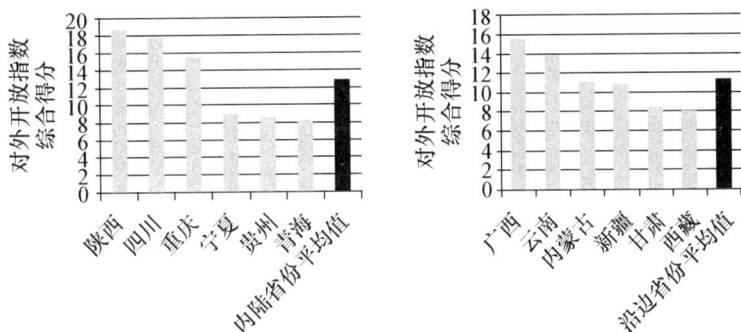

图 2-3　2017 年西部内陆及沿边省份对外开放指数综合得分

资料来源：国家发改委国际合作中心. 中国对外开放 40 年. 北京：人民出版社，2018.

1. 对外贸易

在经济全球化与区域化发展持续深入的情况下，全球各个国家和不同地区之间在经济上的相互联系不断加强。我国西部地区也是如此，通过开展对外贸易，西部各省（区、市）也逐步被纳入国际经济运行轨道。如图 2-4 所示，"在'十

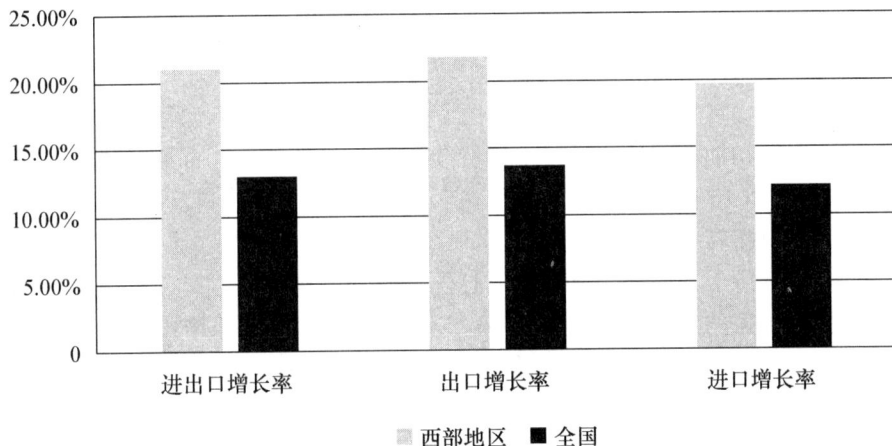

图 2-4　"十二五"时期西部地区与全国进出口贸易增长情况比较

资料来源：郑长德. 开放带动："一带一路"建设与西部地区的经济发展［J］. 南开学报（哲学社会科学版），2017（3）.

---

① 刘婷. "一带一路"战略背景下中国西部沿边开放模式研究［D］. 成都：西南民族大学，2015.

二五'初期西部地区进出口总额不到170亿美元，到'十二五'末已达2 900多亿美元，在'十二五'期间年平均增长率高达21.04%。其中，出口年平均增长率达21.83%，进口年平均增长率达19.72%；同期，全国进出口年平均增长率仅为13.00%，其中出口为13.68%，进口为12.17%，西部地区的增长率远高于全国水平"[1]。

"十二五"时期，西部地区对外贸易在全国的地位有了较大提升。如图2-5所示，"进出口总额占全国的比重2000年不到3.5%，2015年达到7.38%；其中出口占比从2000年的3.98%提高到2015年的8.46%，同期进口占比由2.96%提高到5.92%"[2]。

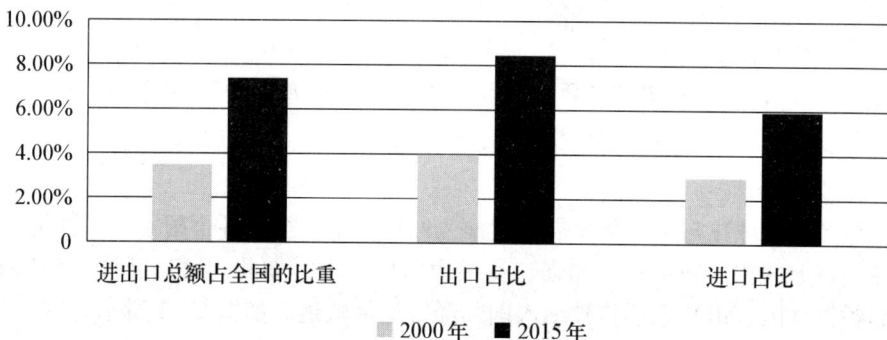

图2-5 "十二五"时期西部地区进出口总额占全国比重情况比较

资料来源：郑长德. 开放带动："一带一路"建设与西部地区的经济发展. 南开学报（哲学社会科学版），2017（3）.

"十三五"初期西部地区进口出口持续两年有一定程度的下降。如图2-6所示，2015年、2016年西部地区与"一带一路"国家的进出口额连续两年下降，但到2017年就扭转了连续下降的局面。

如图2-7所示，根据国家信息中心公布的资料与数据，2017年西部地区与"一带一路"国家的进出口总额为1 434.2亿美元，较2016年增长了193亿美元，占我国与"一带一路"国家进出口总额的10.0%。其中，出口额为687.9亿美元，较2016年下降了65亿美元，占我国对"一带一路"国家出口额的8.9%；进口额为746.3亿美元，较2016年增长了259亿美元，占我国与"一带一路"国家进口额的11.2%。

---

[1] 郑长德. 开放带动："一带一路"建设与西部地区的经济发展 [J]. 南开学报（哲学社会科学版），2017（3）：40-49.

[2] 同[1].

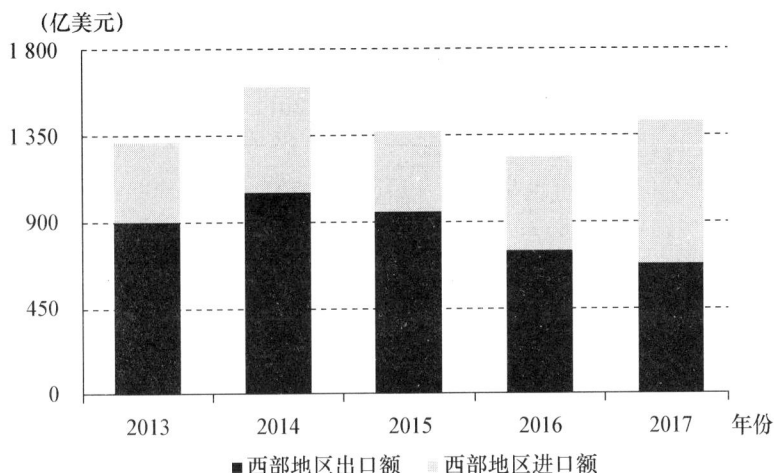

图 2-6　2013—2017 年西部地区与"一带一路"国家进出口额

资料来源：中商产业研究院. 2018 "一带一路" 贸易数据分析：西部地区进口增长明显. http://www. askci. com/news/finance/20180517/1012341123316. shtml, 2018-05-17.

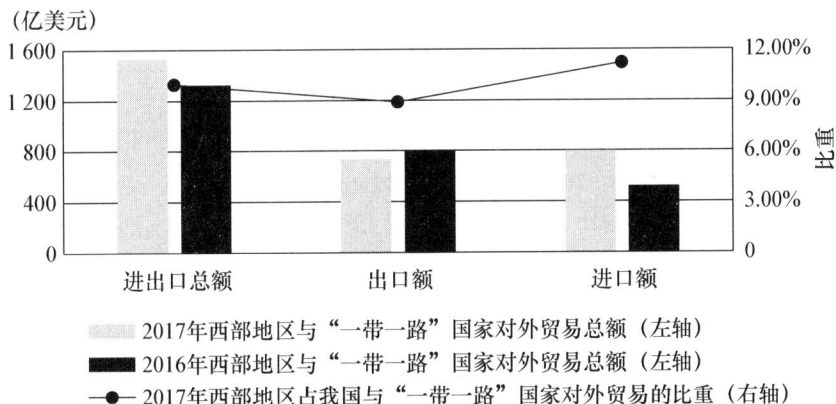

图 2-7　2016—2017 年西部地区与"一带一路"进出口情况

资料来源：中商产业研究院. 2018 "一带一路" 贸易数据分析：西部地区进口增长明显. http://www. askci. com/news/finance/20180517/1012341123316. shtml, 2018-05-17.

2. 利用外资

利用外资情况在很大程度上反映了某地区的资本开放程度。由于区位地理的限制，长期以来西部地区一直处于全国开放的末梢，同时也成了利用外资的末端及落后区域。据统计，自西部大开发战略实施以来，西部地区外商直接投资由 2000 年的 21.4 亿美元上升至 2017 年的 263.7 亿美元，但仍然远远低于东部地区 1 535.5 亿美元和中部地区 717.2 亿美元的水平。17 年间，西部地区实际利用外商直接投资额年均增长 16%，而中部地区年均增长 21%。在 2000 年，西部地区与中部地区实际利用外商直接投资仅相差 8 亿美元，到了 2017 年，这一差距扩大到 454 亿美元。

如图 2-8 所示，根据中国宏观经济研究院卢伟等的分析，在 2000 年到 2011 年期间，西部地区的外资依存度略有上升，但在 2011 年到 2017 年之间，西部地区外资依存度呈下降趋势，整体下降了 35%。如图 2-9 所示，西部地区实际利用外商直接投资额占全国的比重也呈现先升后降的趋势，先由 2000 年的 4.7% 上升至 2011 年的 12.2%，后又下降至 2017 年的 9.9%。数据显示，推进"一带一路"建设五年来，西部地区实际利用外资占全国的比重不升反降。

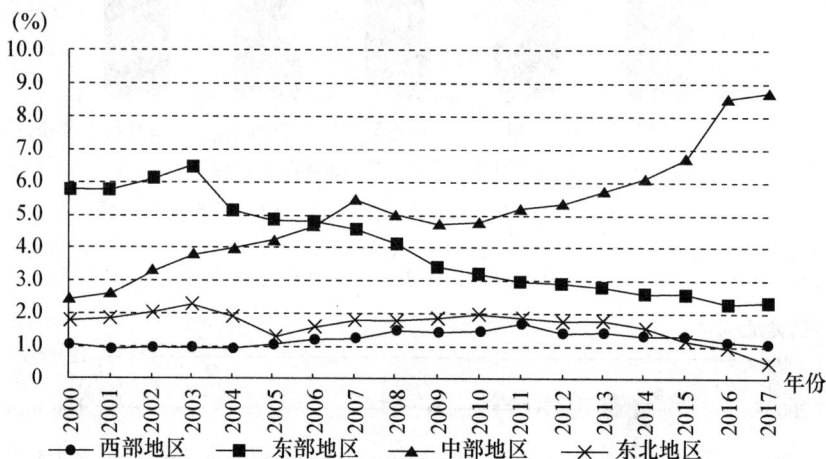

图 2-8　2000—2017 年各区域外资依存度变化情况

资料来源：卢伟，李大伟. 是什么在阻碍西部地区对外开放?. 中国经贸导刊，2018（30）.

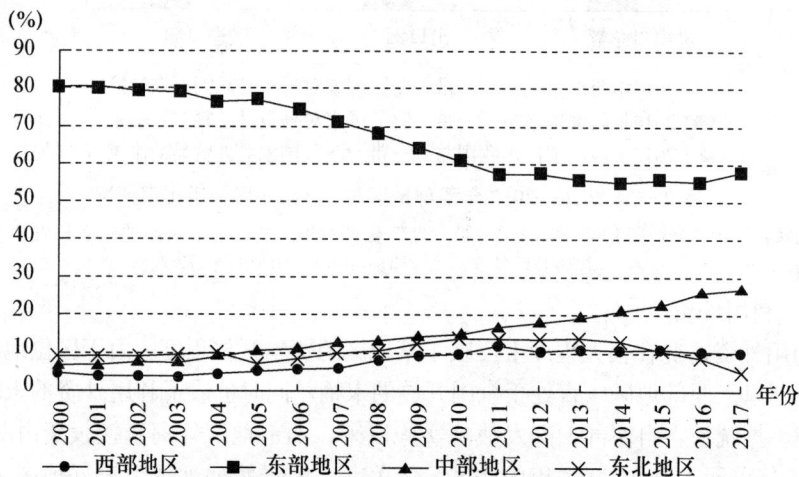

图 2-9　2000—2017 年各区域实际利用外商直接投资额占比变化情况

资料来源：卢伟，李大伟. 是什么在阻碍西部地区对外开放?. 中国经贸导刊，2018（30）.

3. 国际旅游

西部地区旅游资源具有较为独特的特点：不仅在数量上非常丰富，而且大都具有独特、较高的价值品质。随着西部地区开放型经济发展，西部地区旅游业已经形成一定的国际影响力。从目前情况看，西部地区国际旅游已有长足的发展，为新时期的进一步发展打下了良好的基础。如图 2 - 10 所示，"十二五"期间，西部地区国际旅游外汇收入从 2000 年的 15.89 亿美元，到增长到 2015 年的 114.42 亿美元，2015 年占地区生产总值的比重为 0.49%，仅次于东部地区的 0.855%，高于东北的 0.297% 及中部的 0.266%。①

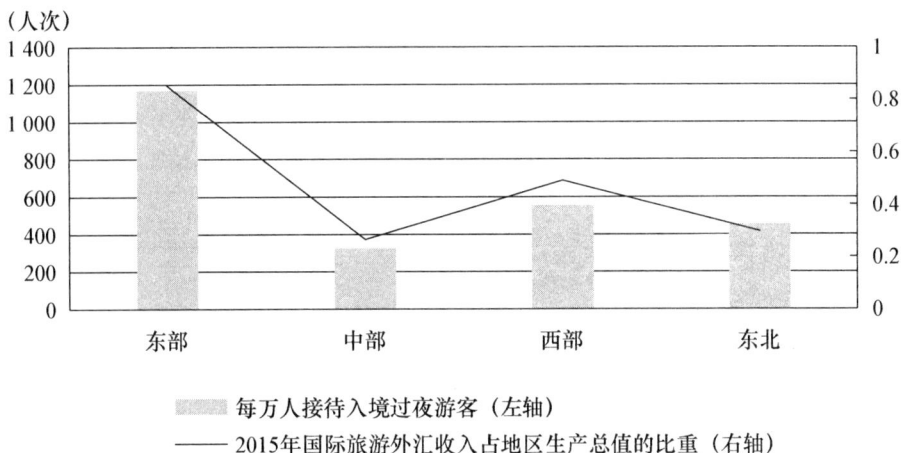

每万人接待入境过夜游客（左轴）

——2015年国际旅游外汇收入占地区生产总值的比重（右轴）

图 2 - 10　"十二五"末我国各区域国际旅游情况比较

资料来源：郑长德. 开放带动："一带一路"建设与西部地区的经济发展. 南开学报（哲学社会科学版），2017（3）.

从每万人接待入境过夜游客这一指标来看，2015 年西部地区为 555 人次，仅次于东部地区的 1 170.78 人次，高于东北的 452.69 人次及中部的 323.26 人次。综合上述指标来看，近年西部地区国际旅游发展速度较快，然而相对于发达省份，其发展潜力及进一步拓展的空间还是很大的。

此外，在西部地区内部，旅游业的发展也呈现出明显的差异性。"十三五"以来，西部地区成都、西安、重庆和昆明等城市旅游业快速发展的趋势尤为明显。如图 2 - 11 及图 2 - 12 所示，从旅游业收入来看，2016 年至 2018 年，成都、重庆、西安等西部主要城市旅游业收入增幅超过东部的杭州市及全国平均水平；重庆、西安等西部主要城市游客增幅超过东部的杭州市及全国平均水平。

---

① 郑长德. 开放带动："一带一路"建设与西部地区的经济发展 [J]. 南开学报（哲学社会科学版），2017（3）：40-49.

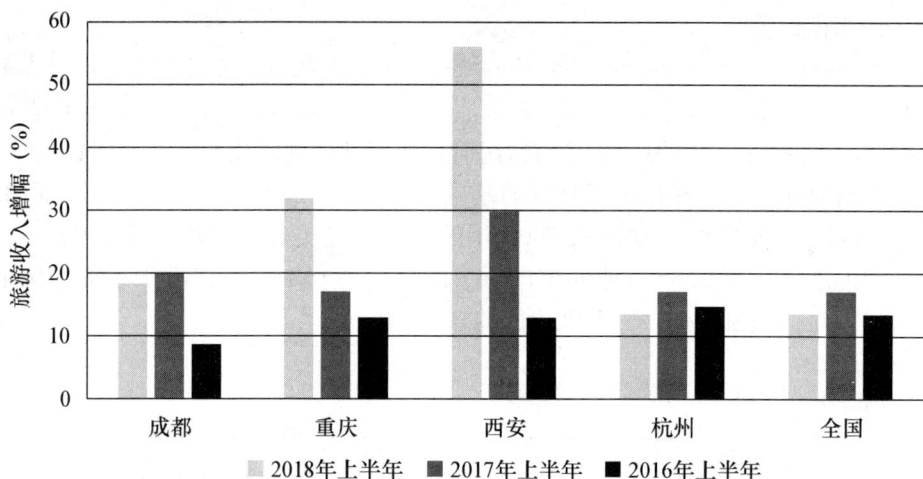

图 2 - 11　2016—2018 年上半年东西部主要城市旅游业收入情况比较

资料来源：搜狐新闻网。

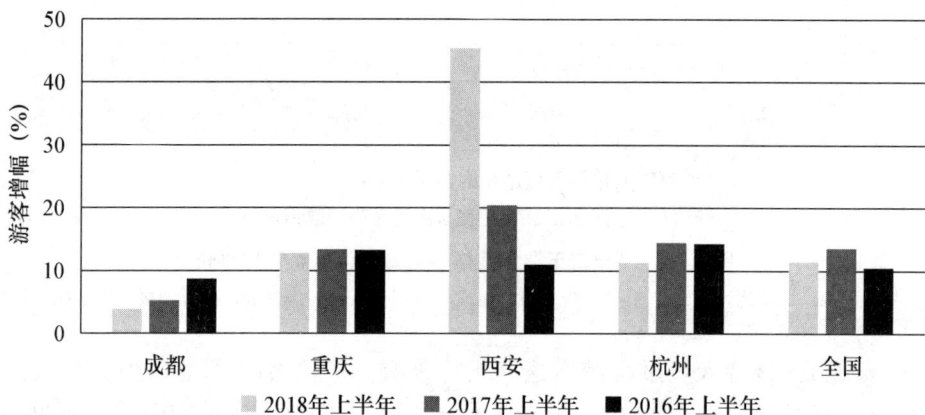

图 2 - 12　2016—2018 年上半年东西部主要城市游客情况比较

资料来源：搜狐新闻网。

其中，西安市 2018 年上半年旅游业增长最为明显。游客数量和旅游业总收入较 2017 年同期分别增长了 45.36％和 56.32％。

（二）"一带一路"倡议重构西部地区对外开放新格局

推进"一带一路"建设工作领导小组办公室于 2019 年 4 月 22 日发表的《共建"一带一路"倡议：进展、贡献与展望》指出，共建"一带一路"重点面向亚欧非大陆，更向所有伙伴开放，跨越不同国家地域、不同发展阶段。截至 2019 年 10 月底，我国已同全球 137 个国家和 30 个国际组织签署了共建"一带一路"合作文件。因此，从全球来看，"一带一路"已成为世界跨度最大、覆盖最广的新兴经济带。此外，从国内来看，"一带一路"也覆盖了我国绝大多数省（区、市），其中包括大部分西部地区。甄晓英等认为，随着"一带一路"建设稳步持续推进，西部地区正逐步利用国内国际两个市场、两种资源，加快构筑"海陆统筹、东西互济、面向全球"的开放型经济发展新格局，以下结合其研究做一总结。①

1. 西部地区成为全国对外开放的新前沿

从区域地理条件来说，西部地区各省份本身就具有面向欧亚大陆开放的天然优势。比如，在西北地区，在区域地理上，甘肃、青海、宁夏、西藏、新疆等西部省份，与蒙古、俄罗斯、中亚五国、巴基斯坦、印度、尼泊尔等周边国家是接壤的，而且从历史上看，这些省份很早就与周边国家存在边境贸易；此外，从资源禀赋与经济发展的关系看，这些省份也与周边国家存在较大的差异性以及互补性。

在与东盟国家合作的过程中，西南地区的省份具有明显的区位优势，比如四川、重庆、广西、贵州及云南等省份。随着"一带一路"建设，特别是"丝绸之路经济带"建设的推进，"许多西部内陆省份已成为国际物流通道的关键节点，从原来的末梢逐步向节点区位转变，在很大程度上为内陆省份创造了新的竞争优势。2016 年 9 月，国家批准新设了陕西、四川与重庆三个西部省市的自由贸易试验区。由此，就填补了西部省份此前无自贸区之空白"②。陕西省自贸区通过改革与试验，积极探索内陆改革开放新路径，努力打造西部内陆开放型经济新高地，实现内陆与沿海、沿边、沿江同步协同开放；重庆市自贸区的主要功能，是通过改革试验带动西部大开发战略实施的不断深入；此外，甘肃、宁夏和内蒙古等西部省（区、市）在西部地区开放型经济发展中凭借丰富的自然资源及日益增强的综合实力来支撑西部地区的对外开放。在"一带一路"建设及国家对外开放中，西部地区所扮演的角色及所处的地位将越来越重要，已经成为国家向西开放的桥头堡和排头兵，并从内陆腹地开放的末梢逐步转变为国家向西开放的前沿地带。

2. 西部地区对外开放理念呈现新变化

第一，由被动开放向主动开放转变。从 20 世纪 80 年代以来，我国的对外开放一直推行以东部沿海为主导的战略，而西部地区的对外开放，其实主要是受东部沿海对外开放带动的，是一种在东部沿海带动下的"被动开放"。"十二五"以来，西部地区的经济总量持续增加，地区生产总值、全社会固定资产投资增长迅猛，无论是发展模式，还是产业形态，抑或动力结构等方面，都已经发生了很大的变化。特别是"一带一路"倡议提出以来，西部地区正加快对外开放步伐，开

---

① 甄晓英，马继民. "一带一路"战略下西部地区的对外开放与机制创新 [J]. 贵州社会科学，2017（1）：130−135.

② 同①.

放型经济发展呈现新的变化趋势，对外开放由原来的被动开放开始转向主动开放，而开放的目的则主要是不断优化升级经济结构，并实现经济发展的创新驱动。

第二，由单向开放向双向开放转变。"十二五"以来，"西部地区的进出口规模年平均增长 294%。进出口贸易也逐渐从原有的'大进大出'模式向'优进优出'模式转变，进出口双向平衡的对外贸易格局正在逐渐形成"①。由于"一带一路"建设而导致的设施联通、政策沟通等"五通"情势的变化，一改以往单向引入资金、技术、管理经验等要素的开放态势，西部地区与"一带一路"沿线国家间的经贸合作与人文交流更加密切，教育、医疗、金融等服务业领域的开放也不断扩大。

第三，由着眼自身利益向互利共赢转变。通过联通亚太、欧洲两大板块经济圈，"一带一路"建设推动构建各国联动、共享的发展模式与相互间利益关系，这就将以往西部各省份依靠自身力量独立发展的模式，转变为融入两大板块经济圈，与沿线国家互利共赢、共同进步的发展模式。通过综合运用自身在产业、技术、市场、能源、资金等方面所具有的比较优势，西部地区可与"一带一路"沿线国家在诸多领域开展合作，共同打造丝绸之路经济带，实现互利共赢发展。

3. 体制机制创新成为西部开放型经济发展的新重心

当前，"一带一路"建设已成为"推进西部各省（区、市）聚集优质资源、提升区位优势的现实动力，西部各地政府都对共建'一带一路'所释放出来的'发展红利'有着较高的期待"②。然而，作为新一轮我国对外开放的重大战略，与开放初期的政策体系相比，"一带一路"建设中的对外开放，无论开放的内涵与特征，还是开放的支撑体系与政策工具选择方面，都已发生重大变化。

随着传统税收、土地、补贴等政策工具运用空间日益受到限制，以"一带一路"为主导的新一轮对外开放，开始将关注重点转向内外资公平竞争环境的构建。因此，随着政策体系改革的持续深化，新一轮对外开放将会推动地区制度及经济发展模式转变，从而倒逼包括西部各省（区、市）在内的地方政府逐渐摆脱传统发展路径依赖，形成理性政策预期，将开放型经济发展的重心转向制度创新与政府职能转变，大力推进"放管服"改革，不断优化营商环境，通过创新对外开放体制机制，努力突破传统体制机制的束缚，加快构建开放型经济体制，逐步形成"与现行国际规则相衔接的制度体系与监管模式，推动形成要素流动便利化的格局，在市场对配置资源起决定性作用的基础上，充分发挥政

---

① 甄晓英，马继民."一带一路"战略下西部地区的对外开放与机制创新 [J]. 贵州社会科学，2017（1）：130-135.

② 同①.

府的作用"①。

4. 西部各省（区、市）对外开放有了新的战略定位

如前所述，"一带一路"建设覆盖了我国西部绝大部分省（区、市），在为西部地区开放发展提供良好机遇的同时，也赋予了西部各省（区、市）发展新定位。据国家发展和改革委员会、外交部、商务部联合发布的《推动共建丝绸之路经济带和 21 世纪海上丝绸之路的愿景与行动》，在西北方向，要"发挥陕西、甘肃综合经济文化和宁夏、青海民族人文优势，打造西安内陆型改革开放新高地，加快兰州、西宁开发开放，推进宁夏内陆开放型经济试验区建设，形成面向中亚、南亚、西亚国家的通道、商贸物流枢纽、重要产业和人文交流基地。发挥内蒙古联通俄蒙的区位优势，完善黑龙江对俄铁路通道和区域铁路网，以及黑龙江、吉林、辽宁与俄远东地区陆海联运合作，推进构建北京—莫斯科欧亚高速运输走廊，建设向北开放的重要窗口"。

在西南方向，要"发挥广西与东盟国家陆海相邻的独特优势，加快北部湾经济区和珠江—西江经济带开放发展，构建面向东盟区域的国际通道，打造西南、中南地区开放发展新的战略支点，形成 21 世纪海上丝绸之路与丝绸之路经济带有机衔接的重要门户。发挥云南区位优势，推进与周边国家的国际运输通道建设，打造大湄公河次区域经济合作新高地，建设成为面向南亚、东南亚的辐射中心。推进西藏与尼泊尔等国家边境贸易和旅游文化合作"。

明确西部各省（区、市）在"一带一路"建设中的定位，有利于在西部地区开放型经济发展过程中，充分发挥各自的比较优势，减少西部各地区低层次的竞争，形成优势互补、各具特色的开放特征，从整体上形成西部地区开放型经济良性互动、互相促进的局面，从根本上重塑西部地区开放型经济发展的新格局。

二、西部地区开放型经济发展比较研究

在十八届五中全会上，中央提出要坚持开放发展之理念，通过共建"一带一路"，积极构建全面开放的新格局。"一带一路"特别是"丝绸之路经济带"涵盖了我国西部绝大部分地区，根据 2015 年国家发展和改革委员会、外交部、商务部联合发布的《推动共建丝绸之路经济带和 21 世纪海上丝绸之路的愿景与行动》，西北地区的陕西、甘肃、青海、宁夏、新疆，以及西南地区的重庆、四川、云南、广西等省份都是"一带一路"建设的重要成员，内蒙古也以其"向北开放

---

① 甄晓英，马继民. "一带一路"战略下西部地区的对外开放与机制创新 [J]. 贵州社会科学，2017（1）：130-135.

桥头堡"之定位，成为"丝绸之路经济带"国内段建设的重要一员。由此可知，推进"一带一路"建设既是国家在经济新常态下扩大向西开放的重要部署，也是西部地区实现开放型发展的重大机遇。

自1999年11月中央部署实施西部大开发战略以来，西部区域整体开放型经济发展水平有了一定程度的提升，开放型发展的内涵也有了丰富与深化。然而，自身经济基础比较薄弱，对外开放启动时间相对较迟等诸多原因，致使西部地区开放型经济发展水平整体上落后于东部与中部地区，不仅拉大了西部与东部、中部间的经济差距，不利于区域间的协调发展，而且同时也使西部地区成为全国发展的短板，也不利于全国经济高质量发展与整体实力的提升。此外，西部地区不仅开放型经济发展整体水平相对较低，而且各省（区、市）之间也存在显著的差异。因此，如何在共建"一带一路"的背景下，积极拓展西部各省（区、市）开放型经济发展的空间，努力提升开放型经济发展水平，进一步缩小西部各省（区、市）之间的差距，也是西部地区高质量发展所面临的重大课题。

如表2-1所示，2018年国家发改委国际合作中心提出了对外开放指数指标体系，主要由经济开放度、技术开放度、社会开放度3个一级指标、9个二级指标和26个三级指标构成，我们用此作为评价西部各省（区、市）开放型经济发展水平的指标体系。在此基础上，获取我国西部各省（区、市）对外开放水平综合得分，并以此评价西部各省（区、市）开放型经济发展水平。以下参考等谢婷婷等的研究，拟将西部各省（区、市）依开放型经济发展水平划分为发达型开放区、中等型开放区及落后型开放区三个不同的类别，进而展开细致分析①。

表2-1　　　　西部各省（区、市）开放型经济发展综合评价指标体系

一级指标	二级指标	编号	三级指标
经济开放度	贸易往来	1	出口依存度
		2	进口依存度
		3	国际旅游外汇收入占比
	投资往来	4	实际利用外资占比
		5	外商及港澳台投资企业数占比
		6	外商投资企业产值占比
		7	非金融类直接对外投资与GDP的比值
	要素流动	8	每万人年末在外人数
		9	对外承包工程业务完成营业额占比
		10	外币存款余额

① 谢婷婷，马洁. 丝绸之路经济带视阈下西部10省开放型经济发展水平评价与提升：基于灰色聚类分析［J］. 西部金融，2016（11）：13-19.

续表

一级指标	二级指标	编号	三级指标
技术开放度	知识获取	11	每万人在校大学生数
		12	国际会议论文交流数
	创新能力	13	高新科技人员数
		14	高新区 R&D 经费内部支出
		15	每万人专利授权数
	产业化水平	16	高新企业出口创汇额
		17	高新企业工业总产值占比
		18	高新科技产业化支出
社会开放度	人员往来	19	接待入境外国旅游者数
		20	对外航空便利度
	信息流动	21	每万人国际互联网用户数
		22	每万人移动电话数
		23	城市国际搜索关注度
	文化交融	24	每万人涉外及港澳台居民登记结婚比例
		25	艺术表演场馆机构数
		26	人均公共图书馆藏书数

资料来源：国家发改委国际合作中心. 中国对外开放 40 年. 北京：人民出版社，2018.

（一）总体情况

如图 2-13 所示，推进"一带一路"建设的背景下，根据开放型经济发展水平来看，可以将西部各省（区、市）分成三个层次：

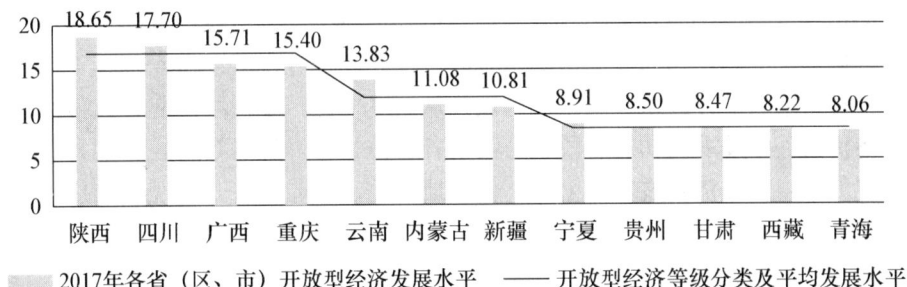

图 2-13 西部各省（区、市）2017 年开放型经济发展水平及分类

资料来源：国家发改委国际合作中心. 中国对外开放 40 年. 北京：人民出版社，2018.

第一层次是发达区域，包括陕西、四川、广西、重庆四个省（区、市），对外开放指数分别是 18.65、17.70、15.71、15.40，在西部开放型经济发展区域中属第一梯队；

第二层次是次发达区域，包括云南、内蒙古、新疆三个省区，对外开放指数分别是 13.83、11.08、10.81，在西部地区属第二梯队，是次发达的开放型经济发展区域；

第三层次是落后区域，包括宁夏、贵州、甘肃、西藏、青海五个省区，对外开放指数分别是 8.91、8.50、8.47、8.22、8.06，在西部地区属第三梯队，是西部地区开放型经济发展最落后的区域。

此外，从开放型经济的发展特点及成因来看，可以将西部各省（区、市）分成三种类型：

第一类是内源型开放发展区域，包括陕西、四川、重庆等地区，这些地区都属于内陆省份，开放型经济发展主要不是凭借沿边沿海的区位地理优势，其相对发达的开放型经济主要源于先发的开放实践、成熟的经济体系及强劲的资源配置能力等内生能力。

第二类是外源型开放发展区域，包括广西、云南、新疆、内蒙古等地区，这些地区的开放型经济发展主要不是源于经济体的内生能力，而是得益于其优越的沿边区位地理位置，以及由此而形成的出口、技术及劳务输出等方面的优势。

第三类是其他类型开放发展区域，包括宁夏、贵州、甘肃、西藏、青海等省份，这些地区既没有和第一类区域一样形成较强的内生发展能力，也没有和第二类区域一样充分发挥沿边区域地理优势，因而在开放型经济发展方面相对落后。

此外，相对来说，在"丝绸之路经济带"沿线省（区、市）中，西北各省（区、市）的开放型经济发展水平要远落后于西南各省（区、市）。比如，西南陕西、四川、重庆、广西及云南等省（区、市）都属于发达型或次发达开放型经济发展区域。与此相反，西北地区除了陕西之外，其余省（区、市）基本上都属于落后或相对落后的开放型经济发展区域。从总体上说，现阶段西北各省份的开放型经济仍然处于发展的初级阶段，与西南各省份相比，仍然存在较大的差距，主要表现如下：从经济发展实力上看，西北地区整体较弱；从开放经济的广度与深度来说，尚不够充分；从开放的潜力上讲，仍然需要进一步提升。

（二）分类比较

为了进一步明确当前西部各省（区、市）在开放型经济发展中所具有的优势与劣势，以下将西部各省（区、市）分为三种类型，在此基础上对西部各省（区、市）开放型经济发展及其特点做深入的对比分析。

1. 内源型开放发展区域：陕西、四川、重庆

从区域地理看，这三个省市都位于我国西部的中心腹地，不沿边，不沿海，然而这三个省市下辖成渝及关中—天水两个经济区，属内陆开放型经济发展区域，是我国的内陆开放高地。

以陕西省为例，陕西在区域地理上既不沿边也不沿海。这一区位条件曾一度令陕西省在改革与开放的大潮中落伍。随着"一带一路"建设的推进，陕西紧紧抓住这一有利时机，通过推动枢纽经济、流动经济及门户经济发展，形成了高密度的交通网络，逐步成为交通网络中心枢纽、要素聚集核心区及内陆开放新高地。据统计，从高速公路通车里程来看，目前陕西已突破5 000公里；从驶向全国的高铁列车来看，仅西安北站就达到了每天245对；从联通全国的客货运航线来看，咸阳国际机场就有347条，可以通达全球29个国家55座城市，其中，"一带一路"沿线就有14个国家28座城市。中欧班列基本实现了对中亚及欧洲等主要货源地的全覆盖，班列开行数量快速增长。其中，"长安号"中欧班列开通11条线路，2018年实载开行1 235列，货运量、重载率及实际开行量等指标均居于全国前列。此外，陕西还努力探索"引进来"与"走出去"的途径，进一步深化与拓展对外开放，努力增强内陆开放型经济发展活力。虽然当前国际经济发展中不稳定因素较多、发展动能不足，但在美执意发动贸易战的背景下，2018年陕西省进出口贸易仍持续高速增长（见图2-14），对外承包工程业务在西部各省份中位于前列，外商投资企业数量快速增长，旅游业发展势头良好。

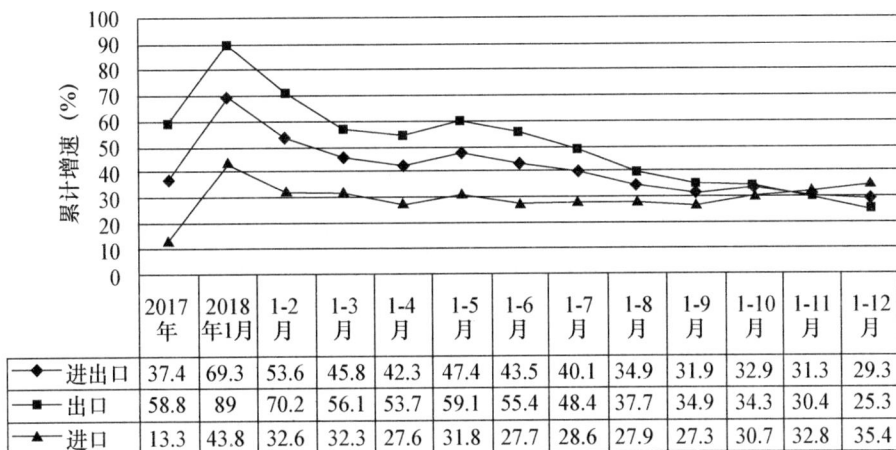

	2017年	2018年1月	1-2月	1-3月	1-4月	1-5月	1-6月	1-7月	1-8月	1-9月	1-10月	1-11月	1-12月
进出口	37.4	69.3	53.6	45.8	42.3	47.4	43.5	40.1	34.9	31.9	32.9	31.3	29.3
出口	58.8	89	70.2	56.1	53.7	59.1	55.4	48.4	37.7	34.9	34.3	30.4	25.3
进口	13.3	43.8	32.6	32.3	27.6	31.8	27.7	28.6	27.9	27.3	30.7	32.8	35.4

图2-14 2018年陕西省进出口累计增速

资料来源：陕西省统计局。

其次，以重庆为例，重庆近年紧紧围绕习近平总书记关于"两点""两地""两

高"的要求①，围绕大通道、大平台、大投资、大通关和大产业发展，加快推进内陆国际物流枢纽及口岸高地建设，努力打造内陆型开放高地，开放型经济发展取得了明显的成效，在新一轮开放的总体布局及全国城市开放发展的竞争之中脱颖而出。

如图 2-15 所示，据重庆统计局数据，2018 年重庆市对外贸易持续增长，加工贸易支撑明显。全年进出口总值 5 222.62 亿元，同比增长 15.9%。其中，出口 3 395.28 亿元，增长 17.7%；进口 1 827.34 亿元，增长 12.5%。此外，重庆市加工贸易进出口 2 632.40 亿元，增长 26.9%，占同期全市外贸总值的 50.4%，比重较上年提升了 4.4 个百分点。

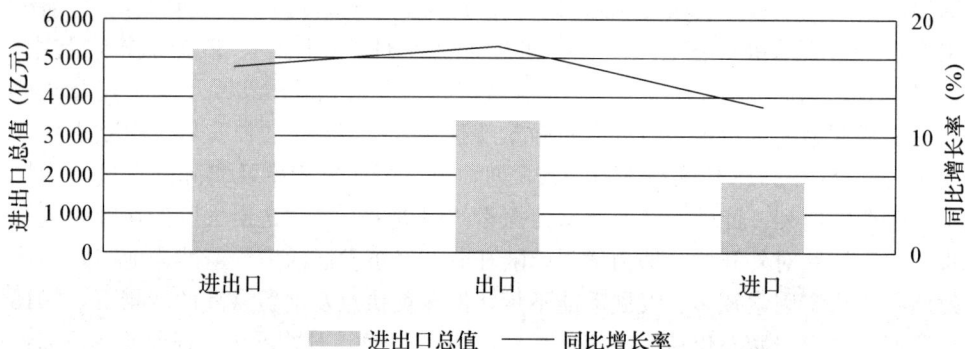

图 2-15　2018 年重庆市进出口总量及增速

资料来源：重庆市统计局。

2. 外源型开放发展区域：广西、云南、新疆、内蒙古

这几个省份在区位地理上都位于我国沿边地区，而且都具备发展边境贸易的区位地理优势。其中，广西、云南是向西南开放的主要通道，而新疆、内蒙古是向北开放的重要窗口。

以广西为例，广西是我国唯一与东盟海陆相连的省份，同时也是西南地区出海、出边的大通道。近几年来，广西贯彻落实中央赋予广西的"三大定位"新使命，即：面向东盟的国际大通道、西南中南开放发展的战略新支点以及"一带一路"有机衔接的重要门户，推行开放带动战略，努力提高开放型经济发展水平，形成了"四维支撑、四沿联动"的全方位开放发展的新格局。

所谓"四维支撑"，一是向南深化以东盟国家为重点的"一带一路"沿线的开放合作。东盟已经连续 19 年是广西最大的贸易伙伴，2018 年广西与东盟的进

---

① 所谓"两点""两地""两高"，是指西部大开发重要战略支点、"一带一路"和长江经济带联结点，建设内陆开放高地、山清水秀美丽之地，推动高质量发展、创造高品质生活。

出口额达 2 061.5 亿元，占广西进出口总额的 50.2％。二是向东提升以粤港澳台为重点的开放合作。充分发挥毗邻粤港澳的区位优势，综合劳动力成本、产业承接及生态环境等各方面优势，通过推进设施联互、统筹产业对接融合等途径，积极融入粤港澳大湾区发展。三是向西向北以服务西南、中南地区为重点推动开放发展。与贵州、重庆等省市合作推动西部陆海新通道建设，在此基础上，加强与西南、中南省份在规划对接、产业协作、要素互通、生态保护等方面的开放合作。四是向欧美等发达国家开放。其中，2018 年与欧盟双边贸易额为 149.32 亿元，增长了 4.4％[1]。

所谓"四沿联动"，一是扩大沿海开放合作，推动北部湾经济区升级发展。2018 年北部湾经济区六市进出口总额达 1 613.56 亿元。二是扩大沿边开放合作，充分发挥边境口岸门户、通道优势，打造陆地边境口岸，借力东兴和凭祥两个国家重点开发开放试验区，将沿边地区变成开发开放、国际合作的高地。三是扩大沿江开放合作，以珠江—西江经济带为纽带，积极参与泛珠地区协作，积极推动开放发展。四是扩大沿线开放合作，以过境高速铁路、高速公路为轴心，释放铁路、公路沿线开放发展的新活力[2]。

以新疆为例，新疆的地理位置处于亚欧大陆腹地，在任何方向上距离海洋都有几千公里。因此，一直以来，其被认为是"与海洋绝缘"的地方。然而，如果俯瞰亚欧大陆，新疆的区位与地缘价值就显得十分重要：它向西连接中亚、南亚、俄罗斯，同时与周边 8 个国家接壤，拥有国家级一类口岸 18 个、二类口岸 12 个，具备面向中亚、欧洲扩大向西开放的良好基础与有利条件；向东连接国内各个省份，进而辐射日韩东南亚。可以说，新疆不仅是我国向西开放的前沿，而且是我国与亚欧大陆互联互通的关节点。如果这一关节点能够打通，那么亚欧大陆就能够焕发出强大的生命力。

近年来，新疆紧紧抓住共建"一带一路"所带来的历史性发展机遇，积极通过通关一体化、国际大通道及国际陆港区建设等途径，努力提升开放型经济发展的层次和水平，努力打造国家向西开放重要门户、内陆开放型经济发展高地及先行先试改革试验区。从开放平台看，中国—亚欧博览会是中国与亚欧国家开展首脑外交的重要平台之一，已经成为深化新疆与中亚、西亚、南亚国家和地区深度合作的重要国际舞台。从通道建设看，目前新疆已经形成了以乌鲁木齐为中心、以沿边地区为节点、以边境口岸为前沿向周边国家辐射的国际道路运输网络，逐渐成为丝绸之路经济带的枢纽站。从通关时间看，阿拉山口口岸出口通关时间大

① 李军. "一带一路"建设背景下广西面向东盟发展研究［J］. 广西社会科学，2017（6）：33-38.
② 陆义敏. 着力做好"四维支撑，四沿联动"的大文章［J］. 当代广西，2016（17）：32-33.

大压缩，是 2016 年的 39.8%，与全国平均水平相比，进口通关时间快 2.6 个小时；从物流枢纽建设来看，乌鲁木齐集结中心通过搭建物流集结服务平台，为国内外向型中小企业"走出去"服务，目前已经与区内外 200 余家进出口企业形成稳定的合作关系。截至 2018 年 8 月 30 日，中欧班列乌鲁木齐集结中心已开行第 1 500 列中欧班列。从改革创新来看，霍尔果斯已获批试点跨境人民币创新业务，在离岸人民币金融业务方面，是我国第一个处于"边境之内、海关之外"的试点区，成为我国离岸人民币金融业务先行先试改革试验区。

3. 其他类型开放发展区域：宁夏、贵州、甘肃、西藏、青海

其他类型开放发展区域，包括宁夏、贵州、甘肃、西藏、青海，这些地区既没有和第一类区域一样形成较强的内生发展能力，也没有和第二类区域一样能够充分发挥沿边区域地理优势，因而在开放型经济发展方面相对落后。

比如，宁夏地处我国西北内陆，是唯一一个不沿边、不靠海的自治区，因而开放型经济发展一直受到很大的制约。但宁夏地处新亚欧大陆桥国内段枢纽，在与中东、中亚的互联互通之中占据核心区位优势，是我国东北、华北诸省份与中东、中亚地区联通的最便捷的陆空通道，在承东启西、连南接北方面具有很强的区位优势[1]。虽然改革开放特别是西部大开发以来，宁夏加快了对外开放步伐，内陆开放型经济发展已经具备一定的基础，但是与东部沿海及西部发达省份相比，具有区域优势特色的开放格局还未形成，进出口贸易、外商投资及外向型经济规模比较小，开放型经济对宁夏发展的带动作用不大，在很大程度上制约着宁夏地区跨越式发展的进程。

又如，贵州地处内陆，既不沿边，又不沿海，也不沿江，其地貌分为高原、山地、丘陵以及盆地，其中高原、山地居多[2]，是中国唯一没有平原支撑的省份，对外开放对于贵州来说是无比艰难的事。然而，自改革开放以来，贵州省综合交通基础设施建设突飞猛进。在"十二五"时期，其在铁路、高速公路、水运等综合交通建设方面，特别是公路交通建设方面取得了辉煌成就，逐步构建了以贵阳为中心的综合交通构架，成为"西南重要陆路交通枢纽"。

如图 2 - 16 所示，2017 年贵州全省铁路、公路、水路的货运量达 94 626.81 万吨，其中，公路货物运输总量最高，达到 89 298.00 万吨；铁路货物运输总量位居第二，达到 3 664.23 万吨；水运货物运输总量也达到了 1 664.57 万吨。

① 谢婷婷，马洁. 丝绸之路经济带视阈下西部 10 省开放型经济发展水平评价与提升：基于灰色聚类分析 [J]. 西部金融，2016（11）：13-19.

② 王亚，曾春花，金勤勤. 错位竞争：喀斯特地区民营企业发展战略定位 [J]. 铜仁学院学报，2015，17（1）：158-163.

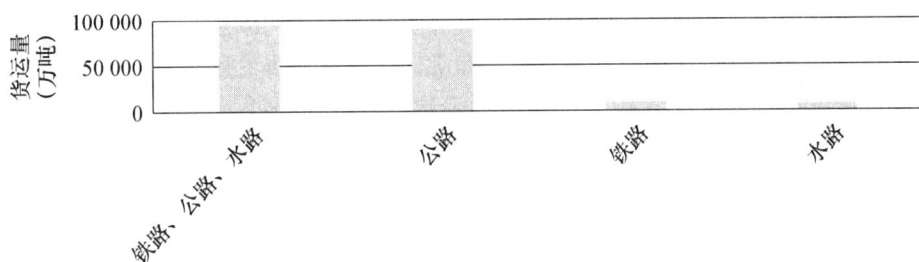

图 2-16　2017 年贵州省铁路、公路、水路货运量

资料来源：《2017 年贵州省国民经济和社会发展统计公报》。

　　如图 2-17 所示，2017 年贵州全省铁路、公路、水路的旅客运输总量达
91 465.86 万人，其中，公路旅客运输总量最高，达 83 809.00 万人；铁路旅客运输
总量位居第二，达 5 458.93 万人；水运旅客运输总量也达到了 2 197.93 万人。

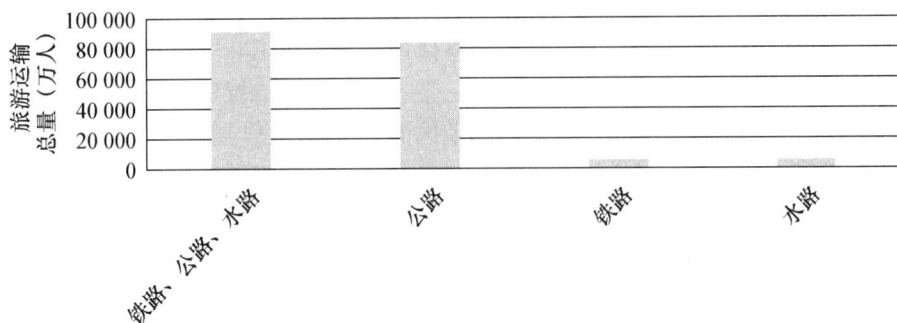

图 2-17　2017 年贵州省铁路、公路、水路旅客运输总量

资料来源：《2017 年贵州省国民经济和社会发展统计公报》。

　　随着交通基础设施建设的持续推进，贵州逐步形成了近海、近边、近江的区
位特点，并由此提出了临江、临边、临海的开放理念。近年来，贵州以临江、临
边、临海的开放理念为引领，通过深度融入"一带一路"建设，对接长江经济带
及粤港澳大湾区等国家重大战略，以投资贸易便利化试验区、现代产业发展试验
区和内陆开放式扶贫试验区建设为抓手，努力改善营商环境，开放型经济发展成
效显著。

三、西部地区开放型经济发展机制创新

（一）新时代对加快创新对外开放机制提出新要求

随着"一带一路"建设的持续推进，以及国内国际环境的深刻变化，西部地

区经济发展正面临全球经济修复调整、世界贸易规则重构以及我国比较优势转换三重叠加的复杂形势。面对这种形势，西部地区的进一步发展只有主动创新开放型经济发展机制，才能在顺应国际国内形势变化的基础上，深度融入"一带一路"建设，不断提升自身的开放型经济发展水平。现结合甄晓英等的研究①进行深入分析。

1. 应对全球形势变化的必然要求

从全球形势看，首先是全球经济深度调整期。2018年全球金融危机后，世界经济开始进入深度修复调整期，产能过剩加剧，经济增长乏力，经济格局呈现双向分化态势。从发达经济体看，美国经济复苏态势向好，而日本、欧盟可能持续低迷；从新兴经济体看，中国经济保持中高速增长，但新的挑战不断，而许多新兴国家在发展面临困难的同时，其所面临的风险也明显加大。对于我国西部地区而言，只有加快对外开放体制和机制创新，才能在国际竞争中赢得竞争优势。

其次是新一轮全球贸易规则重构期。发达国家致力于制定并推行标准更高的国际贸易投资规则，与此同时，新兴经济体现也积极在国际贸易投资领域谋求更大的话语权。随着经济实力的增强及"一带一路"建设的推进，我国在全球贸易中的影响力与话语权持续增强。对西部地区而言，如何适应新一轮国际贸易竞争是一个不得不面对的问题。因此，在下一轮发展中，西部地区应紧紧抓住"一带一路"建设的机遇，通过创新对外开放机制，逐步形成与新一轮国际贸易竞争规则相适应的开放型经济发展新体制。

最后是新技术革命突破期。当前，我国西部地区普遍处于产业比较优势转换期。随着人民币升值及国内要素成本持续上升，我国制造业原有竞争优势正逐步丧失。同时，发达国家抓住新一轮产业科技革命机遇，积极实施"再工业化"战略以重塑制造业竞争优势，东南亚国家也凭借其巨大的人口红利和丰富的自然资源积极加入制造业国际竞争，这就导致我国西部地区依赖传统低劳动力成本优势加入产业国际竞争的空间也被大大压缩。由此倒逼西部地区在参与"一带一路"建设过程中，应通过发展开放型经济，在坚持"引进来"与"走出去"相结合的基础上，努力抢占未来产业竞争的制高点，以期在新时期重塑自己的产业竞争新优势。

2. 供给侧结构性改革的客观要求

从国内形势看，当前我国经济已进入新常态，正处于结构调整与经济新旧动能转换期。共建"一带一路"有利于培育新的经济增长点，有利于通过吸收外商

---

① 甄晓英，马继民."一带一路"战略下西部地区的对外开放与机制创新［J］. 贵州社会科学，2017（1）：130-135.

投资及开展国际产能合作来推动经济转型升级。因此，在开放型经济发展过程中，既要努力营造公平、透明、可预期的国内市场环境，又要充分利用沿线国家外部市场及资源，从而通过开展国际合作来推动经济结构转型升级，逐步形成一种开放合作、互利共赢的发展新格局。

对于西部各省（区、市）而言，在产业结构方面，普遍存在传统产业比重大、现代服务业发展滞后、资源型及重化工产业比重大等诸多结构性问题。在进出口贸易方面，西部绝大部分地区产业外向度不高，进出口贸易规模较小，进出口贸易商品附加值低等结构性问题依然存在。在吸引外资方面，第二产业利用外资占据较大比重，相反，第一产业、第三产业所利用的外资却相对不足。此外，对于西部各省（区、市），由于对外开放体制等诸多障碍，其吸纳高端要素的比重依然偏低，企业"走出去"能力普遍较弱，这在很大程度上制约着西部地区开放型经济发展水平提升。因此，必须通过加大改革力度，在破解开放型发展所面临的体制机制障碍及深层次问题的基础上，积极推动自身经济结构转型升级。

3. 开放型经济发展的内在要求

近年来，西部各省（区、市）参与"一带一路"建设成效显著，已逐步呈现"引进来"与"走出去"并重的发展态势，开放型经济发展水平得到了较大提升。然而，对于西部绝大多数省（区、市）而言，其开放程度仍然远远落后于东部地区，亟须通过进一步创新不断完善开放型经济发展新体制，进一步提升开放型经济发展水平。首先，对西部地区而言，对外开放大多仍然停留在运用优惠政策吸引外资的层次，对外贸易活动尚未完全接轨国际规则。其次，开放体制、机制不灵活，在对外投资管理、贸易投资便利化、招商引资等方面，体制机制还不能完全适应形势的发展，因而运用两个市场、两种资源的能力不强。最后，开放环境、营商条件仍需改善。在西部各省（区、市）对外开放的进程中，多头管理体制、政策系统性差、公共服务水平不高、投资审批效率低、缺乏透明度等体制机制中的深层次矛盾与问题依然大量存在。

进入新时代后，构建与完善开放型经济新体制，对我国经济的可持续发展的重要性更加突显。而西部地区的进一步发展，既是全国开放型经济发展的大势所趋，也是全国开放型经济新体制中不可或缺的重要组成部分①。当前，我国西部各省（区、市）与东部发达省市之间的差距，集中体现于对外开放方面。而这种差距的本质，实际是对外开放体制机制的差距。以"一带一路"建设为主导的新一轮对外开放，将倒逼包括西部地区在内的全国各省（区、市）进一步构建与完

---

① 濮灵. 习近平新时代中国特色社会主义经济思想中的构建开放型经济新体制研究［J］. 经济学家，2018（4）：5—10.

善开放型经济新体制。在这种情势下，哪个地区能率先打通体制机制梗阻，构建完善开放型经济体制，哪个地区就能赢得优先发展权，在下一步的发展中赢得主动。对西部地区也是一样。只要从体制机制进行变革与创新，西部内陆地区同样可以成为全国的开放高地。这一点从重庆两江新区的实践中就可以得到证实。随着"一带一路"建设持续推进，西部地区面临着全新的发展机遇，西部各省（区、市）应充分发挥自身的比较优势，在明确自身发展定位的基础上，推动开放型经济体制变革与创新，逐步形成适合自身特点的开放型经济新机制。

（二）通过创新对外开放机制挖掘"一带一路"建设红利

自西部大开发战略实施以来，西部地区的经济社会发展有了较大层次的跨越，但是与东部地区相比，差距还比较明显，区域间发展仍然不均衡。随着"一带一路"建设的持续推进，西部地区逐渐从开放的腹地变成开放的前沿，这就为西部地区进一步发展带来了新的机遇。就国家而言，推进"一带一路"建设，有利于发挥西部向西开放的区位优势，在充分挖掘西部自身发展潜能的基础上，解决我国经济发展东西不均衡的问题。对于西部地区而言，深度参与"一带一路"建设能全面提升西部开放型经济发展水平，打造新的发展动力；有利于推动西部地区转变发展方式，调整经济结构，提高西部核心竞争力；有利于充分挖掘"一带一路"建设红利，进一步提高对外开放水平，构建新的发展格局，将西部地区建设成为富有活力、开放型发展的新经济带。西部地区应紧紧抓住当前开放发展的有利形势，以"一带一路"建设为契机，以开放型体制机制创新为抓手，以全国全方位开放格局为支撑，充分挖掘"一带一路"建设红利，努力提升开放型经济发展水平。

1. 推进投资贸易便利化改革

第一，努力优化外商投资环境。从"十二五"时期开始，我国就以更加积极主动的战略来拓展对外开放领域，积极探索准入前国民待遇、负面清单管理等途径。2020年1月1日《中华人民共和国外商投资法》付诸实施，有利于进一步优化我国的外商投资环境。为充分发挥中西部地区在资源、劳动力等方面的优势，进一步促进中西部地区对外开放和利用外资，2013年国家通过修订发布《中西部地区外商投资优势产业目录》，进一步调整优化了中西部地区外商投资所鼓励的重点和方向[1]。在这种情势下，西部地区利用外资数量有了较快的增长，在汽车、电子、航空航天、现代农业、医药制造等高端产业领域，以及服务外包等新兴业态领域已粗具规模，在一些领域开始与东部地区实现同步发展[2]。然而，在

---

[1] 张晓强. 构建利用外资和境外投资新体制 [J]. 中国经贸导刊，2014（2）：4-8.

[2] 王雨剑. 我国利用外资形势分析 [J]. 中国金融，2013（8）：51-53.

"一带一路"建设启动之后，西部地区实际利用外资占全国的比重不升反降。在实际利用外资规模上，西部不同地区也极不均衡，四川、陕西、贵州、内蒙古等地实际利用外资超过 30 亿美元，而甘肃、青海等地还不到 1 亿美元。此外，西部地区利用外资的层次还比较低，发达国家投资占比不高，技术转移与外溢效应还比较弱。究其原因，主要是近年东南亚国家在土地、税收、外汇等方面出台了众多外资优惠政策，在承接国际产业转移等方面对我国西部地区形成了较大竞争优势。此外，西部地区在营商环境的改善方面，步伐明显慢于东部和中部地区①。下一步，西部地区应通过放宽外资准入、推进"放管服"改革等途径，通过不断优化营商环境来挖掘"一带一路"建设红利。

第二，完善贸易投资便利化服务体系。随着全球吸引外商投资的竞争愈演愈烈，如何营造法治化、公平、稳定、透明、可预期的营商环境一直是各国关注的重点，也是培育吸引外商投资竞争新优势、构建开放型经济新体制的核心。西部地区政府应积极通过探索"单一窗口"管理制度、加快通关一体化改革、加强通关协作、建立跨部门综合管理服务平台等途径，推动投资贸易便利化，为外商投资建立更有效率的贸易投资便利化服务体系。

2. 加强企业海外投资政策支持

在企业"走出去"方面，应强化服务意识，通过减少政府行政审批等途径，努力为境外投资项目的核准及备案提供更加便利、快捷、高效的服务，要通过体制机制创新为企业对外投资提供制度上的保障。应加大政策扶持力度，加快培育西部地区龙头企业、跨国公司，进而在全球市场上形成自身的核心竞争力。应支持企业"走出去"与沿线国家进行产业对接，在装备制造、能源、工程承包、农业科技、医药卫生等领域开展合作；要通过与沿线国家共建产业园区、经贸合作区及境外资源开发加工基地等途径支持企业"走出去"；应在扩大传统服务贸易的同时，推进中医药、中式养生健身、民族文化艺术等西部特色贸易；要面向中西亚市场需求，通过出口清真食品、民族工艺品等途径，充分发挥西部地区的民族文化优势；要通过与"一带一路"沿线国家共建研究中心、技术转移与推广示范基地等途径，进一步扩大技术输出。

3. 完善区域开放合作新机制

应充分利用各种多双边机制，加强与沿线国家，特别中亚、西亚、中东欧国家的多层次交流合作。应通过充分发挥沿线国家商务代表处的桥梁纽带作用，积极拓展对外交流合作的渠道，加强西部各省（区、市）与沿线支点节点城市的对

---

① 卢伟，李大伟. 是什么在阻碍西部地区对外开放？［OL］.（2018－09－01）［2019－10－11］. https://www.sohu.com/a/25130771669z693.

接联系等途径，建立与沿线国家的跨境合作协调机制①。应通过加快自贸区建设、加大门户城市开放力度、建立外贸出口生产加工基地等途径，构建开放合作平台，努力开拓沿线国家，特别是中亚、西亚及中东欧国家市场，努力开创区域开放合作新局面。

四、西部地区开放型经济发展政策建议

进入新时期，西部地区的开放型经济发展应在国家相关政策的支持下，深入研究自身资源禀赋、区位地理及现有基础等条件与因素，在充分发挥自身的优势的基础上，走出一条具有自身特色的开放型经济发展之路。

（一）国家层面的政策建议

1. 以规划对接为基础推动区域协调发展

要加强西部各区域发展与"一带一路"建设的对接，通过加强"中欧班列"建设，建设连接境内外的运输通道；应通过加强沿边、内陆及沿海口岸之间的通关合作，开展加工贸易、跨境贸易电子商务等途径加强与"一带一路"沿线国家的发展合作；应通过规划对接加强与国内京津冀、长三角、粤港澳等区域发展的对接与融合，与东北振兴、中部崛起、东部率先发展、沿边开发开放等战略紧密结合，逐步形成陆海联动、东西双向开放的全面开放新格局。

2. 以市场准入为抓手提升利用外资水平

通过大幅度放宽市场准入，形成利用外资的突破口，在此基础上，推动区域创新发展，努力提升产业竞争力。通过落实《外商准入特别管理措施（负面清单）》（2018年版），实现对汽车、航空、船舶、物流、金融等行业领域的开放。在西部各省（区、市）自贸实验区试点探索的基础上，逐步扩大教育、文化等服务业领域的市场开放力度。继续精简自贸区负面清单，缩减对服务、制造及农业等领域的外资准入限制，进而将外商投资负面清单向全国推广，提升投资便利化水平。

3. 以互联互通为基础推进通道经济建设

建设陆海战略通道，通过铁路、公路等区域性基础设施，促进国内外互联互通，推动统一市场的形成，提升投资贸易自由化水平，进而形成通道沿线的产业经济带，是推进"一带一路"建设的重要目的。因此，从国家层面来说，应重视与周边国家的合作，努力推进与周边国家在通信、交通基础设施等领域的互联互

---

① 甄晓英，马继民."一带一路"战略下西部地区的对外开放与机制创新［J］. 贵州社会科学，2017（1）：130-135.

通。应加快建设西部陆海新通道建设，形成纵贯我国西南的陆海通道枢纽，有机衔接丝绸之路经济带与 21 世纪海上丝绸之路，在沟通西部内陆与东南亚、南亚、中亚、西亚等地区的基础上，支持西部各省（区、市）通过在通道沿线城市布局面向东南亚等地区的加工贸易基地、做大通道物流规模等途径，将陆海新通道建设成为支撑西部开展国际经济合作的陆海贸易新通道。

4. 以开放合作纽带大力发展沿边经济带

沿边经济带涉及云南、广西、新疆、西藏、甘肃、内蒙古六个省区，这些地区不仅是具有战略地位的边疆地区，而且也往往是少数民族聚集地区，乃至相对贫困的地区。一直以来，我国的外交政策都以"睦邻友好"为原则，倡导"安边、固边、富边"。然而，"安边、固边"是以"富边"为前提的。以开放合作为纽带，有利于在优化我国的空间开发格局的基础上，通过引导产业聚集，推动沿边经济带的发展，在帮助边区百姓致富的同时，带动邻国的百姓致富，实现富边、富邻的目标，进而形成一个个"固边"的堡垒。

（二）西部地区自身发展角度的建议

1. 以"放管服"为重点持续优化营商环境

首先，要建立健全清单管理制度，通过简化项目投资审批、清费减税、赋予特殊经济区域相关审批权限等途径，大力精简行政审批事项。其次，要通过设立监管责任清单、推行事中事后监管、完善相关法制保障等途径实现放管结合。再次，要通过增强服务意识、改善服务态度等途径大力提升政府服务水平；要运用现代网络信息技术简化、优化办事流程，努力降低企业制度性交易成本。最后，要对标国际标准，努力提升投资便利化水平，形成富有吸引力的投资经营环境。

2. 以传统产业改造为契机发展优势产能

早在"三线建设"时期，我国就在西部地区布局了一批装备制造业产业基地，涉及航空、电子、机械等一批传统产业，特别是四川、陕西及贵州等省份，其产业基础和研发能力相对较强，具有一定的产业优势与市场竞争力，且与沿线国家和地区存在一定的产业互补性。"一带一路"沿线大多是新兴经济体或发展中国家，其城镇化水平相对较低，在基础设施建设及建筑施工、钢铁建材、工程机械及电力设备等产业领域有较大的需求，这为西部地区发展核电、通信、家电制造、电力设备等优势产能提供了重要机遇。同时，"一带一路"沿线国家大多具有丰富的能源储备，且开发潜力巨大，为西部地区的能源管道及油气设备制造等产业领域的发展创造了机遇。因此，西部地区应本着开放发展的理念，以传统产业改造为契机，通过精准对接沿线国家与地区相关产业市场需求，大力发展优势产能，努力在相关产业领域形成国际竞争优势。

3. 以环境保护为底线坚持绿色可持续发展

西部地区开放型经济发展的重要目标，是通过承接国内外产业转移，加入国际产业链分工体系，从而推动西部地区经济可持续发展。然而，西部地区大多处于我国大江大河的源头，生态环境脆弱，许多地区资源环境承载力较弱，因此，在承接国内外产业转移的过程中，必须以环境保护为底线，遵循绿色可持续发展的理念，在吸取国内外，特别是东部地区先行发展经验和教训的基础上，探索出一条不同于传统先污染后治理发展模式的、低碳绿色的经济发展道路，在推动产业转型升级的同时，构筑西部地区可持续的内生增长动力。

4. 以文化旅游为特色构筑开放发展优势

西部地区的文化、旅游资源不仅数量丰富，而且特色鲜明。从数量上讲，西部地区的国家重点风景名胜区及国家级自然保护区等旅游资源占全国总量的1/3，此外，世界文化和自然遗产、国家历史文化名城及重点文物保护单位的数量也很大。从特色上说，西部有相当一部分地区是少数民族地区，不仅具有深厚的文化积淀，而且具有独特的民族风情，同时大多有美丽的自然风光，具有独特的地域优势。因此，西部地区应充分利用自身的文化、旅游优势，通过与沿线国家和地区开展多层次的文化交流和合作、强化旅游合作等途径，推动自身文化旅游产业的发展，形成各具特色的开放发展新优势。

5. 以扩大开放为动力倒逼体制机制变革

西部地区应以扩大开放为动力，在积极探索、先行先试的基础上，倒逼政府行政管理体制的深层次改革，进而形成具有自身特色的开放型经济发展新体制。应主动对标国际新规则，借鉴各地自贸区在负面清单管理、投资贸易便利化改革、金融及现代服务创新发展等方面的实践经验，努力激发内生制度创新动力，逐步建立开放透明的投资管理制度、快捷便利的贸易监管体系，完善事中事后监管制度等，不断提高对外开放水平，持续推动开放型经济发展①。

参考文献

[1] 亢晨. "一带一路"倡议下西部地区经济发展的机遇与挑战 [J]. 马克思主义学刊，2017（3）：97-102.

[2] 雷德雨. "一带一路"建设背景下的西部经济发展：机遇、问题和策略 [J]. 经济研究参考，2016（8）：50-61.

---

① 雷德雨. "一带一路"建设背景下的西部经济发展：机遇、问题和策略 [J]. 经济研究参考，2016（8）：50-61.

　　[3] 李军. "一带一路"建设背景下广西面向东盟发展研究 [J]. 广西社会科学，2017 (6)：33-38.

　　[4] 刘婷. "一带一路"战略背景下中国西部沿边开放模式研究 [D]. 成都：西南民族大学，2015.

　　[5] 陆义敏. 着力做好"四维支撑，四沿联动"的大文章 [J]. 当代广西，2016 (17)：32-33.

　　[6] 濮灵. 习近平新时代中国特色社会主义经济思想中的构建开放型经济新体制研究 [J]. 经济学家，2018 (4)：5-10.

　　[7] 王亚，曾春花，金勤勤. 错位竞争：喀斯特地区民营企业发展战略定位 [J]. 铜仁学院学报，2015，17 (1)：158-163.

　　[8] 王雨剑. 我国利用外资形势分析 [J]. 中国金融，2013 (8)：51-53.

　　[9] 谢婷婷，马洁. 丝绸之路经济带视阈下西部 10 省开放型经济发展水平评价与提升：基于灰色聚类分析 [J]. 西部金融，2016 (11)：13-19.

　　[10] 张晓强. 构建利用外资和境外投资新体制 [J]. 中国经贸导刊，2014 (2)：4-8.

　　[11] 甄晓英，马继民. "一带一路"战略下西部地区的对外开放与机制创新 [J]. 贵州社会科学，2017 (1)：130-135.

　　[12] 郑长德. 开放带动："一带一路"建设与西部地区的经济发展 [J]. 南开学报（哲学社会科学版），2017 (3)：40-49.

——执笔人：陈志新，浙江大学中国西部发展研究院

第三章　西部地区创新发展路径研究

摘　要

市场是经济增长和科技创新的基本驱动力，西部地区要实现高质量发展，需要构建市场驱动的西部地区创新发展路径。本章研究发现，西部地区总体上已经失去了在研发人员数量扩张上缩小与东部地区差距的机会窗口，在人均研发经费投入强度方面增长已经接近天花板，西部地区无法简单复制东部地区创新发展的路径。西部地区规模以上工业企业利润增长和资产收益率的绝对与相对下滑对西部地区创新发展产生了负面影响。对浙江、四川、甘肃三省高技术企业进行比较研究后发现，民营企业发展较好的地区，具有较强的创新发展能力。因此，西部地区唯有以市场和企业为导向创新发展路径，培育一个企业发展—资本注入—人才汇聚—企业发展的"正反馈"闭环系统，才能在下一个十年真正走上一条高质量创新发展的道路。

Abstract

The market is the basic driving force for economic growth and technological innovation. To achieve high-quality development in the western region, a market-driven innovation development path in the western region is needed. The research in this chapter finds that the western region has generally lost the window of opportunity to narrow the gap in the eastern region with the expansion of the number of R & D personnel, and the growth in the intensity of per capita R & D expenditure is close to the ceiling. The absolute and relative decline in profit growth and return on assets of industrial enterprises above designated size in the western region will have a negative impact on the innovation and development of the western region. A comparative study of high-tech enterprises in Zhejiang, Sichuan, and Gansu found that areas where private enterprises have developed well have strong innovation and development capabilities. Therefore, only in the western region can the market and enterprise-oriented innovative development path foster a "positive feedback" closed-loop system of "enterprise development-capital injection-talent pooling-enterprise development" in order to truly achieve a high-quality innovation development path in the next decade.

"谋创新就是谋未来，抓创新就是抓发展。""创新是引领发展的第一动力。""加速迈进创新型国家""深入实施创新驱动发展战略"，中国政府将科技创新提到了前所未有的高度，全国各省份分别制定了各级创新规划，并实施了各类创新政策，在全国掀起了一个谋创新、抓创新、以创新驱动发展的热潮。在这一热潮中，我们需要更加冷静地思考。如果说"以创新驱动发展"，或者说"创新是引领发展的第一动力"，那么我们不妨追问一下：以何者驱动创新呢？什么是引领创新的第一动力？

近年来，在全国性的创新发展热潮中，各级政府主导了大量创新资源的分配和创新激励机制的制定，俨然成为创新发展的驱动者、引领者。在创新发展中，充分发挥政府的作用，无疑是不可或缺并且十分重要的。但是，政府成为创新发展的驱动者和引领者，也有可能造成创新资源的错配和低效，创新发展最终将不可持续。

我国向创新型国家迈进，需要尊重创新发展规律。经济增长是创新发展的根本基础。没有经济增长，创新发展将成为无本之木、无源之水。自工业革命以来各先进国家的发展史，以及中国四十余年改革开放的伟大实践，已经充分表明，无论是经济增长还是科技创新发展，其基本驱动力都是市场经济和市场机制。因此，持续的创新是引领高质量发展的必然要求，而市场则是驱动创新发展的强大动力。

中国东、中、西部经济发展差距巨大，西部地区在经济发展和科技创新方面明显落后于东部地区。相对落后的西部地区如何实现创新发展，从而构建西部地区创新发展的路径，是本章研究的主要问题。最近几年，全国各省（区、市）各级政府都出台了大量的创新发展规划和创新政策措施。规划全面，政策具体，落实有力，但效果尚待观察。鉴于这一情况，本章主要不是提出新的西部地区创新发展规划和创新政策，而是聚焦西部地区创新发展市场主体动力分析，探讨西部地区创新发展的结构性改革思路。

一、西部地区创新发展基本现状与发展态势

众所周知，我国地域辽阔，区域差异明显。我国区域发展不平衡问题，过去存在，现在存在，未来还将继续存在。国家的政策目标不是完全消除区域发展的不平衡，而是缓解区域发展不平衡，或至少是防范区域发展不平衡的恶化，有效利用区域发展不平衡的梯度空间实现资源重新配置和更好地发展，同时减轻因区域发展不平衡而产生的负面社会后果。因此，在本报告中，我们将主要研究东、中、西部地区在过去一段时期的相对发展态势，而不以绝对差异作为主要观察的对象。在这一节中，我们将报告西部地区过去十几年创新发展的投入产出总体状况及其发展趋势。

（一）西部地区研发人力资源投入

从 2005 年至 2016 年，全国研究与试验发展人员总体保持增长态势，从 1 364.5 千人时增加到 3 877.9 千人时。将时间分为三个时段，我们发现全国研发人员投入增速在逐步下降，东北地区在 2012—2016 年为年均 −1.4% 的负增长。根据这一数据，我们可以得出一个基本结论，就是我国研发人口红利已经进入显著下降通道，下一阶段创新发展的主要动力将不能再依赖研发人员的数量扩张。表 3-1 显示，在 2005—2009 年这一研发人员快速扩张期，西部地区年均增长 8.5%，但东部地区和中部地区增长更快，分别达到 16.3% 和 14.2%。在这一爆炸性发展期，西部地区与东部地区之间产生了巨大差距：2005 年后者比前者高 2.3 倍，差距达 536.9 千人时；但 2009 年后者比前者高 3.4 倍，差距达 1 086 千人时。在 2009—2012 年，中部地区研发人员投入增速大大降低，但东、西部地区仍然保持较快速发展，年均增速分别达到 12.3% 和 7.7%。这一增速差距意味着东、西部地区的研发人员投入差距仍然继续扩大，到 2012 年东部比西部高 4.3 倍，差距达到 1 704 千人时。在 2012—2016 年，西部地区研发人员投入增速最快，但全国不同地区均进入研发人员扩张的低潮期，其仅比东部、中部地区的增速高 0.2 个百分点，并不具备趋势性扭转特征。这些统计数据表明，西部地区总体上已经失去了在研发人员数量扩张上缩小与东部地区差距的机会窗口，西部地区无法简单复制东部地区创新发展的路径。

在西部地区内部，研发人力资源投入也存在较大差异。处于第一梯队的是四川、陕西、重庆，2016 年研发人员全时当量投入分别为 124.6、94.8 和 68.1 千人时。第二梯队是云南、广西、内蒙古、甘肃、贵州和新疆，2016 年研发人员

全时当量投入分别为 41.1、39.9、39.5、25.8、24.1 和 16.9 千人时。第三梯队为宁夏、青海和西藏，2016 年研发人员全时当量投入分别为 9.0、4.2 和 1.1 千人时，研发人员投入非常少。在 2012—2016 年，西部省份中研发人员投入增速快于全国水平的有云南（10.3%）、重庆（10.2%）、贵州（6.5%）、四川（6.2%）、内蒙古（5.5%），具有较好的增长态势。

表 3-1　各地区研究与试验发展（R&D）人员全时当量（2005—2016 年）

地区	全时当量（千人时）				年均增速（%）		
	2005	2009	2012	2016	2005—2009	2009—2012	2012—2016
全国	1 364.5	2 291.5	3 246.7	3 877.9	13.8	12.3	4.5
东部地区	768.6	1 407.4	2 104.6	2 545.1	16.3	12.3	4.9
中部地区	228.3	388.2	539.2	652.7	14.2	3.9	4.9
西部地区	231.7	321.4	400.6	489.1	8.5	7.7	5.1
东北地区	135.9	174.5	202.3	191.0	6.4	5.1	−1.4
北京	171.0	191.8	235.5	253.3	2.9	7.1	1.8
天津	33.4	52.0	89.6	119.4	11.7	19.9	7.4
河北	41.7	56.5	78.5	111.4	7.9	11.6	9.1
山西	27.4	47.8	47.0	44.1	14.9	−0.5	−1.6
内蒙古	13.5	21.7	31.8	39.5	12.6	13.7	5.5
辽宁	66.1	80.9	87.2	87.8	5.2	2.5	0.2
吉林	25.6	39.4	50.0	48.3	11.3	8.2	−0.9
黑龙江	44.2	54.2	65.1	54.9	5.2	6.3	−4.2
上海	67.0	132.9	153.4	183.9	18.6	5.0	4.6
江苏	128.0	273.3	401.9	543.4	20.9	13.7	7.8
浙江	80.1	185.1	278.1	376.6	23.3	14.5	7.9
安徽	28.4	59.7	103.0	135.6	20.4	19.9	7.1
福建	35.7	63.3	114.5	132.2	15.4	21.9	3.7
江西	22.1	33.1	38.2	50.6	10.6	5.0	7.3
山东	91.1	164.6	254.0	301.5	15.9	15.6	4.4
河南	51.2	92.6	128.3	166.3	16.0	11.5	6.7
湖北	61.2	91.2	122.7	136.6	10.5	10.4	2.7
湖南	38.0	63.8	100.0	119.3	13.8	16.2	4.5
广东	119.4	283.7	492.3	515.6	24.2	20.2	1.2

续前表

地区	全时当量（千人时）				年均增速（%）		
	2005	2009	2012	2016	2005—2009	2009—2012	2012—2016
广西	17.9	29.9	41.3	39.9	13.6	11.4	−0.8
海南	1.2	4.2	6.8	7.8	36.2	17.3	3.7
重庆	24.6	35.0	46.1	68.1	9.2	9.6	10.2
四川	66.4	85.9	98.0	124.6	6.7	4.4	6.2
贵州	9.8	13.1	18.7	24.1	7.6	12.7	6.5
云南	14.8	21.1	27.8	41.1	9.3	9.6	10.3
西藏	0.6	1.3	1.2	1.1	22.1	−3.5	−1.5
陕西	53.7	68.0	82.4	94.8	6.1	6.6	3.5
甘肃	16.8	21.2	24.3	25.8	5.9	4.7	1.5
青海	2.6	4.6	5.2	4.2	15.5	4.0	−5.3
宁夏	4.0	6.9	8.1	9.0	14.4	5.2	2.8
新疆	7.0	12.7	15.7	16.9	16.0	7.4	2.0

资料来源：国家统计局年度数据。

表3－2所示的各地区研发人员数量统计数据佐证并加强了以上观察与结论。从2005年至2016年，东部地区研究人员数量从226.5千人增加到1 039.3千人，净增加812.8千人，增长了3.59倍。同一时期，西部地区研究人员数量从115.3千人增加到259.5千人，净增加144.2千人，增长了1.25倍。这表明西部地区研发人员份额不增反减。更令人忧虑的是，2012—2016年西部地区研发人员增速仅为4.4%，仍然低于东部地区1.9个百分点。这一数据再一次清晰地表明，西部地区无法通过研发人员的数量扩张来实现下一阶段较快速度的创新发展①。

表3－2　　　各地区研究与试验发展（R&D）人员数量（2005—2016年）

地区	人员数量（千人）				年均增速（%）		
	2005	2009	2012	2016	2005—2009	2009—2012	2012—2016
全国	455.9	1 152.5	1 404.0	1 692.2	26.1	6.8	4.8
东部地区	226.5	693.3	815.4	1 039.3	29.6	8.4	6.3
中部地区	73.7	208.1	251.3	282.4	29.6	6.5	3.0
西部地区	115.3	187.6	218.5	259.5	12.9	5.2	4.4
东北地区	40.4	117.5	118.8	110.9	30.6	0.4	−1.7

① 虽然表3－1中西部地区研究人员全时当量略高于东部地区，但这可能是西部地区工时较长或统计误差所致。

续前表

地区	人员数量（千人）				年均增速（%）		
	2005	2009	2012	2016	2005—2009	2009—2012	2012—2016
北京	103.1	103.5	132.2	150.6	0.1	8.5	3.3
天津	9.9	28.8	38.6	51.4	30.6	10.3	7.4
河北	9.6	38.8	43.6	50.3	41.9	4.0	3.7
山西	11.4	25.3	25.9	21.8	22.0	0.8	−4.2
内蒙古	6.1	12.7	17.6	18.0	20.1	11.5	0.5
辽宁	18.6	54.4	48.7	49.2	30.8	−3.6	0.3
吉林	10.9	26.1	28.9	28.5	24.4	3.3	−0.3
黑龙江	10.9	37.0	41.2	33.2	35.8	3.6	−5.2
上海	31.2	64.6	68.9	92.9	19.9	2.1	7.7
江苏	26.9	106.8	130.1	201.4	41.1	6.9	11.5
浙江	8.7	59.1	77.7	120.3	61.6	9.6	11.5
安徽	11.2	30.2	43.2	56.7	28.0	12.7	7.0
福建	4.9	22.8	33.8	49.5	47.2	14.1	10.0
江西	7.2	18.4	19.2	22.3	26.5	1.5	3.9
山东	16.2	83.3	105.6	130.1	50.5	8.2	5.4
河南	16.8	48.0	56.5	63.7	30.0	5.6	3.0
湖北	19.3	51.2	62.1	62.8	27.7	6.6	0.3
湖南	7.8	35.0	44.4	55.1	45.7	8.2	5.6
广东	13.9	129.8	182.4	189.2	74.8	12.0	0.9
广西	6.2	15.7	21.1	20.9	26.4	10.4	−0.2
海南	2.1	1.8	2.5	3.6	−4.2	12.2	10.1
重庆	5.1	20.1	22.2	30.9	41.2	3.5	8.6
四川	34.1	48.8	52.1	70.8	9.3	2.1	8.0
贵州	4.7	7.7	9.7	11.9	13.2	7.8	5.2
云南	8.0	12.2	14.7	20.9	11.0	6.5	9.2
西藏	0.9	0.7	0.8	0.7	−6.6	3.5	−1.7
陕西	33.9	42.3	49.2	53.5	5.7	5.1	2.1
甘肃	8.9	12.7	14.5	15.1	9.3	4.3	1.0
青海	1.0	3.0	2.9	2.3	30.8	−1.2	−5.4
宁夏	0.8	3.4	3.8	4.4	43.3	3.6	3.9
新疆	5.6	8.3	9.9	10.1	10.3	6.2	0.5

资料来源：国家统计局年度数据。

在西部地区内部，研发人员存量和增长也存在较大差异。处于第一梯队的是四川、陕西、重庆，2016 年研发人员存量分别为 70.8、53.5 和 30.9 千人。第二梯队是云南、广西、内蒙古、甘肃、贵州和新疆，2016 年研发人员存量分别为20.9、20.9、18.0、15.1、11.9 和 10.1 千人。第三梯队为宁夏、青海和西藏，2016 年研发人员存量分别为 4.4、2.3 和 0.7 千人，研发人员存量极低。在2012—2016 年，研发人员增速快于全国水平的仅有云南（9.2%）、重庆（8.6%）、四川（8.0%），具有较好的增长态势，而青海（-5.4%）、西藏（-1.7%）、广西（-0.2%）、新疆（0.5%）、内蒙古（0.5%）、甘肃（1.0%）、陕西（2.1%）则为负增长或超低速增长，创新发展前景堪忧。

（二）西部地区研发资金投入

从 2005 年至 2016 年，我国研发经费内部支出从 2 452 亿元增长到 15 678 亿元，增长了 5.39 倍。表 3-3 数据表明，我国各地区研发经费内部支出呈现"前高后低"的增长态势：2005—2009 年研发经费支出增长最快，全国平均水平为24.1%，西部地区则为年均 23.4%；2009—2012 年，全国各地区研发经费内部支出保持高速增长，西部地区达到了 19.7%；2012—2016 年，全国各地区研发经费内部支出增速回落至 11.1%，西部地区增速为 11.9%。由于西部地区发展基数较小，较快的研发经费增速扩大了东西部地区的绝对差距，从 2005 年的1 338 亿元扩大到 2016 年的 8 744 亿元；相对差距也小幅扩大，西部地区研发经费占东部地区的比重从 18.9% 降低到 18.2%。可以预计，在东西部研发经费增速接近的情况下，东西部研发经费支出规模的差距将会进一步扩大，这一局面会在相当长的时期内存在，东部地区的研发实力将进一步得到增强，而西部地区研发实力会继续相对落后。西部地区作为一个整体不应该对标东部地区，而应制定更加切实可行的发展目标。

在西部地区内部，在 2005—2009 年期间，各省（区、市）研发经费内部支出普遍出现了 15%~45.3% 的爆发性增长（西藏数据不全）。在 2009—2012 年期间，除西藏（7.4%）外，西部地区平均取得了 20% 左右的研发经费增长。然而，在 2012—2016 年期间，西部地区研发经费增长出现了较大的分化：增长速度较快的有云南（17.9%）、重庆（17.3%）、贵州（15.2%）、宁夏（13.2%）和四川（12.5%）；西部地区其他省份增速低于全国平均水平，而青海、广西分别仅增长了 1.6%、4.9%。至 2016 年，在研发经费支出规模上，西部地区只有四川在 500 亿元级水平，陕西在 400 亿元级水平，重庆在 300 亿元级水平，内蒙古、云南、广西在 100 亿元级水平。在东部地区，广东、江苏在 2 000 亿元级水平，山东、浙江、北京、上海四个省市在 1 000 亿元级水平，这表明东西部在研发资金投入上存在比较大的差距。

利用表 3-2 和表 3-3 的数据，我们可以计算出各地区研发人员配备的资金数额。表 3-4 数据显示，在 2005—2016 年期间，我国各地区研发人员资金密集度基本呈现"U 形"发展态势。造成这一趋势的基本原因是，在 2005—2009 年，各地区主要是研发人员数量扩张速度大于研发资金投入增速速度，2009—2012 年，研发经费增速大于研发人员增速，而 2012 年以来，则两者增速都有所放缓。可以说，我国各地区之间发展态势为：2005—2009 年是"抢人"竞赛，2009—2012 年是"投钱"竞赛，而 2012—2016 年则是平稳发展状态。显然，正如前面所分析的，在第一阶段的"抢人"竞赛中，西部地区落后于全国其他地区，而较高的资金密集度增速缩小了东西部研发人员投入强度差距。在 2005 年，西部地区研发人员资金密集度为 27 万元/人，东部地区为 73 万元/人；至 2016 年，西部地区研发人员资金密集度增长到 75 万元/人，而东部地区则为 103 万元/人，东西部地区差距有所缩小。这一指标的变化表明，西部地区在人均研发经费投入强度方面增长已经接近天花板，增加研发经费支出无法继续支撑下一阶段西部地区的创新发展。

表 3-3　　　　　各地区研发经费内部支出（2005—2016 年）

地区	研发经费内部支出（亿元）				年均增速（%）		
	2005	2009	2012	2016	2005—2009	2009—2012	2012—2016
全国	2 452	5 799	10 299	15 678	24.1	21.1	11.1
东部地区	1 650	3 820	6 900	10 689	23.4	21.8	11.6
中部地区	277	834	1512	2 378	31.7	21.9	12.0
西部地区	312	723	1 240	1 945	23.4	19.7	11.9
东北地区	213	422	647	666	18.7	15.2	0.7
北京	382	669	1 063	1 485	15.0	16.7	8.7
天津	73	178	360	537	25.2	26.4	10.5
河北	59	135	246	383	23.0	22.2	11.8
山西	26	81	132	133	32.4	17.9	0.1
内蒙古	12	52	101	148	45.3	24.9	9.8
辽宁	125	232	391	373	16.8	18.9	−1.2
吉林	39	81	110	140	19.9	10.5	6.2
黑龙江	49	109	146	153	22.2	10.2	1.1
上海	208	423	679	1 049	19.4	17.1	11.5
江苏	270	702	1 288	2 027	27.0	22.4	12.0
浙江	163	399	723	1 131	25.0	21.9	11.8
安徽	46	136	282	475	31.2	27.5	14.0

续前表

地区	研发经费内部支出（亿元）				年均增速（%）		
	2005	2009	2012	2016	2005—2009	2009—2012	2012—2016
福建	54	135	271	454	26.1	26.0	13.8
江西	29	76	114	207	27.7	14.4	16.2
山东	195	520	1 020	1 566	27.7	25.2	11.3
河南	56	175	311	494	33.2	21.2	12.3
湖北	75	213	385	600	29.9	21.7	11.8
湖南	45	153	288	469	36.3	23.3	13.0
广东	244	653	1 236	2 035	27.9	23.7	13.3
广西	15	47	97	118	34.1	27.2	4.9
海南	2	6	14	22	38.0	33.4	12.1
重庆	32	79	160	302	25.6	26.2	17.3
四川	97	214	351	561	22.1	17.8	12.5
贵州	11	26	42	73	24.4	16.5	15.2
云南	21	37	69	133	15.0	22.7	17.9
西藏	0	1	2	2	—	7.4	0
陕西	92	190	287	420	19.7	14.9	9.9
甘肃	20	37	60	87	17.4	17.5	9.5
青海	3	8	13	14	26.6	20.0	1.6
宁夏	3	10	18	30	34.7	20.4	13.2
新疆	6	22	40	57	35.8	22.1	9.3

资料来源：国家统计局年度数据。

表 3-4　　　　　各地区研发人员资金密集度（2005—2016 年）

地区	资金密集度（万元/人）				年均增速（%）		
	2005	2009	2012	2016	2005—2009	2009—2012	2012—2016
全国	54	50	73	93	-1.7	13.4	6.0
东部地区	73	60	85	103	-4.8	12.3	5.0
中部地区	38	40	60	84	1.6	14.5	8.8
西部地区	27	39	57	75	9.2	13.8	7.2
东北地区	53	36	54	60	-9.2	14.9	2.5
北京	37	65	80	99	14.9	7.5	5.2

续前表

地区	资金密集度（万元/人）				年均增速（%）		
	2005	2009	2012	2016	2005—2009	2009—2012	2012—2016
天津	74	62	93	104	−4.3	14.7	2.9
河北	61	35	56	76	−13.3	17.5	7.8
山西	23	32	51	61	8.8	16.8	4.6
内蒙古	20	41	57	82	20.1	11.9	9.4
辽宁	67	43	80	76	−10.7	23.5	−1.4
吉林	36	31	38	49	−3.5	7.0	6.6
黑龙江	45	29	35	46	−10.0	6.4	6.8
上海	67	65	99	113	−0.4	14.6	3.5
江苏	100	66	99	101	−10.0	14.6	0.4
浙江	187	68	93	94	−22.5	11.3	0.3
安徽	41	45	65	84	2.3	13.2	6.4
福建	110	59	80	92	−14.4	10.6	3.4
江西	40	41	59	93	0.6	12.9	11.8
山东	120	62	97	120	−15.1	15.7	5.7
河南	33	36	55	78	2.3	14.7	8.9
湖北	39	42	62	96	1.7	14.2	11.4
湖南	58	44	65	85	−6.7	14.1	7.0
广东	176	50	68	108	−26.8	10.4	12.2
广西	24	30	46	56	5.5	15.4	5.3
海南	10	33	56	61	36.8	18.9	2.2
重庆	63	39	72	98	−11.0	22.4	7.9
四川	28	44	67	79	11.4	15.4	4.1
贵州	23	34	43	61	9.6	8.6	9.1
云南	26	30	47	64	3.7	15.7	7.9
西藏	—	14	25	29	—	20.5	3.4
陕西	27	45	58	79	13.4	9.1	7.7
甘肃	22	29	41	58	6.7	12.4	8.6
青海	30	27	45	61	−2.9	18.9	7.9
宁夏	38	29	47	68	−5.9	17.2	9.5
新疆	11	27	40	56	25.4	15.1	8.7

资料来源：国家统计局年度数据。

（三）西部地区研发产出

如表3-5所示。从2005年至2012年，全国专利授权数呈现高速增长态势，年均增长率达到33%左右；从2012年至2016年，全国专利授权数年均增速下降为9.0%；在2005—2016年期间，全国专利授权数从约15.8万件增长到约161.2万件，增长了9.2倍。东部地区2005—2009年期间专利授权数年均增速达33.9%，2009—2012年达到32.3%，但2012—2016年期间回落至6.8%。西部地区2005—2009年期间专利授权数年均增速为30.8%，2009—2012年达到31.0%，在2012—2016年期间为19.2%，在所有地区中增长最快。然而，统计数据再次显示，西部地区的较快速增长是在基数较低的情况下取得的。东西部地区专利授权数相对差距略有缩小，但绝对差距出现了较大幅度的扩大：在2005年，东西部地区差距为98 681件；到2016年，两者差距为898 894件，差距扩大了8.1倍。

在西部地区内部，专利授权规模存在巨大差异。四川专利授权数排名稳居第一，从2005年的4 606件增加到2016年的62 445件，增长了12.6倍。陕西保持了稳定的高速增长，在2016年超过重庆专利授权数排名西部第二，从2005年的1 894件增加到2016年的48 455件，增长了24.6倍。重庆专利授权数在经历了2009—2012年间年均39.5%的高速增长之后，在2012—2016年回落到年均20.4%，2016年专利授权总数为42 738件，在西部地区排名第三。至2016年，广西、云南、贵州专利授权数超过1万件，分别为14 858件、12 032件、10 425件；其他各省区在1万件以下，其中宁夏、青海和西藏最少，分别为2 677件、1 357件和245件。

表3-5　　　　　　　　各地区专利授权数（2005—2016年）

地区	专利授权数（件）				年均增速（%）		
	2005	2009	2012	2016	2005—2009	2009—2012	2012—2016
全国	158 136	483 366	1 143 599	1 611 911	32.2	33.2	9.0
东部地区	114 953	369 354	856 207	1 115 063	33.9	32.3	6.8
中部地区	15 787	45 827	132 980	227 534	30.5	42.6	14.4
西部地区	16 272	47 633	106 991	216 169	30.8	31.0	19.2
东北地区	11 124	20 552	47 421	53 145	16.6	32.1	2.9
北京	10 100	22 921	50 511	100 578	22.7	30.1	18.8
天津	3 045	7 404	19 782	39 734	24.9	38.8	19.0
河北	3 585	6 839	15 315	31 826	17.5	30.8	20.1

续前表

地区	专利授权数（件）				年均增速（%）		
	2005	2009	2012	2016	2005—2009	2009—2012	2012—2016
山西	1 220	3 227	7 196	10 062	27.5	30.6	8.7
内蒙古	845	1 494	3 084	5 846	15.3	27.3	17.3
辽宁	6 195	12 198	21 223	25 104	18.5	20.3	4.3
吉林	2 023	3 275	5 930	9 995	12.8	21.9	13.9
黑龙江	2 906	5 079	20 268	18 046	15.0	58.6	−2.9
上海	12 603	34 913	51 508	64 230	29.0	13.8	5.7
江苏	13 580	87 286	269 944	231 033	59.2	45.7	−3.8
浙江	19 056	79 945	188 463	221 456	43.1	33.1	4.1
安徽	1 939	8 594	43 321	60 983	45.1	71.5	8.9
福建	5 147	11 282	30 497	67 142	21.7	39.3	21.8
江西	1361	2 915	7 985	31 472	21.0	39.9	40.9
山东	10 743	34 513	75 496	98 093	33.9	29.8	6.8
河南	3 748	11 425	26 791	49 145	32.1	32.9	16.4
湖北	3 860	11 357	24 475	41 822	31.0	29.2	14.3
湖南	3 659	8 309	23 212	34 050	22.8	40.8	10.1
广东	36 894	83 621	153 598	259 032	22.7	22.5	14.0
广西	1 225	2 702	5 900	14 858	21.9	29.7	26.0
海南	200	630	1 093	1 939	33.2	20.2	15.4
重庆	3 591	7 501	20 364	42 738	20.2	39.5	20.4
四川	4 606	20 132	42 218	62 445	44.6	28.0	10.3
贵州	925	2 084	6 059	10 425	22.5	42.7	14.5
云南	1381	2 923	5 853	12 032	20.6	26.0	19.7
西藏	44	292	133	245	60.5	−23.1	16.5
陕西	1 894	6 087	14 908	48 455	33.9	34.8	34.3
甘肃	547	1 274	3 662	7 975	23.5	42.2	21.5
青海	79	368	527	1 357	46.9	12.7	26.7
宁夏	214	910	844	2 677	43.6	−2.5	33.5
新疆	921	1 866	3 439	7 116	19.3	22.6	19.9

资料来源：国家统计局年度数据。

　　高等院校和科研机构是国家创新的重要源泉之一，在重大原创性基础性领域更是如此。世界各个创新大国均拥有科研创新能力一流的大学和科研机构，发表了大量的国际学术成果。随着经济的高速发展，我国高等院校和科研机构的科研实力也显著增强。如表3-6所示，从2005年至2009年，全国国际科技论文数呈现较快增长态势，年均增长率达到了13.6%；从2009年至2012年，全国国际科技论文数增速下降为9.3%；从2012年至2016年，全国国际科技论文数恢复较高速度增长态势，年均增长率达到11.2%。在2005—2016年期间，全国国际科技论文数从约15.2万篇增长到约50.7万篇，增长了2.3倍。统计数据显示，在国际科技论文发表方面，西部地区增长速度略快于全国其他地区，但由于基数较小，东西部地区的绝对差距还是在继续扩大：在2005年，东西部地区国际科技论文差距为74 637篇；到2016年，两者差距为210 863篇，差距扩大了2.8倍。

在西部地区内部，国际科技论文发表数量存在巨大差异。陕西、四川、重庆稳居西部地区三甲，在2016年分别达到约2.86万篇、2.16万篇和1.11万篇，并且保持较快速的增长，位居全国前列。西部地区其他省区除甘肃、云南之外，国际科技论文发表能力较弱。

表3-6　　　　　　　各地区国际科技论文数（2005—2016年）

地区	国际科技论文数（篇）				年均增速（%）		
	2005	2009	2012	2016	2005—2009	2009—2012	2012—2016
全国	152 476	253 982	331 363	506 654	13.6	9.3	11.2
东部地区	94 298	148 134	190 321	293 512	12.0	8.7	11.4
中部地区	22 099	40 562	51 848	80 351	16.4	8.5	11.6
西部地区	19 661	37 063	53 398	82 649	17.2	12.9	11.5
东北地区	16 418	28 223	35 796	50 142	14.5	8.2	8.8
北京	34 674	48 554	60 784	93 502	8.8	7.8	15.4
天津	5 507	7 299	10 180	15 557	7.3	11.7	15.2
河北	2 184	4 107	5 660	7 289	17.1	11.3	8.8
山西	1 860	2 053	2 875	5 116	2.5	11.9	21.2
内蒙古	207	481	1 080	1 818	23.5	30.9	19.0
辽宁	6 856	11 933	14 875	20 874	14.9	7.6	12.0
吉林	4 456	6 597	9 364	13 421	10.3	12.4	12.7
黑龙江	5 106	9 693	11 557	15 847	17.4	6.0	11.1
上海	17 821	25 066	28 597	42 902	8.9	4.5	14.5
江苏	11 337	23 051	30 599	51 602	19.4	9.9	19.0
浙江	9 083	13 495	17 540	24 335	10.4	9.1	11.5
安徽	4 639	6 510	8 498	13 565	8.8	9.3	16.9

续前表

地区	国际科技论文数（篇）				年均增速（%）		
	2005	2009	2012	2016	2005—2009	2009—2012	2012—2016
福建	2 197	4 369	5 705	9 383	18.8	9.3	18.0
江西	573	2 152	3 498	5 638	39.2	17.6	17.2
山东	5 664	10 698	14 726	22 209	17.2	11.2	14.7
河南	1 508	4 774	7 512	11 318	33.4	16.3	14.6
湖北	9 068	15 286	16 786	26 789	13.9	3.2	16.9
湖南	4 451	9 787	12 679	17 925	21.8	9.0	12.2
广东	5 777	11 312	16 057	25 847	18.3	12.4	17.2
广西	524	1 535	2 297	3 535	30.8	14.4	15.5
海南	54	183	473	886	35.7	37.2	23.3
重庆	2 012	4 423	7 623	11 064	21.8	19.9	13.2
四川	5 193	10 058	13 846	21 581	18.0	11.2	15.9
贵州	241	581	803	1 547	24.6	11.4	24.4
云南	800	1 849	3 064	4 564	23.3	18.3	14.2
西藏	2	8	14	44	41.4	20.5	46.5
陕西	7 682	13 546	18 496	28 572	15.2	10.9	15.6
甘肃	2 614	3 793	4 646	6 938	9.8	7.0	14.3
青海	72	122	193	309	14.1	16.5	17.0
宁夏	39	81	227	454	20.0	41.0	26.0
新疆	275	586	1 109	2 223	20.8	23.7	26.1

资料来源：国家统计局年度数据。

二、西部地区产业创新动能：以规模以上工业企业为例

我国当前正处在向高质量发展转变的阶段，创新发展是高质量发展最重要的内涵之一，也是高质量发展最主要的动力。在现代经济中，当一个经济体步入以创新发展为主要动力的高质量发展阶段时，创新主体和创新动能的结构也会产生重大变化。我国近年来提出和实行"大众创业、万众创新"的创新政策，表明了创新主体的普及化。创新主体不再局限于高等院校和科研机构，产业主体越来越成为创新的重要动能，而且在强大的市场机制引导下，越来越成为现代经济体最

重要的创新主体和创新动能。一个国家或地区的创新发展实力，在很大程度上，取决于该国家或地区产业主体的创新实力。在本节中，我们将研究西部地区近年来创新发展的产业主体的发展状况。

规模以上工业企业是各地区经济增长和创新发展的主力军。鉴于数据可比性和可获得性，我们主要研究分析 2012 年至 2017 年各地区规模以上工业企业的创新发展情况。如表 3-7 所示，从 2012 年至 2017 年，全国规模以上工业企业总资产从约 76.8 万亿元增长到约 112.2 万亿元，年均增长 7.9%，其中西部地区年均增长 9.3%，中部地区年均增长 9.4%，东部地区年均增长 7.6%，东北地区仅年均增长 2.5%。然而，自 2012 年以来，我国经济进入新常态，规模以上工业企业利润增速较慢，资产收益率有所下降。表 3-7 数据显示，东部地区规模以上工业企业利润年增长率（5.3%）最高，而西部地区增长率（3.5%）较低，这说明西部地区规模以上工业企业效率较低。2012 年，东、中、西、东北地区规模以上工业企业资产收益率分别为 8.1%、8.7%、7.2%、8.1%，西部地区处于最低水平。到 2017 年，全国四大地区规模以上工业企业资产收益率均出现了不同幅度的下滑，其中东北地区下滑幅度最大，达 4.5 个百分点，西部地区下滑了 1.7 个百分点。至 2017 年，东部、中部地区规模以上工业企业资产收益率分别为 7.3% 和 7.2%，显著高于西部地区和东北地区规模以上工业企业资产收益率。众所周知，企业利润增长率反映了企业发展的内在潜力和发展后劲，资产收益率反映了企业的生产经营效率。发展后劲足、生产经营效率高的企业，通常具有较强的创新发展能力。西部地区规模以上工业企业利润增长率和资产收益率的绝对和相对下滑会对西部地区创新发展产生负面的影响。

在西部地区内部，不同省份规模以上工业企业的资产总额、利润和收益率都存在较大差异。到 2017 年，四川、陕西规模以上工业企业资产分别达到约 4.33 万亿元、3.26 万亿元，位列西部地区第一、二位；内蒙古、新疆规模以上工业企业资产分别达到约 3.06 万亿元、2.04 万亿元，位列西部地区第三、四位；云南、重庆、广西、贵州规模以上工业企业资产分别达到约 2.02 万亿元、1.98 亿元、1.75 亿元、1.52 亿元；其他省区在 0.14 万亿元和 1.23 万亿元之间，处于较低水平。数据表明，首先，在经济体量较大的省份中，重庆近五年规模以上工业企业增长态势相对较好，总资产年均增长 12.2%，净利润年均增长 18.4%，处于全国第一的水平。在全国普遍下降的情况下，重庆规模以上工业企业资产收益率不降反升，从 2012 年的 5.8% 上升到 2017 年的 7.6%，高于东部地区平均资产收益率 0.3 个百分点。其次，贵州近五年规模以上工业企业总资产取得年均 12.9% 的增长，高于重庆，利润率年均增速（7.6%）不太突出，但高于西部地区平均水平 4.1 个百分点，高于东部地区 2.3 个百分点，而资产收益率在 2012

年至 2017 年期间下滑了 1.6 个百分点，比东部地区下滑幅度更大。数据还显示，2012—2017 年，一些地区规模以上工业企业总资产虽然实现了增长，但总利润却出现了下降，例如内蒙古、甘肃、青海、新疆，年均下滑幅度分别达到 5.6%、3.0%、9.8%、4.1%，这表明这些地区的企业效率出现了恶化，这既是企业缺乏创新能力的表现，也会进一步降低企业创新发展的动力和后劲。2017 年，西部地区规模以上工业企业资产收益率超过东部地区平均水平（7.3%）的仅有广西（9.2%）、重庆（7.6%）；陕西（7.0%）略高于全国平均水平（6.7%），四川（6.5%）、贵州（5.9%）则略低于全国平均水平，其余八个省区低于全国平均水平较多。这些数据表明，西部地区内部规模以上工业企业的生产经营效率存在较大差异，并且与东部地区存在较大的差距，这对于企业创新发展是十分不利的。国家智库和政策决策者需要弄清西部地区工业企业生产经营效率较低的原因，并进行相应的改革，才能提高西部地区工业企业的内生创新发展能力。

表 3 - 7　　　　　　各地区规模以上工业企业发展（2012—2017 年）

地区	总资产			利润			资产收益率		
	2012（亿元）	2017（亿元）	年均增长率（%）	2012（亿元）	2017（亿元）	年均增长率（%）	2012（%）	2017（%）	变动值（百分点）
全国	768 421	1 121 909	7.9	61 910	74 917	3.9	8.1	6.7	−1.4
东部地区	419 392	602 848	7.6	34 077	44 024	5.3	8.1	7.3	−0.8
中部地区	139 945	219 648	9.4	12 241	15 794	5.2	8.7	7.2	−1.6
西部地区	147 184	229 261	9.3	10 602	12 591	3.5	7.2	5.5	−1.7
东北地区	61 900	70 155	2.5	4 990	2 508	−12.9	8.1	3.6	−4.5
北京	28 613	45 986	10.0	1 268	2 024	9.8	4.4	4.4	0.0
天津	19 986	20 739	0.7	2 101	1 061	−12.8	10.5	5.1	−5.4
河北	33 567	45 214	6.1	2 559	2 713	1.2	7.6	6.0	−1.6
山西	25 342	35 714	7.1	1 011	1 032	0.4	4.0	2.9	−1.1
内蒙古	21 754	30 608	7.1	1 932	1 452	−5.6	8.9	4.7	−4.1
辽宁	34 780	36 325	0.9	2 436	1 063	−15.3	7.0	2.9	−4.1
吉林	13 897	19 289	6.8	1 215	1 028	−3.3	8.7	5.3	−3.4
黑龙江	13 223	14 541	1.9	1 339	417	−20.8	10.1	2.9	−7.3
上海	31 161	42 355	6.3	2 149	3 244	8.6	6.9	7.7	0.8
江苏	84 550	116 707	6.7	7 250	10 053	6.8	8.6	8.6	0.0
浙江	55 654	71 263	5.1	3 113	4 605	8.2	5.6	6.5	0.9
安徽	22 798	35 040	9.0	1 870	2 352	4.7	8.2	6.7	−1.5

续前表

地区	总资产			利润			资产收益率		
	2012（亿元）	2017（亿元）	年均增长率（%）	2012（亿元）	2017（亿元）	年均增长率（%）	2012（亿元）	2017（亿元）	变动值（百分点）
福建	21 386	34 592	10.1	2 023	3 222	9.8	9.5	9.3	-0.1
江西	11 968	21 558	12.5	1 507	2 356	9.4	12.6	10.9	-1.7
山东	71 108	107 933	8.7	8 016	8 128	0.3	11.3	7.5	-3.7
河南	35 175	60 984	11.6	4 016	5 352	5.9	11.4	8.8	-2.6
湖北	26 878	38 585	7.5	2 046	2 608	5.0	7.6	6.8	-0.9
湖南	17784	27 767	9.3	1 791	2 094	3.2	10.1	7.5	-2.5
广东	71 344	115 201	10.1	5 465	8 864	10.2	7.7	7.7	0.0
广西	11 760	17 532	8.3	933	1 611	11.5	7.9	9.2	1.3
海南	2 023	2 858	7.2	133	110	-3.8	6.6	3.3	-2.7
重庆	11 113	19 761	12.2	645	1 502	18.4	5.8	7.6	1.8
四川	30 363	43 254	7.3	2 334	2 824	3.9	7.7	6.5	-1.2
贵州	8 302	15 228	12.9	627	903	7.6	7.6	5.9	-1.6
云南	13 077	20 241	9.1	587	783	5.9	4.5	3.9	-0.6
西藏	507	1 394	22.4	13	27	15.6	2.5	1.9	-0.6
陕西	20 591	32 603	9.6	2 057	2 274	2.0	10.0	7.0	-3.0
甘肃	9 146	12 312	6.1	285	245	-3.0	3.1	2.0	-1.1
青海	4 042	6 467	9.9	169	101	-9.8	4.2	1.6	-2.6
宁夏	4 860	9 496	14.3	131	146	2.2	2.7	1.5	-1.2
新疆	11 669	20 365	11.8	889	723	-4.1	7.6	3.5	-4.1

资料来源：国家统计局年度数据。

表3-8和表3-9用主营业务、研发经费、新产品销售收入、研发经费占利润比重、新产品销售收入占主营业务收入比重等指标衡量了2012年至2017年期间各地区规模以上工业企业创新发展的情况。从2012年至2017年，西部地区规模以上工业企业主营业务收入、研发经费、新产品销售收入平均分别增长了5.7%、12.8%、12.9%，分别高于全国平均水平1.7、2.0、1.3个百分点，在四大地区中均排在中部地区之后居第二位，表现出了较好的增长态势。然而，在研发经费和新产品销售收入这两个关键指标上，东中西部地区之间差距并没有缩小，反而有所扩大。在2012年，西部地区规模以上工业企业研发经费投入为688

亿元，而东部地区为 4 922 亿元，两者相差 4 234 亿元；到 2017 年，西部地区此数据为 1 257.3 亿元，东部地区为 8 150 亿元，两者差距扩大到 6 892.7 亿元。在新产品销售收入方面，2012 年西部地区为 9 115 亿元，东部地区为 78 506 亿元，两者相差 69 391 亿元；而到 2017 年，西部地区数据为 16 696 亿元，东部地区为 130 270 亿元，两者差距扩大到 113 574 亿元。

表 3-8　　各地区规模以上工业企业主营业务与研发投入（2012—2017 年）

地区	主营业务收入			研发经费			新产品销售收入		
	2012（亿元）	2017（亿元）	年均增长率（%）	2012（亿元）	2017（亿元）	年均增长率（%）	2012（亿元）	2017（亿元）	年均增长率（%）
全国	929 291	1 133 161	4.0	7 201	12 013.3	10.8	110 529	191 567	11.6
东部地区	538 074	653 723	4.0	4 922	8 150	10.6	78 506	130 270	10.7
中部地区	181 982	256 768	7.1	1 150	2 173	13.6	16 990	37 448	17.1
西部地区	128 673	170 134	5.7	688	1 257.3	12.8	9 115	16 696	12.9
东北地区	80 562	52 536	−8.2	440	433	−0.3	5 918	7 153	3.9
北京	16 905	20 722	4.2	197	269	6.4	3 318	4 119	4.4
天津	23 646	16 144	−7.3	256	241	−1.2	4 460	4 095	−1.7
河北	43 644	41 950	−0.8	198	351	12.1	2 458	4 662	13.7
山西	18 119	17 852	−0.3	107	112	1.0	928	1 543	10.7
内蒙古	18 135	13 983	−5.1	86	108	4.7	581	1 124	14.1
辽宁	48 200	23 476	−13.4	289	275	−1.0	3 194	3 696	3.0
吉林	19 836	20 406	0.6	60	75	4.4	2 158	2 775	5.2
黑龙江	12 526	8 654	−7.1	91	83	−1.8	566	682	3.8
上海	34 096	37 911	2.1	372	540	7.8	7 400	10 068	6.4
江苏	119 287	148 997	4.5	1 080	1 834	11.2	17 845	28 579	9.9
浙江	57 683	65 760	2.7	589	1 030	11.8	11 284	21 150	13.4
安徽	28 905	43 110	8.3	209	436	15.9	3 732	8 843	18.8
福建	29 207	45 658	9.3	238	449	13.5	3 291	4 477	6.3
江西	22 533	33 752	8.4	93	222	19.1	1 287	3 857	24.5
山东	118 087	140 857	3.6	906	1 564	11.5	12 913	18 126	7.0
河南	52 276	79 909	8.9	249	472	13.7	2 576	7 096	22.5
湖北	32 326	43 211	6.0	263	469	12.2	3 698	7 523	15.3
湖南	27 823	38 934	7.0	229	462	15.0	4 769	8 586	12.5

续前表

地区	主营业务收入			研发经费			新产品销售收入		
	2012 (亿元)	2017 (亿元)	年均增长率（%）	2012 (亿元)	2017 (亿元)	年均增长率（%）	2012 (亿元)	2017 (亿元)	年均增长率（%）
广东	93 822	133 924	7.4	1 078	1 865	11.6	15 403	34 863	17.7
广西	14 734	23 805	10.1	70	94	5.9	1 237	2 249	12.7
海南	1 697	1 800	1.2	8	7	−0.9	134	131	−0.6
重庆	12 880	20 772	10.0	117	280	19.0	2 430	5 323	17.0
四川	31 427	41 631	5.8	142	301	16.2	2 096	3 683	11.9
贵州	5 967	10 648	12.3	32	65	15.5	383	606	9.6
云南	8 942	11 685	5.5	38	89	18.2	447	809	12.6
西藏	92	215	18.5	1	0.3	−9.7	2	9	35.0
陕西	16 328	23 082	7.2	119	196	10.5	872	1 715	14.5
甘肃	7 787	8 434	1.6	34	47	6.7	595	346	−10.3
青海	1 889	2 081	1.9	8	8	−0.2	10	103	58.2
宁夏	2 981	4 067	6.4	14	29	15.2	186	335	12.5
新疆	7 511	9 731	5.3	27	40	7.9	276	394	7.4

资料来源：国家统计局年度数据。

更加需要注意的是，规模以上工业企业研发经费占利润比重、新产品销售收入占主营业务收入比重是衡量各地区创新动力和创新能力最为重要的指标，但西部地区在这两个重要指标上均多年处于全国最低水平。2012年，西部地区研发经费占利润比重为6.5%，全国同期平均水平为11.6%，而东部地区更是遥遥领先，达到14.4%。到2017年，西部地区研发经费占利润比重上升到10.0%，五年间增长了3.5个百分点，增长幅度为全国最低。这表明，西部地区规模以上工业企业自我研发动力不足，创新动能较弱，与其他地区企业相比，创新发展能力的差距还在扩大。从另外一个重要指标新产品销售收入占主营业务收入比重看，2012年，西部地区该指标仅为7.1%，而全国平均水平为11.9%，东部地区则为14.6%。到2017年，西部地区该项指标为9.8%，仅上升了2.7个百分点，增长幅度为全国其他地区的一半左右。这表明，规模以上工业企业的产出构成当中，西部地区企业新产品销售收入大幅度落后于全国其他地区，这是西部地区企业创新能力不足的直接证据。

表 3-9 　　各地区规模以上工业企业创新发展情况（2012—2017 年）

地区	研发经费占利润比重			新产品销售收入占主营业务收入比重		
	2012 (%)	2017 (%)	增长幅度（百分点）	2012 (%)	2017 (%)	增长幅度（百分点）
全国	11.6	16.0	4.4	11.9	16.9	5.0
东部地区	14.4	18.5	4.1	14.6	19.9	5.3
中部地区	9.4	13.8	4.4	9.3	14.6	5.2
西部地区	6.5	10.0	3.5	7.1	9.8	2.7
东北地区	8.8	17.2	8.4	7.3	13.6	6.3
北京	15.6	13.3	−2.3	19.6	19.9	0.3
天津	12.2	22.7	10.5	18.9	25.4	6.5
河北	7.7	12.9	5.2	5.6	11.1	5.5
山西	10.6	10.9	0.3	5.1	8.6	3.5
内蒙古	4.4	7.5	3.0	3.2	8.0	4.8
辽宁	11.9	25.9	14.0	6.6	15.7	9.1
吉林	5.0	7.3	2.3	10.9	13.6	2.7
黑龙江	6.8	19.8	13.0	4.5	7.9	3.4
上海	17.3	16.6	−0.6	21.7	26.6	4.9
江苏	14.9	18.2	3.3	15.0	19.2	4.2
浙江	18.9	22.4	3.5	19.6	32.2	12.6
安徽	11.2	18.5	7.4	12.9	20.5	7.6
福建	11.8	13.9	2.2	11.3	9.8	−1.5
江西	6.1	9.4	3.3	5.7	11.4	5.7
山东	11.3	19.2	7.9	10.9	12.9	1.9
河南	6.2	8.8	2.6	4.9	8.9	4.0
湖北	12.9	18.0	5.1	11.4	17.4	6.0
湖南	12.8	22.1	9.3	17.1	22.1	4.9
广东	19.7	21.0	1.3	16.4	26.0	9.6
广西	7.5	5.8	−1.7	8.4	9.4	1.1
海南	5.9	6.8	0.9	7.9	7.3	−0.7
重庆	18.1	18.6	0.5	18.9	25.6	6.8

续前表

地区	研发经费占利润比重			新产品销售收入占主营业务收入比重		
	2012（%）	2017（%）	增长幅度（百分点）	2012（%）	2017（%）	增长幅度（百分点）
四川	6.1	10.7	4.6	6.7	8.8	2.2
贵州	5.0	7.2	2.2	6.4	5.7	−0.7
云南	6.6	11.3	4.8	5.0	6.9	1.9
西藏	4.1	1.2	−2.9	2.3	4.4	2.1
陕西	5.8	8.6	2.8	5.3	7.4	2.1
甘肃	11.8	19.1	7.3	7.6	4.1	−3.5
青海	5.0	8.2	3.3	0.5	4.9	4.4
宁夏	11.0	19.9	9.0	6.2	8.2	2.0
新疆	3.1	5.5	2.5	3.7	4.0	0.4

资料来源：国家统计局年度数据。

　　在西部地区内部，规模以上工业企业的研发投入强度和创新效率也参差不齐。在研发经费占利润比重与新产品销售收入占主营业务收入比重这两个指标上，重庆市在西部地区可谓一枝独秀。从2012年到2017年，重庆规模以上工业企业研发投入的强度变化不大，但处于较高的水平，达到18%以上。新产品销售收入占主营业务收入比重在2012年为18.9%，2017年为25.6%，在全国仅位于浙江、上海、广东之后。然而，西部地区其他省区情况则相当不容乐观，即使经济科技实力较为雄厚的四川和陕西，其研发投入强度和创新产出也远低于东部地区，且低于全国平均水平。从2012年到2017年，四川省规模以上工业企业研发经费占利润比重仅从6.1%增加到10.7%，新产品销售收入占主营业务收入比重仅从6.7%增加到8.8%。同期，陕西省规模以上工业企业研发经费占利润比重从5.8%上升为8.6%，新产品销售收入占主营业务收入比重仅从5.3%增加到7.4%。这些数据表明，四川和陕西两省规模以上工业企业的研发投入强度、创新产出和创新能力远低于全国平均水平，企业竞争能力较低。更为严重的问题是，即使有些省份有较高的研发投入强度，但却未能产生相应的研发创新产出，表明研发投入效率较低，创新发展能力严重不足。例如，从2012年至2017年，甘肃省规模以上工业企业研发经费占利润比重从11.8%增长到19.1%，这是一个较高的投入水平，增长幅度也较大，然而，在同期其新产品销售收入占主营业务收入比重不仅水平较低，而且出现了负增长，从7.6%降低到4.1%。甘肃省出现这一现象表明，高投入并不能有效地提高其创新发展能力。

三、西部地区创新动力结构分析：以浙江、四川、甘肃高技术产业为例

高技术产业是指用当代尖端技术生产高技术产品的产业群。高技术产业的主要特点是知识和技术密集，研究开发投入高，研究开发人员比重大。高技术产业的智力性、创新性、战略性和环境污染少等特征，是各地区经济创新发展状况和发展能力的集中体现。在本节中，我们将以浙江、四川、甘肃三省高技术产业为例，分析西部地区创新发展的动力结构。浙江是东部地区经济发展的典型代表，四川是西部地区发展较好的省份，而甘肃则是西部地区发展较为滞后的省份，都具有较强的代表性。

表3-10提供了浙江、四川、甘肃三省从2000年至2016年高技术产业的生产经营情况。从数据来看，浙江省具有明显的先发优势，四川省保持中性稳定的发展态势，而甘肃省则具有明显的后发劣势。在2000年，浙江、四川、甘肃分别拥有高技术企业861家、277家和69家，浙江企业数是四川的3.1倍，是甘肃的12.5倍。到2016年，浙江高技术企业增长到2595家，四川和甘肃分别为1107家和121家。四川实现了相对增长，与浙江的差距有所缩小，浙江为四川的2.3倍，但甘肃与浙江的差距却大幅扩大，2016年浙江为甘肃的21.5倍。甘肃高技术企业数增长远远落后于浙江和四川。在从业人数这一指标上，从2000年至2016年，浙江省高技术企业从业人数从21.8万人增长到70.8万人，四川高技术企业从业人数从19.8万人增长到47.9万人，增长速度慢于浙江。同一时期，甘肃高技术企业从业人数从4.6万人下降到2.8万人，高技术从业人员数出现较大滑坡，与四川和浙江的差距不断扩大，前景非常令人担忧。

从2000年至2016年，浙江、四川、甘肃高技术企业主营业务收入分别从489.5亿元增长到5885.1亿元，从297.1亿元增长到5994.3亿元，从20.0亿元增长到196.1亿元。表3-10和图3-1、图3-2表明，四川高技术企业主营业务收入16年间增长了19倍，高于浙江的11倍。然而，甘肃省高技术企业主营业务收入仅增长了约9倍。我们还注意到，四川省企业平均规模大于浙江省，企业平均主营业务收入达到5.4亿元，而浙江企业数量多，高技术企业平均主营业务收入为约2.3亿元。然而，从企业利润总额这一指标看，四川高技术企业虽有较大的企业规模和较高的主营业务收入，但其利润水平却低于浙江企业。在2000年，浙江、四川、甘肃高技术企业利润总额分别为41.9亿元、17.2亿元和-0.2亿元，到2016年则分别为616.5亿元、393.5亿元和24.2亿元，浙

江高技术企业的利润总额远高于四川省。从利润率来看，2000年浙江、四川、甘肃高技术企业利润率分别为8.6％、5.8％和－1.0％，到2016年三地区的利润率分别为10.5％、6.6％、12.3％，都有所改善，其中甘肃改善较大，可能与亏损企业退出有关。

表3-10   浙江、四川、甘肃高技术产业生产经营情况

项目	2000	2005	2013	2014	2015	2016
企业数（家）						
浙江	861	1 991	2 391	2 437	2 603	2 595
四川	277	563	841	911	999	1 107
甘肃	69	84	107	117	124	121
从业人数（人）						
浙江	218 291	429 489	670 358	672 586	691 881	708 319
四川	197 771	203 812	501 539	501 205	514 758	479 109
甘肃	45 729	27 156	28 398	26 694	27 626	27 897
主营业务收入（亿元）						
浙江	489.5	1 741.8	4 360.1	4 792.4	5 288.1	5 885.1
四川	297.1	578.3	5 160.4	5 486.6	5 171.7	5 994.3
甘肃	20.0	39.20	140.9	162.4	179.0	196.1
利润总额（亿元）						
浙江	41.9	82.0	419.1	474.9	518.7	616.5
四川	17.2	27.6	369.9	413.3	173.2	393.5
甘肃	－0.2	2.6	19.1	22.9	27.1	24.2

资料来源：《中国高技术统计年鉴》（2017）。

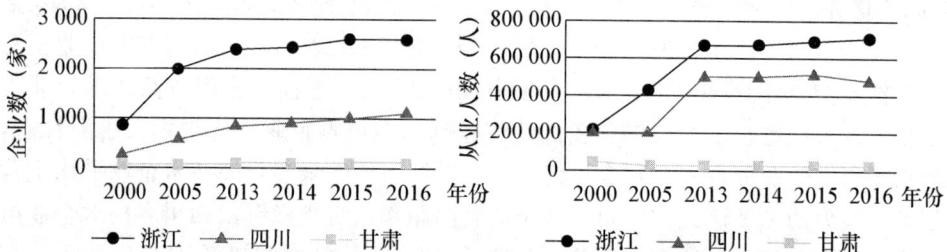

图3-1 浙江、四川、甘肃高技术企业数与从业人数

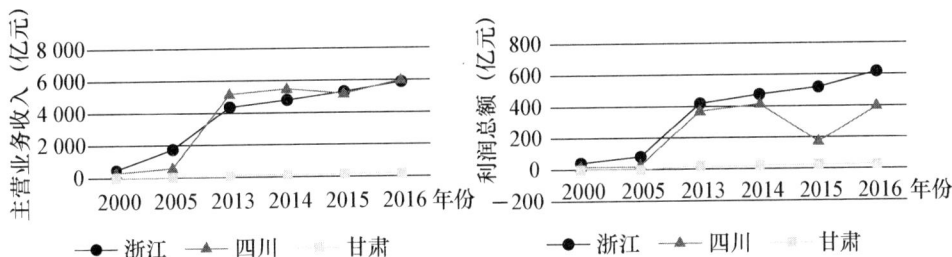

图3-2　浙江、四川、甘肃高技术企业主营业务收入和利润总额

表3-11提供了浙江、四川、甘肃高技术产业的动力结构。总体来看，浙江、四川、甘肃三省民营高技术企业的发展快于国有高技术企业，浙江民营高技术企业发展又快于四川，而四川高技术企业发展又快于甘肃。可以得到的一个基本结论是，民营企业发展较好的地区，具有较强的创新发展能力。

表3-11　　　　　　浙江、四川、甘肃高技术产业动力结构（1）

项目	2000	2005	2013	2014	2015	2016
国有高技术企业数（家）						
浙江	133	68	48	47	58	58
四川	113	80	83	92	102	104
甘肃	48	23	17	18	16	14
民营高技术企业数（家）						
浙江	568	1 442	1 820	1 881	2 060	2 094
四川	127	417	664	717	792	899
甘肃	19	56	88	96	105	105
港澳台资高技术企业数（家）						
浙江	91	217	235	225	212	202
四川	14	19	28	27	30	33
甘肃	1	1	1	1	1	—
外资高技术企业数（家）						
浙江	69	264	288	284	273	241
四川	23	47	66	75	75	71
甘肃	1	4	1	2	2	2

续前表

项目	2000	2005	2013	2014	2015	2016
国有高技术企业从业人数（人）						
浙江	43 114	32 798	29 097	28 727	35 983	47 311
四川	149 260	102 535	126 485	124 138	114 211	107 349
甘肃	43 667	14 562	10 829	11 487	9 624	9 073
民营高技术企业从业人数（人）						
浙江	132 277	254 041	389 669	403 246	432 073	450 975
四川	37 374	86 412	198 155	204 979	217 594	240 693
甘肃	801	11 601	17 247	14 866	17 649	18 723
港澳台资高技术企业从业人数（人）						
浙江	25 102	54 184	98 070	90 038	80 606	79 445
四川	2 724	5 541	128 143	115 101	120 953	78 149
甘肃	45	543	283	268	251	—
外资高技术企业人数（人）						
浙江	17 798	88 466	153 522	150 575	143 219	130 588
四川	8 413	9 324	48 756	56 987	62 000	52 918
甘肃	1 216	450	39	73	102	101
国有高技术企业主营业务收入（亿元）						
浙江	105.0	209.2	200.0	341.2	462.9	682.5
四川	207.5	313.7	1 253.8	1 274.8	1 315.2	1 297.4
甘肃	18.0	15.3	31.9	39.7	42.9	45.9
民营高技术企业主营业务收入（亿元）						
浙江	248.2	698.0	2 262.7	2 525.4	2 940.8	3 243.0
四川	54.0	217.3	1 473.2	1 607.4	1 798.5	2 155.3
甘肃	0.6	22.7	108.4	121.5	133.7	146.8
港澳台资高技术企业主营业务收入（亿元）						
浙江	37.5	173.5	730.6	682.7	666.0	684.0
四川	4.6	15.7	1 451.8	1 683.4	1 293.8	1 414.6
甘肃	0.2	0.5	0.3	0.2	0.2	—

续前表

项目	2000	2005	2013	2014	2015	2016
外资高技术企业主营业务收入（亿元）						
浙江	98.8	661.1	1 166.8	1 243.1	1 218.4	16 275.6
四川	30.9	31.6	981.6	921.0	764.2	1 127.1
甘肃	1.3	0.7	0.4	1.0	2.1	3.5
国有高技术企业利润总额（亿元）						
浙江	9.0	7.1	19.8	22.1	24.7	115.5
四川	7.4	12.9	39.3	45.8	32.8	58.3
甘肃	−0.3	0.7	5.8	9.2	10.7	13.2
民营高技术企业利润总额（亿元）						
浙江	20.5	47.3	210.7	218.4	259.3	258.8
四川	6.3	12.2	132.2	140.2	150.8	200.3
甘肃	−0.1	1.8	13.2	13.6	16.3	10.4
港澳台资高技术企业利润总额（亿元）						
浙江	3.5	13.4	122.3	140.2	142.8	146.8
四川	0.8	0.3	134.5	187.1	−46.5	8.7
甘肃	—	—	—	—	—	—
外资高技术企业利润总额（亿元）						
浙江	8.9	14.2	66.5	94.3	91.8	95.6
四川	2.7	2.1	63.9	40.3	36.2	126.2
甘肃	0.2	0.1	0.1	0.2	0.2	0.7

资料来源：《中国高技术统计年鉴》（2017）。

第一，从企业数量结构来看，在国有高技术企业方面，浙江、四川、甘肃三省国有高技术企业都有所减少。2000年，浙江、四川、甘肃分别拥有133家、113家、48家国有高技术企业；到2016年，三个省份分别拥有58家、104家和14家。其中，浙江、甘肃国有高技术企业数量下降幅度较大，分别减少了75家和34家，而四川省国有高技术企业数量仅减少了9家。在民营高技术企业方面，浙江省2000年拥有民营高技术企业568家，到2016年则增长到2 094家，增加了1 526家。同期，四川和甘肃民营高技术企业分别从127家、19家增长到899家和105家，分别增加了772家和86家。这些数据表明，浙江省民营高技术企业不仅初始发展情况较好，而且在三个省份中保持着最高的增量，四川、甘肃与浙江民营高技术企业数量的差距没有缩小，反而进一步扩大了。在港澳台资和外资高技术企业方面，甘肃是个位数，而且几乎没有任何增加；四川省在2000年分别拥有港澳台资和外资高技术企业14家和23家，到2016年缓慢增长到33家和71家。然而，在同期，浙江省港澳台资和外资高技术企业数量则从91家和69家分别增长到202家和241家。四川省在利用港澳台资和外资上与浙江省还存在巨大差距，而甘肃省则几乎处于未发展的空白状态。

第二，从从业人数来看，民营高技术企业从业人数占比最高。从2000年到2016年，浙江、四川、甘肃民营高技术企业从业人数分别增加了31.9万、20.3万和1.8万人。虽然四川、甘肃民营高技术企业从业人数增长较快，但其规模仍然远远落后于浙江省。在国有高技术企业方面，浙江省国有高技术企业从业人数较为稳定并略有增长，而四川与甘肃则出现了较大幅度的下降。在港澳台资高技术企业方面，四川省取得了长足发展。到2016年，四川省港澳台资高技术企业从业人数已经与浙江省齐平，达到了7.8万人。然而，甘肃省在这方面所取得的进展微乎其微，在2015年仅为251人。在外资高技术企业方面，浙江省则大大领先于四川省，从业人员从2000年的1.8万人增加到2016年的13.1万人；四川省则从2000年的0.8万人增加到2016年的5.3万人；而甘肃省则处于未发展状态，从2000年的1 216人减少到2016年的101人。

第三，在主营业务收入方面，浙江、四川、甘肃国有高技术企业都呈现稳步增长态势，但因民营高技术企业增长速度更快，国有高技术企业主营业务收入占比呈现下降趋势。从2000年至2016年，浙江省国有高技术企业主营业务收入从105.0亿元增长到682.5亿元，增长了5.5倍；而其民营高技术企业主营业务收入从248.2亿元增长到3 243.0亿元，增长了12倍。浙江省国有和民营高技术企业主营业务收入都呈现良好发展势头。同期，四川省国有高技术企业主营业务收入从207.5亿元增长到1 297.4亿元，增长了5.3倍；而其民营高技术企业主营业务收入从54.0亿元增长到2 155.3亿元，增长了39倍。统计数据表明，四川省民营高技术企业主营业务收入较浙江增长更快，但因起点较低，2016年在总量上为浙江省的三分之二的水平。甘肃省国有高技术企业主营业务收入从18.0亿元增长到45.9亿元，增长了1.6倍；而其民营高技术企业主营业务收入从0.6亿元增长到146.8亿元，增长了243.7倍，但其起点非常低。如果以2005年为基数，至2016年浙江、四川、甘肃民营高技术企业主营业务收入分别增长了3.6倍、8.9倍、5.5倍。四川省在吸引港澳台资和外资高技术企业方面取得了显著进展。从2000年至2016年，四川省港澳台资和外资高技术企业主营业务收入分别从4.6亿元和30.9亿元增长到1 414.6亿元和1 127.1亿元，分别增长了306.5倍和35.5倍，大大高于浙江省同期同类企业的增速。然而，甘肃省在港澳台资和外资高技术企业的主营业务收入方面十几年来一直处于停滞状态。在 2016 年，未获得甘肃省港澳台高技术企业主营业务收入数据，在 2015 年则仅为 0.2 亿元；在外资方面，2016 年甘肃省外资高技术企业主营业务收入仅为 3.5 亿元，可以说是处于未发展状态。

第四，在企业利润方面，浙江、四川、甘肃国有和民营高技术企业均呈现稳步增长态势。从 2000 年至 2016 年，浙江省国有高技术企业利润总额从 9.0 亿元增长到 115.5 亿元，增长了 11.8 倍；浙江省民营高技术企业利润总额从 20.5 亿元增长到 258.8 亿元，增长了 11.6 倍。浙江省国有和民营高技术企业利润总额呈现良好发展势头。同期，四川省国有高技术企业利润总额从 7.4 亿元增长到 58.3 亿元，增长了 6.9 倍；而其民营高技术企业利润总额从 6.3 亿元增长到 200.3 亿元，增长了 30.8 倍。数据表明，四川省民营高技术企业利润增长速度较浙江更快。然而，在 2016 年，四川省国有和民营高技术企业利润总额为主营业务收入的 4.5% 和 9.3%，而浙江省这一数据分别为 16.9% 和 8.0%，这表明浙江省国有高技术企业实现了较为高质量的创新发展，四川省国有高技术企业效益较低，民营高技术企业则在东西部地区之间差异较小。甘肃省国有高技术企业利润总额从 -0.3 亿元增长到 13.2 亿元；民营高技术企业利润总额则从 -0.1 亿元增长到 10.4 亿元。2016 年，甘肃省国有和民营高技术企业利润总额占主营业务收入的比例分别 7.6% 和 7.1%，民营高技术企业效益在三个省份中最低，国有高技术企业效益高于四川、低于浙江。四川省港澳台资高技术企业利润总额出现了较大幅度的波动。从 2000 年至 2016 年，四川省港澳台资和外资高技术企业利润总额分别从 0.8 亿元和 2.7 亿元增长到 8.7 亿元和 126.2 亿元。同期，浙江省港澳台资和外资高技术企业利润总额分别从 3.5 亿元和 8.9 亿元增长到 146.8 亿元和 95.6 亿元。四川省外资高技术企业利润增长和企业效益高于浙江，但港澳台资高技术企业效益较差。

四、以市场驱动的西部地区创新发展路径

第一，政府之手和市场之手双管齐下，政府之手赋能市场之手。西部地区创新高质量发展的总体思路应着眼于构建与加强市场驱动型的发展模式。对于经济落后、创新发展动能不足的西部地区省份，应摒弃"等、要、靠"思维，挖潜自身内部动能，大力发展民营经济，从依赖投资粗放增长转向市场驱动的创新高质量发展。西部地区地方政府应通过政府之手赋能市场之手，营造良好的投资经营市场环境，大力吸引国内国际资本，做好投资者利益保护。

第二，大力加强企业主体建设，存量改革和增量扩容齐头并进。在存量改革

方面，应加快西部地区现有国有企业改革，尽快推进国有企业从"管资产向管资本"转变，引入民营资本，推广混合所有制改革，优化国有企业治理机制，提升国有企业经营管理效率。针对西部地区国有企业效率不高的现实，对于竞争性领域的国有企业，应积极鼓励民营企业控股，稳步推进民营化改革，提高企业的市场竞争力。在增量扩容方面，西部地区应大力改善投资环境，一方面吸引东部地区和国际资本，主动承接东西部产业梯度转移；另一方面，应大力扶持西部地区本土企业，充分发挥本土企业的地缘优势，大力发展优势特色产业，利用现代物流系统和电商网络，促进西部产品打入国内国际市场。

第三，西部地区创新发展，必须走外向型经济发展之路。数据表明，西部地区部分省份外资企业、港澳台企业投资稀少，国内国有、民营企业出口能力也较为薄弱。西部地区创新发展和高质量发展无法简单模仿东部地区的发展路径，必须闯出一条西部地区发展外向型经济的新道路。当前，西部地区应紧紧抓住"一带一路"发展的新机遇，大力发展面向中亚、西亚、东南亚的外向型经济，在新一轮国家全方位对外开放的大潮中抢占先机。

第四，西部地区创新发展需要系统思维，形成高质量发展的"正反馈"系统。世界上没有一个国家能通过他国帮助变得强大和繁荣。在一国之内，也没有任何一个地区可以不依靠其内生能力实现高质量发展。下一阶段西部地区创新发展需要自身强身健体，建设具有内生发展动力的西部区域经济。要达到这一目标，需要精准定位西部地区内生发展动力的内核——企业。发展有活力的企业，才能拥有有活力的经济；拥有强大的企业和企业集群，才能具有强大的竞争力和强劲的持续发展动能。企业活了，企业强了，人才才能吸得来、留得住、长得好。企业强，市场好，资本也将随之而来。西部地区面临的资金和人才短缺问题，只有通过提升企业竞争力才能最终得到解决。相反，仅仅增加西部地区资金投入和人才投入，如果没有有效率和竞争力的企业和经济，则这些投资必然是无效率的，更多的资金投入只会产生更糟糕的企业和经济，创新发展和高质量发展将成为一句空话。因此，一言以蔽之，我们认为，唯有依靠以市场和企业为导向的创新发展路径，西部地区才能形成一个企业发展—资本注入—人才汇聚—企业发展的"正反馈"闭环系统，西部地区才能在下一个十年真正走上一条高质量创新发展的道路。

第五，优化考核机制，从资产投资转向资本投资。过去，西部地区要获得资金，固定资产项目投资是抓手；要促进 GDP 增长，主要是搞基建、上项目、开园区。对于固定资产扩张的发展模式，各地各级政府已经驾轻就熟，各级发展规划、绩效考核、晋升机制都围绕这一模式开展，已经形成路径依赖。然而，投资形成的资产不等于资本，也不等于财富，只有能不断带来收益的资产才是真正的有效资产。固定资产投资边际报酬递减，达到一定规模之后，必然出现资产收益下降趋势。在下一个十年、二十年或三十年，西部地区不应通过不断加码固定资产投资继续获得回报，而应转向可获得长期回报的资本投资。大力推进混合制改革，鼓励股权转让、股权互换，优化投资结构；提高现有资金使用效率，减少低效固定资产投资，降低固定资产投资比重。西部地区应优化绩效考核机制，加强注重财富或资本增长的长效考核机制。

——执笔人：赖普清，浙江大学中国西部发展研究院

第四章 西部地区战略性新兴产业发展研究

摘 要

根据《"十三五"国家战略性新兴产业发展规划》，国家战略性新兴产业包括新一代信息技术产业、高端装备制造产业、新材料产业、生物产业、新能源产业、新能源汽车产业、节能环保产业等。长期以来，我国西部地区的产业以传统产业为主，内蒙古、宁夏、甘肃、新疆、青海等地，六大高耗能产业占工业的比例长期达70％以上，有的地区甚至占到90％。国家推行西部大开发以来，西部一些地区特别是西部地区的重要城市成都、西安、重庆、贵阳、包头等从自身的优势条件出发，开始重视高新技术在产业中的渗透，战略性新兴产业开始起步，在战略性新兴产业各领域均出现了一些特色产业集聚区，有的领域甚至走在全国的前列，例如新能源产业、航空产业等，取得了比较大的成绩。

Abstract

According to Chinese 13th Five-Year Plan for Strategic Emerging Industries Development, national strategic emerging industries include the new-generation information technology industry, the high-end equipment manufacturing industry, the new materials industry, the biology industry, the new energy industry, the new-energy automobile industry, and the energy-saving and environmental protection industry. For a long time, Chinese western region had been dominated by traditional industries. Six major energy-intensive industries used to account for more than 70% of the industry in Inner Mongolia, Ningxia, Gansu, Xinjiang and Qinghai, and even 90% for some regions of these places. Since the launch of China Western Development, some western provinces, especially important cities such as Chengdu, Xi'an, Chongqing, Guiyang, and Baotou, have begun to involve high technology in industries using their own advantages. The strategic emerging industries have begun as a number of characteristic industrial clusters have appeared. Some industries, such as the new energy industry, the aviation industry, etc., have even come to the forefront of the country and have made great achievements.

西部大开发以来,我国西部地区的战略性新兴产业在一些地区资源优势、科技优势和产业优势的带动下,逐步形成了一些有特色的产业集聚区,成都、重庆和西安利用其教育科技资源和人力资源丰富的优势,从我国东部地区和国外引进先进的信息技术产品,形成了信息产业集聚区。成都和西安利用新中国成立初期苏联援建的项目和三线建设时期形成的航空产业基础,形成了我国最重要的航空产业集聚区。银川、包头、兰州等城市,利用新中国成立初期苏联援建的项目和三线建设时期形成的产业基础,形成了稀土新材料、部分领域的有色金属新材料和高温合金新材料产业基地,为我国高端装备制造业的发展做出了贡献。内蒙古、宁夏、陕西、新疆、青海、甘肃则利用其丰富的太阳能资源、风能资源和煤炭资源,形成了以光伏和风电为主的新能源产业集聚区。贵州、呼和浩特等城市,利用电力资源的优势,形成了云计算产业集聚区。这些产业集聚区在全国范围内形成了竞争力,新能源产业更是在国际上形成了强有力的竞争力,为我国西部地区产业的转型升级和新旧能源的逐步转换做出了贡献。

一、新一代信息技术产业

(一) 新一代信息技术产业概述

新一代信息技术产业具有渗透性强、影响面广、创新活跃等特点,主要包括下一代通信网络、云计算、大数据、物联网、电子商务、人工智能、新型平板显示、大规模集成电路等细分行业。目前新一代信息技术正引发新的科技革命,它能够迅速转化为现实生产力,将深刻地影响和改变其他产业。为抢占发展先机,世界上各个国家高度重视新一代信息技术的战略部署,积极维护网络安全、强化竞争优势。

新一代信息技术的发展日新月异,对人类生活产生了深远影响。智能语音、高性能计算、大数据等的迅速发展，不断推动人工智能的商业化应用，智能车载、智能家居等产品进入高速发展时期；5G 有望在 2020 年完成标准制定，实现商业化应用，它可以扩大移动网络的覆盖面积，增强信号的穿透能力，进而让人们能够随时随地地接入移动网络。物联网加速发展，2020 年全球联网设备将达到 260 亿个，其在农业、能源、医疗等行业的应用能够显著提高运营效率、促进行业转型升级。

近些年来，我国新一代信息技术产业发展势头强劲，自主创新能力不断增强，已经形成了新的产业格局和集群布局。我国已形成了以国家级信息产业基地、国家新一代信息技术产业园为主体的区域产业集群，呈现出"多地开花"的区域发展格局，形成了多个各具特色的产业集聚区。如以杭州、上海等城市为中心的长三角地区形成了以云计算、电子商务、量子通信、集成电路等为代表的产业聚集区，北京、天津等地形成了新一代信息技术装备、软件平台、应用服务等产业聚集区，珠江三角洲形成了以工业机器人、无人机、卫星通信、智能医疗等为代表的产业聚集区，成都、重庆和西安等西部地区形成了信息化应用、元器件制造以及研发等产业聚集区。

（二）西部地区新一代信息技术产业的发展情况

西部地区在新一代信息技术产业发展方面整体上还比较落后，但是近些年来，随着西部地区加快承接东部沿海地区的产业转移，产业规模增速较快，出现了多个产业集聚区、多个产业基地和多家行业优秀企业，发展水平有了很大的提升。

1. 国家大数据（贵州）综合试验区

贵州是我国大数据发展的先行者和探索者，2016 年 3 月 1 日，国家发改委、工信部、中央网信办等部门联合批复设立国家大数据（贵州）综合试验区，在中国数据资源管理与共享开放、数据中心整合、数据资源应用等方面开展系统性试验，为国家大数据战略的实施提供经验借鉴。

贵州省注重建设大数据基地，不断优化产业布局，将"黔中引领、两极带动、协同发展"作为发展大数据产业的主要思路，以黔中经济核心区为主，规划建设贵安新区电子信息产业园大数据基地、中关村贵阳科技园大数据基地、黔南州超算中心等多个产业基地①，制定实施了数据资源开放利用、产业技术创新和成果转化、人才引进和培育、产业配套升级、大企业培育和大项目带动五大计

---

① 省人民政府印发《关于加快大数据产业发展应用若干政策的意见》《贵州省大数据产业发展应用规划纲要（2014—2020 年）》的通知 ［OL］（2014－03－20）［2015－12－16］. http://www.bijie.gov.cn/zs/tzzc/201704/20170429_5455277.html.

划，有效促进了信息产业更好地发展。同时，贵州大力推动云计算服务的发展，例如引进公共云服务龙头企业、打造电子政务云服务平台及工业云服务平台，不断进行产业发展模式的创新。

2018年，贵州省软件和信息技术服务业（全口径）收入348.5亿元，同比增长31.8%，规模以上电子信息制造业总产值706.6亿元，增加值69.4亿元，同比增长11.2%，虽较2017年同期明显回落，但仍高于全省工业（9%）2.2个百分点。电信业务总量2191.2亿元，同比增长165.5%，增速排名全国第六；电信业务收入298.2亿元，同比增长10.1%，增速连续23个月排名全国第一。网络零售额180.4亿元，同比增长37.1%。此外，全省大数据相关领域注册企业数量达到9551家，比2017年净增600多家。随着中国移动、中国电信、联通三大电信运营商数据中心、腾讯数据中心、iCloud中国（贵安）数据中心、华为全球数据中心等项目落地，以及甲骨文、谷歌、英特尔、微软、IBM、惠普、戴尔、富士康、思爱普等世界500强企业纷纷落户贵阳，贵州全省大数据产业延续了"又稳又快、快中向好、好中趋优"的发展势头，大数据产业对全省经济转型升级、提质增效的贡献进一步增强[①]。

2. 内蒙古云计算基地

内蒙古拥有资源、能源、政策等方面的优势。近年来，内蒙古十分重视科技引领、产业带动和模式创新，在推动传统重工业转型的同时，也不断促进新兴产业的创新发展。依托较低的发展成本，内蒙古自治区政府出台了云计算产业0.26元/千瓦时的低电价政策，打造呼和浩特市和林格尔新区云计算国家产业基地，吸引了中国电信、中国移动、中国联通三大运营商在和林格尔新区建设大型云计算数据中心，也成功引进了阿里巴巴、百度、腾讯、万国数据等数十家知名企业，全市集聚了数百家云计算和大数据企业，拥有电子商务企业近2000家。目前，内蒙古自治区云计算产业发展较快，大型云计算数据中心的服务器装机能力达到90多万台，全区光缆总长度42万公里，互联网宽带接入端口890万个。打造"中国云谷"是和林格尔新区转型发展的战略支撑，未来有望形成辐射全国的云计算产业基地。

3. 四川信息技术产业集群

电子信息是四川省五大万亿级支柱产业之一，大力发展数字经济是优化四川产业布局、构建四川特色产业体系的重要工作。四川拥有着国家软件基地、集成电路设计产业化基地以及信息安全成果产业化基地，目前已经初步形成"成都—

① 吴大华，张可. 贵州蓝皮书：贵州大数据战略发展报告（2019）[M]. 北京：社会科学文献出版社，2019.

绵阳—乐山"电子信息产业带、"成都—乐山"集成电路产业聚集区、"成都—绵阳"软件、网络及通信设备产业聚集区等特色产业聚集区。

自 2003 年英特尔入驻四川以来，华为、中兴、微软相继在四川建立了产业基地和研发中心。许多当地的企业也陆续在新三板上市，如主要从事数字电视前端设备、终端设备、系统软件和平台软件的研发与销售的泰立科技，主要从事集成电路产品的研发、设计和销售业务的芯海科技，再如以互联网为载体，通过融合通信设备，融合了电话、传真、数据传输、音视频会议、呼叫中心、即时通信、办公管理等众多应用服务的智科通信。

自新中国成立以来，成都一直是我国重要的电子工业基地，主要生产军工产品。近年来，成都信息产业规模不断扩大，结构不断优化，产品不断丰富，成都成为中国中西部信息产业的领跑者。例如，近年来，成都平板显示产业呈现爆发式增长趋势。成都引进了京东方集团股份有限公司和深圳天马微电子股份有限公司的面板生产线，这两个项目的总投资均超过 30 亿元。成都政府给予的政策、资金等方面的支持，以及跨产业配套形成的集群效应是吸引企业转移的因素，一批国内外知名 IT 企业陆续落户成都，形成了龙头企业带动中小企业、上下游企业协调发展的产业集群。目前，成都正在为打造世界级新一代信息技术产业集群、建设全国重要的先进制造业基地、"中国制造 2025"国家级示范区而努力。

4. 重庆市电子信息产业集群

产业集聚能够带来规模经济、知识溢出等效应，在打造地区支柱产业方面具有重大意义。对于电子信息产业而言，产业集聚同样不可或缺，美国硅谷、印度班加罗尔都是电子信息产业集聚的典例。近年来，重庆市在进行工业结构调整时，将电子信息产业放在突出位置，坚定不移地走产业集群化发展之路，目前已形成以电子为重点的产业集群，例如"5+6+800"的全球最大电脑产业集群。2016 年，重庆市电子制造业实现产值 4 999 亿元，较 2015 年增长 17.7%，对全市工业产值增长的贡献率高达 33.8%，成为重庆的第一支柱产业，为重庆市的经济发展做出了重大贡献。

在电子信息行业，重庆市确立了以笔记本电脑生产为核心的产业布局，形成了以惠普、宏碁、华硕等知名品牌为主导，广达、仁宝、纬创、富士康、英业、和硕达等为代工，以及群光键盘、新普电池封装、巨腾、圣美机壳等电脑零部件企业为支撑的电子信息产业集群。目前，重庆的笔记本电脑产量占全球的三分之一。与沿海地区的低产值不同，重庆现在生产的每台电脑有高达 70% 的产值留在重庆本地。惠普、宏碁、华硕占据价值链的核心位置，在知识创新和转移过程中发挥着关键作用。此外，重庆市将集成电路与液晶显示作为重点发展的新兴产业，按照集群发展的思路，已成功引进海内外多家知名企业，基本构建起一条完整的集成电路产业链与液晶显示产业链。可见，重庆市的电子产业集群有力地推动了产业结构调整与经济稳定发展。

5. 西安市电子信息产业集群[①]

陕西西安是我国西部地区的重要城市，具有悠久的历史文化、丰富的科教人才资源和突出的区位优势，发展潜力巨大。西安电子信息产业近年来取得了快速的发展。随着三星、美光等龙头企业不断扩大在西安的投资，一大批世界500强企业与中小科技企业纷纷落户西安，目前西安拥有电子信息企业超过千家，已成为我国电子信息产业发展的主要聚集区。

目前，西安市电子信息产业以三星电子、中兴、华为、海天天线、彩虹资讯、威视等龙头企业为核心，以科耐特、华晶电子、华山半导体等一大批中小科技企业为支撑，包括美国英特尔、美光半导体、应用材料、霍尼韦尔、韩国信泰电子、日本NEC、台湾华新丽华、华为、中兴等世界500强企业和国际国内知名电子信息企业，产业规模不断扩大，产业布局不断优化，形成了门类较齐全、技术较先进的电子信息制造和软件信息技术服务体系，已成为我国中西部地区重要的通信设备、集成电路、智能终端等电子信息产业基地。

2015年8月，国务院正式批复同意西安市高新技术产业开发区建设国家自主创新示范区，其成为全国第九个国家自主创新示范区。目前，西安高新区已形成了"一核、一轴、一城"的电子信息产业发展格局。2019年12月，西安高新区与华润、中兴、腾讯等企业集中签订了一批电子信息产业重点项目。其中，华润集团城市副中心项目总投资18亿元，重点孵化新一代信息技术优质项目，打造智慧科技生态园等；中兴生态链产业园项目着重联合物联网、云计算等生态链企业共同打造电子信息产业集聚区；腾讯云计算研发中心项目将吸引科技人才、资源集聚。

（三）发展趋势及发展措施

目前，我国西部地区新一代信息技术产业发展水平依然较低，今后一段时间，西部地区将进一步完善新一代信息技术产业布局，突出信息化带工业化、新一代信息技术与制造业融合发展，走新型工业化道路。发挥地的优势，建设产业集群和特色园区，吸引龙头企业落户，形成有自身特色的优势产品，通过引进大项目、完善产业链等方式，在新一代信息技术产业某些细分领域内实现赶超。注重自主创新，推动信息领域核心技术的研发，建设自主创新基地，提高重大信息技术成果的转化速度。

---

① 工业和信息化部产业政策司. 中国产业转移年度报告（2016—2017）[M]. 北京：电子工业出版社，2017.

促进西部地区新一代信息技术产业的发展，首先，应加快新一代信息网络基础设施建设，完善的基础设施能够促进信息资源的深度融合，能为更多领域的发展提供支持，是经济社会发展的信息"大动脉"。其次，加强法规建设与政策支持，规范信息资源的采集和开发，推进信息技术与产业发展的公共环境建设，为新一代信息技术产业发展提供良好的环境。再次，重视人才队伍建设，人才是科技创新的关键，与东部地区相比，西部地区的人才资源不足，这严重限制了西部地区新一代信息技术产业的发展，西部地区可以通过出台相关人才引进政策、积极组织技能培训等方式提高人才队伍建设水平。第四，促进新一代信息技术产业与西部地区传统产业融合发展，提高传统产业的现代化程度，推动传统产业转型升级，例如畜牧业可以依托 5G 技术精确观测记录奶牛生理期，从而实现牛奶增产。

二、高端装备制造产业

（一）高端装备制造产业概述

高端装备制造业是生产制造高技术、高附加值的先进工业设施设备的行业，是国家经济发展的战略性产业，具有技术密集、附加值高、成长空间大、带动作用强等突出特点。高端设备一般是传统产业转型升级和战略性新兴产业发展所需的装备，因此高端设备制造业对于一国产业结构转型升级和战略性新兴产业的发展具有重大意义，其发展水平是衡量一个国家经济综合实力的重要标志。

根据 2017 年 2 月国家发改委发布的《战略性新兴产业重点产品和服务指导目录（2016 版）》，高端装备制造业包括智能制造装备产业、航空产业、卫星及应用产业、轨道交通装备产业、海洋工程装备产业。一般来说，智能制造装备产业，人们重点关注芯片制造的装备，各种高精度的检测、检验设备和高灵敏度的传感器。航空产业主要研究飞机、航空发动机及航空设备，运载火箭、飞船、卫星、深空探测器等。轨道交通装备产业重点是研究高铁和地铁装备。此外，高档数控机床、增材制造装备等也是高端装备制造产业的重点研究对象。

（二）西部地区高端装备制造业的发展情况

西部地区的西安、成都和贵阳是我国主要的航空产业基地。西安和成都是我国各类飞机制造的主要研发基地，贵阳是我国航空发动机的研发基地。

1. 西安航空产业

近年来，西安依托自身优势将航空产业作为龙头产业、硬科技产业、军民融合产业来抓，深入贯彻落实省委、省政府关于加快发展航空产业发展的各项部署。西安阎良航空基地成立于 2004 年 8 月，是我国首个国家级航空高技术产业基地，也是唯一以航空为特色的经济技术开发区。阎良航空基地自成立以来，始终以振兴国家航空工业为使命，承担着我国先进歼击机、歼轰机及大运、大客、舰船等的动力装置的核心机制造、整机总装总试任务，聚焦高端装备制造和科技创新，不断推动航空产业发展。

西安注重航空产业集群的协同发展，在发展过程中遵循国家航空产业主干链条的布局，逐渐形成了集专用装备制造、航空材料制备、零部件加工、航空服务、旅游体验等于一体的航空高端装备制造产业集群。2018 年 1 月，西安航空基地综合保税区经国务院批复正式设立，这是我国中西部地区首个以航空制造产业为发展特色的综合保税区，为西安航空产业集群协作和国际化发展铺平了道路。2017 年，航空产业产值达 500 亿元，位居全国前列，预计 2021 年，全市航空制造产业总产值将达到 800 亿元，航空服务业实现产值 200 亿元，航空产业将为西安经济增长做出巨大贡献。

西安的航空基地注重提高科技创新能力，积极利用高校、科研院所、科技企业等资源搭建创新创业平台，加强产学研合作，构建以企业为主体、以市场为导向、产学研紧密结合的创新驱动体系。目前，西安航空基地在产学研合作方面已经出现许多成功的案例，例如西安三角防务股份有限公司与清华大学合作研制出世界领先的 4 万吨大型航空模锻液压机，与西北工业大学合作实现陶瓷基复合材料的工程应用和产业化发展，与西安交通大学联合研发性能达到世界一流水平的高强度镁锂合金材料。西安拥有全国最大的飞机制造企业西安飞机工业（集团）有限责任公司，全国唯一的大中型飞机设计研究院中航工业第一飞机设计研究院，全国唯一的飞行试验研究鉴定中心中国飞行试验研究院。

西安航空产业拥有众多的上市公司。1997 年 6 月，中航飞机股份有限公司上市，2012 年 11 月，公司以非公开发行股票的方式购买西安飞机工业（集团）有限责任公司、陕西飞机工业（集团）有限公司等四家公司航空业务相关资产，标志着国内首家飞机业务板块资产重组成功实施。中航飞机股份有限公司以"航空报国，强军富民"为宗旨，致力于打造军民融合型的民用飞机、军用飞机两大产业体系。公司拥有国内大中型军民用飞机、全系列飞机起落架及机轮刹车系统的核心资源，经营范围涵盖飞机、飞行器零部件等的设计、试验、生产、维修、销售、服务等多个方面。公司有着清晰的业务、集中的资源和雄厚的实力，是美国波音公司、欧洲空客公司等世界知名飞机制造商的重要合作伙伴。

西安晨曦航空科技股份有限公司于 2000 年 2 月成立，专业从事航空装备的研制工作。公司注重研发创新，已形成三百余人的研发团队，在西安和南京分别建立了产业基地并已成功登陆深交所上市。晨曦的经营范围包括导航、测控与控制技术和系统，光电传感器及系统，机器设备，电子设备，航空及航天设备，无人机及零部件的研发、试验、生产、销售和维修等方面，拥有惯性导航、发动机控制、飞控计算机、无人机、航空电子等十余个技术专业，多项技术在国内处于领先水平。

2. 成都航空产业

成都是中国重要的航空产业基地，已形成集飞机研发、设计、制造、测试和维修等于一体的完整的航空产业链和产业集群。航空产业是成都市新都区突出发展的三大主导产业之一，目前已规划建设 9 平方公里的成都军民融合航空产业园，未来的航空产业园将以成飞军民融合示范区、成发军民融合示范区的建设为引领，以成果转化为核心推动力，构建包括研发设计中心、科技转化中心、智能制造基地、检验检修服务基地的"两中心两基地"空间格局。

2017 年 7 月，成都航空动力产业园被成都市确定为重点发展的 66 个产业园区之一，是成都市推进航空经济发展的重要载体之一。2017 年园区累计完成固定资产投资 24.6 亿元，完成技改投资 22.3 亿元，完成重大工业项目投资 7.28 亿元。2018 年 1 月至 6 月累计完成固定资产投资 21.3 亿元。

目前，新都区已聚集泛华航空、海川航空、中电锦江、天空动力等知名航空企业近 40 家。同时，为推动产学研用融合发展，该区与 624 所、611 所、北航、南航等实施全面战略合作，共同建设科研技术转化平台、检验检测中心，共同培育航空产业发展新动能，逐步形成覆盖"航空发动机、燃气轮机、整机制造、配套产业、衍生产业"的军民融合航空产业链。2019 年 4 月，总投资 100 亿元的四川成都航空产业园项目启动建设，新都区正聚力打造国家级航空产业示范园区。

航空工业成都飞机工业（集团）有限责任公司（简称航空工业成飞）成立于1958 年，是中国重要的歼击机研制生产基地、民机零部件重要制造商，集科研、生产、试验、试飞于一体。公司坚持"航空报国，航空强国"的理念，在军机方面，先后研制生产了数十种系列飞机，为国家航空武器装备现代化建设做出了突出贡献。在民机方面，航空工业成飞与成飞民机公司共同承担了大型客机 C919、新支线客机 ARJ21、大型水陆两栖飞机 AG600 机头的研制生产。民机转包方面，生产了波音 787 方向舵、波音 757 尾段、空客 A320/340 登机门、达索油箱等民机大部件。

3. 贵阳飞机发动机制造产业

贵阳是我国航空产业领域飞机发动机的重要研发基地，有贵州航空发动机研究所、黎阳航空发动机（集团）有限公司、中航重机、航天电器等重要企业。贵州航空发动机研究所创建于 1968 年，是我国军用航空动力系统（即军用航空发动机）领域四大主机设计的航空科研事业单位之一，主要从事航空发动机的科研设计工作。经过多年的建设和发展，贵州航空发动机研究所形成了机械设计、结构、强度、气动、热力、电子、自动控制、光学、测试计量、计算机硬件等配套的技术力量，已成为具有工程设计、试验、测试、计量等综合能力，能独立承担航空发动机设计、改进改型等研制任务的航空发动机设计研究所。

贵州黎阳航空发动机（集团）有限公司是我国航空发动机研制生产的骨干企业。创建50余年来，黎阳坚持以航空为本，以军工为主，军民结合，走出了一条"厂所结合、科技先行、使用发展、渐进改型"的技术创新发展道路，研制生产了两大系列20多个型号的航空发动机，迄今为止交付发动机数量达到5 000余台，是国内航空发动机率先出口和出口量最大的航空发动机企业。黎阳已形成以航空发动机为主体，国际航空零部件转包生产、多元化非航空民品共同发展的格局①。

4. 内蒙古包头高端装备制造产业

内蒙古包头拥有第一机械集团有限公司（简称一机集团）和北方重工业集团有限公司。一机集团拥有国家级企业技术中心，从冶炼、铸造、锻造、机械加工、冲压、热处理到整机装配一体化，形成了一整套综合机械制造能力，主要产品系列有军品轮、履带两大系列，北奔重卡、铁路车辆、专用汽车、工程机械是公司的核心业务和支柱产品。内蒙古北方重工业集团有限公司集特殊钢冶炼、铸锻造、机械加工、焊接装配、电气液压、仪器仪表、专用车辆、总装调试等于一体，具有较强的科研开发及综合生产加工能力，是国内军民用大型锻件毛坯供应中心，是国内特殊钢、深孔加工及大型配套设备制造重点生产企业。

呼和浩特、包头两市的城市轨道交通的建设使内蒙古自治区初步形成了中国西部规模最大的轨道交通市场。为了开发地铁等配套产业，包头市于2017年投资建设了高端装备制造基地。该基地的建设将提高内蒙古的装备制造业水平，填补高端装备制造领域的一些空白，延伸产业链条，促进创新发展。

（三）发展趋势及发展措施

我国西部地区高端装备制造业与信息技术的融合正在不断加深。信息技术在高端装备制造业的应用能带来很多的好处，例如使生产分散化，中小企业可以与大企业展开竞争，从而促进财富的公平分配；还能实现资源能源的生产、交换、分配，降低交易成本，提高交易效率。西部地区高端装备制造业在生产方式上将呈现网络化、智能化的发展趋势。生产制造活动通过互联网实现延伸，由多个企业共同参与、合作完成；新型传感器等的应用不断提高生产的智能化水平。另外，西部地区高端装备制造业将出现更多新业态、新模式，例如在"互联网＋"

---

① 贵州黎阳航空发动机公司. 企业简介［EB/OL］.（2018－11－18）［2019－06－01］. http://m.dshrc.com/campuscp77F7A3E95B.html.

的框架下，高端装备制造业的设计、制造和售后等环节实现整合，制造业与服务业的界限变得模糊。

为促进我国西部地区高端装备制造业快速发展，可以从以下方面努力：第一，构建完善的创新体系。目前，我国西部地区高端装备制造业科研体系存在结构不清晰、功能定位不准等问题，企业、高校、科研院协同创新效率低下，造成科研资源的浪费，构建布局合理、定位清晰、功能互补的创新体系对促进西部地区高端装备制造业的发展意义重大，可为关键技术、核心元件、关键材料攻关提供保障。第二，提高政府扶持的精准度。尽管这些年国家对高端装备制造业的扶持力度不断加大，但是政府的扶持往往是以项目为中心，对符合要求的项目给予资金奖励，而真正具有战略意义的关键技术却可能得不到资金支持，因此，应提高政府扶持的精准度，准确识别真正需要扶持的技术。第三，深化体制改革，加强区域统筹。西部地区应注重对区域、省域高端装备制造业进行合理布局，编制产业规划及相关标准，建设优势突出、富有竞争力的高端装备制造业产业集群。

三、新材料产业

（一）新材料产业概述

新材料产业主要包括新型材料、相关产品和生产技术。其具体涵盖新材料本身形成的产业、新材料技术及其装备制造业、传统材料技术提升的产业等。新材料产业的发展水平已成为衡量一个国家和地区经济社会发展、科技进步和国防实力的重要标志，世界各国都高度重视新材料的研发和产业化发展，纷纷在新材料领域制定出台相应的规划，竭力抢占新材料产业的制高点[①]。

新材料所涉及的产业种类繁杂、领域宽广，按照《中国新材料产业发展年度报告（2017）》，新材料可分为先进基础材料、关键战略材料和前沿新材料。

先进基础材料包括钢铁、有色、石化、建材、轻工、纺织等产业中性能更优异并且应用面广、需求高的基础高端材料。先进基础材料是发展我国国民经济与国防力量的关键材料基础，是支撑国家科技与高端产品国际竞争力的有力基石[②]。

关键战略材料是支撑和保障海洋工程、轨道交通、舰船车辆、核电、航空航天装备等领域高端应用的关键核心材料，是实施智能制造、新能源、电动汽车、

---

① 肖劲松. 新材料产业存在问题及对策 [J]. 经济，2019（2）.
② 国家新材料产业发展专家咨询委员会. 中国新材料产业发展年度报告（2017）[M]. 北京：冶金工业出版社，2018：2-3.

智能电网、环境治理、医疗卫生、新一代信息技术和国防尖端技术等重大战略所必需的关键保障材料，也是实现战略性新兴产业创新驱动发展战略的重要物质基础。关键战略材料主要包括高性能分离膜、高性能纤维及复合材料、高品质高温合金、新型能源材料、稀土功能材料、先进半导体材料、新型显示材料、人工晶体材料、电子陶瓷、医用高端功能性植/介入材料和医用功能性外用材料。关键战略材料具有技术含量高、附加值高等特点，在新材料产业发展升级转型中具有关键战略意义，在重要高新产业发展的关键环节起决定性作用[1]。

前沿新材料是目前主要基于实验室研究开发、未投入规模化生产，同时具有重大开发应用前景、在未来可能带来重大科技影响的前沿材料，具有跨学科交叉的复杂性和极强的创新性。前沿新材料代表着新材料产业未来可能的发展方向，是产业重要的导向牌[2]。

我国根据"十三五"规划纲要和《中国制造 2025》有关部署，制定了《新材料产业发展指南》，将前沿新材料作为"十三五"期间新材料发展的主要方向之一，提出将更加重视原始创新和颠覆性技术创新，集中力量开展系统攻关，将3D 打印材料、超导材料、石墨烯材料、液态金属、智能复合材料、超材料以及仿生材料等产业作为重点发展对象，以期形成一批标志性前沿新材料创新成果与典型应用，抢占未来新材料产业竞争制高点，并形成一批潜在市场规模在百亿至千亿元级别的细分产业，从而建立一批产业集聚区，为拉动制造业转型升级和实体经济持续发展提供长久推动力。

（二）西部新材料产业的发展情况

1. 稀土产业

稀土被称为"工业维生素"，是发展现代工业不可缺少的重要战略资源，也是改造传统产业、发展新兴产业的关键战略性基础材料。稀土是化学元素周期表中原子序数为 57 到 71 的 15 种镧系元素，以及与镧系元素化学性质相似的钪（Sc）和钇（Y）共 17 种金属元素的总称。稀土元素的原子结构相似、离子半径相近，在自然界密切共生。根据稀土元素原子电子层结构和物理化学性质，以及它们在矿物中共生情况和不同的离子半径可产生不同性质的特征，可以将 17 种稀土元素分为轻稀土和中重稀土。

稀土产业，其代表企业有北方稀土和银河磁体，主要分布在我国西部的内蒙古自治区。北方稀土是我国乃至全球最大的稀土产品供应商，公司依托控股股东

---

① 国家新材料产业发展专家咨询委员会. 中国新材料产业发展年度报告（2017）[M]. 北京：冶金工业出版社，2018：349-350.

② 同①585-586.

所掌控的白云鄂博稀土资源，目前稀土功能材料产能达3.8万吨，稀土原料产能是8万吨，2017年稀土矿产品和冶炼分离产能分别占全国总量控制指标的57%、50%。银河磁体公司是全球粘结钕铁硼龙头企业，大型、异型磁体及磁体组件的研发生产能力居行业前列。公司专注粘结钕铁硼磁体行业多年，目前是全球最大的粘结钕铁硼磁体厂商，拥有具有完全自主知识产权的粘结钕铁硼专有工艺体系、专有生产设备体系和一系列的钕铁硼生产过程相关的核心技术。公司的粘结钕铁硼磁体主要用于汽车、硬盘、光盘和电动工具等领域，其中汽车用磁体占公司总产量的40%左右，硬盘用磁体占比20%左右[①]。

截至目前，内蒙古自治区已形成多个稀土产业集聚区，其中最典型的是包头稀土高新技术产业开发区。包头稀土高新技术产业开发区位于包头市南部，总面积120平方公里，由建成区、滨河新区和希望园区组成，下辖万水泉镇和民馨路、稀土路两个街道办事处，人口13万，是国家级高新区中唯一以稀土资源命名的高新区。现有注册企业4 600多家，其中稀土企业65家，上市公司投资企业22家，世界500强企业7家，外资企业39家；高新技术企业49家，占自治区的40%；拥有"千人计划"人才6名，占自治区的60%，"草原英才"工程人才26名，占自治区的50%；专利总数2 410项，占全市的50%；研发中心达50家，其中国家级3家；创新创业团队5个，"创业海归"329人。稀土高新区先后被国家有关部委认定为国家新型工业化产业示范稀土新材料基地、国家稀土新材料高新技术产业化基地、全国稀土新材料产业知名品牌创建示范区、国家海外高层次人才创新创业基地、国家创新型特色园区等18个国家级基地（中心）。

2. 石墨烯产品

石墨烯是一种二维碳纳米材料，具有优异的光学、电学、力学特性，在材料学、生物医学等领域有着良好的应用前景，被认为是一种未来革命性材料。我国西部地区的石墨烯产业主要分布于内蒙古自治区兴和县和阿拉善盟地区。

位于内蒙古乌兰察布市东南部的兴和县是全国三大石墨生产基地之一。为做大做强石墨产业，瑞盛石墨应用产业园是兴和县于2009年规划建设的石墨工业园区。该园区引进内蒙古日新集团，并整合了该地区数家原有的企业，对石墨资源进行综合开发利用。整个项目规划了高纯石墨、锂离子电池负极材料、可膨胀石墨、柔性石墨、微粉石墨、石墨乳、锂离子电池正极材料、锂离子动力电池、各向同性石墨、石墨烯、高导热石墨块、高导热石墨纸、一次电池导电剂、微晶石墨提纯、核极石墨等产品。瑞盛石墨应用产业园与清华大学、天津大学、清华

---

① 包头稀土高新区. 包头稀土高新技术产业开发区简介 [EB/OL]. （2017-07-27）[2019-06-01]. http://m.rev.gov.cn/c/2015-09-15/659961.html.

大学深圳研究生院及中科院山西煤化所等科研机构建立了长期战略合作关系，为园区提供技术支撑。企业在园区建设了自己的研发中心实验楼和2个中试车间，成立了国内首家天然石墨应用技术研究院。2013年该公司被认定为自治区级"企业研究开发中心"，荣获"国家高新技术企业"称号；2014年被认定为自治区级"新型科技研究开发机构"①。

阿拉善盟位于内蒙古自治区最西部，地处呼包银经济带、陇海兰新经济带交汇处。该地区拥有丰富的晶质石墨资源，具备发展高端石墨产业的条件。近年来，阿拉善盟积极响应国家有关行业规划和区域政策文件，优先发展石墨烯等新材料产业。2018年11月16日，由多个机构联合打造的阿拉善盟石墨（烯）研发中心挂牌成立，该研发中心成为阿拉善盟发展石墨产业的基础，能够极大地促进产学研合作，鼓励技术创新，提升科技水平。

3. 贵金属产品

贵金属主要指金、银和铂族金属等8种金属元素，具有良好的电学、热学性能，此外还具有稳定的化学性质，不易与其他物质发生反应，在工业体系中应用广泛且不可或缺。西部地区的贵金属产业主要分布于云南省昆明市。昆明高新区和贵金属集团合作设立了贵金属新材料园区，旨在成为云南省的"中国制造2025"贵金属新材料产业基地，对推动中国稀有贵金属新材料产业发展具有重要意义。贵金属材料园重点发展贵金属无机前驱体材料和贵金属有机前驱体材料两类贵金属材料。有机前驱体材料主要用做均相催化剂，广泛应用于石油化工、化学制药等行业。无机前驱体材料是制备贵金属均相催化剂和贵金属多相催化剂的重要基础原料，广泛应用于汽车尾气净化催化剂、石油化工、化学制药、有机硅、氯碱电极、醋酸、电镀等行业②。

贵研铂业是西部贵金属产业的典型上市公司之一。贵研铂业业务涉及汽车行业、半导体行业及化学化工行业，业绩增量显著，在贵金属前驱体材料、机动车催化净化剂市场上占据一席之地。贵金属再生资源材料、白银及铂族金属的回收业务量显著增加。贵金属资源循环利用保障能力进一步提升。2017年公司开展的各类科技开发科研项目共计66项（其中新技术、新产品关键技术攻关项目54项，固定资产投资类12项），新立项项目35项。同时该公司还在积极准备LTCC电子浆料、稀贵金属靶材、国Ⅵ机动车催化剂、新型苯加氢钌锌工业催化

---

① 于澎. 打造国内一流石墨高新技术产业 ［N/OL］.（2018-07-30）［2019-06-01］. http://inews. nmgnews. com. cn/system/2018/07/30/012541943. shtml.

② 郭曼. 云南将打造全国最大贵金属新材料基地 ［N/OL］.（2018-09-05）［2019-06-01］. http://www. km. gov. cn/c/2018-09-05/2731248. shtml.

剂等产业化重点项目①。

4. 高端钛材

钛具有熔点高、韧性好、抗疲劳、耐腐蚀、导热系数低等性能，钛与铁、铝等金属形成的钛合金在航空、航天、军工等领域得到了广泛应用，在化工、石油、医学、日常生活用品等行业中也扮演着重要角色。西部地区的高端钛材产业主要布局于陕西省和甘肃省。地处陕西省的西北有色金属研究院是我国重要的稀有金属材料研究基地和行业技术开发中心，是国内军用稀有金属科研生产基地、稀有金属材料加工国家工程研究中心、金属多孔材料国家重点实验室、超导材料制备国家工程实验室、中国有色金属工业西北质量监督检验中心、层状金属复合材料国家地方联合工程研究中心等的依托单位。甘肃省部共建有色金属先进加工与再利用国家重点实验室，实验室定位于有色金属应用基础研究，服务于西部开发战略和工业强省战略。它立足甘肃省有色金属资源优势，发挥在有色金属加工及再利用方面的研究特色，对有色金属加工及再利用方面的重大科学问题和关键技术进行系统和深入研究，取得了一大批原创性的成果，开发了一批具有自主知识产权的核心技术，支撑了我国尤其是甘肃省有色金属新材料、新能源、高端装备制造业等战略性新兴产业的发展。其致力于将实验室建成为国内一流、特色鲜明的有色金属加工与再利用研究基地、人才培养基地和学术交流基地②。

西部地区有西部超导材料、宝钛股份等著名企业，是高端钛材产业生产基地。西部超导材料科技有限公司是以超导材料和稀有金属材料深加工为主导的高新技术企业。公司位于西安国家级经济技术开发区，有两个实验室和一个中心，为超导材料制备国家工程实验室、陕西省航空材料工程实验室和陕西省超导材料工程技术研究中心，经国家人力资源和社会保障部、全国博士后管理委员会批准，设立了博士后科研工作站。公司依托国家发改委高技术产业化示范工程项目"铌钛合金超导材料"和"低温超导线材"，建成了国际一流的超导材料专业化生产线和具有国际先进水平的航空用特种钛合金棒丝材专业化生产线，形成了具有国际先进水平的超导材料、航空用特种钛合金、生物医用钛合金三大拳头产品。公司产品广泛应用于航空、航天、医疗、交通、石油、化工、国防等领域，并大量出口欧美国家。公司是国内具有较强实力的稀有金属复合材料及制品和金属纤维及制品生产基地，主要产品钛/钢复合板已经形成规模化生产，年产 5 000 吨，位居国内第一、世

---

① 贵研铂业股份有限公司. 公司简介 [EB/OL]. （2019-01-08）[2019-06-01]. https://spm-lk. company. lookchem. cn/about. htm.

② 西北有色金属研究院. 我院介绍 [EB/OL]. （2019-03-15）[2019-06-01]. http://www. c-nin. com/woyuangaikuang/woyuanjianjie. asp. htm.

界第三，不锈钢纤维及其制品形成了年产不锈钢纤维及铁铬铝纤维 120 吨、纤维毡 30 000 平方米、多层金属烧结网 3 500 平方米的生产能力，金属纤维产能位居国内第二、世界第三，而在金属纤维毡方面，则是唯一能够规模化生产的企业①。

宝钛股份是中国最大的钛及钛合金生产、科研基地，是国家高新技术企业。公司专业从事钛加工业务，目前已经发展成为国内规模最大的钛材加工企业，产量占全国总量的 40% 左右。公司产品涵盖板材、管材、棒材、丝材等，是目前国内唯一具有铸锻加工完整产业链的企业。其所生产的钛材产品广泛应用于化工、建筑、航空航天、舰船、医疗等领域。公司是中国最大的以钛为主导产品的稀有金属材料专业化生产、科研基地，中国市场占有率在 40% 以上，其中高档钛材和军工钛材市场占有率高达 80% 以上。公司军工钛材的供应量占军工总需求的 95% 以上，公司国外航空钛材的供应量占国内采购的 100%，均处于绝对垄断地位②。

5. 高温合金

高温合金又称"超合金"，是指以铁、镍、钴为基体，通过固液强化、晶界强化和第二相强化等手段，使其能在 600℃ 以上的高温及一定应力作用下长期工作的一类金属材料。高温合金具有优异的高温力学性能、良好的抗热腐蚀性、抗氧化性，在制造航空、舰艇和工业用燃气轮机的涡轮叶片、导向叶片、涡轮盘、高压压气机盘和燃烧室等高温部件中得到广泛应用，此外，还用于制造航天飞行器、火箭发动机、核反应堆、石油化工设备以及煤的转化等能源转换装置。

炼石航空是高温合金产业的上市公司。其主营飞机零部件、航空发动机及其零部件、燃气轮机零部件、无人机及系统、超高温合金的研发、制造、销售、维修及相关技术服务，有色金属矿产的开发与冶炼等。其全资子公司陕西炼石有色资源股份有限公司主要产品为钼精粉，同时伴生矿金属铼是重要的战略金属，是一种稀有的元素，在地壳中的含量极小，主要用于航空航天发动机制造，目前全球 80% 的铼被航空发动机企业消耗③。

6. 碳纤维

碳纤维是碳含量在 90% 以上的无机纤维材料，它是由腈纶和粘胶纤维经高温氧化碳化形成的，具有耐高温、抗摩擦、耐腐蚀等特性。碳纤维被称为新材料之王，是制造航空航天等高技术器材的优良材料，是国家安全、武器装备急需的

---

① 西部超导材料科技股份有限公司. 公司简介 [EB/OL]. (2019 - 02 - 01) [2019 - 06 - 01]. http://www.cwst.com/index.php/Index/pages/show/alias/about.html.

② 宝鸡钛业股份有限公司. 公司简介 [EB/OL]. (2019 - 03 - 01) [2019 - 06 - 01]. http://www.baoti.com/about.php? cat_id=1875.htm.

③ 陕西炼石有色资源股份有限公司. 公司简介 [EB/OL]. (2019 - 04 - 01) [2019 - 06 - 01]. http://www.lsmin.com/Html/About.asp.

关键战略物资，是战略性新兴产业中的重要新材料。

我国西部地区碳纤维产品生产最具代表性的公司是方大炭素公司。方大炭素主营石墨及炭素新材料的研制、科技研发、技术推广、生产加工、批发零售，碳纤维、特种炭制品、高纯石墨制品、炭/炭复合材料、锂离子电池负极材料的研制、科技研发、技术推广、生产加工等。方大炭素是亚洲最大的炭素制品生产供应基地，公司炭素制品综合生产能力达到 23 万吨，其中石墨电极和炭素新材料 20 万吨，炭砖 3 万吨①。

7. 液晶显示材料

液晶材料是一种高分子材料，分子间作用力比固体弱，分子间的状态容易受外部电场、磁场的作用而改变，从而引起光、电、磁等物理性质发生改变，因此被广泛应用于显示器材中。阵列驱动液晶显示材料（TFT-LCD）具有显示信息量大、驱动电压低、可实现彩色显示、生产过程可自动化等优点，产品涵盖了手机、平板电脑、笔记本、电视机等各类显示终端的显示屏，在终端显示器件领域中发挥着重要作用。

有机电致发光二极管（OLED）具有多样、轻薄、便携、柔性、高性能等特点，成为最有希望的下一代新型显示技术。未来 OLED 技术在应用市场上将拓展到智能手机、平板电脑、可穿戴设备、车载显示领域，它们都将是 OLED 材料及显示面板的高增长领域。

近年来，电子信息产业正在向我国西部地区的西安、成都、重庆转移。2015 年 3 月，京东方重庆第 8.5 代 TFT-LCD 生产线正式投产。据《中国日报》报道，2017 年，中国电子信息产业集团投资 280 亿元，在陕西咸阳建设第 8.6 代液晶面板生产线。该项目采用了 a-Si 工艺、IGZO 工艺、Cu 制程、GOA 技术、COA 技术、PSVA 技术等世界先进的工艺技术，并通过混切技术提高面板的利用率和经济性，主要产品为 50 寸、58 寸、65 寸、100 寸超高清 TFT-LCD 面板，在高端平板电脑、笔记本电脑、大尺寸电视以及超高分辨率高端显示产品中拥有广泛的应用领域和市场前景②。据《成都商报》报道，2017 年 10 月，京东方国内首条第 6 代柔性 OLED 生产线在成都量产。

8. 稀有难熔金属材料

稀有难熔金属包括钨、钽、钼、铌、钴等。我国西部地区有重要地位的主要

---

① 方大炭素新材料科技股份有限公司. 公司简介［EB/OL］.（2019-04-08）［2019-06-01］. http://www.fdtsgs.com/htm/list/2_1.htm.

② 李彦琴. 京东方副总裁：国内首条柔性 OLED 生产线下月成都正式量产［N/OL］.（2017-09-15）［2019-06-01］. https://e.chengdu.cn/html/2017-09/15/content_606030.htm.

是钽和铌。钽主要存在于钽铁矿中，延展性好、热膨胀系数低、氧化膜致密、耐腐蚀性极强、吸气性优良，有着优良的介电性能，可用于制造电解电容器、高功率电子管零件、化学反应容器和热交换器、集成电路芯片磁控溅射镀膜等，在医疗方面还被制成薄片或细线，用于缝补破损的组织。铌具有较高的超导转变温度，其化合物和合金可以做超导材料，另外还可以成为生产低压整流器、超级合金添加剂、核燃料等的材料，在航空航天中也有广泛应用。

我国西部地区的行业代表性公司为东方钽业。该公司主要从事稀有金属钽铌及铍合金系列产品研发、产销，产品用于电子、冶金、化工、航空、航天和原子能等高科技领域，绝大部分出口海外。公司具有 400～500 吨钽粉、钽丝的生产能力，电容器级钽丝的全球市场占有率为 60%，位居世界第一。公司"宝山"牌钽粉、钽丝荣获"中国名牌产品"称号。公司是亚洲最大、世界第三的钽铌冶炼加工企业，产业规模、装备水平、技术研发层次均居中国之首，代表了中国钽铌工业发展的水平。该公司自主研发的钽铌射频超导腔荣获第十九届中国国际高新技术成果优秀产品奖①。

（三）发展趋势及发展措施

我国西部地区新材料产业发展呈现出一些趋势。第一，新材料产业与高新技术相互促进，共同发展，一方面高新技术的迅速发展对关键基础材料提出了更高的要求，另一方面新材料的研发问世又不断推动高新技术成果向生产力转化。第二，纳米技术与先进制造技术融合，功能材料向微型化、智能化等方向发展，材料性能不断提高。新材料的研发和生产注重保护环境、节约资源，坚持绿色低碳的发展方向。第三，新材料产业与其他学科、领域交叉发展的趋势明显。例如，碳纤维和一些复合材料被用于制造航空航天器材，生物活性材料与临床医学结合产生组织再生工程。

为满足高新技术发展对新材料的要求，提高新材料对其他产业的支撑力度，对我国西部地区新材料产业发展提出如下建议：首先，加强顶层设计，完善产业政策。国家应加大对新材料研究的支持力度，完善相关法律法规和政策体系，制定材料领域技术标准，积极培育中国的新材料品牌。其次，以企业作为投资和成果应用的主体，推动产学研的深入合作，鼓励西部地区优势新材料企业联合发展，推动东、西部材料企业的合作，开拓消费市场。最后，西部地区应积极培育、引进创新型人才，设计合理的人才培育、管理机制。人才是创新的关键，西部各个地区在发展新材料产业时应充分发挥当地高校、科研单位和行业协会的作

---

① 宁夏东方钽业股份有限公司. 公司简介［EB/OL］.（2019-03-15）［2019-06-01］. http://www.otic.com.cn/index.php? m＝content&c＝index&a＝lists&catid＝99.htm.

用，组成专家组密切把握国内外行业最新动态，为新材料研发、生产、应用贡献智慧。

四、生物技术产业

（一）现代生物工程技术产业概述

现代生物工程技术由生物类学科与工程类学科交叉发展而成，是一门将现代生物学的最新成就（包括生物化学、微生物学、分子遗传学、细胞生物学及免疫学）与先进工程技术手段紧密联系在一起的应用性科学，在化工、医药卫生、农林牧渔、轻工食品、能源和环境等领域都发挥着重要的作用，并促进了传统产业的改造和新兴产业的形成，成为带动21世纪经济发展的关键技术之一[①]。生物技术工程主要包括基因工程、细胞工程、发酵工程、酶工程和蛋白质工程。通过这些工程技术发展出的生物技术产业主要包括生物医药、生物农业、生物制造、生物能源、生物环保、生物服务和生物医学工程等细分行业。生物技术产业具有风险大、周期长、成本高、审批严格等特点。生物产业是重要的战略性新兴产业，目前正处于产业生命周期中的迅速成长阶段，许多国家将其作为新的经济增长点来重点培育。

截至2018年，国内共有22个生物产业基地，大体形成了三大生物产业集群。一是以上海、杭州为主要基地的长江三角洲生物产业集群，示范基地是上海张江医药产业；二是以广州和深圳为基地的珠江三角洲生物产业集群，该区域资本市场较为成熟，民营资本活跃，其中广州科学城聚集了150多家生物企业和一批国家级的生物科研机构，二是以北京、天津和山东德州为主要基地的环渤海生物产业集群。但从总体上看，我国国内生物产业的发展与美国相比，存在企业规模小、研发投入少、科研能力弱、资本市场不成熟等问题，但两国的差距正在缩小。我国在肿瘤药物研发、基因诊断、基因测序、医疗器械、生物芯片等领域已经有了一些突破性进展。

（二）西部地区生物技术产业的发展情况[②]

我国生物产业集群化趋势明显，但区域之间发展不平衡，东西部差距持续变大，西部地区研发能力薄弱，但西部地区在原材料、中药种植、畜禽养殖和能源等方面亦有自己的优势。近年来，我国西部地区的生物产业也取得了一些成就。

---

① 贺小贤. 现代生物技术与生物工程导论［M］. 第2版. 北京：科学出版社，2019.
② 国家发展和改革委员会高技术产业司，中国生物工程学会. 中国生物产业发展报告（2017）［M］. 北京：化学工业出版社，2018.

1. 四川省的生物技术产业

四川省在生物制品、化学药剂、中药和化学原料药方面在西部地区比较突出，涌现了科伦、成都康弘、成都蓉生、成都地奥等著名公司。

科伦公司 2017 年研发投入 8.46 亿元，在研品种 320 余项，该企业在输液板块在国内具有领先地位，在抗生素领域打造了全产业链，竞争优势突出；2016年，其生物一类新药康柏西普在美国直接进入临床Ⅲ期；2018 年，该公司旗下产品草酸艾司西酞普兰片获批，成为该品种国内首家通过一致性评价的企业。成都康弘生物科技有限公司的康柏西普眼用注射液累计生产 16.18 万支，累计实现产值 6.2 亿元。成都蓉生药业有限责任公司的静注人免疫球蛋白累计生产 140.55万支，实现销售额 6.7 亿元。成都地奥九泓制药厂的注射用胸腺法新累计生产430.23 万支。

四川相关高等院校积极推进生物医学材料的研发、技术创新和产品开发，取得了诸多新成果，并致力于实现产业化。2018 年，四川大学高分子材料工程国家重点实验室采用新材料及微型化技术，研发出佩戴式"人工肾"，有望在 2020年实现产业化。

2. 云南省的生物技术产业

云南省重点打造生物医药和大健康产业，全省已基本形成以天然药物（中药民族药）为重点，由中药材种植加工、医药及保健品研发生产、医疗健康服务、商贸流通等构成的产业体系，其以疫苗、单克隆抗体药物为代表的生物技术药取得突破，发展迅速，已发展成为国家重要的中药现代化科技产业基地和国家生物产业基地。

在保健产品方面，三七是云南最有特色的产品，三七蜜片、三七伴侣等大健康产品已上市。云南制定发布了三七种子种苗、三七中药材国际标准，制定了三七花和三七茎叶地方标准，以及气血康口服液"鲜三七"专属标准。

在疫苗等多个领域，生物技术创新取得了一些成效。例如 Sabin 株脊髓灰质炎灭活疫苗、手足口病（EV71）疫苗获批上市，引起了全球关注。脊髓灰质炎减毒活疫苗糖丸获国家药品生产注册批件。血塞通软胶囊经美国 FDA 批准开展Ⅱ期临床研究。治疗缺血性脑卒中天然药Ⅰ类新药注射用 KPCXM18、中药 6 类新药断金戒毒胶囊、A 群 C 群脑膜炎球菌多糖疫苗获国家药物临床批件。成功克隆世界上首批内源性逆转录病毒活性灭活猪，解决了异常器官移植中的安全问题。

3. 新疆维吾尔自治区的生物技术产业

"十三五"以来，新疆维吾尔自治区形成了以乌鲁木齐地区生物制药、昌吉地区生物育种、伊犁地区生物制造、昌吉和和田地区中药种植等为主的产业布局，新疆拥有优质玉米和低电价优势，生物发酵产业发展迅速，天然药物提取物取得了突破性进展。

新疆拥有生物医药企业 643 家，规模以上企业 27 家，祖卡木颗粒、雪莲注射液、复方一枝蒿颗粒等中药、民族药产品，骨密钙、阿胶钙等产品在国内享有一定的知名度。生物发酵产业发展较迅速，氨基酸、抗生素中间体、生物胶体等产品占有国内较大的份额。伊犁新姿源成功从孕马的尿液中提取天然混合雌激素开发出了治疗用生物制品，成为世界上工业化生产天然来源结合雌激素的第二家企业。和田秋实从羊小肠中提取抗血凝药物肝素钠，实现了羊小肠的资源综合利用。

4. 内蒙古自治区的生物技术产业

内蒙古自治区蒙西地区能源资源丰富，蒙西电网相对独立。内蒙古自治区政府利用蒙西电网的低电价以及河套地区农业发达的优势，积极引进生物发酵和疫苗类企业落户，在蒙西地区形成了一个生物发酵和疫苗的产业集群。在该地区的重要的发酵和疫苗企业有齐鲁制药（内蒙古）、内蒙古拜克生物、石药集团中润制药（内蒙古）、联邦制药内蒙古有限公司、中牧股份、金宇生物技术、内蒙古常盛制药、内蒙古化天制药、内蒙古华北制药华凯药业有限公司等。这些企业生产的发酵类药品和农药有阿维菌素、盐霉素、恩拉霉素、青霉素、黄霉素等，金宇生物技术和中牧生物药业等企业则以生产兽用疫苗为主。

在生物农业方面，内蒙古巴彦淖尔市三瑞公司专注于食葵种子的选育、生产、推广、销售和技术服务等工作，是中国食葵种子行业"育繁推"一体化的现代种业公司。公司近几年累计投入研发资金 8 000 多万元，建成了中国企业界首家系统化向日葵技术研究院——三瑞农科向日葵技术研究院，成功研发了拥有自主知识产权的 SH363、SH361、三瑞 3 号等食葵品种，近几年平均全国市场占有率在 1/3 左右。

（三）发展趋势及发展措施

目前，我国生物技术产业保持中高速发展，创新水平不断提高。西部地区地域广阔、气候多样，有着发展生物技术产业的资源优势。西部一些中心城市，如西安、成都、兰州等，依托当地高校、科研院所和生物高科技企业，聚集高科技人才和先进成果，为建设高新技术产业集群提供了强有力的支撑。生物技术是 21 世纪最重要的技术之一，它向农学、医学、工业等领域渗透的趋势明显，在交叉领域创新中发挥着引领性、突破性作用。此外，生物技术对医药、农业、能源、制造等领域的转型升级至关重要，是驱动生物经济迅速发展的引擎。

西部地区促进生物技术产业的发展，需要：第一，集中资源，大力培育生物技术产业集群。优先发展科技实力和基础条件较好的成都、重庆、西安等中心城市，随后依托中心城市带动次中心城市生物技术产业的发展。在产业选择上，应重点发展具有西部特色的生态农业、生物医药和生物绿色产品等产业。第二，应进一步建立和完善融资机制和人才引进机制，解决西部地区资金和人才不足的问题。生物技术一般具有投资周期长、收益缓慢的特点，企业投资的积极性可能不高，因此应建立和完善由政府、企业和社会风险投资机构等主体组成的多元投融资机制，针对生物技术产业发展的不同阶段给予相应的投资，保障生物产业各个环节都有合理的资金。在人才管理方面，应打破人才资源地区、部门、单位所有格局，鼓励人才的跨地区、跨部门、跨单位配置，完善知识产权保护制度，鼓励科技成果持有者创办企业。第三，生物技术从研发到走向市场的过程中，需要科研人员、企业、农户等的参与，因此西部地区应构建生物技术产业化经营模式，规范各参与方行为，提高技术研发、资源供给、产品生产、服务营销等环节的效率，促进西部地区生物技术产业健康发展。

五、新能源产业[①]

（一）新能源产业概述

新能源指传统能源之外的各种能源形式，包含太阳能、地热能、风能、海洋能、生物质能和核聚变能等。根据国务院《"十二五"国家战略性新兴产业发展规划》，新能源产业主要由核电、太阳能发电、风力发电与生物质能发电等构成。

核电的关键技术在于核反应堆，其基本构成是核燃料元件、慢化剂（快堆除外）、反射层、控制棒、冷却剂和屏蔽层六个部分。核反应堆产生于1942年，20世纪六七十年代全世界曾经经历了核电的大发展。后来由于发生了美国三哩岛和苏联切尔诺贝利核电站事故，核电的发展经历了一段时间的停滞。冷战结束后，美俄削减核军备，一大批武器级可裂变材料转变为可用于核能发电的燃料，再加上这段时间核电技术出现了大量创新的成就，世界核电再次掀起了一个新的发展热潮。然而，2011年日本福岛第一核电站事故的发生，使核电的发展再次受挫。但是，核电作为一种清洁、安全和可持续的能源，随着第三代核反应堆的成熟和第四代核反应堆的研发，又迎来了一个新的发展机遇期。至2017年年末，我国投入商业运行的核电机组共37台，装机容量3582万千瓦，约占全国总发电装机容量177703万千瓦的2%。2017年全年，我国核电机组发电量为2480.7亿千瓦时，约占全国总发电量64951.4亿千瓦时的3.82%。

---

① 北极星电力网（http://www.bjx.com.cn/）。

风电场的基本构成是风机和辅助电气设备。风机主要包括混凝土基础、塔筒、风叶、轮毂、机舱、齿轮箱、发电机、制动和控制系统等零部件和系统，辅助电气设备主要包括变压器、整流器、逆变器和风速计、风向标等。我国风电机组主要集中分布在"三北"地区及江苏沿海，其中"三北"地区以陆地集中式风力发电场为主，而沿海地区以海上风力发电场为主。至 2017 年年末，我国并网风电装机容量达 16 367 万千瓦，占全国总发电装机容量的 9.2%，2017 年全国全年风电发电量 3 057 亿千瓦时，占全国总发电量的 4.7%。

目前，太阳能发电产业以硅太阳能电池为主。硅太阳能电池包括单晶硅、多晶硅和硅薄膜电池，其中又以单晶硅和多晶硅太阳能电池为主。根据 SPV 的调查，2017 年全球光伏新增装机容量 10 200 万千瓦，单晶硅电池的占有率约为 49%，多晶硅电池的占有率约 46%。硅太阳能电池产业链较长，上游包括金属硅、高纯多晶硅料的制备，单晶硅的拉晶和多晶硅的铸锭，中游包括硅片的切割、硅电池片和组件的生产，下游包括大规模光伏电站和分布式光伏电站及并网设施的建设。近几年，我国光伏产业飞速发展，2017 年，我国多晶硅产量 24.2 万吨，硅片 9 170 万千瓦，电池片 7 200 万千瓦，组件 7 500 万千瓦。我国多晶硅料、硅片、电池和组件占全球产能的比重均在 55% 以上，其中硅片产能占到全球产能的 83%。2017 年年末，我国国内太阳能发电装机容量达到 13 025 万千瓦，占全国总发电装机容量的约 7.3%，全年光伏发电量 1 182 亿千瓦时，占全国总发电量的 1.8%。

生物质能产业主要是指以生物质为燃料发电、以生物质为原料生产生物乙醇和以生物质为原料生产生物天然气。生物质主要是农作物秸秆、畜禽粪便、生活垃圾等各类城乡有机废弃物。至 2018 年，全球共有 3 800 个生物质发电厂，装机容量约为 6 000 万千瓦。至 2015 年年末，我国的生物质发电装机容量达到 1 031 万千瓦，发电量达 527 亿千瓦时。根据国家能源局发布的《生物质能发展"十三五"规划》，到 2020 年，生物质能基本实现商业化和规模化利用；生物质能年利用量约 5 800 万吨标准煤；生物质发电总装机容量达到 1 500 万千瓦，年发电量 900 亿千瓦时，其中农林生物质直燃发电 700 万千瓦，城镇生活垃圾焚烧发电 750 万千瓦，沼气发电 50 万千瓦；生物天然气年利用量 80 亿立方米；生物液体燃料年利用量 600 万吨；生物质成型燃料年利用量 3 000 万吨。①

（二）西部地区新能源产业的发展情况

1. 新能源发电比重上升，产业规模不断扩大

根据国家能源局统计数据以及中电联发布的信息（见表 4-1），新能源发电

---

① 机会早知道：生物质能十三五规划印发 龙头股迎升机 [OL].（2016-12-05）[2019-06-01].
http://stock.jrj.com.cn/hotstock/2016/12/05104421791569.shtml.

比重不断增加，地位不断提高。2017 年全国可再生能源发电占比为 29.09％，较 2016 年的 28.17％上升了 0.92 个百分点；非水可再生能源发电占比为 10.47％，较 2016 年的 8.67％上升 1.80 个百分点。

新能源产业稳步发展，装机增速高于总体水平。核电装机容量 2017 年同比增长 6.48％，2016 年同比增长 23.81％；风电装机容量 2017 年同比增长 10.46％，2016 年同比增长 13.32％；太阳能发电装机容量 2017 年同比增长 68.74％，2016 年为 83.00％；总发电装机容量 2017 年同比增长 7.56％，2016 年同比增长 8.31％。新能源产业装机容量增速快于总体。

表 4 - 1　　　　　　　　　　2015—2017 年全国能源发电情况

项目	单位	2015	2016	2017
一、发电量	亿千瓦时	57 399	60 248	64 179
水电	亿千瓦时	11 127	11 748	11 945
火电	亿千瓦时	42 307	43 273	45 513
核电	亿千瓦时	1 714	2 132	2 483
风电	亿千瓦时	1 856	2 420	3 057
太阳能发电	亿千瓦时	395	674	1 182
其他	亿千瓦时	1	1	—
二、发电装机容量	万千瓦	152 527	165 209	177 703
水电	万千瓦	31 954	33 207	34 119
火电	万千瓦	100 554	106 094	110 604
核电	万千瓦	2 717	3 364	3 582
风电	万千瓦	13 075	14 817	16 367
太阳能发电	万千瓦	4 218	7 719	13 025
其他	万千瓦	9	8	6

资料来源：中电联规划发展部官网。

2. 西部地区可再生能源消纳比重大，非水可再生能源消纳比重渐增

从各省份电力消纳的情况来看，国泰安数据库显示（见表 4 - 2），2017 年，西部地区十二个省份全年电力消纳量为 16 838.6 亿千瓦时，其中可再生能源电力消纳 7 465 亿千瓦时，占全部电力消纳量的 44.33％，非水可再生能源电力消纳 1 826 亿千瓦时，占全部电力消纳量的 10.84％，该比例在 2016 年为 8.99％，2015 年为 6.69％，非水可再生能源在西部地区的使用比重逐渐增加。

表 4-2　　　　　　　　　　西部各省（区、市）电力消纳量　　　　　　（单位：亿千瓦时）

省 （区、市）	2015			2016			2017		
	总电力 消纳量	可再生 能源	非水电可 再生能源	总电力 消纳量	可再生 能源	非水电可 再生能源	总电力 消纳量	可再生 能源	非水电可 再生能源
内蒙古	2 547	354	306	2 610	428	398	2 885	554	528
广西	1 334	770	14	1 359	678	18	1 441.2	744	44
重庆	874	432	12	918	447	15	992	488	24
四川	1 991	1 575	28	2 100	1 745	48	2 206	1 842	73
贵州	1 175	450	23	1 243	512	57	1 385	493	59
云南	1 439	1 233	73	1 411	1 147	176	1 539	1 317	219
西藏	45	38	4	49	42	5	58	49	8
陕西	1 216	163	33	1 337	135	50	1 500	240	115
甘肃	1 099	466	125	1 065	457	133	1 164	546	160
青海	659	461	89	638	398	117	687	446	127
宁夏	878	137	118	886	187	169	978	225	206
新疆	1 602	362	169	1 790	410	199	2 003.4	521	263

3. 新增装机基于区域供求稳步推进，西部地区"弃风弃光"逐步改善

（1）随着核电项目的重启，在内陆建设核电成为发展新趋势。国内目前十余个省份已经计划部署内陆核电，如广东内陆地区、福建内陆地区以及四川、贵州、重庆、安徽、河南、吉林和黑龙江等省份，而湖北、湖南、江西的核电项目正在开展前期工作。

（2）到 2017 年年底，中东部和南方地区占全国风电累计装机容量的 25.6%，"三北"地区占 74.4%。风电平均利用小时数较高的地区中，福建为 2 756 小时，云南为 2 484 小时，四川为 2 353 小时。2017 年，全国风电弃风电量同比减少 78 亿千瓦时，弃风率同比下降 5.2 个百分点，实现了弃风电量和弃风率"双降"。大部分弃风限电严重地区的形势均有所好转，其中甘肃弃风率下降超过 10 个百分点，吉林、新疆、宁夏、内蒙古、辽宁弃风率下降超过 5 个百分点，黑龙江弃风率下降接近 5 个百分点[①]。

（3）受上网电价调整等多重因素影响，2017 年光伏发电市场规模快速扩大，从新增装机布局看，由西北地区向中东部地区转移的趋势明显。华东地区新增装

① 林楚. 可再生能源清洁替代作用凸显并网加速 [N]. 机电商报，2018-01-29.

机 1 467 万千瓦，同比增加 1.7 倍，占全国的 27.7%。华中地区新增装机 1 064
万千瓦，同比增长 70%，占全国的 20%。西北地区新增装机 622 万千瓦，同比
下降 36%①。2017 年，全国弃光电量 73 亿千瓦时，弃光率同比下降 4.3 个百分
点，弃光主要集中在新疆和甘肃，其中，新疆（不含兵团）弃光电量 28.2 亿千
瓦时，弃光率 22%，同比下降 9.3 个百分点；甘肃弃光电量 18.5 亿千瓦时，弃
光率 20%，同比下降 9.8 个百分点②。

（4）农林生物质发电项目主要集中在农作物丰富的华北、东北、华中和华东
地区。西南、西北地区农作物秸秆资源相对匮乏，山区原料收集运输困难，农林
生物质发电项目较少。垃圾焚烧项目主要集中在华东和华北地区，经济相对发达
的华东地区发展规模较大。

4. 配套设施建设与政策支持，利于新能源产业发展升级

（1）设施建设不断推进，为新能源利用提供条件。西部目前已建有多个新能
源发电站，综合能源基地建设工程也在紧锣密鼓地进行，根据国家能源发展"十
三五"规划，要优化建设山西、鄂尔多斯盆地、内蒙古东部地区、西南地区和新
疆五大国家综合能源基地，稳步推进宁夏宁东、甘肃陇东区域能源基地开发，科
学规划安徽两淮、贵州毕节、陕西延安、内蒙古呼伦贝尔、河北张家口等区域能
源基地建设③。此外，多条跨区特高压输送电路已建成或在建，有利于解决新能
源电力远距离输送以及电力消纳问题。

（2）新能源发电技术水平不断提升。风能、太阳能等新能源发电技术与国际
先进水平的差距显著缩小，单晶硅太阳能电池效率约为 20.1%，多晶硅电池效
率为 18.7%~19.1%。发电设备技术水平取得突破，为新能源电力输送提供了
坚实保障。电网技术装备和安全运行水平处于世界前列，特高压输电技术、高压
直流断路器关键技术、大电网规划与运行控制技术等重大专项研究取得新进展，
新能源发电并网关键技术及成套设备取得很大突破。

（3）相关政策不断出台，助力新能源产业发展升级。在风电、光伏产业实行
上网电价政策，通过可再生能源补贴资金扶持企业发展。2016 年相继出台了新
能源、电力等一系列"十三五"发展规划，加快推动了能源企业向清洁低碳、安
全高效转型。党的十八大报告明确提出，推动能源生产和消费革命，支持节能低
碳产业和新能源、可再生能源发展。

---

①　卢杉. 2017 年光伏发电新增装机 53.06GW 分布式同比增长 3.7 倍［N］. 21 世纪经济报道，2018-
01-25.

②　林楚. 可再生能源清洁替代作用凸显并网加速［N］. 机电商报，2018-01-29.

③　李好管. "十三五"规划关于中国能源、煤炭工业、煤炭深加工产业发展的政策导向（上）［J］.
煤化工，2017（3）.

（4）制度创新激活新能源产业。2016年，我国通过实施输配电价改革、电力市场化交易、完善基本电价执行方式，逐步形成了公平有效的市场竞争机制，为新能源产业提供了平等竞争的环境。国家发改委、财政部和能源局2017年7月起试行可再生能源绿色证书核发及自愿认购交易制度，通过市场机制利用配额制给予新能源企业发展以支持。以内蒙古自治区新能源产业[①]为例，据统计，内蒙古自治区的太阳能辐射总量高达4 800兆～6 400兆焦耳/平方米，仅次于西藏，位居全国第二，全区风能储量为10.1亿千瓦，占全国风能总储量的1/5，居全国之首。全区年平均风速3.7米/秒，大部分地区年平均有效风能功率密度为150～200瓦/平方米。同时，内蒙古自治区紧邻东北工业基地和京津冀地区，交通便捷。因此，依托着资源优势和区位优势，内蒙古自治区的新能源产业发展速度走在了全国的前列。截至2017年年底，内蒙古自治区全区6 000千瓦及以上电厂装机容量累计达到11 810万千瓦，同比增长7.1%。其中，可再生能源装机规模达到3 648万千瓦，占全区电力装机容量的比重为30.9%。至2017年年底，全区风电装机容量2 669万千瓦，位居全国第一位；太阳能发电装机容量740万千瓦，位居全国第九位。

（三）发展趋势及发展措施

未来我国西部地区将发挥地区优势，不断探索能源转型升级新模式，大力发展新能源产业。西北地区有着大面积的荒漠，荒漠地区地广人稀，新能源资源丰富，但电网系统薄弱，一些地区还没有与西北电网连接，多余电力无法向外输送，因此这些地区适合采用模块化、分布式的能源发展模式，先建立相对独立的中小型供电系统就近供应周边用电，之后随着输电网络的不断完善，再逐渐实现单机分散并网。今后西北地区新能源产业还将呈现多种能源相互补充、协调发展的趋势，不仅使用太阳能、风能，而且合理利用生物质能，实现能源的综合利用。此外，西部地区在重视新能源开发的同时，将促进新能源与传统能源的协调发展；不断提高风能、太阳能等的开发利用水平，加快风能、太阳能装备制造业的发展，鼓励新能源产业技术创新、自主研发，推动产业链互动发展；在传统能源开发上加大技术转让和科技扶持力度，提高传统能源的可持续发展能力。

新能源产业的发展需要政府、企业和市场多个主体的共同参与，政府要不断完善新能源法律法规和加快监管机制建设，推动行业整合，加强市场监管，保证市场正常有序竞争；出台扶持性产业政策和财税金融政策，加大西部地区新能源产业发展的政策支持和资金支持力度。企业要大力开展技术创新和管理模式创

---

① 宋向华. 内蒙古自治区全力打造新能源产业［N/OL］.（2017-01-17）［2019-06-01］. http://news. bjx. com. cn/html/20170117/803974. shtml.

新，推动产学研合作，建立企业新能源研发中心。中小企业可以与大企业合作，集中人力、财力推动产业技术的应用与商业化，鼓励企业新能源发电自产自用。市场应通过资本金注入、融资信贷、资产划转等方式对新能源产业进行战略性整合，推动新能源企业跨地区联合，形成具有突出优势和核心技术的主导产品，培育新能源产业的龙头企业，通过市场竞争淘汰落后企业，鼓励上下游企业开展多方位合作，增强产业竞争力。

六、新能源汽车产业①

(一) 新能源汽车产业概述

新能源汽车是指采用新型动力系统，完全或主要依靠电能驱动的汽车，主要包括纯电动汽车、插电式混合动力汽车、燃料电池汽车②。纯电动汽车是指完全由电机驱动的汽车，目前，电机的驱动电池主要是锂电池。插电式混合动力汽车是指具有一定的纯电驱动续驶里程，可外部充电的混合动力汽车。燃料电池汽车是指以燃料电池作为单一电能来源或者以燃料电池系统与可充电储能系统作为混合电能来源的电动汽车。目前燃料电池主要是氢燃料电池。

我国目前的纯电动汽车动力系统主要由锂电池、电机和电控三部分构成，其中锂电池又主要由正极材料、负极材料、电解液、隔膜构成。日本丰田公司生产了一款氢燃料电池纯电动汽车，动力系统主要由驱动电机、燃料电池堆栈、燃料电池升压器、高压储氢罐、动力电池、动力控制单元等构成。

2018 年，世界新能源汽车产量 200 多万辆，我国新能源汽车产量 127 万辆，销量 125.6 万辆，其中纯电动汽车产量 98.6 万辆，销量 98.4 万辆。

(二) 西部地区新能源汽车产业的发展情况

我国西部地区新能源汽车产业相对于其他发达地区而言，投入较低，规模较小。但是近年来部分西部地区开始重视科技与创新，拥有长安集团、长安福特、长安铃木、力帆汽车等企业，在新能源汽车领域不断追赶沿海城市。

1. 陕西省新能源汽车产业发展情况

陕西省是西北地区新能源汽车产业的领头羊，产业布局早而全面。据《陕西日报》报道，2018 年，陕西全省新能源汽车产量达 13.85 万辆，销量 13.62 万辆，比 2017 年分别增长了 70% 和 59%。陕西致力于打造中国西部新能源电动车

---

① 中国工程科技发展战略研究院. 2019 中国战略性新兴产业发展报告 [M]. 北京：科学出版社，2018.

② 《国家发展改革委关于〈汽车产业投资管理规定（征求意见稿）〉公开征求意见的通知》。

产业园，重点发展新能源专用车、农用车及各种电动车零部件产业。随着吉利、比亚迪、开沃、雷丁等企业新能源汽车建设项目相继落地，投产后全省新能源汽车的产能将达到 100 万辆。比亚迪是陕西省新能源汽车的龙头企业，公司 2018 年新能源汽车的产量和销量分别为 12.92 万辆和 12.66 万辆。

2. 重庆市新能源汽车产业发展情况

2017 年，重庆市生产新能源汽车 40 418 辆，占全国的比重为 5.1%（比 2016 年提高了 3.6 个百分点），同比增长 403.5%，实现产值 47.31 亿元，同比增长 230.5%。2018 年，重庆市新能源汽车产量 4.04 万辆，与 2017 年基本持平，实现产值 52.9 亿元，产值有所增加，比 2017 年增长了 12%。据报道，重庆市已形成"9+3+4+30"的新能源汽车产业体系，即长安汽车、长安福特、力帆乘用车、力帆汽车、金康新能源、华晨鑫源、众泰汽车、北汽银翔、潍柴 9 家乘用车企业，恒通、五洲龙、穗通 3 家客车企业，庆铃、瑞驰、盛时达、长帆 4 家专用车企业以及约 30 家相关配套企业①。

长安汽车是重庆市最主要的汽车企业，2018 年长安旗下的新能源汽车销量为 8.68 万辆。据报道②，长安汽车与两江新区正式签约，预计投资 102 亿元打造"新能源产业园"。该产业园将集新能源研发、生产、供应和销售于一体，主要布局长安汽车自建零部件工厂、在渝建厂的长安新能源合资公司及产业链上下游供应商等。产业园建成达产后，预计年产能合计不低于 50 万套新能源核心零部件，产值超 400 亿元。

3. 四川省新能源汽车产业发展情况

2017 年四川新能源汽车产量 2.4 万辆，同比增长 66%。全省新能源汽车重点企业户数达到 54 户，其中汽车整车制造企业超过 18 家。

四川省 2015 年印发《四川省新能源汽车产业发展规划（2015—2020 年）》，2017 年印发《四川省"十三五"战略性新兴产业发展规划》，提出要建成国家重要的新能源产业基地，新能源汽车以成都、泸州、南充、达州等地为核心发展区，形成成都平原城市群、川南城市群、川东北城市群三大新能源汽车应用基地。

四川天齐锂业股份有限公司是一家以锂系列产品为主的新能源汽车锂电池主要原料生产企业，是全球最大的矿石提锂生产商，也是为数不多的上游和中游全面垂直整合的锂生产商之一。公司主要从事锂系列产品的研发、生产和销售，主

---

① 唐翡霜，唐翠霜，向丽君. 重庆新能源汽车产业发展现状及趋势 [J]. 内燃机与配件，2019（4）.

② 长安新能源. 2018 年长安新能源汽车销量达 8.68 万辆 [N/OL]. （2019-01-18）[2019-06-01]. https://www.tyncar.com/News/qiye/20190118_35058.html.

要产品为"锂坤达"牌工业级碳酸锂、电池级碳酸锂、无水氯化锂、氢氧化锂四大系列十多个品种规格的锂产品。

(三) 发展趋势及发展措施

未来一段时间内,我国西部地区将推动新能源汽车产业高质量发展,孕育新能源汽车产业新动能,切实加快相关配套服务设施建设。新能源汽车产业结构将不断优化,创新能力、质量效益和发展活力将大幅提高。随着新能源汽车产业与新一代信息技术等产业的深度融合,汽车产品的特征、生产方式、使用模式将发生巨大改变,智能联网汽车技术将逐渐成熟,汽车产业将进入大规模定制时代。西部地区新能源汽车总量规模将不断扩大,技术水平将大幅提高,产业集聚效应将得到提升,关键零部件的支持作用将显著增强。

为促进西部地区新能源汽车产业的健康快速发展,可以从以下三方面着手:第一,在成都、重庆和西安等地,建立新能源汽车产业技术创新中心,打造智能联网汽车创新平台,加强新材料、新工艺等核心技术攻关,不断提高西部新能源汽车产业技术水平。第二,提高产业协作能力,完善整车企业配套体系建设,构建整车企业和零部件供应商合作新机制,对配套企业建厂给予资金、政策等方面的支持,不断提高整车产品的本地配套率。第三,注重服务平台建设,鼓励高校、科研单位提供行业技术标准、测评体系,为新能源汽车发展提供系统性支撑。完善新能源汽车产业信息共享平台建设,为企业提供人才交流、技术交易、产业协作、会展招商等综合服务。

七、西部六大高耗能产业节能减排转型升级

(一) 六大高耗能产业概述

六大高耗能产业是指化学原料及化学制品制造业、非金属矿物制品业、黑色金属冶炼及压延加工业、有色金属冶炼及压延加工业、石油加工炼焦及核燃料加工业、电力热力的生产和供应业。我国西部许多地区六大高耗能产业占工业的比重比较高,例如,新疆维吾尔自治区、宁夏回族自治区六大高耗能产业的增加值占全部工业增加值的比重均超过50%。内蒙古自治区的六大高耗能产业也曾一度占到全部工业增加值的半壁江山。目前,六大高耗能产业中,西部地区占比最大的是氯碱化工、焦化和水泥等产业,西部地区在这些产业中走出了独特的节能减排和循环经济的路子。

(二) 西部地区高耗能产业节能减排和发展循环经济的情况

1. 氯碱化工节能减排和发展循环经济

凭借成本优势,西部氯碱化工企业已经成为氯碱行业的一支重要生力军。由

于产能过剩严重，西部氯碱企业的生产经营也出现了不同程度的困难。因此，不少西部企业主动进行产品和产业结构调整，延伸产业链条，发展循环经济，开发高端产品，在市场困境中积极寻求突围。

（1）延伸产业链条。

新疆天业股份有限公司在构建和完善电石法聚氯乙烯循环经济产业链的基础上，进一步扩大利用电石炉尾气生产高端化学品的规模。2013年建设17万吨/年1，4－丁二醇、20万吨/年乙二醇项目，形成了20万吨/年1，4－丁二醇、25万吨/年乙二醇的生产规模。内蒙古阿拉善盟经济技术开发区内的中盐吉兰泰盐化集团和晨宏力化工集团形成了盐化工—PVC—糊树脂的产业链。

（2）发展循环经济。

循环经济是西部氯碱企业发展的一大亮点，不少企业在循环经济方面形成了特色。新疆宜化化工有限公司依托新疆丰富的煤炭、天然气、湖盐、石灰石等资源，实施多产业共生耦合、资源就地转化战略，在矿山开采、煤化工、天然气化工、盐化工、热电、精细化工、机械制造等领域，按照循环经济可持续发展模式，形成了较为完整的产业链。另外，企业还实现了产品结构的多元化，既有烧碱、PVC，又有合成氨、尿素、其他精细化工产品以及水泥等，几条产业链的产品互相利用，不存在废物排放[①]。

新疆天业、内蒙古宇乐化工公司等，通过不断的技术创新将循环经济贯穿于企业发展的整个过程中，构筑了完整的煤—电—电石—聚氯乙烯—电石渣水泥循环经济产业链，通过资源综合利用，实现了各大产业循环式组合，将上游企业在生产过程中排放的废弃物转变为再生资源作为下游企业的生产原料，使生产过程中的废弃物全部得到综合利用。

南磷集团把磷化工和氯碱化工有机结合起来，形成了"热电联产（小水电）—氯碱—磷系列产品—工业废渣制水泥"的循环经济产业链。此外，为充分发挥能源优势和产业链优势，把磷化工和氯碱化工更加紧密地结合起来，南磷集团对现有的循环经济产业链进行优化升级，通过管道输送，为下游产品的生产提供充足便捷的氯、磷原料。同时，南磷集团还利用各类副产品，通过新技术新工艺，合成生产新产品、新材料。南磷集团大力投资建设有机农化和有机硅新材料项目，发展高附加值的精细磷化工及有机硅新材料，形成了独有的互为依托的磷化工、氯碱化工、绿色农化、有机硅新材料四大产业。"矿石原料—热电—黄磷—磷产品深加工—氯碱—农化—有机硅新材料"绿色循环产业链使南磷集团做

---

① 产能过剩问题依旧严峻 西部氯碱企业寻求逆境突围 [OL].（2014－06－17）[2015－06－28]. http://www.chemall.com.

到了从原料到废弃物的循环利用，资源在生产过程中得到了高效利用，并使化工产品从初级原料提升到精细化工产品、新材料产品等最终消费品[①]。

2. 焦炭行业节能减排和发展循环经济

西部地区的炼焦企业均能够充分利用炼焦过程中产生的焦炉煤气生产各种高附加值化工产品。一是利用焦炉煤气制液氨联产甲醇，例如陕西黑猫焦化公司和内蒙古庆华集团等利用焦炉煤气生产甲醇，甲醇产生的废气和弛放气生产合成氨，合成氨解析气供给焦炉加热，置换出的焦炉煤气用来生产甲醇、合成氨，空分装置所产生的氧气、氮气分别用于生产甲醇、液氨，形成了一个独具特色的闭路循环，无任何废弃物产生，实现了资源利用的最大化[②]。二是利用焦炉煤气制液化天然气联产甲醇、液氨、尿素，例如新汶恒坤、乌海华清、曲靖燃气等公司。三是利用焦炉煤气替代天然气生产金属镁。例如，榆林市企业形成了原煤—兰炭—焦炉煤气—金属镁的循环经济产业链，降低了金属镁的冶炼成本，提高了竞争力。

3. 水泥行业节能减排和发展循环经济

西部地区水泥产业主要从以下几方面进行节能减排和发展循环经济：（1）工业固体废弃物的利用。结合水泥企业生产工艺的特点，利用各类废弃物，如粉煤灰、煤矸石、电石渣、炉渣、矿渣、尾矿等作为水泥生产的原料，推动了废弃物的资源化。（2）水泥窑废气余热利用。水泥制造业是一个高耗能高污染的资源型产业，要消耗大量的煤炭等一次性能源，还要消耗大量的电力。在水泥制造各流程中，通过纯低温余热发电将烟气废气的余热用于发电，变废为宝，既可降低企业成本，缓解企业用电紧张状况，又可排烟降尘，减轻余热污染和环境污染。（3）利用处置城市垃圾与有害废弃物进行燃料替代。一是可燃废弃物替代水泥烧成燃料。水泥工业以可燃废弃物代替燃料，废弃物在炉内高温焚烧，停留时间较长，有机物可以得到彻底分解，焚烧后的残渣完全进入水泥熟料，可实现废物的完全处理。用可燃废弃物替代水泥烧成燃料，处理废弃物的品种多、数量大，利用现有生产线运行即可，基本上不增加额外投资[③]。例如遵义三岔拉法基已建成利用生活垃圾中可燃部分作为替代燃料（RDF）项目，日使用替代燃料220吨。

（三）发展趋势及发展措施

十九大将生态文明建设提到空前的历史高度，未来我国西部地区的节能环保产业的发展趋势主要体现在以下几个方面：首先，随着传统工业企业向环保领域

---

① 胡艺钟，马蕊. 南磷集团：优化循环经济打造绿色化工［N］. 中华工商时报，2014-05-29.

② 焦化：循环经济成就优势企业［J］. 广西节能，2014（9）.

③ 刘成. 新疆水泥产业可持续发展研究［D］. 武汉：武汉理工大学，2011.

转型，节能环保产业参与主体增多，市场竞争加剧，节能环保企业的技术水平进而运营能力将不断提高。其次，为响应国家《"十三五"节能环保产业发展规划》，培育具有国际竞争力的大型节能环保企业集团，提高产业集中度，我国西部地区的节能环保产业将加快并购重组。最后，未来节能环保产业的科技创新力度将不断加大，将形成一批拥有自主知识产权的环保产品和装备，节能环保技术持续革新。

为发展节能环保产业，第一，西部地区要建立多元投资机制，在准确把握节能环保市场需求、产业供给等状况的前提下，有针对性地对特定环节给予资金、人才支持，扶持产业发展，壮大产业实力。第二，技术水平较为落后是西部地区发展的一大瓶颈，技术是节能环保产业发展的重要支撑，因此西部地区应加大技术研发投入，培养技术研发创新团队，大力支持推广科技示范成果，鼓励当地企业积极与行业先进企业开展技术交流。第三，调整节能环保产业结构，使节能环保产品设备制造业与节能环保服务业的比例处于合理水平。节能环保服务业水平较低的地区可以通过拓展服务领域等方式促进服务业进一步发展，从而使节能环保领域制造业与服务业比例逐渐趋于合理。

我国西部地区在战略性新兴产业发展中存在着一些共性问题，主要表现在：

第一，一些地区观念落后。一些地区发展的思维仍然停留在盯着当地的矿产资源的层次上，对发展战略性新兴产业不重视，也不关注，总觉得发展战略性新兴产业是东部地区的事情。

第二，发展战略性新兴产业的资金未落实。有的地区把有限的财力盲目用于搞城市新区、新园区建设，新区和新园区建起来了，没有企业落地，造成了严重浪费；而一提到战略性新兴产业政府创业引导资金和产业发展基金的落实，就说财政紧张、资金困难。

第三，相关管理干部缺乏发展战略性新兴产业的知识储备和人才储备。有的地方把东部地区落后淘汰的设备当作战略性新兴产业的先进装备加以引进。很多地方的管理干部对战略性新兴产业不了解不熟悉也不懂行，所以在行动上难以有所作为。

第四，缺乏发展战略性新兴产业的科技金融支撑。发展战略性新兴产业需要政府创业投资引导基金、产业基金、风险投资基金、科技银行、证券和相关融资风险池、担保、征信、评估、知识产权保护、股权交易、上市辅导等配套的支持，但是目前大多数西部地区还没有形成这样的科技金融体系。

第五，缺乏生产性服务业的配套。我国西部很多地区仍然需要完成工业化。工业的发展离不开生产性服务业的配套支持，但是西部许多地区物流产业、金融产业、信息产业、科技产业、设计产业等配套产业落后，影响了工业的转型升级，最终影响了战略性新兴产业的发展。

第六，缺乏科技资源和人才资源的支撑。西部多数地区教育科技相对落后，这几年许多人才又流失到东部地区。同时，有些地区对引进的科技人才不仅不重视，没有设置绿色通道，还处处设卡，使仅有的少数科技人才发挥不了作用，没有形成科技人才发挥聪明才智的社会环境，这些都使我国西部地区战略性新兴产业的发展缺乏科技和人才的支撑。

第七，西部许多地区没有形成良好的营商环境，使西部地区难以吸引战略性新兴产业项目落地。

第八，战略性新兴产业的发展受到能耗的制约。西部许多地区产业发展比较慢，高耗能产业占比比较大，因此，许多地方的战略性新兴产业发展项目没有能耗指标。

针对以上问题，我们提出如下建议：

第一，西部地区干部要转变对发展战略性新兴产业的认识，《"十三五"国家战略性新兴产业发展规划》指出，"战略性新兴产业代表新一轮科技革命和产业变革的方向，是培育发展新动能、获取未来竞争新优势的关键领域"，"未来5到10年，是全球新一轮科技革命和产业变革从蓄势待发到群体迸发的关键时期"。因此，西部地区干部要提高对发展战略性新兴产业的必要性、重要性和紧迫性的认识，要将发展战略性新兴产业落实到"十四五"规划中去。

第二，国家要对西部地区盲目发展的新区和园区进行清理。西部地区财政力量有限，很多地区实际落地企业不多，因此发展新城和新区要有严格的可行性论证和审批流程，通过可行性论证和按程序获得审批的才可以上马建设，从而使西部地区能够有更多财力用于发展战略性新兴产业。

第三，提高西部地区相关干部对战略性新兴产业的认识和了解，使发展战略性新兴产业成为干部们的自觉行动。要组织相关干部进行战略性新兴产业知识的培训。

第四，在有条件的地方要积极发展科技金融，做好示范并加以推广。

第五，发展生产性服务业，做好战略性新兴产业的配套。

第六，国家要制定对西部地区人才引进和留用的倾斜政策，对一些东部地区挖西部地区人才的政策进行限制。

第七，西部地区要发挥当地的优势，形成一个吸引战略性新兴产业落地的良好的营商环境。

第八，国家应在能耗政策上对西部地区适当照顾。西部地区是我国阳光资源和风能资源的富集地区，因此也是我国光伏发电产业和风力发电产业的基地。一方面，西部地区的许多光伏发电和风力发电项目出现了弃电现象，另一方面，这些地区发展战略性新兴产业缺乏能耗指标，造成了资源的浪费。建议国家相关部门出台政策，允许西部地区利用清洁能源同时其他环保指标又达到要求的项目的落地不受能耗指标的限制，这样既有利于鼓励西部地区发展清洁能源，又可以促进西部地区战略性新兴产业的发展。

参考文献

［1］工业和信息化部产业政策司. 中国产业转移年度报告（2016—2017）［M］. 北京：电子工业出版社，2017.

［2］吴大华，张可. 贵州蓝皮书：贵州大数据战略发展报告（2019）［M］. 北京：社会科学文献出版社，2019.

［3］杨斌鹄. 我市硬科技航空产业规划出炉［N/OL］. （2019－01－01）［2019－06－01］. http://epaper. xiancn. com/newxarb/html/2019－01/01/content_362914. htm.

［4］国家新材料产业发展专家咨询委员会. 中国新材料产业发展年度报告（2017）［M］. 北京：冶金工业出版社，2018：3－780.

［5］郭曼. 云南将打造全国最大贵金属新材料基地［N/OL］. （2018－09－05）［2019－06－01］. http://www. km. gov. cn/c/2018－09－05/2731248. shtml.

［6］李彦琴. 京东方副总裁：国内首条柔性 OLED 生产线下月成都正式量产［N/OL］. （2017－09－15）［2019－06－01］. https：//e. chengdu. cn/html/2017－09/15/content_606030. htm.

［7］贺小贤. 现代生物技术与生物工程导论［M］. 2 版. 北京：科学出版社，2019.

［8］国家发展和改革委员会高技术产业司，中国生物工程学会. 中国生物产业发展报告（2017）［M］. 北京：化学工业出版社，2018.

［9］中国工程科技发展战略研究院. 2019 中国战略性新兴产业发展报告［M］. 北京：科学出版社，2018.

［10］长安新能源. 2018 年长安新能源汽车销量达 8.68 万辆［N/OL］. （2019－01－18）［2019－06－01］. https：//www. tyncar. com/News/qiye/20190118_35058. html.

——执笔人：汪建坤，浙江大学中国西部发展研究院；

张春媛、熊予意、姚益清、朱孔宇、汪鲁越、叶青霞、

曹卫星，浙江大学金融系

第五章　西部地区军民融合发展研究

摘　要

　　2017 年，中央成立军民融合发展委员会。党的十九大将军民融合发展战略确定为国家"七大战略"之一，明确了新时代军民融合发展在国家战略体系中的重要地位。2018 年，《军民融合发展战略纲要》等系列重要文件的颁布标志着推进军民融合发展进入了一个新的历史阶段。2019 年，军民融合深度发展不断落实，军民融合发展法制化也不断健全。本章分析了实施军民融合战略的意义和举措成效，明确了军民融合发展的重大战略意义。研究小组对四川省和甘肃省两个军民融合典型省份展开了实地调研，并在此基础上总结了西部地区的军民融合现状及问题，同时对美国、欧洲、俄罗斯、日本和以色列等国外主要国家和地区的军民融合模式进行了调研分析，总结了国外军民融合发展经验对我国的启示。最后，对西部地区下一步的军民融合提出了系列政策建议。

Abstract

In 2017，the central government established the military civilian integration development committee. The 19th National Congress of the Communist Party of China lists the development strategy of military civilian integration as one of the "seven strategies" of the country，and clarifies the important position of the development of military civilian integration in the national strategic system in the new era. In 2018，a series of important documents such as the strategic outline for the development of military civilian integration marked a new historical stage in promoting the development of military civilian integration. In 2019，the in-depth development of military civilian integration will continue to be implemented，and the legalization of military civilian integration development will not be short and sound. This chapter analyzes the significance and effectiveness of the military civilian integration strategy，and makes clear the great strategic significance of the development of military civilian integration. The research team conducted field research on two typical provinces of military civilian integration in Sichuan Province and Gansu Province，and summarized the current situation and problems of military civilian integration in the western region. At the same time，this paper makes an investigation and analysis of the mode of military civilian integration in the United States，major European countries，Russia，Japan，Israel and other major countries，and summarizes the enlightenment of foreign military civilian integration development experience to China. Finally，a series of policy suggestions are put forward for the next step of military civilian integration in the western region.

我国于 2010 年首次提出了军事和民用发展相结合的构想，2014 年深化为军民融合理念，2015 年又进一步将军民融合提升为国家战略。中国共产党第十九次全国代表大会提出，军民融合发展战略是国家坚定不移地实施的七个发展战略之一，强调要更加注重实施军民融合发展战略。近年来，国家和地方政府采取多种措施打破军民分割壁垒，使军民融合得到了较快发展。截至 2015 年年底，取得武器装备研制生产许可的民品企业已占总量的 2/3。国家"十三五"规划确立的 100 个重大项目中，约有 40 个项目涉及军民融合。军民融合战略的实施促进了我国军民产业融合的快速发展，对我国军事实力的提升以及国家安全具有重要意义。同时，在军民融合战略实施过程中也暴露出一系列实际矛盾和现实问题，特别是西部地区作为我国军民融合的重点实施区域之一，在军民融合战略实施过程中反映出的问题很具有代表性。本章针对西部地区实施军民融合的调研情况，结合国外主要军事大国的军民融合模式，提出了相关政策建议。

一、实施军民融合战略的意义和举措成效

（一）实施军民融合战略的意义和必要性

当前，我国经济社会发展进入新的历史阶段，将军民融合发展战略定位为决

胜全面建成小康社会的重大战略之一，为推动军民融合深度发展提供了历史性机遇，也提出了更高的战略要求。

第一，推动军民融合发展是国家统筹安全和发展的战略需要。现在我国处于发展强大的关键阶段，亟须大力提升国防实力，但面临着外部环境、内部矛盾等诸多因素制约，经济方面也迫切需要发挥国防建设对经济建设的拉动作用。因此推动军民融合深度发展，是协同提升经济和国防发展实力的战略需要，能够为富国强军提供安全可靠的支撑。第二，推动军民融合能够为我国在国际科技和军事竞争方面赢得新优势。当前，我国科技和军事发展面临赶超跨越的紧迫任务，深入实施军民融合发展战略，全面推进科技兴军、建设军事科技强国，是整合国家科技资源优势、提升军民协同创新能力的关键举措。第三，推动军民融合发展是适应国家治理现代化的迫切需要。推进国家治理体系和治理能力现代化，需要在国家治理层面加强军地资源整合，不断提升资源整合和管理效能，推动经济社会持续健康发展和国家安全协调平衡。第四，推进军民融合发展是实现新时代强军目标的重要途径。当前，我国国防和军队建设加速由机械化向信息化发展转型，实施军民融合发展战略，加快整合各种优质资源，充分利用一切先进成果，将富国与强军融为一体，把国防和军队建设融入经济社会发展体系，我国强军事业才能加快发展。因此，推动军民融合深度发展是建设巩固国防和强大军队的强军之道，是应对复杂的安全威胁、赢得国家战略优势的重大举措。

（二）国家实施军民融合系列举措

第一，以军地联合打破行政和信息壁垒。我国于2017年1月成立了中央军民融合发展委员会，统领军委、国家发改委、工业和信息化部等相关部门，目标是打破军地、军民行政分割的现状，随后各省（区、市）也相继建立了当地国防军事部门与政府部门的合作会商制度。国防信息具有保密性强的特点，为解决民营企业获取军品技术研发、采购信息的问题，工信部建立了国家军民融合公共服务平台，全军武器装备采购信息网也向市场开放，为民企获取军用需求信息提供了有效支撑。

第二，规范武器装备管理体系，打破市场壁垒。为降低军工市场准入门槛，我国于2017年10月实行武器装备质量管理体系认证与武器装备承制单位资格审查两证合一，并将继续推进多证联审、多证融合等改革，国防科工局也大幅缩减并将继续缩减武器装备科研生产许可目录，进一步降低准入门槛。

第三，推进军民协同创新，打破技术壁垒。自2015年起，国防科工委和国家知识产权局每年定期发布《国防科技工业知识产权转化目录》，挑选一批优势项目推动军用技术转民用。这些项目创新性强，能够促进国家战略性新兴产业发展。此外，工信部国防科工局2011年以来每年组织发布《军用技术转民用推广目录》以及《民参军技术与产品推荐目录》。

2015 年以来，通过举办军民融合发展高技术成果展、举办中国军民两用技术创新应用大赛等方式，不断推动军民两用技术发展。组建军民融合产业联盟推进军民协同创新。2017 年，中国国防工业企业协会联合中国长城工业集团、华夏幸福基业成立了中国国防工业企业军民融合产业联盟，为深化军工企业、科研院所和民营企业合作进行了积极探索。

第四，推进军民资源共享，打破资金壁垒。一是为吸引社会资金支持军工发展，我国于 2017 年启动军工企业股份制改革，首批共涉及 41 家军工科研院所；二是设立国家国防科技工业军民融合产业投资基金，推进军民资源共享。工信部自 2013 年以来陆续推动军民通用标准、科研仪器设备设施共享和计量资源的互通共享。

（三）军民融合发展取得的成效

当前，我国军民融合逐渐步入提速增效的快车道，取得了一批重大理论成果、实践成果、制度成果。

第一，加快推进军民融合战略规划和立法工作。2016—2017 年，中央相继出台了《关于经济建设和国防建设融合发展的意见》《经济建设和国防建设融合发展"十三五"规划》，提出了"十三五"时期军民融合发展蓝图，明确了新形势下军民融合发展的思路、重点任务、政策措施，是统筹推进经济建设和国防建设的纲领性指导文件。此外，涉及军民融合的相关立法工作加快推进，《军人保险法》《国防交通法》等相继颁布实施，相关的财税、金融政策进一步完善，不断拓展军民融合发展的资金渠道。

第二，重点领域军民融合取得重要进展。当前，我国加快推进军民融合的步伐，依托军民科技协同已成功实施了北斗导航系统、华龙一号、国产大飞机等重大项目，交通、信息、测绘等领域共建共用基础设施力度加大。全面推进公共安全、应急能力等重大安全领域融合发展，海外综合保障能力得到加强，依托国民教育进行军事人才培养成效明显。军队全面停止有偿服务，军政和军民关系持续巩固发展，军队在脱贫攻坚、抢险救灾和生态文明建设方面发挥了突出作用。

第三，区域性军民融合加快实施。各省（区、市）充分结合本地发展特点和需要推动国防建设与区域经济融合发展，设立专门办事机构或专项领导小组，不断规范优化军民协调机制，研究出台了推进军民融合发展的规划和实施意见。各地区加大对保障部队基础设施建设的投入力度，军地双方不断深化科技信息交流、推动科研资源共享，国家相继建成一批信息共享、孵化转化、投资融资平台，创建军民融合创新示范区有序开展。

二、西部地区军民融合的现状调研和问题分析

在军民融合的过程中，我国采取了一系列的举措，也取得了一系列成效，但是在实际运行时，我国的军民融合政策在各省（区、市）与当地实际情况相结合的过程中，也出现了各种各样的问题。针对西部地区军民融合的现状和问题，研究小组对四川省和甘肃省两个军民融合典型省份展开了实地调研，并在此基础上总结了西部地区的军民融合现状及问题。

（一）西部典型省份军民融合发展现状

1. 四川省军民融合发展现状

2014年8月，中央财经领导小组第七次会议提出，要研究在一些省（区、市）系统推进全面创新改革试验，形成几个具有创新示范和带动作用的区域性创新平台。2015年9月，中央印发《关于在部分区域系统推进全面创新改革试验的总体方案》（中办发〔2015〕48号），将四川列为国家八个系统推进全面创新改革试验区之一，赋予四川省承担以军民深度融合为核心的改革试验任务。在国务院批复的《四川省系统推进全面创新改革试验方案》中，授权了30项先行先试改革任务，其中军民融合发展16项。

（1）体制机制不断健全。

2016年以来，四川省先后成立省军民融合发展推进领导小组、省委军民融合发展委员会及其办公室，负责研究部署和推动实施全省军民融合发展重点工作，成为全国第一批成立军民融合省级领导机构的省份，在统筹军民融合战略规划、理顺体制机制、深化军地合作等方面发挥了重要作用。2018年，按照国家机构改革统一部署，四川省进一步优化了军民融合发展体制机制，将省国防科工办与原省委军民融合办合并，重新组建省委军民融合办，由省委常委、常务副省长任主任，副省长任第一副主任。同时，在省委、省政府统一领导下，成都、德阳、绵阳等市相继成立了军民融合领导机构，进一步完善了军民融合的组织管理体系。

（2）政策制度不断完善。

2017年，四川省相继印发了《四川省经济建设和国防建设融合发展实施方案》《四川省"十三五"军民融合发展规划》，对军民融合发展进行了战略部署和全面规划，提出要打造国家军民融合创新示范区。2018年，围绕国防科技工业融合发展、财税政策支持、军民融合企业认定以及高技术产业基地认定管理，又相继出台了四份推动军民融合深度发展的政策文件。其中，《关于推动四川国防科技工业军民融合深度发展的实施意见》用于指导全省国防科技工业军民融合发

展，《支持军民融合科技创新和产业发展的财税政策措施》旨在为军民融合深度发展提供财税保障支撑，《四川省军民融合企业（单位）认定办法》着力培育军民融合发展市场主体，《四川省军民融合高技术产业基地认定和管理办法》着力打造军民融合产业载体，为构建"5＋1"现代产业体系提供重要支撑。

（3）战略合作深入推进。

四川省积极加强与国家部委、军队部门、军工集团的战略合作。与国防科工局多次召开专题会议协调推进军民融合重大改革事项和重大项目建设，并率先签署战略合作框架协议；率先与科技部联合推进科技军民融合战略合作，与中央军委科技委联合开展前沿科技攻关，相关项目进入军委科技委项目库；与12家中央军工集团和中物院全面建立战略合作关系，签署了多个军民融合产业基地和重大项目合作协议；与空军装备部开展装备维修领域战略合作，组织装备修理企业与省内优势民用企业深化合作；与西部战区空军以及西南民航局合作推进低空空域改革试点。

（4）优势产业集群发展。

通过深入推进与各央属军工集团的合作，以十大军民融合高技术产业基地为载体和支撑，初步形成了一批在全国有重要地位和影响力的军民融合高技术产业集群。依托中航工业132厂及其周边配套企业（单位），加快航空整机的研制，参与大飞机、支线客机研制，初步形成了军民融合航空整机产业集群；依托中国电科30所、中国电科10所及配套企业（单位），围绕可信固件、电磁材料、视讯终端、核心处理器等基础网络产品研发，初步形成了军民融合信息安全产业集群；依托四川航天工业总公司、中国电科29所、中国电科10所及相关企业（单位），围绕商业航天、高分辨率遥感观测、卫星通信、北斗导航与位置服务等方向，初步形成了军民融合卫星遥感、通信、导航及应用产业集群等。

充分发挥军工技术对高端产业的引领带动作用，设立了100亿元的四川省军民融合产业发展基金，连续三年举办军民深度融合发展高峰论坛及专题推进活动，与央属军工集团共建军民融合高技术产业基地，加快发展具有核心竞争力的军民融合产业集群，军工产业服务经济建设的溢出效益明显。2017年，军民融合产业主营业务收入突破3 100亿元，居全国前列。

（5）创新改革成果丰硕。

四川省以军民融合为核心任务，积极推动创新改革试验，目前各项任务总体进展顺利，取得了一批创新实践成果，并分别于2017年、2018年总结推广了两批改革经验成果。首批包括五项成果，分别为地方与科研院所大型国防科研资源跨军民、跨行业、跨地区开放共享模式，军民两用技术股权合作新机制，社会资本参与军工所有制改革，军带民企业合作机制，军民融合企业认定标准和认定机制。第二批包括军民两用技术市场化再研发机制、军地协同制定军民通用标准、设立军民融合企业统计报表制度、创新军民融合金融服务新模式、建立军民融合金融机构保密制度五项成果。

（6）科技创新协同推进。

一是探索军用技术成果转化机制，启动省财政专项资金对军用技术再研发转民用项目给予支持，针对89个项目投入专项资金近亿元；编制《四川省重大科技成果项目清单》和《四川省国防科技工业军民融合科技成果信息汇编》，推动军用技术向民用领域转移转化。二是推动建设转移转化平台载体。由地方政府与中物院成都科技中心、西南联合交易所共同建设的"西南技术与军民融合产权交易中心"已正式上线运行；推动"国家军民两用技术交易中心"建设发展，已搭建创客空间、加速器等转化平台近50个，推动400余项军工科技成果转移转化；依托航天云网建设军民融合成果转化服务平台，提供供需信息、知识产权检索、成果交易、投资融资等服务。三是推动军工创新资源共享，建成四川军工大型科研仪器设备共享服务平台、军民科技资源共享共用平台，已整合4 700多台（套）高端检测仪器，服务用户超过1 100家。

（7）金融支持卓有成效。

针对企业需求，建立银行、证券、保险等军民融合专营机构，金融机构推出军工研发贷、资质贷、订单贷等20多项专属信贷产品，研发责任保险、研发设备保险、"军融宝1234号"等军民融合保险创新产品以及"保贷通"等担保产品，形成了特色化、专业化、市场化的军民融合金融服务体系。中国工商银行在四川省组建了专门的金融服务中心和军民融合服务团队，在绵阳市成立了全国首家军民融合科技支行。天府股权交易中心设立了军民融合板，为军民融合企业提供证券发行转让、股权质押融资等服务。省、市两级定期举办银企对接等各类融资洽谈活动，为军民融合搭建融资对接平台，建立金融服务配套体系，实现金融机构与军民融合企业融资对接的制度化和常态化。打通金融资本和军民融合产业的融合渠道，成都、德阳、绵阳等地分别设立了军民融合基金，绵阳市推出了"债权＋股权"的融资方式，帮助企业用好信贷融资资金以及风险补偿共担机制，科技信贷专营机构已累计创新推出了"军工资质贷""设备仪器贷""税鑫融"等50多个科技信贷产品。

2. 甘肃省军民融合发展现状

（1）积极推进军民融合创新示范区和产业园区建设。

兰州、天水、白银三市编制了《军民融合创新示范区建设实施方案》，各地积极探索开展各具特色的创新示范实践。甘肃按照国家军民融合创新示范区建设实施方案的有关要求，立足酒泉市区位、资源、产业基础和优势，在广泛征求军地各方意见和评估论证后研究制定了《甘肃省酒泉市创建国家军民融合创新示范区总体方案》，方案确定的各项任务正在推进实施中。

发挥重大示范工程的带动作用，推动建设中核甘肃核技术产业园、兰州航天军民融合产业园以及张掖通航军民融合产业园等园区，制定了《甘肃省军民融合协同创新中心认定和管理办法》，组织开展了两批军民融合协同创新中心评审认定工作，推动省内军工和"民参军"企业、科研院所、高校组建产业技术联盟，依托各自知识产权和产品技术优势开展协同创新，加快推进结构调整和产业发展。加强与国家相关部门、军工央企和科研机构合作对接，推动长风信息集团建设工业机器人等一批新项目落地建设。

（2）研究制定了《甘肃省军民融合产业发展专项行动计划》。

聚焦甘肃产业基础和国防科技产业优势，研究制定了《甘肃省军民融合产业发展专项行动计划》，提出了军民融合近三年的发展目标和2025年远期发展目标，明确了甘肃军民融合产业发展重点领域、主攻方向、发展路径和保障措施。确定了91个军民融合产业发展重点项目，总投资额度550亿元。提出重点推动核产业、航空航天、特种化工、电子信息、新材料和高端装备制造六大国防科技工业与制造业深度融合，促进全省产业结构升级。据统计，2018年1—9月份甘肃省军民融合产业实现销售收入265亿元。91个重点项目已开工建设52个，累计完成投资67.75亿元。为支撑前述计划的实施和重大项目及示范工程建设，推动设立了甘肃省军民融合产业发展子基金，基金总规模为100亿元，首期规模20亿元。

（3）研究制定了《甘肃省"十三五"期间推进军事后勤军民融合深度发展实施方案》。

会同省军区在深入调研、座谈交流和征询驻甘军事单位军事后勤需求的基础上，收集军事后勤军民融合需求300余项，研究制定了《甘肃省"十三五"期间推进军事后勤军民融合深度发展实施方案》，提出了今后三年的发展目标，重点明确了加快建设军事后勤军民融合发展"九大体系"和18项重大示范工程任务。通过组织军地双方对接洽谈，推进重点示范工程落地实施，目前相关工作正稳步开展。主动与西宁联勤保障中心对接，积极推介一批优质大中型企业进入军委后勤保障部和联勤保障部队"军队物资工程服务采购供应商库"，为企业参与国防建设开辟了路径。

（4）编制了《甘肃省人民政府与酒泉卫星发射中心深化合作推动军民融合发展的实施方案》。

落实省委省政府与酒泉卫星发射中心关于深化军民融合发展合作的会谈成果，研究制定了《甘肃省人民政府与酒泉卫星发射中心深化合作推动军民融合发展的实施方案》，发挥航天科技对甘肃省战略性新兴产业的引领作用，加快构建军民科技协同创新体系，培育经济发展新动能，规划建设商业航天产业园、航天主题旅游、驻军基地化营区等项目，带动实现高质量发展。目前，该方案已报战略支援部队审签。

（5）积极探索做好相关领域军民融合发展的建章立制，推进政策法规建设。

2019 年 3 月 19 日，甘肃省委常委会审议通过了《中共甘肃省委关于贯彻中共中央〈军民融合发展战略纲要〉的实施意见》。研究制定了《甘肃省知识产权军民融合试点工作方案》《关于进一步加强测绘地理信息军民融合发展的通知》等一批专项文件。组织实施军民融合科技重大专项 5 个，投入经费 2 600 万元；启动重点研发计划 8 个、创新基地和人才计划 16 个，投入经费 396 万元。全省军工企事业单位知识产权专利申请量 1 023 件，专利授权 634 件，有效发明专利累计达到 1 403 件。协调指导一批高新技术企业申报军工生产资质，目前新取得武器装备科研生产许可证企业 1 家（累计 28 家），新取得军工保密证企业 2 家（累计 55 家）。

（6）组建了甘肃省军民融合发展研究院。

为推进甘肃军民融合研究咨询机构建设，为军民融合发展提供决策咨询与服务支撑，依托兰州理工大学组建了省军民融合发展研究院。谋划发挥军民融合高端智库支撑、人才培养、技术成果双向转化和公共服务平台作用，推动落实军民融合重点领域产业能力升级、军民科技成果转移转化、军地资源统筹共享等重点任务。

（二）西部地区军民融合存在的问题分析

西部地区军民融合发展进程不一致，既取得了积极的实践成果，同时也存在体制机制、政策法规、技术标准等方面的问题。

1. 体制机制运行还不顺畅

随着军民融合国家战略的深入实施，军民融合发展的运行机制有了很大的改进和提高，但军民分割的管理体制依然存在，还没有从根本上扭转军民自成体系、封闭运行的格局。特别是军事需求提报程序还有待规范，军地对接主体不明确，各级军地资源融合缺乏顶层设计，造成军地之间沟通不畅、需求不清，各类资源和基础设施等难以互通互补，重复投入和建设现象时有发生。

2. 政策法规制度还不完备

近年来，军民融合发展的政策环境持续改善，但由于缺乏促进军民融合发展的基本法律，特别在军民协同创新、促进资源共享、军队人才培养、军队后勤保障社会化等领域还缺乏专门的法规制度。促进新兴领域军民融合、民营企业参与国防建设等尚存法律空白，基础设施贯彻国防要求缺乏细则指导。

3. 军民融合思想认识和理论研究薄弱

实地调研发现，军地双方在实际行动上难以形成合力，主要是由于双方仍习惯于从本部门本行业角度出发，均未站在军民融合发展战略全局去谋划。地区不同部门对推动军民融合发展思想认识不一致，部分省份工信部门对谁主导、怎么融、融什么等无明确的发展思路；部分省份国防科工系统反映，军民融合推动工作难度很大，主要是由于缺乏政策、手段和资金支持；国防科工部门认为军民融合首要在于保障军用，但大部分省份领导在谈及军民融合时着力点是有利于发展地方经济，对首先应确保军事所需的重要性认识不到位。

4. 军地双方参与的积极性差别明显

军工企业对军队而言，是"地方"，是"民"；对经济社会领域而言，是"军工"，是"军"。我国军工企业是天然的军民融合载体，在推动军民深度融合中应当发挥先行和主导作用，但从实践来看，一些军工集团推动军民融合存在呼声高、举措少的问题。军工集团受军民体制分割、央企考核机制、利益固化等因素影响，在承接军品任务时吸纳优质社会资源参与的动力不足，更倾向于在集团内将任务从头包到底。同时，由于军工企业集团内部缺乏激励制度，导致军工企业拓展民用市场动力不足。相比而言，各省份政府积极谋划依托军工企业抢抓军民融合发展机遇，民间投资机构、民企等社会力量参与的热情普遍很高，实践中政府、民企与军工企业联系不紧密，存在严重的"一头冷一头热"现象，甚至出现了部分省份政府替军工企业谋划如何融合的窘况。

5. 知识产权归属和利益分配缺乏法律指导

国防知识产权的归属、"民参军"知识产权保护和利益分配缺乏法律法规和政策指导，严重制约了知识创新主体的主动性和积极性，阻碍了技术转移和扩散，影响了资源共享和整合的力度。

6. 军地标准不统一问题突出

目前我国军用和民用标准是两套体系，军品过度强调其特殊性和专用性，对吸纳民用技术设置了较高的门槛，造成了一定程度的技术壁垒；而对"民参军"又设置了较高的保密制度要求，阻碍了军民技术交流和进步。军民融合分类统计体系缺乏权威统计口径，"民参军"企业在融资上也存在较大困难。

7. 创新主体不足和创新产业规模小

以四川省绵阳市为例，企业创新主体不足，企业研发投入占全社会研发投入的比重不到30%，科研院所存在"国防强、民口弱"的情况，民口科研院所仅市农科院1家，其他均属国防科研院所。创新产业方面，绵阳市"两新"产业产值占工业总产值的比重在全省领先，但高新技术产业年产值刚突破1 700亿元。核科学技术水平居世界领先地位，空气动力技术水平国际一流，但该技术领域产业化几乎处于空白。

三、国外军民融合的模式及经验总结

（一）美国军民融合的方法举措

美国于 1996 年将军民融合上升为国家战略，并加快推进军民一体化建设。

1. 打通"军转民""民参军"的双向转移通道

政府出台补助政策，推动军工产能和技术向民用领域转移。军工企业通过并购企业、转变现有技术优势业务或设立独立部门开展新业务等方式，从产能和技术两个方面实现军民转化，拓展民用市场。除了企业根据其经营情况开展民用业务拓展调整外，美国政府为推动军工产能和技术向民用转化还给予专项经费支持。1998 年，美国政府发布"军转民"五年计划，拨款约 200 亿美元用于开发军民两用技术、军企裁减人员再培训和补助、开展技术转让等。

政府和军队制定法律和制度，推动军用技术转化，促进经济建设。为促进国家经济建设，美国《国内技术转让条例》规定在符合保密要求的前提下，推动将军用技术转化为民用。例如，美国于 2000 年开放 GPS 精准度限制，极大地推动了社会经济发展和技术创新。

20 世纪 90 年代，美国持续推进国防采购改革，推动向民企采购物资。美国国会自 1990 年起连续多年颁布的《国防授权法》均要求国防部门修正采购有关政策，明确鼓励采购民企产品以推进军民融合。美国 1994 年颁布的《联邦采购精简化法案》废除清理了多项限制性采购条款，允许国防部门直接向非军火供应商采购物资。同时严格控制军用品标准规范的使用，1993 年经美国国防部审查，取消或修改了 1.4 万项军品标准，推动在符合军事需要的情况下采用民用标准，降低民企供应准入门槛。

2. 大力支持开发军民两用技术资源

组织机构设置上，美国国防部自 1991 年起设置专门的技术转移管理部门，负责制定军用技术转让计划、军民两用技术政策并推动研发。鉴于航空、通信、新材料、计算机等技术具有军民通用性特点，美国在 20 世纪 90 年代专门下拨资金对军民两用技术进行支持，1993—1997 年美国国防转轨计划拨款中，有 75%以上的资金用于军民两用技术的开发与运用。

为推动军民两用技术研发工作，美国持续颁布军民融合计划并制定了相关配套政策。例如，利用部分削减的国防经费进行短期可见效的两用技术开发和企业的应用培训，通过风险收益共担共享，由国防部门与企业以共同投资协作的方式研发军用高科技技术及民用副产品，或支持具备实力的民营小企业开展创新技术研发，极大地推动了两用技术的研发和应用。

3. 持续深入推进军民融合

美国 2001 年度的国防报告显示，其已基本实现军民融合。统计数据显示，美国 2007 年以来主要军工企业在民品领域的收入占比超过 60%，军民融合成效显著。

2001 年后，美国军事战略调整为以信息技术为核心，强调要充分利用民用高新技术变革推动国防科技的跨越发展。美国于 2014 年开始实施第三次抵消战略，成立了国防创新试验小组（DIUx）、AFwerX 创新中心、SOFWERX 创新中心等创新枢纽机构，大力吸纳利用高新技术，为商业创新技术在国防领域的应用搭建平台，充分调动利用外部资源，广泛寻求高科技技术供应商以提升军事科技能力，加速推动商业市场上的突破性、颠覆性技术向军用转化。

（二）其他国家军民融合模式

20 世纪 80 年代，为解决军工生产产能过剩问题，欧洲各个主要国家如英、法、德等都开始进行军民融合调整。20 世纪 90 年代初，英国将大部分军工企业实行私有化，仅留下少数国防科研单位。目前，除核武器外，英国的航空航天、造船、机械制造、电子等军民两用产业逐步形成了一个相对完整的军民融合型国防工业体系。法国的军工企业门类相对较全，同时内部存在资源分散、效率低下问题。冷战结束后，法国建立了国防工业私有化委员会，负责推进国防工业私有化进程，发展军民两用高技术，军民合作推进国防尖端技术发展。德国的国防军工科研和生产全部由各省市机构、民间企业和部分高等院校承担，顺利完成了军民融合。

俄罗斯继承了苏联 70% 以上的国防企业后，也开始了"先军后民"的转变。苏联的国防经济，无论是在战胜法西斯、取得卫国战争胜利的过程中，还是在与美国争霸并以惊人速度成为超级大国的过程中，均起到了举足轻重的作用，但是由于大量资源集中于国防工业，其国民经济发展出现了严重的结构性失衡。为此，俄罗斯出台了《国防工业"军转民"法》等措施，推动军民结合战略的实施，提升了武器装备科研生产能力。俄罗斯的"先军后民"模式是一种既想避免军民分立弊端，又不想放弃独立的军工体系的折中举措，但由于种种原因目前其国防军工的转型依然十分艰难。

日本和以色列是军民融合方面颇具特色的两个国家。作为第二次世界大战的战败国，日本的国防工业受到严格限制。日本的科技实力位居世界前列，其武器装备生产均以合同方式委托民间企业完成，通过采用"以民促军""军民互换"的发展模式，成功规避了国际舆论和法律的约束。以色列由于资源匮乏，安全压力重，在国防经济发展上采用"引进、研制再出口"的路线，在冲锋枪、航空电子设备、电子战设备、无人机等武器装备方面得到了很大的发展。另外，以色列采用风险投资推动高新技术发展，实现了一批高技术企业军转民的转变和发展，在科技和军事方面都保持着较强的竞争优势。

（三）国外军民融合战略的启示

1. 政府权威和主导是实现军民融合的主要推动力

从国外军民融合发展的实践来看，军民融合发展是国家意志的反映。美国将军民融合作为国家战略，同时以立法形式加以推动，其在 2018 年发布的《国家安全战略》报告中指出，美国国家安全战略的重要目标是军事能力和综合国力的增长。美国确定军民融合为国家战略，并推出一系列法律、政策、计划等引导军民融合发展，为具体实施提供完善的法律支持和保障。俄罗斯总统普京也签署了多项纲领性文件，提出要充分吸纳国家科研院所、高等院校的科研力量用于国防建设，建设军民统一的工作信息和产品技术数据库，推动信息共享和技术互转工作。英国国防部也颁布了一系列政策法规，加强军民合作，构建军民一体的国防科技创新体系。

2. 政策、法规是军民融合顺利实施的制度保障

为了有效推动军民融合，美、俄、日等国政府都出台了具体的政策、法规，为军地双方的企业交流和技术合作发展营造良好的政策环境。美国在军民融合政策体系建成之后，国会每年都会发布《国防授权法》等一系列配套补充政策法案。俄罗斯也出台了相关法律法规，以法律的形式确定了国防工业"军转民"的工作以及其资金的来源途径，确保在转型过程中国防工业高技术武器装备的研制生产能力。

3. 灵活互通的组织管理体制是军民融合开展的先决条件

美国国会、国防部、国家安全委员会以及技术政策办公室为推动军民融合而有效协调。俄罗斯在国家层面由联邦安全委员会和总统科学技术政策委员会负责统筹军民融合建设，由总统担任主席。日本有关武器装备发展的规划及重大项目由内阁总理大臣亲自掌管审批。英国国会、首相及下设的国防与海外政策内阁委员会负责制定国家军事最高决策，国防部、贸易与工业部、原子能总局负责具体的管理工作。

4. 军民融合的工业体系标准是其先行保障

在加快军民融合的进程中，不少国家充分关注军用标准规范的改革，积极推进军工生产和采购体系变革，在符合军事需求的前提下鼓励最大限度地采用民用标准进行武器研发制造，打通军民两用技术标准。美国提出"军民一体化"发展战略的核心是精简军用标准，优先使用民用标准。俄罗斯为促进军民通用标准化工作，将军用标准化纳入国家标准系列，出台了《俄罗斯联邦标准化发展构想》。

为打破军民两用技术的标准壁垒，英国、日本均启动了军用标准改革，全面审查、废止了大量军用标准。德国国防部也优先选择采购民用产品和标准，在发展武器装备和财政力量之间取得平衡。

5. 科技发展是军民融合的途径和突破口

典型国家在推动军民融合发展过程中，始终将科技作为优先发展和实现技术突破、垄断优势地位的核心要素。美国把发展军民两用技术作为军民融合的突破口，在符合国家保密要求的前提下，鼓励将国防部的科技信息、技术情报向社会和企业传播，实现军民科技的资源共享与双向转移。美国鼓励高校、民营企业、非营利机构等参与军事基础研究，推动有实力的民营企业成为美国应用研究和生产研发的主体。俄罗斯政府将自然科学纳入国家武器发展纲要中。英国国防部加强与民营科研机构、民营企业的合作，推动共同开发军民两用技术。法国国防部也鼓励尽可能地在研制过程中将民用技术用于武器系统。日本防卫厅认为发展军民两用技术有利于军工企业自身的稳定发展。

6. 市场准入和监管机制保障军民融合市场活力

发达国家为确保武器装备采购的公正透明、廉洁安全，曾采用严格的军用产品和装备的试验制造标准，使得民营企业进入军工市场面临门槛挑战。美国国防部于1994年调整了军用规范标准，降低了民企参与军备供应和军工生产的门槛，针对通信技术、计算机技术等军民通用性强的技术，在民用标准符合需求的情况下，不再专门制定军用标准，民企可以直接参与军工项目或军品采购，此举有效激发了军民融合的市场活力。

7. 有效的信息交流服务平台推动军民深度融合

各国普遍采用"多渠道、多层次、多方式"的模式发布国防建设信息，依托庞大的政策、项目、承包商信息数据库，通过门户网站和电子终端等信息平台，双向发布信息，最大限度地推动军地双方互通信息，推进军民全方位、深层次地融合发展。美国国防部建立了"国防创新市场"门户网站，俄罗斯通过门户网站等信息平台发布军用相关信息，为军民双方合作提供便利。

四、西部地区军民融合的对策建议

基于对西部地区军民融合现状的实地调研，本章结合国外军民融合模式和经验总结，对西部地区下一步的军民融合提出以下政策建议：

（一）健全军民融合工作机制

以政府为主导，在省级制定军民融合的实施规则，明确军方和地方有关部门的权利，明确对接与协调事项，理顺部门之间的工作联系，按照标准化、制度化协调的原则规范工作运作程序；建立针对特定领域或事项的部门领导责任制，并建立高效的联合工作、研讨决策和监督问责机制。自上而下建立健全军地双方议事制度、首长机关联席会议、职能部门需求对接、双拥部门日常会务等工作制度。充分发挥宏观政策的导向和激励作用，结合实际研究制定相关配套政策，鼓励、支持和引导各类市场主体特别是军工企业积极参与军民融合发展，促进形成推动军民融合发展的长效机制。

（二）完善军民融合配套政策和服务平台

借鉴成都市的经验，各省（区、市）要尽快研究制定军民融合企业的识别认定办法，军民融合重大项目在土地、资金、人才引进、金融、财税等方面的扶持性政策。政府在财税政策方面要对建设军民融合服务平台、产业园区运营、培育第三方服务机构等方面提供支持，同时为民企办理资质证件开辟快捷通道。通过设立军民融合产业基金，为军工专家、军校毕业生、转业军人等人才到军民融合产业园、创客空间创业提供大力支持。要建设公共服务平台，大力培育第三方科技服务企业，为军民融合企业提供信息查询、资质办理、管理咨询、人员培训、金融保险等完善的综合配套服务。通过搭建军民融合技术交易平台、建立军民两用技术研发平台以及军事民用化再开发平台，为企业提供军民融合技术改造、技术交易、价值评估等服务，促进军用技术的研发和转化。

（三）培育军民融合产业体系

产业方向上，结合各地的产业特点和资源禀赋，以形成特色鲜明、分工明确、区块协作的军民融合产业集群为目标，大力配套培育信息安全、智能制造、航天、新材料、新能源等军民融合产业。在合作对象上，重点与央企军工集团、军事科研院所、军事院校、军工重镇或知名科技园区进行合作，通过构建军民融合技术联盟或产业协会等方式深化融合。丰富产业载体，培育创建各具特色的国家军民融合创新示范基地、军民融合产业基地、各类专业性军民融合产业园、创客空间、科技孵化器、军民融合小镇等，形成多形态的军民协同发展格局。

（四）强化军地合作和协同创新

针对当前军民融合中出现的"军企冷、民企热"和"地方军部冷、当地政府热"的现象，建议通过利益关联机制创新军地合作方式，以股权方式激励双方共建军民融合产业园区，调动军方的积极性。通过构建科技创新联盟、科研分包、共享实验室等方式，推进军民双方共享科研创新资源和服务平台，以股权为基础构建利益共享机制，民企可通过与军工企业开展技术合作、引进设备甚至参与军工企业的改制改组等，不断扩大军民融合深度和广度。进一步健全军品采购准入目录清单，规范执行招投标管理和竞争性采购制度，鼓励优先采购军民两用技术和产品。

（五）加快推动军民技术标准的统一融合

我国军民融合存在的问题在于我国军民标准不统一，军民两用技术亟待统一标准。要系统研究梳理当前军用标准设置情况，在满足军用需求的情况下，要进一步弱化技术准入，解决军民标准的衔接与统一，实现军民标准的融合，为实现科技成果转化提供基础。在当前市场条件下，不仅顶层设计要做好军民科技成果转化工作，而且社会组织、第三方服务机构也应发挥应有的作用。在解决途径上，可以借鉴美国的做法，通过颁布政策和立法，制定军用企业和民用企业的统一标准，对涉军企业进行定密体系的构建。从顶层设计上统一标准和政策，以破除阻碍军民企业融合的壁垒。

参考文献

［1］钟新. 深入实施军民融合发展战略［N］. 光明日报，2017-11-16.

［2］蒋浩. 我国发展军民融合产业的实践及思考［J］. 宏观经济管理，2018（5）.

［3］蒋浩. 我国发展军民融合产业成效、问题及建议［J］. 中国工程咨询，2018（3）.

［4］吉喆，王海蕴. 大力创新形成军民融合深度发展格局［J］. 财经界，2018（3）.

［5］杨锐，廖觅燕，李良强. 科技创新促进四川军民融合发展的对策研究［J］. 科技与经济，2019（4）.

［6］甘肃省政府办公厅. 甘肃省军民融合产业发展专项行动计划［R］. 2018.

［7］广发军工研究团队［J］. 一文看懂美国军民融合发展历程及经验［OL］.（2018-07-19）［2018-07-19］. http://m. sohu. com/a/242200750_466840.

［8］杜兰英，陈鑫. 发达国家军民融合的经验与启示［J］. 科技进步与对策，2011（12）.

［9］谭清美，杨凌波. 国外典型军民融合发展模式的借鉴和启示［J］. 南京理工大学学报（社会科学版），2018（4）.

［10］于川信. 画好"三张图"推进军民融合创新体系建设. 学习时报，2017（5）.

［11］张良. 军民融合的国际视野［J］. 商业观察，2019（8）.

［12］武彦芳，费月英. 基于SWOT分析的职业教育军民融合深度发展探讨［J］. 科技视界，2018（7）.

［13］栾相科. 新时代军民融合深度发展三问 ［J］. 海峡通讯，2018（8）.

［14］程享明，谢冰峰. 英国推动装备建设军民融合的主要做法 ［J］. 国防，2014（5）.

［15］国务院，中央军委. 经济建设和国防建设融合发展"十三五"规划 ［R］. 2017.

［16］国务院. 关于四川省系统推进全面创新改革试验方案的批复（国函〔2016〕112 号）［R］. 2016.

［17］李瑞兴，徐贵忠. 迈进军民融合深度发展新时代 ［N］. 解放军报，2017－11－20.

［18］绵阳市发展改革委. 绵阳市军民融合发展相关情况 ［R］. 2018.

［19］张娜，王鹏. 国外军民融合发展研究综述 ［C］. 第十八届中国科协年会. 2016.

［20］王硕龙. 产业融合视角下战略性新兴产业军民融合式发展研究 ［J］. 环渤海经济瞭望，2019（1）.

［21］中共中央，国务院，中央军委. 关于经济建设和国防建设融合发展的意见 ［R］. 2016.

——执笔人：马吉恩、邹大挺，浙江大学中国西部发展研究院

第六章　西部地区推进生态经济发展研究

摘　要

在 2018 年全国生态环境保护大会上，习近平总书记首次系统界定了生态文明体系的基本框架，开创性地提出构建"以产业生态化和生态产业化为主体的生态经济体系"。构建以产业生态化和生态产业化为主体的生态经济体系，有其自身的发展规律和前提条件。本章从生态经济体系的提出过程、产业生态化和生态产业化两者的内涵关系等方面详细阐述了生态经济体系的理论内涵，分析梳理了西部地区在产业生态化和生态产业化方面的探索和实践、取得的成果和成效、存在的亟待解决的困难，概括提出了西部地区构建和完善生态经济体系的政策建议。建议中央决策部门贯彻落实习近平生态文明思想，以《生态文明体制改革总体方案》为指导，科学划定生态保护红线，以自然资源资产产权制度改革为抓手，为完善生态经济体系体建设，开展体制机制创新与制度改革探索；地方政府要加强政府引导，激发市场引力，制定完善的政策、法律和监管制度进行引导，企业要找准市场，利用税收、金融等方面的优惠政策，在生态红线允许的范围内，开展适度产业生态化和生态产业化的生产，提供优质的生态服务产品，实现利益最大化；要借鉴成功经验，强化科技支撑，创新产品和品质，形成核心竞争力，防止同质化竞争；要加大宣传力度，倡导消费意识，形成政府、企业、群众和社会组织等共同参与、协调互动的有效机制；西部地区应率先完善法律法规，形成规范的标准制度，积极探索中国模式，构建西部标准，为共谋全球生态文明建设做出应有的贡献。

Abstract

At the National Ecological Environmental Protection Conference in 2018, General Secretary Xi Jinping systematically defined the basic framework of the ecological civilization system for the first time, and creatively put forward the establishment of an ecological economic system with industrial ecologicalization and ecological industrialization as the main body. The construction of an ecological economic system with industrial ecologicalization and ecological industrialization as its main body has its own development laws and preconditions. This chapter first elaborates the theoretical connotation of the eco-economic system from the process of putting forward the eco-economic system, and the connotation relationship between industrial ecologicalization and eco-industrialization. It then sorts out the status quo of industrial ecologicalization and ecological industrialization in the western region, including its exploration and practice, achievements, as well as difficulties that need to be solved urgently. Lastly, the policy recommendations for improving the construction of an ecological economic system in the western region are proposed. With the "Overall Plan for the Reform of the Ecological Civilization System" as the guidance, and with the scientific delineation of the ecological protection red line, as well as the reform of the property right system of natural resource assets as the starting point, the central decision-making department should implement Xi Jinping's thought of ecological civilization, and explore the system mechanism innovation and institutional reform to improve the construction of the eco-economic system. Local governments should strengthen government guidance, stimulate market attraction, and formulate a system as a guide, which covers sound policies, laws, regulations, platforms, etc. Enterprises should identify the right market, make good use of the preferential policies in taxation and finance, carry out the production of appropriate industrial ecologicalization and ecological industrialization within the scope permitted by the ecological red line, provide high-quality ecological service products, and maximize their benefits. We should learn from successful experiences, strengthen scientific and technological support, innovate products and quality, form core competitiveness, and prevent homogeneous competition. In the meantime, it is necessary to increase publicity, advocate consumption awareness, and form an effective mechanism for joint participation, coordination and interaction between the government，enterprises，the masses and social organizations. The western region should take the lead in improving laws and regulations，forming a standardized system，actively exploring the Chinese model，building western standards，and making due contributions to the global ecological civilization construction.

在 2018 年全国生态环境保护大会上，习近平总书记首次系统界定了生态文明体系的基本框架，开创性地提出构建"以产业生态化和生态产业化为主体的生态经济体系"。这是始终秉持"绿水青山就是金山银山""保护生态环境就是保护生产力、改善生态环境就是发展生产力"的绿色发展观；是始终坚持把生态环境资源作为经济社会发展的内在要素和内生动力；是始终把握生产全过程的绿色化、生态化，形成两个主体实践的途径、约束和保障；是始终遵循两个主体自身的发展规律，促进人口资源环境相均衡、经济社会生态效益相统一。

一、生态经济体系的理论内涵

（一）贵州首次提出"生态产业化、产业生态化"发展理念

2015 年 6 月，习近平总书记对贵州提出了"守住发展和生态两条底线，培植后发优势，奋力后发赶超，走出一条有别于东部、不同于西部其他省份的发展新路"的指示。贵州先后实施和落实了《绿色贵州建设三年行动计划（2015—2017）》《关于切实做好造林绿化工作，力争到 2020 年贵州省森林覆盖率达到60％的意见》，大力实施绿色贵州建设行动计划。2016 年 8 月，贵州省委十一届七次全会对贵州因地制宜发展绿色经济做出部署，提出加快发展生态利用型、循环高效型、低碳清洁型、环境治理型"四型 15 种"产业，明确了推进生态产业化、产业生态化的具体抓手和路径。2017 年 4 月，《中国共产党贵州省第十二次代表大会报告》明确指出："坚持生态产业化、产业生态化，绿色经济'四型'产业占地区生产总值的比重达到 33％。"

贵州是第一个在省级层面将"生态产业化、产业生态化"作为发展理念和实践路径的省份。此举随即引发了一些质疑的声音，一些学者担心地方借生态产业化之名，行大开发大破坏之实，使市场化导向超过生态优先导向，发出了"慎提生态产业化"的呼吁。还有一些学者提出了建议，认为生态产业化不可以简单推而广之，生态产业化具有自身发展规律和前提条件，应加强政府引导，逐步完善相关政策，有计划分步骤地推进生态产业化发展。

（二）习近平总书记首次系统界定生态经济体系

迈入新时代，2018 年召开了有史以来规格最高的全国生态环境保护大会，

习近平和其他常委悉数出席，可见中央对生态环境保护问题的重视程度。在大会上，习近平总书记指出，我国生态环境质量持续好转，出现了稳中向好的趋势，但成效并不稳固，做出了我国生态文明建设处正处于压力叠加、负重前行的关键期，已进入提供更多优质生态产品以满足人民日益增长的优美生态环境需要的攻坚期，也到了有条件有能力解决生态环境突出问题的窗口期的新判断。我国经济已由高速增长阶段转向高质量发展阶段，需要跨越一些常规性和非常规性关口。

习近平总书记强调，生态文明建设是关系中华民族永续发展的根本大计。生态环境是关系党的使命宗旨的重大政治问题，也是关系民生的重大社会问题。广大人民群众热切期盼加快提高生态环境质量，提供更多优质生态产品，不断满足人民群众日益增长的优美生态环境需要。他指出了生态环境问题的新定位，做出了生态环境保护正在发生历史性、转折性、全局性变化的新分析。

习近平总书记指出，新时代推进生态文明建设，必须坚持好以下原则：一是坚持人与自然和谐共生；二是绿水青山就是金山银山；三是良好生态环境是最普惠的民生福祉；四是山水林田湖草是生命共同体；五是用最严格制度最严密法治保护生态环境；六是共谋全球生态文明建设。

习近平总书记提出了生态文明建设的新要求：要加快构建生态文明体系；要全面推动绿色发展；要把解决突出生态环境问题作为民生优先领域；要有效防范生态环境风险；要提高环境治理水平。

习近平总书记强调，要加快构建生态文明体系，加快建立健全以生态价值观念为准则的生态文化体系，以产业生态化和生态产业化为主体的生态经济体系，以改善生态环境质量为核心的目标责任体系，以治理体系和治理能力现代化为保障的生态文明制度体系，以生态系统良性循环和环境风险有效防控为重点的生态安全体系。要通过加快构建生态文明体系，确保到 2035 年，生态环境质量实现根本好转，美丽中国目标基本实现。到本世纪中叶，物质文明、政治文明、精神文明、社会文明、生态文明全面提升，绿色发展方式和生活方式全面形成，人与自然和谐共生，生态环境领域国家治理体系和治理能力现代化全面实现，建成美丽中国。

习近平总书记强调，要自觉把经济社会发展同生态文明建设统筹起来，充分利用改革开放 40 年来积累的坚实物质基础，加大力度推进生态文明建设、解决生态环境问题，坚决打好污染防治攻坚战，推动我国生态文明建设迈上新台阶。

习近平总书记提出了新时代推进生态文明建设的新判断、新定位、新分析、新原则、新要求、新体系、新目标、新任务。这是关于生态文明思想的最新、最集中的体现，是对生态文明思想全面、系统、深刻、科学的阐释，是新时代中国特色社会主义生态文明建设的根本纲领。可以说，十九大初步确立了习近平生态文明思想。在生态环境保护大会上的讲话，标志着习近平生态文明思想进一步升华充实和自我完善。

习近平总书记的讲话首次系统界定了生态文明体系的基本框架，强调了加快建立健全五个生态文明体系：生态经济体系提供物质基础；生态文明制度体系提供制度保障；生态文化体系提供思想保证、精神动力和智力支持；目标责任体系和生态安全体系是生态文明建设的责任和动力，是底线和红线。

习近平总书记开创性地提出，构建"以产业生态化和生态产业化为主体的生态经济体系"，是始终秉持"绿水青山就是金山银山""保护生态环境就是保护生产力、改善生态环境就是发展生产力"的绿色发展观；是始终坚持把生态环境资源作为经济社会发展的内在要素和内生动力；是始终把握生产全过程的绿色化、生态化，形成两个主体实践的途径、约束和保障；是始终遵循两个主体自身的发展规律，促进人口资源环境相均衡、经济社会生态效益相统一。

（三）产业生态化和生态产业化的内涵关系

产业生态化和生态产业化有着丰富的内涵与紧密的关系。产业生态化是指在自然系统承载能力内，对特定区域空间内产业、生态与社会系统进行紧密融合、协调优化，达到充分利用资源，消除环境破坏，协调自然、社会与经济的可持续发展；生态产业化是指依据生态服务和公共产品等理论，将生态环境资源作为特殊资本来运营，实现保值增值，按照社会化生产、市场化经营的方式，将生态服务由无偿享用的资源转变为有价值的商品和服务。

从生态学视角考察，联合国千年生态系统评估工作组（MA）根据系统提供服务的机制、类型和效用，将其功能划分为生态服务功能、产品生产功能和社会服务功能，并强调应实现以生态服务为基础的三大效益一体化的综合经营。从经济学视角考察，以森林为例，森林的各种生态服务功能具有不同的经济学属性：防风固沙、调节气候等生态功能属于纯公共物品；而水源涵养、景观休憩、生物多样性、固碳等功能则不严格满足非竞争性、非排他性的特征，属于准公共物品。后者的存在构成了生态产业化的技术可行性。正因为生态服务是一种具有正外部性的公共产品，所以生态环境的边际私人收益小于社会边际收益，从而导致市场供给不足。受长期以来计划经济体制的影响，我国政府同时扮演着公益产品的提供者、安排者和生产者三重角色，这存在三重弊端：一是生态建设资金渠道单一，供给不足；二是政府对生态建设全过程的较深的干预导致高成本、低效率；三是忽视了生态服务的开发权和收益权，造成生态资源丰富地区的普遍贫困状态。

生态服务和公共产品理论的现代扩展，分别为生态产业化提供了生态学、经济学依据，生态产业化从有理论可能性提升到了实践现实性。生态产业化的实质是将生态环境作为一种特殊的资本——生态资本——来运营，实现其保值增值，促进生态与经济良性循环发展。要实现这一目标，关键在于将生态服务由无偿享用的资源转变为需要支付购买的商品，按照社会化大生产、市场化经营的方式来实现生态服务的价值。

产业生态化和生态产业化两者紧密联系，你中有我、我中有你、共荣共存、相存相依、和谐统一，为实现两者的协同推进奠定了基础。实现经济发展、资源节约与环境保护的共赢，两者的协同推进构成了生态经济的基本路径。但从战略选择上看，两者的侧重点有所不同。前者着眼于传统产业技术转向现代产业生态技术，其核心在于生态技术的广泛运用；后者着眼于生态保护转向生态发展，其核心在于生态产业市场化的形成。产业生态化和生态产业化的协同推进，是生态产业技术广泛应用和生态产业市场化形成的协调推进过程，是产业转型、不断形成各种生态产业和生态产业链的产业升级，是在实现良好环境的基础上创造最佳效益的产业发展新目标和新方向。

二、西部地区产业生态化概况

产业生态化是指按照"绿色、循环、低碳"的产业发展要求，把物质生产过程主要内容的产业活动纳入生态系统循环中，把产业活动对自然资源的消耗和对环境的影响置于生态系统物质能量的总交换过程中；利用先进生态技术，培育发展资源利用率高、能耗低排放少、生态效益好的新兴产业；采用节能低碳环保技术改造传统产业，促进产业绿色发展，实现产业活动与生态系统的良性循环和可持续发展。其实质是在不同产业、企业之间建立循环经济生产链，减少废弃物排放，降低对生态环境的污染、破坏，既要金山银山又要绿水青山，不断提高经济发展的质量和效益，实现健康可持续发展。

（一）西部地区产业生态化发展现状与特点

1. 经济社会快速发展，产业结构不断优化

近几年来，西部地区经济发展取得了巨大的成就。2011—2017 年，西部地区的 GDP 总量由 99 738.3 亿元上升到 170 937.3 亿元，占我国 GDP 总量的比重从 19.2% 提升到 20.7%。"十二五"以来，西部地区深入实施了以市场为导向的优势资源转化战略，积极地优化调整产业结构，努力推动优势产业、战略性新兴产业和现代服务业的发展，在产业结构优化方面取得了新的进展。

具体表现为以下四点：第一，特色农业得到大力发展。2010—2017 年，西部地区农林牧渔业总产值占全国的比重由 25.47% 提高到 29.89%。以黄土高原的苹果，新疆的棉花和水果，桂滇的甘蔗、烟草、药材等为代表的特色农业产业带初步形成，新疆优质棉花生产基地建设成效显著。第二，能源产业投资规模和

产能进一步发展，能源工业投资力度进一步加大。2010—2013 年，年均增速达到 17％，高于经济增速。煤电气生产能力大幅提高，其中，发电量占全国的比重由 29.0％提高到 34.1％；天然气生产量占全国的比重一直保持在 80％以上；焦炭产量占全国的比重由 2010 年的 25.3％提高到 2013 年的 31.2％。第三，装备制造业得到快速发展。四川省、重庆市、陕西省、贵州省和云南省等省份的航空、卫星、轨道交通、机床等装备制造业集聚程度以及产值规模进一步提高。2010—2011 年，西部地区装备制造业占全国的比重由 8.0％提高到 9.0％，总量和占比在四大区域中仅次于东部地区。第四，旅游业得到积极发展。西部地区接待国际游客数量由 2010 年的 13.14 百万人次提高到 2013 年的 14.81 百万人次。西部地区国际旅游收入在全国的占比由 10％提高到 15％。

2011—2017 年，西部地区三大产业增加值的构成比例由 12.8∶51.7∶35.5 调整到 11.5∶41.8∶46.7。第一产业和第二产业增加值比重均有所下降，而第三产业增加值比重则稳步提高。其中，第一产业和第二产业增加值比重分别下降了 1.3 和 9.9 个百分点，第三产业增加值比重则上升了 11.2 个百分点。产业发展逐步呈现"三、二、一"的结构。

但与东部地区相比，西部地区产业仍然没有摆脱发展相对滞后和结构不合理的困境。主要体现在以下三个方面：一是以农业为代表的第一产业基础设施不足、技术创新缺乏、内部结构不合理以及产业化水平低；二是以工业为代表的第二产业多为初级产品加工，产业链短、产品附加值低；三是以服务业为代表的第三产业发展不均衡，新兴产业所占比例相对较低。西部地区第三产业是以传统流通贸易为主的，健康服务、信息、人工智能、教育科研、现代金融等新兴产业在第三产业中占比并不高，导致第三产业无法为第二产业的优化升级提供保障，也无法满足消费者对中高端服务产品的需求，使供需错配导致的产能过剩问题更为突出。另外，西部地区三次产业结构与东部地区相比还存在较大差距，如 2016 年西部地区三次产业结构为 13∶46∶48，产业发展逐步呈现"三、二、一"结构，而东部地区三次产业结构为 6∶42∶52。相对来说，西部地区产业发展层次低，产业结构不合理现象还比较明显。

2. 产业转移层次提升，承接方式不断创新

为推进实施以市场为导向的优势资源转化战略，国务院和国家发改委、商务部分别发布了逐步落实差别化的产业政策。在国家政策的引导下，按照市场导向、优势互补、生态环保、集中布局的原则，西部各省（区、市）根据各地实际制定了承接国内外产业转移的方案。西部地区承接东部产业转移规模显著扩大，层次明显提升，方式不断创新。2009—2013 年，重庆市实际利用内资由 733.1 亿元提高到 6 007.2 亿元，四川省由 4 063.7 亿元提高到约 8 700 亿元。西部承接

的产业开始由以纺织、服装为主的低层次劳动密集型产业向以机械、电子信息为主的资本密集型和技术密集型产业转变。2013 年，重庆市制造业引资 1 742.94 亿元，占全市的比重为 29.0%。同时，西部承接产业转移也从自发、零星、分散、小规模的承接转变为产业链式、产业集群式、园区共建式的承接。比如，规划建成了广西桂东、贵州大数据、宁夏沿黄等国家级承接产业转移示范区。

西部地区在承接产业转移的过程中资源节约和环境保护的意识不够深入，过分关注承接产业对经济增长的促进作用，以资源消耗、环境污染为代价来换取经济增长，从而导致西部地区生态环境日益恶化，环保压力增大。

3. 传统产业转型升级，循环经济加快发展

西部地区的产业结构以传统产业为主，达到 90% 左右，主要分为两类：一类是以煤炭、石化等产业为代表的重工产业，另一类则是以造纸、食品、轻纺等为主的轻工产业。近年来，西部地区紧扣转型发展主题，改造提升传统产业。如陕西铜川市严重依赖资源开采，产业单一，形成了"一黑二白"（即煤炭、水泥、电解铝）的产业格局，使得环境污染严重。为促进产业转型升级，铜川市积极开展煤炭去产能，仅 2016 年全市就关闭煤矿 21 座，淘汰产能 1 058 万吨。与此同时，铜川市大力发展循环经济，建立了循环经济产业园，形成了煤电铝联产联营循环经济产业链，并大力培育装备制造、陶瓷建材等产业，使非煤产业占总产业的比重达 88.7%，有效推动了西部传统产业转型升级示范城市建设。

由于产业发展和历史沿袭等原因，传统重化工产业和轻工产业仍然是西部地区投资发展的重点。目前，西部地区优势产业多为传统优势行业，重工业占比较大。如煤炭采选、石油与天然气开采以及传统原材料工业占西部产业体系的比重达到 56.57%，在部分省份的占比（如甘肃、青海、宁夏及新疆）甚至超过了 70%。轻工业如纺织、服装制造、电子设备制造等集中度不高，极大地制约了西部工业经济的均衡发展。通过表 6－1 的数据分析可明显看出，2016 年西部地区工业销售总值为 173 671.6 亿元，其中 77.84% 是由重工业贡献的。据有关部门测算，重工业的单位产出能耗和由此带来的空气污染是服务业的 9 倍，重工业的过快发展会带来内在的风险，如资源过度消耗和生态环境恶化等，不利于经济的可持续发展。

表 6－1　　　　　　　2016 年西部地区重工业销售情况　　　　　　单位：亿元

重工业行业	销售值
采掘业	24 292.69
煤炭开采和洗选业	9 623.82
石油和天然气开采业	3 741.60

续前表

重工业行业	销售值
黑色金属矿采选业	1 912.13
有色金属采选业	2 095.17
非金属矿采选业	1 673.46
石油加工、炼焦和核燃料加工业	5 968.63
化学原料和化学制品业	11 026.42
非金属矿物制品业	11 233.03
黑色金属冶炼和压延加工业	10 199.72
有色金属冶炼和压延加工业	11 333.48
汽车制造业	12 514.63
电器机械和器材制造业	5 994.06
电力、热力、燃气及水生产和供应业	20 094.48
交通运输设备制造业	3 489.04
重工业合计	135 192.36

资料来源：《中国工业经济统计年鉴（2017）》。

此外，西部地区各省（区、市）的工业行业同构化现象明显。内蒙古、新疆、青海、陕西、甘肃、宁夏、云南等省（区、市）的产业发展存在重合现象，主要集中在发展资源开采和加工、石油加工、炼焦、核燃料、化学原料等传统产业，导致区域内产业形成了恶性竞争，不利于区域经济发展（见表6-2）。

表6-2　　　　　　西部地区优势产业的产值占工业总产值的比重

省（区、市）	比重	省（区、市）	比重
重庆	32.05%	四川	41.25%
贵州	48.57%	云南	58.13%
西藏	44.50%	陕西	59.91%
甘肃	70.34%	青海	79.98%
宁夏	75.69%	新疆	75.67%
内蒙古	72.70%	广西	48.92%

注：优势产业包括煤炭开采和洗选业，石油和天然气开采，石油加工、炼焦和核燃料加工业，化学原料和化学制品业、非金属矿物制品业，黑色金属冶炼和压延加工业，有色金属冶炼和压延加工业，交通运输设备制造业，电力、热力、燃气及水生产和供应业。

资料来源：据《中国工业经济统计年鉴（2017）》整理计算。

4. 过度依赖资源要素，环境保护压力增大

西部地区具有自然资源丰富的优势，有发展冶金、化工、建材等产业的工业矿物原料，因此具有发展能源密集型产业和建设较大规模工业产业基地的优势，但由于西部地区经济基础薄弱和工业结构重工业化等特殊原因，其经济发展主要依靠要素驱动，大量投入自然资源，主要发展原材料开采和加工等资源密集型产业，造成资源的过度消耗和生态环境的日益恶化。西部地区是全国乃至世界最重要的生态调节区和生态屏障区，能源资源的战略地位十分突出，因此政府高度重视西部的生态化发展。以青海省为例，青海省矿产资源种类繁多，蕴藏量丰富，新能源资源如太阳能、风能也是全国最丰富的地区之一。与当下资源全国性紧张的趋势相比，作为国家九大战略资源储备基地之一的青海，资源丰富的优势是推动经济快速发展、促进产业生态化转型的坚实基础和有利条件。2005 年柴达木循环经济试验区被确定为国家循环经济示范试点园区，2011 年青海三江源地区建立了第一个"国家生态保护综合试验区"，2014 年青海被列入国家首批生态文明先行示范区，这些为青海的产业生态化发展提供了良好的制度环境。但是经济发展水平低、技术水平落后、人才资源匮乏等导致的粗放型资源利用方式使单位 GDP 能源消耗水平长期以来居高不下。

西部地区产业生态化实践，包括建立产业循环合作示范区、低碳产业集群、生态工业示范园，共建产业生态圈等，仍处在较低水平建设阶段，大多数生态化改造都未能真正实现绿色低碳循环的产业共生，而只是将某些环节的废物经简单处理然后投入生产低级产品。目前西部地区产业生态化还处于探索阶段。

(二) 西部地区产业生态化面临的困难

与国内其他地区相比，西部地区仍然存在内生动力不足、产业层次较低、产业竞争力不强等问题，同时还面临着要素成本优势弱化、资源环境代价较高等方面的挑战。

第一，内生动力不足，产业发展缺乏后劲。西部地区经济发展主要依靠煤、电、重化工等能源和资源型产业，经济增长主要依赖固定资产投资。从投资来源看，西部地区主导产业发展和投资主要是以大型央企和国家投资为主，地方民营经济发展较为滞后。自主创新和研发投入较低。规模贡献小，产能过剩，企业投入产出效率不断下降，产业竞争力显著降低。

第二，发展层次不高，产业链短附加值低。从产业发展层次来看，能源与资源型产业依然是西部地区经济的主要支撑和增长点，现代服务业和高新技术产业发展相对滞后。西部地区产业发展主要是以外部嵌入或植入为主，市场化进程和开放程度较低，与制造业发展相关的服务业规模小、水平低、结构不合理，且现代服务业发育不足，制约了其他产业特别是第二产业的转型升级。高技术产业发

展落后于东部地区。能源与资源等主导产业以原煤、原油、盐湖简单开采加工以及煤电一体化发展为主，产业链条较短，产品附加值低。

第三，要素成本增加，产业发展优势弱化。尽管西部地区存在一定的成本优势，但这种优势也在逐渐丧失。特别是随着西部地区发展水平的提高和城镇化进程的加快，劳动力、土地等要素成本将进一步提高。从土地价格水平来看，2010—2013年，全国东、中、西部地区地价水平差异较大，西部地区除工业用地价格外，综合用地、商业用地和居住用地价格均高于中部地区，其中商业用地价格增速高于中部地区。此外，西部地区距离东部中心市场较远，交通网络连接性较差，收费公路在公路总里程中的占比过高，现代物流业发展相对滞后，相对于东部地区，西部地区物流费用较高且物流效率较低。

第四，有效资源缺乏，产业发展能耗较高。西部地区长期以来形成了以高耗能工业行业为主的工业发展格局，使能源消费总量和污染物排放增长量较大。2013年，西部地区万元地区生产总值能耗为1.27吨标准煤，高于东部、中部和东北地区，是东部地区的1.81倍。万元地区生产总值能耗、万元工业增加值能耗下降幅度最小，分别为−0.48%、−1.29%，远远低于其他三大区域下降幅度。特别是万元地区生产总值电耗，西部地区大幅上升，而其他三大区域均出现了不同幅度的下降。2010—2013年，西部地区工业二氧化硫排放量全国占比一直高于其他区域且呈逐渐上升态势。

三、西部地区生态产业化概况

生态产业化是按照社会化大生产、市场化经营的方式提供生态服务。其实质是针对独特的资源禀赋和生态环境条件，通过建立生态建设与经济发展之间的良性循环机制，实现生态资源的保值增值，把绿水青山变成金山银山。我国西部地区生态资源丰富，发展潜力巨大，但是与之对应的却是环保投入有限，生态保护乏力。生态产业化有利于西部地区将生态优势向产业优势提升；有利于生态资源开发反哺生态保护，破解开发与保护的矛盾；有利于西部地区开展精准扶贫，实现全面小康。

（一）西部地区生态产业化发展现状

1. 西部地区生态资源丰富，生态产业化潜力巨大

中国西部地区疆域辽阔，拥有丰富的生态资源，是国家的重要战略资源储备库和生态安全屏障，地理条件复杂多样，气候差别明显，动植物种类千变万化，民族文化和民俗风情绚丽多姿、富有魅力。

（1）水资源。西部地区水资源丰富，地下水天然可采资源丰富，西南地区水

资源占全国的 70％，而西北地区缺水。并且由于多山且落差大，水能丰富，蕴藏量占全国总量的 85％以上，可开发量占全国的 81％以上。

（2）土地资源。西部地区土地面积 681 万平方公里，占全国总面积的 71％；人口约 3.5 亿，占全国总人口的 28％。其不仅拥有广袤的土地资源，而且拥有较高的人均耕地面积和绝大部分草原。西部地区矿产资源储量占全国 60％以上，能源资源的探明储量占全国的比重也接近 57％，水、煤、油、气四者兼备。

（3）森林资源。根据全球森林地图，目前中国未受侵扰的森林仅占中国森林面积的 2％，分布在四川西部大雪山西侧、云南怒江中缅边境地带、西藏雅鲁藏布江大拐弯外、内蒙古最北端的大兴安岭以及新疆最北端很小面积。亟须通过提高碳汇林业的经营管理水平、构建西部森林碳汇市场体系、完善区域森林生态补偿机制和深化林业产权制度改革等途径提升西部地区森林碳汇能力。

（4）文化旅游资源。西部地区民族文化是一座异彩纷呈的文化资源宝库，它所包含的内容极其丰富，它的表现形式多种多样，文化产业的开发潜力巨大。西部的旅游资源丰富多彩，别具一格，具有资源类型全面、特色与垄断性强、自然景观与人文景观交相辉映的特点，旅游经济效益十分看好。

此外，西部地区拥有各种各样的生物资源、药用植物、工业植物等，有待开发。

2. 西部地区生态产业化实践探索

西部地区生态资源丰富，生态产业化潜力巨大，生态产业化未来有可能成为西部地区经济社会发展的主要增长动能。如何推进西部地区生态产业化是新时代的重点课题，虽然生态产业化发展还处于初步探索和摸索阶段，但是有一些生态产业和生态服务产品已经取得成效，正走向成熟。

（1）旅游业发展迅速，已成为优势产业。

旅游业具有成本低、投入少、利润大的特点，被人们誉为"文明工业"。旅游业增收和创造就业的功能愈加明显，整合地区资源、提高经济水平的功能和作用更是越来越强大。其具备的就业带动作用和经济乘数效应是其他行业所不可比拟的，能够促进地区经济的全面进步和发展。西部地区各级政府都在加强对发展旅游业的认识，提出了"西部大开发旅游要先行"的口号。

我国西部各地历来拥有丰富的旅游资源，既拥有丰富且保存较好的自然资源，如四川九寨沟、云南石林、西双版纳等世界闻名的风景区以及"一时四景"的玄幻气候景象，又拥有民族风情绚丽浓郁的少数民族文化生态，如西北五省与西南四省汇聚了我国 2/3 的少数民族，民族文化底蕴深厚，民族节日表现形式丰富多彩。近年来，西部各省（区、市）把旅游业作为重要产业加以发展，国家在政策层面给予资金扶持，2012—2016 年间，全国旅游发展基金补助西部各省

（区、市）资金每年均接近或超过全国总额的 50%。

旅游业还成为西部地区扶贫工作的重要抓手。如 2015 年，在旅游局和扶贫办开展的贫困村旅游扶贫试点工作中，西部地区将 224 个贫困村作为试点村，加强规划指导，着力形成可复制、可推广的乡村旅游扶贫模式，深入推进乡村旅游扶贫工作。在旅游局启动的乡村旅游"千千万万"品牌推介活动中，西部地区认定推介了 449 个"中国乡村旅游模范村"、430 家"中国乡村旅游模范户"、3 458 名"中国乡村旅游致富带头人"、3 623 个"金牌农家乐"。

西部地区旅游业发展还处于初级阶段，应着重提升产品品质，提高服务质量，提供优质生态产品，不断满足人民群众日益增长的优美生态环境需要。生态旅游作为一种新兴的旅游方式，以生态学和可持续发展理论为指导，在不破坏旅游目的地生态系统平衡的前提下，以体验自然生态环境或者体验自然人文生态并重的环境为主要目的，是一种新的独特的旅游发展模式。目前而言，相关的法律制度还不是很完善，立足实践，应从区域合作规划、管理体制、社区参与等方面健全完善西部地区生态旅游业发展的法律措施，确保西部地区生态旅游健康有序发展。

（2）康养产业方兴未艾，将成为新的增长点。

康养产业是健康与养老产业的统称，其依托良好的生态环境，涵盖养老、养生、医疗、物联网、文化、体育、旅游等诸多业态。康养方向非常广泛，可以和森林结合，和滨海水体结合，和湖水、河道结合，和特色文化、宗教结合，使传统的青山绿水、森林湖泊发展为经济社会发展的内在要素和内生动力。西部地区有着优质康养资源，当前西部地区康养产业发展已形成了以四川为龙头的森林康养产业，以甘肃为中心的中医药康养产业，由四川、云南率先发展的温泉康养产业的总体态势，康养城市战略成为西部地区康养发展战略的特色，全域康养是宁夏和云南两省区的老年康养战略导向，推动市场主体建设是西部地区康养旅游产业发展的核心任务。

以四川森林康养产业为例。四川依托 20 年来持续推进的天保工程，森林覆盖率达到 38.03%，森林面积达到 1 840 万公顷。2015 年，四川在全国率先提出"森林康养"的概念，出台了推进森林康养产业发展意见和三个森林康养基地建设标准，发布了首个全国森林康养指数。2016 年，四川颁发了《森林康养基地建设资源条件》《森林康养基地建设基础设施》；2017 年，四川又制定出台了《森林康养基地建设康养林评价》地方标准，规定森林康养基地必须达到最低"标配"。在资源条件方面，面积要大于等于 50 公顷，森林覆盖率达到 60% 以上，森林达到健康等级的面积达到 80% 以上，森林结构和物种数量稳定，能够提供 3 种森林蔬菜或生态食品等；在基础设施方面，要求康养步道里程达到 4 000 米以上，坡度小于等于 7 度，有 1 处以上医疗卫生保健机构，具备必要的环境监测设备，并实时显示监测数据等；基地要设置森林生态科普、森林生态文化、森林康养知识解说标牌，在人们亲近自然的同时，还可以了解自然、体验自然课堂。通过康养让群众享受到森林的"质"感、幸福感，从而产生获得感，四川森林康养由此走在全国前列，很好地诠释了生态产业化的路径与意义。

（3）提升林权价值，探索生态资源市场。

四川在探索生态资源市场化运作、提升林权价值方面做了有益的探索。四川省地处长江上游，森林资源丰富，生态区位重要，是长江上游生态屏障，也是南方重点集体林区。全省有集体林业用地 1 046 万公顷，占林业用地面积的 45.9%，在林业发展中具有举足轻重的地位。

2007 年，出台了《四川省人民政府关于推进我省集体林权制度改革的意见》。2009 年，出台了《中共四川省委四川省人民政府关于全面推进集体林权制度改革的实施意见》，进一步明确了林权改革的内容和举措，开展了以"明晰产权、勘界发证、放活经营权、落实处置权、保障收益权、落实责任"为主要内容的集体林权制度改革，规定：引导农村集体经济组织和私营业主编制实施集体林森林经营方案，探索依据森林经营方案编制下达年采伐限额的办法及商品林采伐限额 5 年总控制制度；逐步放宽对木竹及其制品的运输品种限制；林地承包经营权人可采取多种方式流转林地经营权和林木所有权；金融机构要开发适合林业特点的信贷产品，拓宽林业融资渠道；加大林业信贷投放，完善林业贷款财政贴息政策，大力发展对林业的小额贷款；完善林业信贷担保方式，鼓励担保机构为林业信贷提供担保服务，健全林权抵押贷款制度。这些措施大大激发了广大农民和全社会的造林护林积极性。自 2007 年全面启动集体林权制度改革以来，四川省已累计确权颁证 1.63 亿亩，受惠林农达 5 300 万人。

2014 年 10 月，四川启动深化集体林权制度改革行动，明确了改革任务和以三年为期限的改革时间表，把改革重点落实到林权流转平台建设、规范流转上。三年中，四川全省累计建成平台网点 99 个，探索了林权、林地经营权网上竞价交易，实施了林权流转指导价格，每亩林地流转价格平均提升了 76.8%；全省累计发布了 13 类可由新型经营主体直接实施的林业生态产业项目目录，放宽了对市场资本和民间力量参与绿化造林的限制，降低了相关门槛。至 2017 年年底，全省新型林业经营主体突破 15 000 个，林业产业总产值突破 3 000 亿元。

（4）开发健康食品，优质生态资源增值。

生态产业化以生态为准则，以盈利为目标，可以开发出众多绿色、生态、安全的产品。随着人们生活水平的提高，人们对食品的要求已经不是仅仅停留在温饱阶段，更多的是对食品安全、绿色健康的期望。因此，开发绿色健康的生态食品是适应消费者的需求的，有巨大的市场潜力和竞争优势。来自大自然的水产品成为生态产业化的典型案例。

水无色无味无形，感官体验近乎无，但农夫山泉却化无为有。农夫山泉饮用水在我国广为人知，目前有浙江千岛湖、吉林长白山、湖北丹江口、广东万绿湖、宝鸡太白山、新疆天山玛纳斯、四川峨眉山以及贵州武陵山八大优质水源基地，其中一半水源基地在西部地区。《2007百度风云榜·饮料行业报告》显示，最受网民关注的饮用水品牌中，农夫山泉位列第一，其成功之处，就是在已有自然资源的基础上，通过市场化、规模化的运作，打造出生态、自然的品牌效应，从而抢占市场份额，奠定了行业龙头的地位。2009年，农夫山泉提出"做大自然的搬运工"的广告语，更是迎合了人们对提高生活质量和亲近自然、回归自然的渴望。2010年，农夫山泉亲水寻源活动从水深25米处取水，让体验者直接饮用，感受千岛湖水的甜美，让消费者感觉到了它的绿色、生态、健康。2017年，农夫山泉年销售额达130亿元，领跑中国饮用水市场。

农夫山泉的成功为生态产业化提供了典型案例支持，让生态企业可以实现经济效益、生态效益和社会效益的统一，同时可以进一步促进农业的发展和农民收入水平的提高。生态水产品的经验可以推广到生态农业，即按照生态学原理和经济学原理，运用现代科学技术成果和现代管理手段，以及传统农业的有效经验，以"先进的技术设施""生态化经营""企业化管理"，获得较高的经济效益、生态效益和社会效益的现代化农业。

（5）培育绿色生活方式，提升绿色消费意识。

党的十八大提出，"必须增强全民节约意识、环保意识、生态意识，形成合理消费的社会风尚"。2015年印发的《中共中央国务院关于加快推进生态文明建设的意见》进一步指出，要"培育绿色生活方式，倡导勤俭节约的消费观。坚决抵制各种形式的不合理消费"。我国消费者协会将"绿色消费"的内涵概括为三个层面的意义："一是在消费内容上，消费者应该选择零污染或对公众健康有益的绿色产品进行消费；二是在消费过程中，避免对垃圾的随意处置，以防造成环境污染；三是在消费观念上，引导消费者崇尚自然、追求健康的消费观念。最终实现人类的可持续发展。"

绿色生活方式和消费意识是生态产业化的必备前提和基础。有了公众的环境意识和对生态服务的认知，才能让生态服务的受益者愿意并且能够支付所得的服务。支付宝中的蚂蚁森林小程序在这方面做出了突出的表率。蚂蚁森林把绿色消费理念与日常小游戏相结合，通过绿色出行、减少出行、减纸减塑、高效节能、循环利用等栏目，倡导民众绿色消费的理念。通过每天走走路，用支付宝支付，或者线上购买火车票等方式都可以积攒能量。总能量达到了一定数量后，支付宝将在沙漠种下一颗真的树。截至 2018 年 5 月底，蚂蚁森林的参与者已经多达 3.5 亿人，种植和维护真树 5 552 万棵，种植面积超过 76 万亩，预计控沙超过百万亩。数据显示，库布齐沙漠森林覆盖率、植被覆盖率已分别由 2002 年的 0.8%、16.2% 大幅提升到 2016 年的 15.7%、53%。

绿色生活方式的践行和消费意识的提高，不仅可以促进生态产业化发展，还能极大地反哺生态保护和生态建设。消费者的一件微不足道的小事，成为改变世界的大事。在未来，如果蚂蚁森林接入国际碳交易规则，那么其就将意味着积攒的能量不仅可以变成真树，而且可以变成真金白银，具备更高的投资价值。

(二) 西部地区生态产业化面临的困难

1. 生态保护优先下的环保投入不足

环保投入是环境保护事业发展的物质基础。我国环保投资总量增长较快，但环保投资需求与实际投入的资金缺口仍较大。"十一五"期间，国家环保投资总额为 21 623.1 亿元，仅占全国 GDP 的 1.4%，占全社会固定资产投资的 2.3%。"十二五"时期，全社会环保投入超过 5 万亿元，其中财政支出总额约 19 545.79 亿元，金融机构、企业和社会的投资占较大比例。比照国际经验，我国环保投资需求与实际投入的资金缺口仍较大。与其他国家相比，我国环境保护支出中财政支出部分还有差距。

加大财政性环境保护投入是经济社会可持续发展的必然要求。目前，我国的财政性环保投入依旧是问题导向型的应急式投资，缺乏长期、持续、稳定的资金投入做支撑。分税制改革过程中，转移支付体系尚未完全建立，限制了对社会环境保护资金的拉动效应，导致环境保护资金总体投入偏低，地方政府无力维持地方财政环保投资的持续增长。西部地区由于财政保护财政支持能力存在差异，特别是欠发达地区环境保护工作面临着巨大挑战。

2. 生态服务消费意识有待提高

公众有较强的环境意识，并对生态服务有良好的认知，生态服务的受益者愿意并且能够支付所得的服务是生态产业化的前提条件。生态服务消费意识有待提高的主要原因如下：一是居民总体绿色消费意识较弱。由于西部地区多为贫困山区和少数民族地区，经济发展和东部沿海发达地区存在一定差距，人均收入普遍偏低，因此西部地区将社会环保意识转化成个体绿色消费的能力不强。二是西部地区绿色消费模式构建还存在着意识、社会需求、价格、生产、消费环境、认知等一系列障碍性因素。消费者的生态意识、环保意识以及社会责任感达不到绿色消费的要求；绿色产品的价格通常远高于一般产品，阻碍了绿色消费的欲望；绿色产品存在着开发周期长、成本高、风险大的问题，企业生产积极性受挫。

3. 生态服务市场机制有待健全

生态服务市场机制是否健全，产权制度是否规范，交易成本是否合理是生态产业化的关键因素。由于缺乏正确的理论指导和监管缺位所造成的问题，应通过推进生态产业化的进程来逐步解决，不能大胆冒进，更不能因噎废食。既然生态产业化是实现生态与经济良性循环的必由之路，就应该使其合法合理合规。目前生态服务市场机制不健全，应健全宏观调控机制，确立市场为主、政府为辅的原则。建立合理的生态资源要素产权制度，构建规范的市场交易平台，构建完全竞争市场，制定合理的市场价格体系，制定符合全国、地方实际的市场价格标准。建立公开透明、公正公平的生态资源产业化交易市场，走以企业化、市场化为核心的发展道路。企业要把握市场消费的主流趋势，构建成本控制体系，降低成本，完善审计。企业应提高科技研发和管理水平，提升经营能力。企业应把握政策变动，调整经营规模，完善风险管控机制，促使企业价值、社会价值和生态价值均衡发展。

四、西部地区构建和完善生态经济体系的政策建议

（一）划定生态红线，创新体制机制

产业生态化和生态产业化必然要遵守生态环境保护第一的原则，划定生态保护红线是我国环境保护的重要制度创新。生态保护红线是指在自然生态服务功能、环境质量安全、自然资源利用等方面，需要实行严格保护的空间边界与管理限值，以维护国家和区域生态安全及经济社会可持续发展，保障人民群众的健康。其实质是生态环境安全的底线，目的是建立最为严格的生态保护制度，对生态功能保障、环境质量安全和自然资源利用等方面提出更高的监管要求，从而促进人口资源环境相均衡、经济社会生态效益相统一。生态保护红线可划分为生态功能保障基线、环境质量安全底线、自然资源利用上线。目前全国各省份的生态保护红线划定工作已经完成，全国"一张图"，用生态红线守护发展"绿线"基本形成。其中京津冀3省（市）、长江经济带11省（市）和宁夏回族自治区共15省份已经划定生态保护红线，总面积约61万平方公里，占15省份土地总面积的1/4左右。

划定生态保护红线是《生态文明体制改革总体方案》的重点任务之一，严守生态保护红线区是系统工程，亟待建立起一套系统完整、规范合理、运行有序的法律保障制度。创新体制机制与探索制度改革也是我国生态文明建设的总体要求。因此在生态红线的基础上，我们应加强"多规合一"试点、自然资源资产负债表编制、自然资源统一确权登记、领导干部自然资源资产离任审计、生态保护

补偿制度、生态文明建设目标评价考核（开展 GEP 核算）、国家公园机制建设、国际生态环境法规和环境质量标准衔接、环境资源司法保护制度（生态环境争端解决和裁决机制）、生态文明教育（公民教育、高校课程设置等）等方面的制度建设。要积极构建以政府为主体的引导机制、以企业为主体的市场机制、以公众为主体的社会机制、以自然资源为主体的生态机制。应做到具有国际性、前瞻性，可操作可推广，不仅能指导和落实具体任务开展，更要能衔接国际通行法则，可在全球推广复制。

2019 年 4 月颁布的《关于统筹推进自然资源资产产权制度改革的指导意见》要求到 2020 年，归属清晰、权责明确、保护严格、流转顺畅、监管有效的自然资源资产产权制度基本建立，自然资源开发利用效率和保护力度明显提升，为完善生态文明制度体系、保障国家生态安全和资源安全、推动形成人与自然和谐发展的现代化建设新格局提供有力支撑。《自然生态空间用途管制办法（试行）》要求在落实生态空间调查评价、生态保护红线划定、生态空间布局等的基础上，明确生态空间区域准入条件，生态空间、农业空间和城镇空间相互转化利用的条件，生态空间内建设用地、农业用地的管控措施，以及生态空间内部各类型用途的转变审批手续，并提出休养生息、生态修复和改造提升等措施。该文件还明确了市县级以上人民政府和有关行政主管部门的职责，制定了试点实践、基础信息平台建设、资源环境承载能力监测预警、监督检查和社会监督等制度。《领导干部自然资源资产离任审计规定（试行）》要求实行领导干部自然资源资产离任审计，要以自然资源资产实物量和生态环境质量状况为基础，重点审计和评价领导干部贯彻中央路线方针政策、遵守法律法规、做出重大决策、完成目标任务、履行监督责任等方面的情况，推动领导干部切实履行自然资源资产管理和生态环境保护责任。这一系列规章制度是构建生态经济体系在体制机制创新与制度改革探索方面的重大探索和重点实践。

（二）加强政府引导，激发市场引力

加强政府引导。政府对规范产业生态化和生态产业化发展具有重要作用，应加强生态经济体系的顶层设计和具体指导，以及政策、制度、法律方面统一、有效的系统支持，防止生态产业化进展缓慢或者盲目发展导致掠夺式经营。

政府应整合建立统一的公共资源交易平台。一是统一制度规则。制定总体方案，国家发改委牵头制定全国统一的公共资源交易平台的管理办法。在此基础上，兼顾各行业、各个专业的特点，由各主管部门分别制定工程建设项目招投标、土地使用权和矿产权出让、国有产权交易、政府采购这四类全国统一的交易规则。以后根据形势发展的需要对其他平台陆续进行整合和统一。各地方政府要结合本地实际制定相应的细则。这种有总有分的制度设计，有利于形成全国公共

资源交易制度规则的"一盘棋"。二是统一信息资源。信息资源整合共享是这次整合工作的核心。公共资源交易过程所形成的交易公告、资格审查、成交信息、立约信息、变更信息等全过程的交易信息，还包括相关的信用信息、监管信息，都是公共信息，应实现集中统一公开共享，既便于市场主体查询、方便社会监督，也便于监管部门实施动态监管。三是统一专家资源。专家是公共资源交易活动中的重要参与者，要在统一专业分类标准的基础上，以省（区、市）为范围，整合本地区专家资源。在这个基础上，推动实现全国范围内的专家资源共享，推广专家远程异地评标和评审，从而为工程建设项目招投标和政府采购提供优质的专家智力服务。四是统一服务平台。核心的内容是统一网络服务平台，目的是打造一个在全国范围内互联互通的公共资源交易生态系统。市场主体可以不受行政区域的限制，选择符合专业需求的交易平台。市场主体从不同地区的一个端口进入，就可以查询、掌握和使用全国范围内的信息和资源，从而使所有的公共资源交易纳入全国统一的平台体系，最终实现"平台之外无交易"。

此外，中央决策部门应大力帮扶西部地区，将环境因素纳入财政转移支付体系中，加强相关横向转移支付，建立长期稳定的环保投入机制，提高政府环保投入能力；拓宽环境保护融资渠道，建立多方参与的环保投入机制；健全财政转移支付制度，科学处理地区环保能力差异；开展绿色金融试点，打造生态经济的金融服务体系；打通绿色信贷和绿色交易的绿色市场渠道；推动绿色 PE 和 VR 发展，利用技术降低绿色产品成本；运用金融科技降低金融资产认证和评估的成本，推进绿色金融创新发展。在保障西部地区的生态产业化的同时，加大对生态保护和修复的投入，确保开发与保护的均衡。地方政府应通过税收、金融、法制等相关手段和政策引导产业生态化和生态产业化有利可图，通过政府规制下产业政策导向，促进企业自觉参与到生态产业化与可持续发展建设中。

激发市场引力。应充分发挥企业为主体的市场配置资源的决定性作用。产业生态化已成为产业发展的潮流，生态产业化吸引了众多企业积极投入。通过开发生态产品、生态服务等，与扶贫脱困、乡村振兴、共享经济等相结合，探索生态产业化的实践路径。自然资源资产负债核算目前还是世界难题，但是我们的政府和企业已经领先一步，建设了资源环境综合管理大数据平台。利用大数据、云计算开展自然资源分类和数据统计，既可通过会计核算准则及经济量化分析方法对生态环境及自然资源进行价值化、精确化、系统化的管理，也可探索存量优化、流量提升、变量可控的"三量协调"的绿色发展路径，找出发展和生态相互促进的平衡点，还可对生态建设项目开展大数据预测和评估。该平台已在海口市、贵阳观山湖区开展试点，获得了当地政府、各国学者和联合国官员的肯定，未来值得在全球生态文明建设中推广应用。资源环境综合管理大数据平台的建设既有力地助推了西部地区生态产业化发展，为地方政府和企业开发生态产业提供了翔实的数据，也有利于其有效实施监管、防范风险。

（三）借鉴成功经验，强化科技支撑

实践证明，以企业化、市场化为核心的生态经济发展道路，一可以弥补生态建设的资金缺口，形成生态资源扩大再生产的自我循环；二可以增强竞争优势，既能避免传统政府行为导致的效率低下，又能克服生态规模小、建设成本高的弊端；三可以提高农民的积极性，实现从普通农民到生态工人的转变，使农民从生态资源开发中得到更多的就业和收益；四有助于地方政府自主探索"造血型"道路，增强贫困地区内生发展能力，比单纯的生态补偿、财政转移支付等更具现实可行性。

生态产业化方面的成功经验比比皆是，如西部地区蓬勃发展的旅游业和康养产业。它们有着共同的特点：一是必须坚持生态优先的发展理念不动摇。良好的生态是区域发展最宝贵的优势和竞争力。保持住绿水青山就保持住了发展的未来和方向。二是必须善于推动生态优势向经济发展优势转化。绿水青山就是金山银山。要因地制宜地做好区域内山水林田湖的统筹规划和综合开发，做深水文章，念好山字经。三是必须统筹抓好品牌和品质的深度融合。品牌是提升地方对外知名度和影响力的重要手段，必须加大力度和创新方式。品质是赢得市场、获得较强竞争力的保证。通过深入推进供给侧结构性改革和发扬工匠精神，优化地方的产业结构，提升地方的生态产品和生态服务的品质。四是要具备一定的科技和创新能力，通过完善标准制定和明确准入条件，形成自身的核心竞争力，防止同质化竞争。

生态经济体系离不开绿色科技创新的支撑。绿色科技与应用创新为生态文明建设提供了重要支撑，深入到生态经济体系的每个环节。我们应该充分结合第四次工业革命的发展趋势，应用大数据、人工智能、新材料、新能源等技术，运用跨界和平台理念，构建市场导向的绿色技术创新体系，壮大节能环保、清洁生产、清洁能源等产业，引导产业生态化和生态产业化发展。中国组建的"绿色技术银行"是个很好的示范案例，它是汇聚资源节约、环境友好、安全高效、生命健康等可持续发展重点领域中的先进实用绿色技术，强化科技与金融结合并实现科技成果的资本化、加快科技成果转移转化和产业化、同步服务于国内可持续发展和绿色技术领域南南合作的综合性服务平台。其承接绿色技术的原始创新，担负绿色技术的产业创新、落地转化和国际转移的使命，是构建具有全球影响力的科技创新中心的重大举措，是中国参与全球话语体系的重大战略。

（四）加大宣传力度，倡导消费意识

《中共中央国务院关于加快推进生态文明建设的意见》指出，要"培育绿色

生活方式，倡导勤俭节约的消费观。坚决抵制各种形式的不合理消费"。要形成文明、节约、绿色、低碳的消费理念。生态经济体系的构建是一个复杂和长期的系统工程，其很大程度上依赖社会与民众的认识与监督是否到位。首先要加大宣传力度，提高公众的环境意识和对生态服务的认知，让生态服务的受益者愿意并且能够支付所得的服务，让生态产业化有深厚的社会认知基础。其次要鼓励民间更多地参与其中，要建立包括政府、企业、群众和社会组织等的有效的监督管理机制，推动不同主体相互协调与良性互动，为产业生态化和生态产业化顺利推进打下良好的群众基础。

生态文明贵阳国际论坛已经举办了11届，它是经中央批准、中国唯一以生态文明为主题的国家级、国际性高端峰会。该论坛扎根贵州、着眼全国、面向国际，致力于汇聚政府、商界、学界、科技界、媒体、民间及其他各界领导者开展交流与合作，传播生态文明理念，分享知识与经验，汇集最佳案例，促进政策的落实与完善，抓住绿色发展转型和升级的战略机遇，应对生态安全的挑战，为跨领域、跨行业、跨部门合作提供桥梁，使与会各方增进了解，建立互信，找到利益汇合点，从而形成国际、地区、产业的议程，共商解决方案。

西部地区还有很多这样的活动及实践，在宣传生态文明建设、倡导生态消费意识方面做出了应有贡献。西部地区应凭借良好的生态基础，根据自身实际情况进行消费模式转型，促进消费模式的绿色化，这对推动西部地区生态经济发展更具现实意义。

（五）探索中国模式，构建西部标准

习近平总书记在第一届和第二届"一带一路"峰会上都强调，我们要践行绿色发展的新理念，倡导绿色、低碳、循环、可持续的生产生活方式，加强生态环保合作，建设生态文明，共同实现2030年可持续发展目标。我们将设立生态环保大数据服务平台，倡议建立"一带一路"绿色发展国际联盟，并为相关国家应对气候变化提供援助。我们同各方共建"一带一路"可持续城市联盟、绿色发展国际联盟，制定《"一带一路"绿色投资原则》，发起"关爱儿童、共享发展，促进可持续发展目标实现"合作倡议。我们启动共建"一带一路"生态环保大数据服务平台，将继续实施绿色丝路使者计划，并同有关国家一道，实施"一带一路"应对气候变化南南合作计划。我们还将深化农业、卫生、减灾、水资源等领域的合作，同联合国在发展领域加强合作，努力缩小发展差距。国家也出台了《"一带一路"生态环境保护合作规划》及《关于推进绿色"一带一路"建设的指导意见》。习近平总书记强调，中国要引导应对气候变化国际合作，成为全球生态文明建设的重要参与者、贡献者、引领者。中国必须从全球视野加快推进生态文明建设，形成世界环境保护和可持续发展的解决方案，引导应对气候变化国际合作，共谋全球生态文明建设。

构建以产业生态化和生态产业化为主体的生态经济体系，是生态文明建设的必由之路，是中国及西部地区的任务和追求，应从全球视野共谋全球生态文明建设的高度来思考和实践。要以法律法规为基础，以标准制定为纽带，探索构建可以对接国外的生态经济体系，为"一带一路"及全球提供产业生态化和生态产业化发展模式。

其中，我们已经做了大量的探索和实践。如建设了"一带一路"生态环保大数据服务平台，该平台借助"互联网＋"、大数据、卫星遥感等信息技术，收集整理中国和沿线国家的生态环境状况以及环境保护政策、法规、标准、技术和产业发展状况等相关信息，分享生态文明与绿色发展的理念与实践，搭建政策对话与交流平台、决策支持平台、科学研究平台和能力建设平台，为沿线国家开展生态环保合作提供信息支撑，服务绿色"一带一路"建设。"一带一路"生态环保大数据服务平台网站是平台建设的首个成果，由生态环境部指导、生态环境部中国—东盟环境保护合作中心/中国—上海合作组织环境保护合作中心建设。在提供生态绿色公共产品方面，四川在森林康养基地建设中，制定了资源条件、基础设施、康养林评价等方面的标准。四川也在积极探索和构建"县域绿色发展标准"，针对县域农业、民宿、旅游、卫生条件等方面设立标准规范。在以产业生态化和生态产业化为主体的生态经济体系中，西部地区应率先完善法律法规，形成规范的标准制度，积极探索中国模式，构建西部标准，为共谋全球生态文明建设做出应有的贡献。

参考文献

［1］习近平. 在中国共产党第十九次全国代表大会上的报告［OL］.（2017-12-03）［2017-12-03］. http://www. qstheory. cn/llqikan/2017-12/03/c_1122049424. htm.

［2］习近平. 推动我国生态文明建设迈上新台阶［J］. 求是，2019（3）.

［3］习近平. 在深入推动长江经济带发展座谈会上的讲话［J］. 求是，2019（17）.

［4］习近平. 在黄河流域生态保护和高质量发展座谈会上的讲话［J］. 求是，2019（20）.

［5］习近平. 深入理解新发展理念［J］. 求是，2019（10）.

［6］习近平. 2019 年中国北京世界园艺博览会开幕式上的讲话［OL］.（2019-04-28）［2019-04-28］. http://www. xinhuanet. com//politics/leaders/

2019—04/28/c_1124429816. htm.

　　[7] 编辑部. 在习近平生态文明思想指引下迈入新时代生态文明建设新境界 [J]. 求是，2019（3）.

　　[8] 孟东军等. 把生态文明理念全面融入"一带一路"建设 [OL].（2015-06-30）[2015-06-30]. http://www. qstheory. cn/laigao/2015—06/30/c_1115765842. htm.

　　[9] 孟东军等. 健全两个主体，建立生态经济体系 [OL].（2018-06-13）[2018-06-13]. http://www. qstheory. cn/wp/2018—06/13/c_1122979839. htm?from=groupmessage.

　　[10] 孟东军等. 西部地区如何推进生态产业化 [OL].（2016-04-22）[2016-04-22]. http://www. gtzyb. com/lilunyanjiu/20160422_95781. shtml.

　　[11] 孟东军等. 新时代生态文明建设中国需引领解决的难题和方向 [OL].（2018-08-03）[2018-08-03]. http://www. rmlt. com. cn/2018/0803/525074. shtml.

　　[12] 孟东军，敖晶，武福兰. 绿色"一带一路"建设重大问题及对策研究 [J]. 经济要参（国务院发展研究中心），2019（46）.

　　[13] 施文鑫，魏后凯，赵勇. 西部地区产业转型升级策略 [J]. 北京航空航天大学学报（社会科学版），2017，30（4）：83-86.

　　[14] 刘远征，邓祥征，刘卫东，等. 中国西部绿色发展概念框架 [J]. 中国人口·资源与环境，2013，23（10）.

　　[15] 崔如波，王唯薇. 加快培育西部绿色消费模式 [J]. 探索，2014（4）.

　　[16] 汪延明，万文倩. 我国西部地区绿色消费发展研究 [J]. 管理观察，2017（32）.

　　[17] 张庆宁. 西部经济发展的优势与潜力 [J]. 开发研究，2000（1）.

　　[18] 胡子祥. 论绿色服务 [J]. 西南交通大学学报（社会科学版），2004，5（2）.

　　[19] 王会芝. 经济新常态下的绿色服务业发展模式研究 [J]. 市场研究，2016（7）.

　　[20] 徐竟成，范海青. 论传统服务业的生态化建设 [J]. 四川环境，2006，25（2）.

　　[21] 夏杰长，张晓兵. 积极推进服务业绿色转型 [J]. 中国经贸导刊，2011（9）.

　　[22] 徐盛国，楚春礼，等. "绿色消费"研究综述 [J]. 生态经济，2014，30（7）.

　　[23] 马潇. "一带一路"沿线中国西部地区生态旅游的发展策略 [J]. 中国

管理信息化，2018，21（22）.

　　[24] 黄进勇，李翔. 我国西部地区生态农业建设模式及产业化问题 [J]. 农业环境与发展，2001（2）.

　　[25] 李泉. 中国西部地区产业经济生态化发展研究：兼论西部开发的生态经济支撑 [J]. 思想战线，2005（5）.

　　[26] 张雪梅. 中国西部地区产业生态化的发展路径研究 [D]. 兰州：兰州大学，2009.

　　[27] 李高. 生态产业化典型案例及其经验启示 [J]. 生态经济，2018（5）.

　　[28] 张云，赵一强. 环首都经济圈生态产业化的路径选择 [J]. 生态经济，2012（4）.

　　[29] 匡后权. 西部现代服务业落实生态文明战略的途径选择 [J]. 当代旅游，2010（3）.

——执笔人：孟东军、武福兰、敖晶，浙江大学中国西部发展研究院；
叶晗，浙江科技学院人文与国际教育学院

第七章　西部地区乡村振兴研究

摘　要

作为国家战略，西部乡村振兴对我国建设社会主义现代化强国、全面建成小康社会、实现中华民族伟大复兴具有十分重大的现实意义和深远的历史意义，已经被提到党和政府工作的重要议事日程上来。本章基于西部地区中长期发展战略（2020—2035），深入研究了西部乡村建设未来15年的发展思路，简要梳理了西部乡村发展取得的一些成就，分析提出了西部乡村振兴现存的问题以及解决这些问题的路径，就如何构建西部乡村振兴的新格局及其支持体系进行了系统剖析，并对相关问题提出了对策建议。

Abstract

As a national strategy, the revitalization of the western rural areas has great practical and far-reaching historical significance for building a modern socialist country, building a moderately prosperous society in an all-round way, and realizing the great rejuvenation of the Chinese nation, which has been put on the agenda of the party and the government. In accordance with the medium and long-term development strategy of the western region （2020—2035）, this chapter studies the development ideas of the western rural construction in the next 15 years, briefly combs some achievements of the western rural development, analyzes the existing problems of the Western Rural Revitalization and puts forward the ways to solve these problems. Besides，this chapter systematically dissects how to build a new pattern of the Western Rural Revitalization and its supporting system，and puts forward countermeasures and suggestions for related problems.

乡村振兴是党的十九大提出的重大战略，乡村兴则国家兴，西部地区乡村是美好生活需要不平衡不充分的焦点和难点所在。推进西部地区乡村振兴，既要学习沿海发达省份的先进经验，又要因地制宜，促进资源有序流动和转化，使产业、文化、人才、生态和基层治理五大振兴协调推进。

一、西部乡村发展概况

20 世纪 70 年代末改革开放以来，西部地区跟全国同步跨出了人民公社制度，实行了家庭承包经营责任制，乡村生产力得到了极大解放。世纪之交，党中央、国务院贯彻邓小平关于中国现代化建设"两个大局"的思想，做出了西部大开发的重大战略决策。此后国家陆续颁布各项强农支农惠农政策，西部乡村经济得到全面发展，地区农业生产快速提升，乡村卫生、教育、社会保障等公共事业蓬勃发展，农民生活水平和生活质量得到根本性改善。

（一）西部农业生产快速提升

第一，农业总产值大幅度增加。1978 年以来，西部地区农业生产快速发展，农业总产值大幅度增加。2017 年，西部农林牧渔业总产值达 32 680.58 亿元，占全国农业总产值的 29.89%，约为 1978 年 3 733.5 亿元的总产值的 8.75 倍。40 多年来，西部地区农业综合生产水平取得跨越式发展，为西部以及全国人民生活水平的提高提供了坚实的物质支撑。

第二，农业生产条件不断改善。随着国家制定的多项支农惠农政策陆续落实，西部农村生产要素投入不断增加，农业生产条件大幅改善。改革开放以来，西部地区农业机械化水平不断提高，主要农业机械拥有量保持较快增长，装备水平日益提高，农机化得到快速发展。1978—2017 年，西部地区农业机械总动力由 2 310.9 万千瓦上升至 27 121.5 万千瓦，增长了 10.73 倍，农业整体生产技术水平得到极大提升。

（二）西部乡村居民生活水平显著提升

第一，乡村生活总水平持续改善。国家西部大开发战略实施以来，西部乡村居民生活水平得到了质的改善。1999—2014 年，西部乡村居民人均生活消费支出由 1 372 元提高到 7 202.6 元，可比年均增长率为 11.4%，2013—2017 年西部地区城镇和乡村居民人均可支配收入年均增长超过 10%。

第二，乡村贫困有效缓解。随着乡村经济发展日益向好和国家扶贫力度不断加强，西部地区贫困人口大幅减少，生产生活条件显著改善。2013—2017 年，西部地区取得了脱贫人数超过 3 500 万人的阶段性历史成就，贫困发生率低于10%。西部乡村贫困家庭收入与消费支出逐年增加，收入支出结构日渐改善，住房条件、生产生活服务水平有效提高。

（三）西部乡村公共产品和公共服务不断加强

乡村基础设施快速发展。改革开放以来，国家高度重视西部乡村道路、水电等基础设施建设，西部大开发战略实施后更是迎来了乡村基础设施建设的喷发期。截至 2017 年年底，西部地区铁路运营里程达到 5.4 万公里，高速公路通车里程突破 5 万公里，民用运输机场数量达 114 个，占全国的比重近 50%。乡村卫生、教育、社会保障等各项公共事业发展迅速，为实现"两个一百年"奋斗目标提供了有力支撑。目前，西部乡村通过实施"两基攻坚"计划实现了中小学义务教育基本全覆盖，教育质量不断提高。同时，西部乡村医疗卫生条件得到显著改善，建立了基本覆盖西部全部乡村的社会保障制度。

二、西部乡村振兴存在的问题与解决原则

（一）西部乡村振兴存在的问题

在实现伟大复兴中国梦的过程中，党中央始终把"三农"问题放在重中之重的突出地位。针对农业和乡村发展的短板，2017 年党的十九大提出大力推进乡村振兴战略，建设现代农业农村。然而由于历史条件、自然条件、地理位置等因素的制约，西部地区特别是民族地区乡村贫困人口众多，生存环境相对恶劣，资源优势无法有效转化为产业优势，在实现乡村振兴过程中面临诸多阻碍。

一是乡村产业薄弱，虽然有特色农产品，但品牌效应不强；生产方式落后，产量有限，未能形成规模化；产业链不健全，精深加工与纵深发展不足。二是基础设施欠缺，部分偏远乡村仍没通公路，电力覆盖不到，里面的人出不来，外面的人进不去。三是人才短缺，整体受教育程度低，进城务工人员和受过教育的人大都留在了城市，乡村老龄化、空心化现象严重，留守儿童问题亟待解决。四是资金匮乏，乡村建设资金主要来源于国家的转移支付，地方政府财力有限，乡村自身缺乏造血机制，这种模式难以为继。五是民族特色文化丰富，但保护不力，遗失严重，乡村三俗文化盛行。六是乡村振兴具有新业态支持，但用地保障还需加强。

（二）西部乡村振兴的原则

西部乡村振兴过程中，应当有所为，有所不为，要实事求是，认准道路坚定

地往前走，同时实践层面要防止不切实际盲动冒进。

第一，完善乡村自身造血机制，逐步减轻对财政转移支付的过度依赖。发展壮大乡村产业，推广西部乡村特色农产品，推动农企深度融合，发挥龙头企业的带动作用。打造特色精品旅游，带动周边产业发展。利用西部交通枢纽优势，抓住"一带一路"建设等重大机遇，助力西部乡村振兴。为形成乡村振兴的新格局，需加快完善基础设施建设、强化人才支撑、加大金融支农力度、保障土地供给。配套设施的建设需要国家转移支付，同时还要撬动社会资金，盘活整个社会的资金用于支持西部乡村建设。

第二，注重环境保护，突出生态文明建设。西部地区自然条件恶劣，生态环境比较脆弱，而传统简单粗放的生产方式又使土地与自然资源利用效率不高，农民过度开发土地、草地、森林等自然资源以此来增加收入，便出现乱砍滥伐、过度放牧等问题，从而进一步加剧环境恶化。而生态环境脆弱又会导致农业活动容易遭受自然灾害影响，进而加剧贫困，形成恶性循环，如图 7-1 所示。

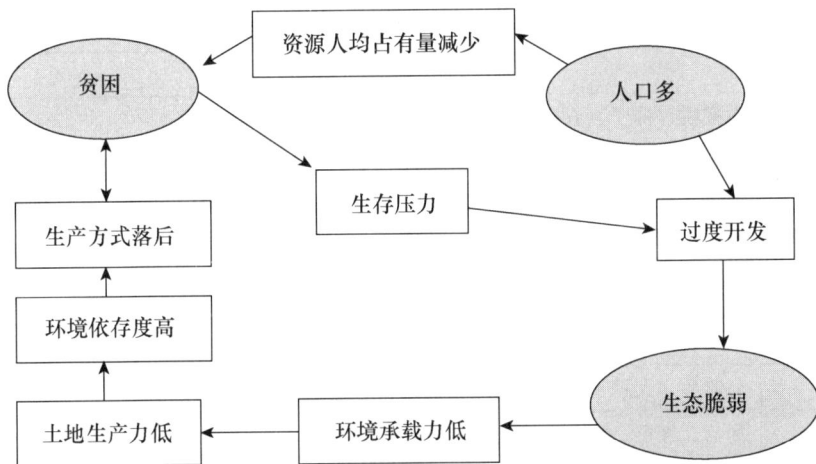

图 7-1　贫困—生态环境破坏—贫困的恶性循环

环境就是民生，青山绿水就是美丽，蓝天就是幸福。在西部乡村振兴中，必须因地制宜，将生态文明建设放到更加突出的位置，强调实现科学发展，加快转变经济发展方式，促进"两山"价值转化。如果仍是粗放发展，那么即使西部乡村暂时得到发展，经济上去了，但资源环境承载力下降，老百姓的幸福感会大打折扣，发展方式也不可持续，最终受害的还是老百姓。

第三，发挥市场在资源配置中的决定性作用。政策向乡村倾斜，推动农产品、乡村土地资源市场化；打破城乡土地二元制度，有效配置城乡建设用地资源、集体建设用地资源；推动宅基地制度改革，规范承包地承包权退出机制，稳定土地经营权流转所涉及的双方的产权，健全保护制度。

三、构建西部乡村振兴新格局

（一）发展壮大西部乡村农业

1. 扶植西部乡村特色产业

西部地区地域广阔，涵盖12个省（区、市）和新疆生产建设兵团，下涉众多建制村，不同区域的温度、湿度、土壤环境等物理条件不同，适宜种植或养殖的作物、畜禽种类也不同，如表7-1所示。也正是这样的地域特色，使得西部当地的一些农产品相较东部具有高度的差异化。因此，大力兴办乡村优势产业是振兴乡村经济的关键和基础，"一村一品"，因地制宜，发挥特色优势，兴办高效产业，才能加快乡村振兴，才能推动乡村经济社会的发展，农牧民才能从根本上致富奔小康。

表7-1　　　　　　　　　　西部12省（区、市）特色农产品

地区	特色农产品
陕西	猕猴桃、柿子、石榴、苹果、冬枣、花椒、核桃等
四川	大米、木耳、柠檬、山药、娃娃菜、梨、花椒、无花果、中药材、茶叶等
云南	咖啡、玉米、茶叶、草莓、大蒜、白萝卜、天麻、苹果、菌菇、烟叶、花卉等
贵州	脐橙、糯米、红高粱、火龙果、刺梨、薏仁等
广西	荔枝、芒果、茉莉花、红薯、绿茶、黄金桔、板栗、甘蔗等
甘肃	苹果、党参、黄芪、当归、枸杞、马铃薯、亚麻、豌豆等
青海	马铃薯、大蒜、青稞、蚕豆、枸杞、雪莲花等
宁夏	葡萄、红枣、牧草、枸杞、马铃薯、砂瓜等
西藏	藏红花、红土豆、黑木耳、冬虫夏草、松茸、雪莲花等
新疆	葡萄干、哈密瓜、大红枣、香梨、辣椒、番茄、棉花等
内蒙古	小米、玉米、辣椒、黑木耳、沙果、向日葵、牛羊肉等
重庆	莼菜、猕猴桃、脐橙、柚子、土豆、黄连等

然而，各地乡村千差万别，只有科学把握各地的差异和优势特点才能推动乡村振兴健康有序发展。如表7-1所示，西部12省（区、市）的特色农产品种类繁多，且存在部分重叠，不可能各个品类同时发展，都拿来做自己的"特色"。从每个省（区、市），细化到每个市，甚至建制村来看，必然有一些农产品存在较大的差异，使得其相较于其他地区的特色农产品而言，更有特色，这正是所谓

的特色产业——"人无我有，人有我特，人特我优"。因地制宜就是基于当地的资源禀赋发挥比较优势，积极挖掘和培育优势资源，做大做强特色优势产业，以点带面，起到促进相关产业发展的龙头作用。

优势特色产业类别包括粮食、糖类、油料、菜蔬（含食用菌）、饮料（咖啡、茶叶）、果类、花卉、纤维、中药材、畜类、禽类（含蜂产品）、水产、林特产业等，种类繁多，覆盖面大。

在选择乡村特色产业时，既要瞄准"特色"，又要突出"优势"。要明确产业囊括的产品的特色，包括地域特色、资源特色和品质特色等。要科学分析产业具备的现实优势，通过农科院的配合统计分析各地不同农产品的成分构成，如糖含量、淀粉含量、维生素含量等，同时对各地农产品的口感、味道等进行对比分析，从定量和定性两个角度进行筛选，最终规划出西部各省份的特色农产品，并根据区域优势，将特色农产品规划到村，每个村规划的优势特色产业类别不超过2个，最好围绕1个具体品种展开，鼓励打造"一村一品"发展格局。

如，张掖凹凸棒石资源丰富，而凹凸棒石在饲料转化、食品添加和土壤重金属超标修复等方面具有很好的功能。依据甘肃省地矿局资料，临泽县凹凸棒石黏土资源储量达 9.02 亿吨，占世界已探明储量的 60％以上，凹凸棒石含量在 21％～61％之间，具有储量丰富、易于开采、运输成本低等优势，可以将凹凸棒石开发作为国家涉农战略性新兴产业进行培育扶持。

2. 推动西部农企深度融合

目前，西部农业发展基础薄弱，种养加发展不协调，农产品深加工比重偏低，农业特色体系不发达，链条不完备，组织化程度不高，标准化生产和品牌化营销滞后。龙头企业规模小、数量少，农产品精深加工率低，对农户的带动能力和市场适应能力不强。以四川省为例，在西部各省份中相对较为发达的四川，其农产品加工率仅为 40％左右，比全国平均水平低 7 个百分点，仅为发达国家的一半。可见，目前还有大量农产品停留在初级阶段，附加值有待提高，成长空间较大。

西部乡村振兴，不能孤立地就乡村论乡村，而应把乡村置于产业链中，通过整个产业链盘活乡村经济，使西部乡村自身具备"造血"能力，而非过于倚重转移支付。如图 7-2 所示，从整个产业链看，乡村是初级作物的生产地，也是次级产品加工企业的供应商，处于产业链的上游。而其下游包括加工类企业及贸易服务类企业，负责高附加值的次级农产品的产销、境外贸易等。向产业链中下游发展有利于提高农产品的附加值、扩大农产品的销售市场，量价齐升的过程也将扩大对西部乡村所生产的初级农产品的需求。通过产业链赋能西部乡村有助于更好地实现乡村振兴的目的。

上游	中游	下游
乡村 初级农产品生产	加工类企业 次级农产品产销	贸易类企业 外贸综合服务

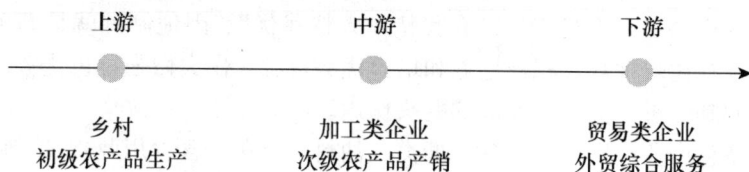

图 7 - 2　农产品产业链

以佐餐开胃菜行业唯一的上市公司涪陵榨菜为例，由于重庆地理位置特殊，当地的白菜头肉质更为紧致，加工出来的榨菜也更加爽脆可口，因而涪陵榨菜一方面提高生产研发能力，致力于改进榨菜加工工艺，扩大产能，另一方面为了确保原材料的稳定供应，与农户达成协议，稳定采购其农产品，同时向农户输出先进的白菜种植工艺，赋能乡村。

以定西的马铃薯为例，当地的马铃薯口感醇香、干物质含量高、耐运输及贮藏，极其适宜加工。为此，定西市万吨以上马铃薯加工龙头企业发展到 28 家，其中国家级重点龙头企业 2 家、省级 16 家，全国主食加工示范企业 2 家，马铃薯贮藏和加工能力分别达到 350 万吨和 80 万吨。定西正在推进马铃薯主食化战略试验示范区先行先试工作，4 家马铃薯加工企业被确定为全国主食化试点企业，主食化加工能力突破 10 万吨，研发的马铃薯主食产品已达 18 类。其延长产业链的经验极具借鉴意义。西部目前整体农产品加工率仍较低，西部特色的苹果、中药等农产品的发掘空间大。

同时，产业链中的生产加工类企业可以通过统收等形式集体收购各个建制村的农产品，通过企业自建的运输团队、冷链物流、仓库等，解决乡村在运输、贮藏等方面的痛点、难点。

然而，西部的经济金融环境相较于东部而言较为严峻，因此吸引龙头企业存在一定的难度，需要充分挖掘西部与东部龙头企业的利益衔接点，才能达到招商引资的目的。企业的运营管理以利润最大化为目的，而"利润＝收入－成本"，相较于东部的营商环境，西部的成本更低。

第一，西部的初级农产品成本更低。龙头企业的次级农产品想要获得差异化的竞争优势，不仅要有先进的生产工艺，还要有优质的初级农产品。而西部特色产业的农产品质量显著优于东部，这将吸引东部龙头企业采购西部的农产品。当东部企业迁至西部或在西部设厂时，一方面，企业将获得运输成本上的优势，选取各个建制村的中心设立企业将显著降低运输成本，同时提高初级农产品的新鲜度，减少在途损耗；另一方面，西部农产品的采购价格较东部更为实惠。

第二，土地租赁成本更低。中国的资源要素市场有别于西方，土地的所有权属于国家和集体，企业只能获得一段时期的使用权。在这种情况下，东部竞争激烈、企业林立，土地、写字楼等的租赁成本极高，这将大大限制企业产能的扩大，对企业的利润端构成压力。而西部地广人稀，土地资源相较于东部更为丰富，政府可以较低的价格提供土地使用权给龙头企业，一方面降低企业成本，另一方面帮助企业更好地扩大产能。

第三，劳动力成本较低。虽然龙头企业通常属于技术密集型的企业（由于行业特点，也有部分为劳动密集型），但仍然对劳动力有一定的需求，而西部劳动力成本较东部而言廉价许多，一方面能吸收就业，另一方面也能帮助企业降低成本。

第四，贡献西部市场。在西部设立分公司等手段能更有利于龙头企业开辟、占领西部市场。如定西市围绕特色农产品马铃薯生产主食化的产品，这将在一定程度上构成当地人的刚需，市场空间巨大，对龙头企业的收入端将产生积极影响。

因此，建议国家从以上角度考虑，进一步加大对西部地区的产业政策支持力度。在龙头企业的提质增量方面加大支持力度，特别对在贫困地区参与涉农产业开发的龙头企业，在税收优惠、项目支持等方面出台倾斜支持政策，同时通过对迁入西部的优秀企业家授予荣誉称号、参政议政时予以优先考虑等方式，扩大社会影响，提高社会地位，引导发达地区龙头企业到贫困地区进行产业开发，加大优势特色产业培育力度，带动贫困群众增收。建议在农产品精深加工方面给予适当支持，在马铃薯工业化产品、主食化产品和中药饮片、中药标准物提取、中成药、保健品等西部特色产品的高科技精深加工方面加大政策扶持力度，通过提高农产品附加值，不断增加贫困户收入。

对于产业链下游，除了加工企业自身的经销团队，还可引进优质的电商运营团队，充分开辟国内次级农产品销售市场。同时，抓住国家大力推动"一带一路"建设的机遇期，积极开辟海外市场。目前，西部融入"一带一路"建设相对滞后，外贸增长基础尚不稳固，外贸出口产品结构单一，质量和附加值不高，外贸发展面临诸多限制。跨境电商、外贸综合服务企业等新型贸易方式尚未形成规模。因此，在产业链中游企业提高初级农产品附加值的同时，应该着力完善"走出去"团队，引入优质的跨境电商、外贸综合服务类企业。

总体而言，围绕资源优势促进更多招商引资项目落地。要继续把招商引资作为扩大投资的主攻方向，精心做好招展招会、招才引智，尤其是在项目包装、资本运作、产业培育等方面，要借助外部的专业团队，用专业思维、专业素养、专业方法，把优势项目谋划好、包装好、推介好。特别是要从产业链最急需的环节入手，从产业链集聚最重要的项目入手，抓住投资额度大、带动效应强、经济效益好的重点项目，开展宽领域、多层次、密集式的招商引资活动，切实提高招商项目履约率和资金到位率。

3. 强化西部农业科技支撑

随着产业链对西部乡村的赋能，对农产品的需求将逐步扩大，西部乡村也应该进一步强化农业科技的支撑作用。首先是提高农业运作效率，其次是降低农业运作成本，另外还需要培育新兴作物品种。围绕农业生物技术、农业新材料、智能农械装备、农业信息、农药环境等重点领域，不断加强西部乡村的农业科技创新能力，推动西部乡村振兴战略的可持续实施与发展。

第一，以"农艺＋农机"为基础，大力发展设施农业。与当地的地域特征相结合，与不同的农业技术、装备相结合，因地制宜地采用适当的耕种模式，在确保农产品质量的前提下，增加产量、提高效率、降低成本。以甘肃为例，其依托全程机械化的玉米栽培技术，开发出了旱地全膜双垄沟玉米和马铃薯关键生产环节农艺农机融合技术，实现了旱作玉米优质、绿色、节本、增效的高效生产，产量提高了 10%～15%，生产成本降低了 20%，作业率提高了 30%，土壤地膜残留量减少了 30% 以上。可见，农艺与农机结合对农业运营效率的提高效果显著。因此，需要不断增强农业高等院校、科研机构以及经营企业的主体作用，使之与当地的乡村深度结合，下乡调研，研发出切合实际的技术和设备。

第二，着力培育和开发主要农作物新品种与种质资源，并在畜禽品种选育上取得重大进展。以甘肃为例，马铃薯、杂交玉米、抗旱抗锈小麦、杂交胡麻和油菜等农产品品种创新成效显著，以陇薯 7 号等为代表的高淀粉马铃薯新品种选育及脱毒种薯生产位居全国之首，良种在粮食增产过程中的贡献率超过了 40%。采用分子标记技术选育的鲑鳟鱼良种家系，使甘肃金鳟种质生产能力大幅度提高，每年向全国供应良种鲑鳟鱼发眼卵 1 000 万粒以上，成为我国最大的鲑鳟鱼种质研发和繁殖基地。农作物新品种、种质资源培育和开发以及畜禽选育将对农产品的产量与质量提升起到关键作用。

此外，还需加强农产品安全生产技术以及安全养殖技术，维护西部乡村良好的生态环境。同时，应加强农业人才团队建设和培育，依托农业科技创新团队、科技特派员和驻村帮扶工作队，遴选一批主导品种和技术，引进一批新材料、新机具，新建一批试验示范基地。不断推进西部乡村信息化基础设施建设，建立起覆盖生产、销售、服务等多个环节的农业互联网平台（如，建设网上平台沟通农业科技人员与当地农户，针对农业问题提供在线技术支持），利用互联网信息技术与农业生产的结合，进行农业信息实时监测，促进农业的精细化发展。

（二）构建完善西部乡村销售网络

1. 培育提升西部农业品牌

进入新时代，随着全面建成小康社会步伐加快，就农业而言，最显著的特征是从自给自足走向了农商时代，农产品的交换和商业属性不断增强，这一变化对农业的品牌发展提出了新要求。通过特色产业的发展、龙头加工企业的引入以及农业科技的应用，西部乡村的初级农产品与次级农产品质量将有所上升。但目前西部销售网络不畅通，品牌普遍缺失，难以受到消费者的认可，因此消费者往往购买东部一些响亮的品牌产品，从而导致了西部农产品销售受阻。西部地区要着力发掘当地特色产品，积极拓展农产品对外销售渠道，打造出一批国内外知名的西部农产品特色品牌。通过积极承办农产品博览会等线下渠道，充分发挥互联网、电商等的线上作用，利用"线上＋线下"模式做好西部农业品牌宣传工作。

第一，国家、政府层面加大力度对西部优质农产品进行品牌与资质认定。以甘肃的中药材为例，甘肃数字本草检验中心已于 2018 年 5 月份通过 CNAS 认证，已拥有中药材商标 300 件，其中中国驰名商标 5 件，地理标志证明商标 5 件。国家层面授予的商标与进行的认证更加具有公信力，能够提升 B 端和 C 端用户的认可度。

第二，着力举办多品类的大型展销活动、论坛等。通过论坛、展销活动等的举办，一方面能聚集流量，加大优质农产品的品牌曝光度，另一方面也能直接对接企业端的采购需求。2018 年西部举办了多场大型活动，比如中国（甘肃）中医药产业博览会等聚焦品类的产销活动。此类会展经济活动进一步扩大了当地农产品的影响力，打响了西部地区名优品牌。

第三，做大做强自有品牌。前两点更多的是打响了地方的公共品牌，但落实到销售网络的搭建，自有品牌的效用将更大。应大力扶持产业链中龙头企业包装的农产品品牌，通过"互联网＋现代农业"对接展示会等方式，在农产品电子商务和农业物联网、云计算、大数据等领域，展开深入探讨，做大做强企业品牌，扩大销路，提高西部特色农产品的市场份额。

2. 发掘西部农业电商新活力

通过电商对西部乡村赋能。除了农企融合中的电商运营企业与贸易服务企业外，农村还可自建电商运营体系，实现"从 0 到 1"的突破，助力乡村经济发展。目前，东部"直播＋农业＋电商"的形式深受人民喜爱，通过直播的方式展示农产品的培育环境、加工流程等，能使消费者更放心，再配合电商对于消费者的便利性，能够进一步推进乡村产业的发展。西部乡村也可借鉴此类模式，或依据电商理念进行创新，实现乡村振兴。政府层面也可整合电商资源，将各个建制村的闲散资源进行整合，实现"从 N 到 1"的突破，帮助西部乡村的农产品扩大市场，增加受众群体。以云南为例，云南省国资委组建线上国资商城，整体覆盖省内约 1.6 万个行政村，为其提供电商运营服务，包括构建农产品的销售及物流网络、成立国资商学院帮助其搭建自己的运营体系并进行营销等，赋能乡村电子商务发展。四川自贡"新农和"则搭建了田间地头最后一公里农商双向流动的全系统电商平台，使农业发展资源更快捷更匹配地流向田间，农产品更快捷更安全地流向城市餐桌。

通过电子商务，促进贸易往来，加快跨境贸易，加强与周边及东部地区和口岸城市的合作与交流。同时，积极推进冷链物流体系建设，以优质牛羊肉、高原夏菜、马铃薯、食用菌等特色产业为支撑，结合戈壁农业、"南向通道"、"一带一路"等工程建设，形成健全的区域物流服务系统。

3. 打造西部农产品交易新平台

当前，西部农产品经营集中化程度低，不利于定价，不利于管理，也不利于提升品牌竞争力，因此需要加大力度构建交易集散中心、大型批发市场。第一，通过集中化交易平台的搭建，形成明确的农产品定价机制；第二，西部农产品各个品类规模的扩大更有利于促进销售、扩大受众；第三，集中化的交易更能凸显不同品牌的价值，倒逼西部农产品提升内涵；第四，集中化的交易使得零售与批发能同时在一个市场得到良好的管理。目前西部正在推进大型农产品交易市场建设，包括玉米种子暨农产品交易中心、绿洲农副产品综合批发市场、中药材专业批发交易市场、北方大宗中药材价格形成中心、热带果蔬批发交易中心、花卉批发交易市场等，同时配套建设市场交易、仓储冷链设施、检验检测中心、信息采集发布中心、废弃物收集处理等基础设施，形成电子商务、物流配送、中转集散、展览展示、分拣包装、加工运输等服务功能完善的大型交易场所。

因此，各地可依托特色品类发展，形成自身的交易集散中心、价格形成中心。交易集散中心地理位置的择取应该充分考虑到与各个入驻商的衔接、与西部地区交通体系的结合，尽量使得各大区域的相关特色品类能方便进入，充分发挥集散中心的作用。

（三）推动西部乡村旅游多元开发

绿水青山就是金山银山，乡村旅游产业是推动西部贫困地区脱贫的有效抓手。西部乡村要着力推动乡村旅游实现多元化发展，因地制宜地打造特色精品旅游，进行市场化运作，分别实现乡村旅游产业化、品牌化、现代化。

1. 打造西部乡村特色精品旅游

乡村旅游是以乡村为依托，以村民为主体，以土地资源为载体，满足旅游者观光、休闲、娱乐等目的的一种产业。乡村旅游的基础在乡村，根基是农业，主体是村民。因此，西部地区政府应积极推动乡村资源景区化，因地制宜，促进农旅融合。

作为依托乡村土地资源发展起来的第三产业，乡村旅游具有巨大的商业价值，应充分挖掘当地乡村土地资源的潜力，在其原有农业生产价值的基础上，赋予其旅游价值。在此方面可借鉴发展较好的四川成都龙泉驿区、四川自贡的经验。

　　成都龙泉驿区被誉为"中国水蜜桃之乡"，是我国四大水蜜桃基地之一。2001 年中国成都国际桃花节拉开帷幕，每年接待游客量维持在 240 万人次左右，为龙泉驿区每年带来 4 亿元左右的旅游收入，直接带动了当地经济的发展，并有效地帮助当地农户脱贫致富。龙泉驿区将当地的乡村土地资源和当地实际情况进行结合，实现了复合功能，农户每年种植水蜜桃给当地带来经济效应，保证了农户的经济收入，同时挖掘出当地的旅游价值，又给农户带来了旅游的红利，实现了农旅的融合，使得游客在观光旅游的同时，能感受具有当地特色的乡村风貌和乡情，丰富了观光体验。

　　但在进行农旅融合时，切记不要盲目跟风，"桃花节"不是任何地区都能够举办成功的，应实事求是，做好调研工作，根据旅游产业辐射半径，认真梳理本地独有优势，采用适当的模式进行合理的综合利用。西部乡村旅游应融入新的时代元素，同时要保持乡村原有的人文生态环境，因地制宜地发挥当地自然资源的独特优势，将这些资源与乡村旅游联动发展，促进乡村形成观光体验、休闲度假、文化创意、健身养身等多元化发展模式。

　　在西部乡村实现农旅融合的过程中，应创新发展模式，充分发挥比较优势。西部各个地区本身存在较大差异，它们具有不同的资源，处于不同的市场化发展阶段，因而各地区的旅游模式也应有所不同。可根据西部各地区的资源禀赋及市场化程度将其划分为两种模式：旅游主导模式和旅游杠杆模式。

　　旅游主导模式即在旅游资源较为丰富、易形成产业链的地区建立旅游产业体系，以旅游业为主导发挥其乘数效应和辐射功能。具体应向西部发展较好的四川成都市学习，如上文提及的"桃花节"。当地利用其独特的地理位置和自然资源，以花为媒，举办盛会，促进当地经济发展，不仅带领当地农户发家致富，而且抓住机遇形成产业链，衍生出一系列相关旅游项目，促使当地旅游实现增量发展。

　　旅游杠杆模式即在一些旅游资源较为匮乏、不易形成产业链的区域，以旅游业为杠杆优先带动当地其他产业的发展。在这些地区发展旅游业时要始终坚持四点：（1）突出特色，以本地优势旅游资源为依托，加强科学谋划，增强辐射能力。（2）彰显本色，推出富有地方特点的原汁原味的旅游项目，筑牢乡愁。（3）捍卫绿色，绝不能以牺牲环境为代价搞旅游，要立足长远，本着为子孙后代谋福利的决心搞旅游。（4）提升成色，创新发展模式，提升服务质量，在打造人无我有、人有我精的旅游品牌上下苦功夫，以优质供给拉动旅游消费需求。

　　以甘肃省庆阳市华池县为例。华池县位于甘肃的黄土高原地区，水土流失严重，农民增收渠道少，加之地理位置偏僻，导致旅游资源开发较为零散。但华池县作为陕甘宁边区最早的革命根据地，是土地革命时期保存下来的最完整的革命根据地，红色资源非常丰富，例如陕甘边区苏维埃政府旧址、闫洼子会议旧址、习仲勋旧居等。当地结合"红色、人文、绿色"，发掘整合华池县的已有资源，以旅游业为杠杆，通过良好的品牌效应来吸引游客，从而带动当地其他相关产业同步发展。

2. 市场化运作推动乡村旅游产业发展

积极推进乡村旅游的可持续发展，需要进一步进行市场化运作，推动当地旅游业在原来已有的基础上，从"景点旅游"向"全域旅游"转变。单一地依靠"景点旅游"，容易造成过分强调"门票经济"，而忽视对游客吃、穿、住、行、导、购、游等其他方面的服务供给，从而难以保障持续的旅游产品供给和客流量。

西部乡村旅游要突破以景点建设为主的局限性，减少对"门票经济"的过度依赖，应积极寻求旅游产业的转型升级，不断延伸转变产业链条，拓展产业发展空间。比如农民可以利用当地特色资源，发挥各自所长，创新经营模式，开展采摘园、农家乐等多种多样的产业活动，充分挖掘旅游相关产业的商业价值。

以贵州省安顺市西秀区轿子山镇打造的"世界花都"——东方田园综合体——为例。贵州高山行景集团运用独特的创新设计、丰富的景区业态，打造了集观光、休闲、体验等于一体的中国首个24小时不闭园景区。作为"世界花都"和我国西部地区的重点发展城市，安顺市积极推进"景点旅游"向"全域旅游"转变，为西部旅游行业转型升级树立了良好典型。

在进行全域旅游产业建设时，应注意以下方面问题：

第一，加快产业资源要素整合，提升旅游空间布局。景区作为核心产业，需将乡村旅游与娱乐、文化等产业资源进行整合，积极发展一批特色小镇、旅游民宿等新兴产业，满足游客多样化、个性化的需求。整合当地特有资源，培育龙头企业，实现区域间协同发展，进而完善全域的产业链条，避免重复建设、品牌雷同，要特别注意全域旅游的内部协调。

第二，提升标准和品牌，发挥旅游的辐射效应。全域旅游应努力打造当地著名旅游品牌，加强对当地村民的能力培养，使用专业人才，强化旅游产业的运营能力和服务质量，为全域旅游提供基础支撑。同时，通过改善景点接待服务、优化特色产业技术、加强环境保护、严格效益评估等，提高当地旅游业整体服务标准和品牌建设水平，以实现旅游对当地及周边乃至国内外的辐射效应。积极探索景区带村、能人带户、公司＋农户等多种利益联结机制，让当地农户能积极投身于发展旅游业并获得稳定收益。

第三，完善基础配套设施，推进全域旅游发展。推进全域旅游发展要积极健全全域旅游公共服务体系，实现交通网络、服务设施、通信网络等全覆盖。同时，还要制定并完善防灾减灾等应急预案，分级管理，以应对各种突发事件的发生。

（四）统筹利用西部区位优势

2000 年，作为新时期国家的一项战略任务，西部大开发为西部 12 个省（区、市）和新疆生产建设兵团带来了经济发展的良好机遇；2013 年，习近平总书记提出"一带一路"的伟大倡议，使西部地区的发展充满了新的生机和活力。

1. 提升西部乡村内外资规模和质量

作为新时代中国对外开放的伟大工程，"一带一路"建设不断加快向西开放的步伐，我国中西部地区对外开放水平持续提升，为西部地区利用内外资提供了重大机遇。西部地区应紧抓机遇，着力提升引资规模和质量，不断优化外资区域结构。

由于西部地区技术有限，外资通常倾向于进行绿地投资，通过投资设厂，注入资金，引进先进的技术入驻西部地区。尽管西部地区矿产资源、土地资源以及旅游资源非常丰富，但由于当地生态环境承载力较为脆弱，诸多地区存在森林、草场等植被破坏，土地荒漠化，水土流失等严重问题。因此，西部地区在享受国家政策带来的红利效应以及利用区位优势吸引外资的同时，应注意保护当地生态环境，筛选甄别外资的质量，控制外资规模，以保护当地脆弱的生态环境。

2. 构建西部物流体系，完善当地产业链

目前我国西部乡村产品不仅普遍存在滞销、损坏等问题，而且存在"外面的商品进不来，里面的产品走不出"等问题。物流产业的发展跟不上经济社会快速发展的步伐，直接影响了当地乡村振兴战略的实施，增大了脱贫攻坚的难度。

西部地区应通过"一带一路"建设，提速与我国东中部地区及周边国家的贸易往来，制定优惠政策，吸引"一带一路"沿线资金、人才、技术等优势资源；同时引进先进技术，构建并完善物流体系，提升西部地区整体物流效率，运用科技手段促进西部地区物流业市场化改革，使物流产业更加集约高效；营造良好的投融资环境，实现道路联通、贸易畅通，帮助西部乡村产品走出去，使得村民富裕起来。

四、建立支持体系促进形成西部乡村振兴新格局

（一）加快完善西部乡村基础设施

1. 改善西部乡村交通、物流基础设施

西部地区地广人稀，受自然环境制约，其经济发展相对落后，导致西部地区

交通、物流等基础设施不完善，西部地区部分路网不全，现有公路路况总体较差。此外，西部乡村物流覆盖率低，服务点设施简陋，缺乏网络化、信息化、集约化的现代物流体系，物流成本居高不下。

"要想富，先修路"。推进西部乡村振兴首先需要保障基本出行。要进一步优化人口分布，加强生态脆弱区的居住人口干预，推进城乡统筹发展，加快西部地区城镇化进程，进一步提高资源配置效率。在此基础上，对符合条件的乡镇、建制村全部实现通硬化路；修缮、改建原有老路、窄路等；改造乡村危桥，对存在安全隐患的路段增设安全防护措施。深入推进乡村公路养护体制改革，实施"路长制"，对"路长"提供一定经济补贴，完善公路管理养护长效机制。地方政府要加大对公益性运输政策的支持力度，开好"慢火车"。

"慢火车"特指扶贫公益火车，其票价低廉，运行速度慢，但对扶贫工作起着重要作用。以贵州省5640次"慢火车"为例，列车最低票价2元，全程票价仅需27.5元，极大地降低了居民的出行成本；"慢火车"打开了农产品销路，村民可搭乘该次列车前往城镇销售特色农产品；此外，列车广播系统可以实时播放乘客农产品相关信息，农产品在列车上即可完成销售过程，列车增设信息版，定期更新城镇招工信息、沿线商品价格、乘客农副产品信息等。西部有条件的地区应积极搭建"慢火车"，构建脱贫"快车道"。

"要想富，物需流"。政府应大力发展冷链物流，增加特色优质农副产品、无公害产品的供给，提升西部乡村农产品的身价与市场定位；支持县镇级客运站进行改造升级，承担部分物流运输服务，提升物流服务功能；通过给予一定补贴等经济手段引导、鼓励快递物流等企业拓宽西部乡村地区基础设施网络。不断推动西部乡村物流设施末端网络的完善，利用信息网络技术，减少物流流通环节，提升流通效率，让乡村物流组织化、智能化、透明化。

2. 完善西部乡村能源基础设施建设

因地制宜地开发利用当地的水能、风能、太阳能、生物质能等清洁能源。完善乡村能源基础设施网络，开展分布式能源系统示范项目。加快新一轮电网升级改造，进一步扩大天然气基础设施的覆盖面。加快推进生物质能、规模化大型沼气等清洁能源建设；符合条件的地区广泛推行太阳能项目，政策上给予一定经济补贴，以丰富乡村基础能源供给主体。

3. 推进西部乡村信息网络建设

西部地区总体发展相对滞后，光纤线路建设尚未延伸触及大部分西部乡村，乡村信息网络基础设施依旧薄弱，网络覆盖面窄，巨大的"数字鸿沟"仍然横亘在城乡之间。

信息化时代，西部乡村亟须推进信息网络建设。要重点支持西部乡村第四代移动通信基站建设，弯道超车直接建设 5G 基础设施，打破乡村地区持续落后的局面，提升乡镇及以下区域光纤宽带渗透率和接入能力。在部分地区推进"百兆乡村"示范工程，推动高速宽带全覆盖。实施数字乡村战略，提高西部乡村产业的信息化水平，打通西部乡村产业线上销售渠道。在乡村信息化基础设施建设过程中，同步规划建设网络安全工程。

4. 完善西部乡村水利工程基础设施网络建设

完成西部乡村地区重要河流治理，推行"河长制"，修缮、改造小型危险水库，加强乡村基层防汛防洪防灾预警体系建设。进一步推动大型灌排站的更新改造，保障居民饮水安全与农业用水需求。推动西部乡村节水改造、污水治理工作，保护水资源以及生态环境。

5. 拓宽西部乡村基础设施建设主体

政府主导，企业、个人多方参与，积极拓宽西部乡村基础设施建设主体。政府通过设置基建基金的形式，为基础设施更新改造、新建等提供资金支持。通过 PPP、创新型金融产品，辅以一定税收优惠政策，鼓励、引导、支持企业、个人参与西部乡村基础设施建设，如由南怀瑾先生提议并出面筹资 4 568 万美元建设的金温铁路，有力地促进了温州、浙西南地区的经济社会发展。采用结对帮扶模式，积极引导东部省份支援西部基础设施建设。完善西部基础设施建设标准，将节能环保纳入考量范围，以保护西部乡村脆弱的生态环境。

（二）强化西部乡村振兴人才支撑

人才流失严重、人才吸纳能力不足、师资力量匮乏是西部乡村地区的人才现状。随着信息技术愈发成熟、交通客运愈发便利，人口流动成本越来越低，我国人才的跨区域流动也更加频繁。目前来看，我国人才大多集中在经济发达的东南沿海地区，西部地区尤其是农村地区人才流失严重。相比城镇、中东部地区，西部乡村地理位置偏僻，自然条件相对恶劣，交通等基础设施相对不足，教育、医疗、社保、就业等公共服务与城镇相差甚远。因此，西部乡村地区对各行业、各专业领域人才的吸纳能力不足。此外，由于落后地区发展空间狭小、工资待遇低、生活条件差等，西部乡村教育领域中素质较好的师资大量外流，选择在经济条件更佳的城镇、中东部任教，导致乡村教师数量少、队伍老龄化、专业素质低等，同时，西部乡村地区教育意识薄弱，也进一步限制了西部乡村地区人才的内生性培养。

为助力西部乡村振兴，积极推动人才引进与流动政策的完善，需制定实施多元、积极、有效的人才政策，来帮助各类人才在乡村各尽所能、尽展其才。

1. 优先发展西部乡村教育事业

重视乡村教育事业，提升乡村人才内生培养质量。不断完善与推进义务教育办学标准化建设，提高西部乡村义务教育薄弱学校的办学条件；坚决贯彻实施高中教育的普及攻坚计划，稳步提升高中教育普及率。创新办学方式方法，通过优质学校对接帮扶等形式，实现教育资源跨区域均衡配置，提升乡村义务教育质量。大力改革、发展乡村职业教育，将农民纳入招生范围，培养新时代农民；加快职业院校专业、课程调整，有针对性地培养人才，以满足乡村振兴的需要。积极推进"互联网＋教育"，实现优质教育资源跨区域配置。

落实西部乡村教师支持计划，以乡村义务教育学校教师特设岗位计划、研究生支教团计划等为抓手，做好现有师资队伍建设。探索"夕阳红"支教行动，通过政策扶持，鼓励东部沿海退休或即将退休的教师赴西部地区支教。不论是中央财政的教育拨款，还是地方财政的教育拨款，地方主管部门一定要专款专用，不得随意挪用迟拨，应完善监督机制并将其作为一项考核指标来落实。

2. 加强西部乡村人才队伍建设

加大专业人才培养力度，提高农业从业者整体素质。一是全面提升农民素质，培养懂技术、懂经营的新时代农民。创新农民培训模式，与高校、中高等职业技术学校合作，支持农民通过弹性学制等方式参与职业教育；探索田间课堂等新形式。联动多方培训主体，动员当地龙头企业、先进农业合作社、专业农业科技协会等参与农民培训。二是加快培养农业专业人才与科创团队。以农业科研杰出人才计划和杰出青年计划等项目为抓手，大力培养西部地区农业领域杰出人才，在生物基因组学、现代农业设备、土壤治理等新兴交叉领域选拔出百名杰出青年农业科学家，为其提供科创智囊支持，为西部乡村农业发展注入新活力。

重视工匠精神，培养文化传承人。西部少数民族自治地区乡村应重视文化传承人培养，创新文化传承培养形式，鼓励、要求各类学校开展特色文化教育，全阶段挖掘、培养文化传承人；引入"导师带徒"培养计划，将传统手艺传承下去。动员各类传统文化组织等承担对手艺人的培训，促进培训主体多元化。推进优秀文化遗产传承教育进课堂。

3. 鼓励社会人才投身西部乡村建设

紧抓乡情情感纽带，吸引外流乡村精英反哺家乡。引导和支持企业家、专家学者、医生等本地外流精英以担任志愿者、投资兴业、行医办学等方式反哺家乡。通过授予"荣誉村民""新村民"等称号的方式，设置差异化人才政策，吸引符合当地发展的外来人才。

继续实施"三区"（边远贫困地区、边疆民族地区和革命老区）人才支持计划。同时继续推动落实大学生村官、研究生支教团、少数民族骨干计划、贫困专项计划等政策。调动慈善组织、爱心基金会等公益组织，鼓励、支持其开展对口支援、帮扶计划，将优秀教师、科技人员、文化工作者等引入西部乡村。还可建立城乡、区域、校地之间人才培养与交流机制，通过打造高校乡村社会实践基地等形式，将外部资源导入西部落后乡村。

充分利用互联网技术优势，创新社会人才投身乡村建设的方式方法。引导、支持高校、龙头企业、先进集体与个人通过远程视频、MOOC 教学（慕课、大规模开放在线课程）、直播等新方式，化解异地帮扶难题，助力西部乡村振兴。

4. 构建"一条龙"人才服务体系

优化完善现有支援西部的人才激励体系，形成长期、稳定、有效的制度安排，将人才、智慧等引入西部乡村。一是结合西部乡村地区的发展需求，通过各类人才引入政策，推动校园培养、企业帮扶、岗位培训齐头并进。二是通过设置人才帮扶基金等金融产品，给予西部乡村工作者一定货币补偿；或提供一定税收优惠，降低专业人才税负，吸引高端人才进入西部乡村工作，并为其提供良好的职业发展条件。三是充分利用信息技术手段，将传统"引人"与"引智"结合起来。鼓励、支持技术协会、龙头企业、高校专家等在业余时间为西部提供智力支持，给予其报酬与职务方面的奖励；鼓励双创团队与西部乡村发展需求对接，建立需求与智力供求服务平台，有效推进引智工作。充分利用视频、MOOC 教学等现代信息技术，把城镇、中东部的知识和技能扩散到西部乡村，加快知识跨区域传播的速度。

加强人才生活与发展环境建设。一是不断完善人才生活及工作环境。政府应加大对人才薪酬待遇、职位晋升等方面的扶持力度，同时加大在住房、医疗、教育等方面的投入，以良好的生活发展环境吸引并留住人才。二是加强人才引进的载体平台建设。不断完善人才的引进机制，以重大项目、创新应用平台、重点学科或社会实践基地等形式吸引高层次人才向西部乡村地区流动，为人才提供良好的发展环境。三是建立健全人才跨区域流动的法律保护机制，包括服务配套、社会保障、知识产权、进退机制等，完善各项制度安排。

以县为单位，逐村摸排分析，开展乡村劳动力资源调查统计，建立乡村资源信息库并实施动态管理，掌握人才实时信息。缩短人才空档期，保证人力资源流入流出畅通，通过制定储备人才培养计划等措施及时调用补位人才，保障人才资源等不断档持续流入西部乡村地区，使西部乡村人才系统进入良性循环。

（三）加大西部乡村金融支农力度

西部乡村地区经济不发达、农户和中小企业经营利润低，导致进驻的金融机构数量少、企业贷款难，农户和中小企业较难获得贷款扩大生产经营，限制了其进一步的发展，形成恶性循环。要精准选择金融支农主体进行最优资源配置，创新金融支农模式，提高资金使用效率，这将充分发挥金融对西部乡村的支撑作用，促进西部乡村经济快速发展。

1. 精准选择金融支农主体

在金融支持西部乡村发展的过程中，要在农户和中小企业中选择好重点支持的主体，制定明确的标准。该主体应同时满足以下两个要求：能充分利用西部优势资源；具有科技创新特征。同时，需至少具备以下特点中的一个：处于年轻产业的种子期、创业期的企业；处于成熟产业的种子期、创业期的企业（能引领该产业的革新换代）；成熟的龙头企业，能产生聚集效应从而带动整个产业链或某一地区的科技创新。

如图 7-3 所示，X 理论论述的是具有品牌效应的龙头企业或园区所产生的聚集效应。具有品牌效应的龙头企业或园区往往能吸引人才、金融机构以及其产业链上下游的企业，同时带动当地市场的发展。此类龙头企业或园区在进行转移时，往往能将这部分核心资源一同转移，带动转入地整体经济的发展。如农牧加工业已成为宁夏、贵州、新疆、内蒙古等农业省（区）的特色优势产业，其重点培育发展了枸杞、清真牛羊肉、乳制品、脱水蔬菜、葡萄等农产品加工业产业集群。可通过为这些特色龙头企业提供金融支持，让其带动上下游产业整体协同发展，优化资金配置，促进整个西部地区经济发展。

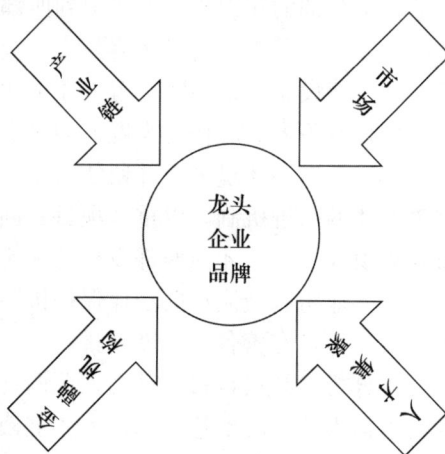

图 7-3　X 理论示意图

2. 创新西部金融支农模式

2004 年到 2012 年间，农村信用合作社在西部地区的存贷差从 5 968.4 亿元增长到 17 586.33 亿元，平均每年增长了 1 400 亿元左右，即每年从农村信用合作社流出的资金在 1 400 亿元左右。这些资金主要来自乡村，经银行倒流向城市，加剧了西部地区乡村的资金供求矛盾。西部乡村金融市场以农村信用合作社、村镇银行贴息涉农贷款为主，相关涉农保险及证券等的发展相比东部较为滞后，金融产品创新及民营金融企业的渗入在西部乡村较少。

可以通过大力发展金融创新降低金融机构风险、吸引金融机构进驻西部乡村提供资金融通服务。第一，金融创新首先体现为科技金融产品创新，要建立完善的科技金融产品体系，实现从企业创立、成长再到上市的金融产品服务全方位覆盖。第二，金融创新产品应更贴近市场需求，从纯信用的"创业贷"，到准信用的科技担保贷、绿色金融贷款，再到股权直接投资，让中小企业都能找到适合的产品。第三，创新过程中应始终坚持金融服务价格绝对透明，严格执行原银监会关于金融创新服务的"七不准"规定。

除了精准选择金融支农主体、创新金融支农模式外，从国家层面上需要加大金融扶持力度，增加乡村金融市场基础设施，出台对农户或中小企业有利的贴息、免税等政策；从地方政府层面上需要积极引导金融机构（如新型乡村金融机构）加大乡村地区信贷投放，构建金融支农长效运行机制；从保险层面上既要建立政策性农业保险体系，又要支持民间资本成立担保公司开展担保业务，为乡村金融机构承担部分农业系统风险和社会成本；从资金供给主体层面上应充分发挥乡村地区非正规金融的力量，有效发挥非正规金融对正规金融的补充作用。

（四）加强西部乡村振兴用地保障

西部最大的优势是土地和自然资源。乡村土地制度的变革，有利于推进农业现代化，可为解决"三农"问题提供基础保障。乡村发展离不开土地政策的支持，土地政策改革将加快西部乡村振兴的步伐。土地市场化是改革开放四十多年经济增长的主要原因之一，推动乡村土地市场化，建立城乡一体的土地市场，有利于增加农民的财产性收入，促进乡村土地增值，吸引企业、社会资本进入乡村，助推西部乡村振兴。

1. 加强土地流转助力西部乡村振兴

西部地区土地资源丰富，人均占有量高；山地、高原面积较广，大面积农田较少；未利用面积广，有较大的开发潜力。随着年轻人外出务工，许多西部落后地区的乡村出现了严重的老龄化和空心化，村民耕种能力有限。要保障这些地区的农产品生产，需要加强土地流转，完善流转体系，推进土地适度规模经营，提高农民收入水平，吸引社会资本投入。

近年来，乡村土地流转和农业规模化经营更加普遍，但是西部乡村土地资源还存在流转机制不健全、确权工作滞后等问题。目前，西部乡村土地登记账目还不够清晰，缺乏一个有效的、图账对应的乡村地籍信息管理系统，权属信息还不够明确，且受经济实力、管理水平等因素的影响，各地土地确权工作进展参差不齐。这些问题严重制约着西部乡村地区的规模经营，引起了各地乡村发展的不均衡。

为保护农民的切身利益，促进西部乡村地区的发展，必须做好乡村土地流转工作。当务之急是建立健全乡村产权体系，理顺农民的产权关系。地方党委政府要增强责任感和使命感，从中国农村大发展的战略高度来认真对待土地资源确权登记工作。这是一项关乎乡村土地制度改革、实施乡村振兴战略、实现脱贫攻坚的重要基础性工作。这项工作通过完善农民的产权关系，规范流转契约交易行为，能够切实地逐步降低土地流转过程中的风险，增强其稳定性。

在城镇化过程中，西部乡村许多进城农民与乡村承包地"人地分离"。在承包地退出方面，应给予进城农民一定选择权，建立乡村承包地退出制度。我国已在重庆市梁平区开展了试点，找到了一条盘活农村土地资源的路径。在保障农民自身利益的情况下，实现城乡市场要素的充分高效配置，从而不断推进新型城镇化进程。退出制度主要针对两类人群：一类是在城市有稳定职业和收入，通过务工、经商、求学等方式在城市扎根的村民；另一类是子女在城市有稳定职业和住所，想要进城与子女团聚、安享晚年的老人。

适当延长西部乡村土地使用年限，使土地流转有关产权更加稳定。如果土地承包年限延长，那么经营权流转的年限也应随之延长，不仅使土地流转价值上升，稳定流入方的经营预期，使其能够安心投入、继续培肥地力，不断完善相关基础设施，而且使土地流转价值逐渐与其实际价值相符。

2. 完善西部乡村新业态用地保障机制

西部拥有独特的自然环境，乡村旅游是西部乡村振兴的重要抓手；西部特色农产品众多，发展特色产业在乡村振兴中居于首位。西部乡村地区通过旅游、特色农产品发展，带动了大量贫困人口脱贫，产业发展与土地利用的矛盾越来越紧张，成为阻碍西部乡村振兴的关键因素之一。针对乡村日益增加的各类新产业项目，应满足其用地需求，加快推进农业农村现代化，同时必须制定新的用地保障政策，从而促进农业增效和农民增收。

宅基地闲置浪费严重、乡村公共建设资金缺乏、"三农"财产权无法有效实现等问题，都与城乡二元土地制度特别是宅基地制度有密切关系。应当盘活乡村存量建设用地，建立农宅交易市场，深化宅基地制度改革，为乡村振兴拓展更大空间。应增加一定比例的建设用地进行农产品加工、物流仓储等项目建设，同时促进小微创业园、电商、旅游等乡村二、三产业的发展。提高城乡建设用地、集体建设用地利用效率，促进土地资源有效配置。

五、繁荣发展西部乡村文化

中国文化起源于土地，西部恰恰是原生态保留得比较好的地区，同时也是少数民族聚集地区，文化丰富多彩。要充分挖掘西部传统文化的精髓，为繁荣西部乡村文化、丰富人们精神风貌，找到新的突破点。改革开放以来，西部乡村的经济水平得到了极大的发展，人民在满足了物质生活需求之余，也对精神生活有了更高的要求。然而西部乡村的文娱市场发展较为缓慢，目前还无法满足人民日益增长的文化需要，只有繁荣乡村文化、以文化为乡村振兴铸魂，才能真正实现乡村振兴战略。

(一) 完善西部乡村文化基础设施建设

西部乡村文化基础设施不完善，文化市场发育不健全。一是乡村文化产品不足。互联网虽然在东部地区得到了很大的发展，也丰富了人民的娱乐生活，但是在部分西部乡村地区，网络尚未普及完善，有的地方甚至还没接入互联网，很多乡村家庭都没有电脑，这极大限制了村民通过互联网快捷地获取海量信息，包括各种丰富的电子娱乐资源、全面的科学知识以及国内外时事动态。二是乡村文化基础设施数量较少、疏于维护，缺乏长期投入机制。虽然部分地区有文化室、图书馆，但是很多设施缺乏维护，部分设备老旧、破损严重，不能满足人民需要。政府通常前期投入资金进行建设，但后期资金投入、设施维护、活动开展等工作出现了滞后现象。

要从行动上切实加强对乡村文化建设的重视，在中央财政对西部的转移支付中要明确投入文化和教育领域的比例，此类资金切不可挤占，地方政府加大政策扶持力度和资金支持力度，加快硬件设施建设。第一，加强基层组织体系建设，构建设施完善、功能齐全、布局合理的公共文化服务体系，建立网络共享中心，对村民进行计算机培训，完善文化站、农家书屋、文化大院等设施，让村民可以接触先进文化、进行文艺创造、开展文体活动。第二，定期管理和维护基层文化设施，地方政府应在人、物、资等方面建立完善的管理体系，同时民众也应提高公共素质，共同维护基础设施。三是形成具有战略性、长期性、实践性的文化基础设施建设以及投资机制，并配合优惠政策，鼓励和支持社会各界投入乡村文化事业建设。

(二) 重塑西部乡村文化生态

西部乡村文化生态呈现出负面文化突出的现象。乡村娱乐活动较少，导致赌博、黄色文化、算命、做道场等不良文化现象较多，封建迷信影响着不少村民的思想。并且乡村地区普遍存在高额彩礼现象，尤其是贫困区，高额彩礼推高了贫困家庭再生产的成本，整体上恶化了贫困农民的生存状态。

重塑乡村文化生态，可从以下两点着手：第一，对农民进行法律普及活动，增强法律意识，增强农民行使权利和承担维护社会稳定的义务的意识。同时政府要做好监督工作，构建完善的监督机制，以规避文化事业乱象的产生，用完善的制度为文化服务提供制度保障，为其长期稳定发展保驾护航。第二，善用乡规民约来破除陈规陋习，树立乡村文明新风，提升乡村文明质量，净化乡村文化环境。制定与时俱进、贴近当地实际的乡规民约，在制定中广泛听取群众的建议，在执行中发挥乡村领导班子和党员的模范带头作用。可借鉴江西省修水县的先进经验。该县把乡规民约作为推进基层社会治理创新和乡风文明建设的重要抓手，各村根据自身情况制定了自己的村规民约，如乡村红白喜事重帮忙轻随礼、鼓励不燃放烟花鞭炮、实施禁赌公约等，并得到了很好的执行与推广，收到了良好效果。

（三）丰富西部乡村文化生活

很多偏远地区，青壮年村民外出打工，留守的主要是妇女、儿童、老人，他们的主要娱乐方式是看电视、邻里间的闲聊、听广播等，文化生活相对较为单调。对于西部的乡村文化建设，主要依靠的是国家和政府的财政支出，缺乏社会资金的流入，文化建设缺少活力。

丰富西部乡村文化生活，可从以下五个方面展开：第一，开展西部乡村文化、民族文化大采风，整理优秀成果，从群众中来到群众中去，建立博采众长的西部文化资源库。第二，构建高效的文化供给机制，充分发挥政府的引导作用，根据人民的切实需求来设定文化产品的层次。同时，在尊重当地传统优秀文化的基础上，鼓励群众开展民俗活动，传承并发扬民间传统戏曲、体育类活动，丰富民众的文体生活。第三，将当地优秀的乡村文化合理地引入市场，统筹规划当地的文化产业，选取具有地方特色和影响力的文化作为主要抓手，大力发展龙头文化。通过龙头文化的发展带动整个文化产业链，推动当地经济发展。第四，加大国家层面对西部文化发展的支持，科研体制向西部倾斜，社科基金、自然基金应考虑给西部扶持教育的奉献者，对于去西部演出的文化团队在申请文化荣誉时应适当加分，吸引文化界优秀艺术家、志愿者前往西部开展惠民文艺演出、话剧教育、文体教育等。第五，培养农民的自主学习精神，基于兴趣去引导他们参与文化活动，例如开展一些农业种植、养殖等专业技能的培训，举行各类知识讲座和技能大赛，既要学文化又要学技能。

六、建议对策

（一）着力推进西部乡村"造血"机制构建

寻找出各地"人无我有，人有我特，人特我优"的特色产业，根据产业特性，灵活推动"一村一品""一镇一品""一县一品"建设，并以特色产品为切入口，将西部乡村置于产业链中，通过低原材料成本、低运输成本、低土地成本、低劳动力成本、税收优惠、西部市场等作为吸引条件，吸引东部龙头企业入驻西部，一方面提高初级农产品加工率，提升农产品附加值，另一方面利用龙头企业的运输、仓储能力弥补乡村短板，并利用电商、"一带一路"等扩大、盘活销售网络，增强西部乡村自身的"造血"机制。采用"放大镜"原理，即任何两个产业的交叉点都可以用"放大镜"将需求放大，将西部乡村的特色农业与旅游业等其他产业相结合，放大需求，搜寻新的商机与市场。

（二）加大力度发展西部农业科技

加强农业数字化建设，积极推进信息进村入户，提高综合信息服务水平。支持部分互联网企业搭建起生产销售相连接的平台，提高农业信息监测的能力，有效地发布相关信息并且预警。同时加大力度培育西部科技才人，鼓励人才下乡，发展"农艺＋农机"结合的模式，做到农业科技因地制宜，真正通过科技实现农业成本降低、效率提高，着力开发主要农作物新品种、种质资源，特别是要在畜禽品种选育上取得重大进展。

（三）构建完善西部乡村销售网络

第一，通过政府层面的资质认定、企业层面的品牌打造、展销层面的品牌推广，做大做强当地特色产业，发挥"一村一品"的品牌效应。第二，利用从"从0到1"和"从N到1"的模式，大力发展新型电商、跨境电商，利用好"一带一路"等机遇和优势，扩大销售。第三，建立集中化的交易市场，在实现特色产品优胜劣汰的同时，提高管理效率、质量，并扩大销售。采用"望远镜"原理，即从产业链的源头看到末端，搜寻产业链附加值最高的部分，强化需求，提高其在这部分产业链中的竞争优势。

（四）促进西部乡村旅游多元发展

推动西部乡村旅游实现多元化发展，因地制宜地打造特色精品旅游，进行市场化运作。首先，政府要科学规划和引导，严格按照"先规划，后开发"和"统一规划，分级分步实施"的原则，充分发挥县、区政府的统领作用，明确乡村旅游的发展定位，坚持发展农旅结合、精品特色的乡村旅游。其次，当地政府在市场化运作推广西部乡村旅游时，需要内外同时发力，内部要牢抓当地旅游环境营造，可通过举办培训班等方式，突出抓好乡村旅游主要消费环节服务规范的制定和人才的培养，健全乡村旅游标准化体系；外部可积极利用媒体资源进行宣传推广，如利用时下流行的小视频分享、直播间等模式，拉近与目标游客之间的距离，推广要突出当地特色，同时注重游客体验方面的宣传。采用"万花筒"原理，即在同一地区不同产业布局中找出交叉点，立足现有产业基础，通过各种文化创意活动，将自身特色产业和相关产业进行有机结合，创造新的需求与新业态。

（五）发挥西部关键枢纽作用

应发挥西部地区作为"一带一路"建设中的关键枢纽的作用，要充分利用该发展机遇。一方面，政府应加大对西部地区的政策支持力度，包括自由贸易试验区试点省份的选择、跨境电子商务试点城市的选择以及海关特殊监管区的设立和升级等，加大对西部乡村地区基础设施和物流体系建设的支持力度，坚持政府引导、市场运作、统筹规划的原则整合资源，完善现代物流设施体系，降低物流成本。另一方面，西部地区地方政府在利用内外资时，要重视创新产业转移体制机制，不仅要积极承接东部地区企业家投资的产业转移，还应该积极引进在中国布局的重点国家合法合规的投资，当地政府应促进国家部委层面成立产业转移的部际协调机制，避免省份之间的无序竞争和恶性竞争。

（六）加快完善西部乡村基础设施建设

"要致富，先修路"，政府需保障乡村地区的基础出行需求，基本实现建制村全部通硬化路，修缮老路，大力支持对西部乡村的铁路公益性运输；通过支持农贸市场、"夫妻店"拓展物流功能，让客运站承担部分物流服务以及推广信息技术和网络等方式改善、提升乡村物流服务。因地制宜地大力发展清洁能源，加快新一轮西部乡村电网升级改造，完善乡村能源基础设施建设。推进乡村新一代信息网络建设，基本实现高速宽带全覆盖。完善乡村水利工程基础设施网络建设，保障乡村居民饮水安全与农业灌溉需求。政府主导，企业、个人多方参与，积极拓宽西部乡村基础设施投资和建设主体，助力西部乡村基础设施全面升级。

（七）强化西部乡村振兴人才支撑

政府应引导学校创新办学方式，导入城镇优质教育资源，提升乡村义务教育、职业教育质量，落实西部乡村教师支持计划，建好建强教师队伍，提升乡村人才内生培养质与量。全面提升农民素质，加快培养农业科技人才，积极创建农业创新团队；重视工匠精神，培养文化传承者，加强乡村专业人才队伍建设。紧抓"乡情"纽带，吸引外流乡村精英反哺；积极实施人才支持计划，鼓励社会人才投身乡村建设。优化完善现有人才制度体系，构建人才"一条龙"服务体系，从"引入"到"离职"全程保障人才职业发展。此外，重视引入信息技术，实现人才资源跨区域指导；多元化人才培养单位，设置人才基金、税收优惠等，解决人才培养的后顾之忧。

（八）加大西部金融支农力度

金融机构要精准选择金融支农主体，重点对能充分利用西部优势资源、具有科技创新特征的农户和中小企业进行金融支持，实现资金最优配置；要创新金融支农模式，提供更完整、更接地气的金融产品体系，创新过程中坚持金融服务价格透明，学习借鉴东莞发行的科技创新券对中小企业科技创新的扶持经验。国家应出台对农户和中小企业有利的贴息、免税政策，地方政府要积极引导金融机构信贷发放，并结合完善乡村保险体系、发展乡村非正规金融力量，合力加大金融支农力度，助力西部乡村经济又好又快发展。

（九）繁荣发展西部乡村文化

中央政府要加大财政资金投入，同时对资金的运用加强监管，使资金的运用落到实处，加大政策扶持力度，加快完善西部乡村的文化基础建设，并形成具有长期性和实践性的文化基础建设和投资机制。乡镇政府应着力增强村民法律意识，学习借鉴江西修水的经验，善用乡规民约来移风易俗、提升乡村文明，以重塑乡村文明生态。各地要开展形式多样的村民群众性文体活动，吸引社会文化界优秀艺术家、志愿者前往西部开展惠民文艺演出，引导村民既通过学文化知识提高文化涵养，又通过学实际技能提高操作能力，积极参加有利于提升文化水平的讲座，积极参加技能切磋类的赛事和文艺演出等，丰富乡村文化生活，为乡村振兴提供持续的精神动力。

（十）盘活土地资源，推进西部乡村振兴

针对西部乡村地区出现的老龄化和空心化问题，国家应进一步改进乡村土地承包"三权"（所有权、承包权、经营权）分置制度，要确保平等，保护三项权利，搭建起土地经营权高效流转的市场。地方政府应加快完成确权工作，明确财产权利所属关系，规范土地流转交易行为，培养契约精神，降低流转过程中的风险，增强流转的稳定性。国家在制定土地政策时，可以给西部乡村更长的土地承包年限，以稳定预期，增强安全感。

（十一）建立西部乡村新业态用地保障机制

建设用地指标不足的现状往往阻碍西部乡村新产业新业态的发展。在确保耕地占补平衡的基础上，地方政府应给予乡村新产业项目一定的政策倾斜，在土地使用长期规划中充分考虑其建设需求，为新产业项目用地提供有效保障。对于年度新增的建设用地，要专门确定出相应的比例来支持乡村培育新产业和发展新业态。

参考文献

［1］曹刚. "精准扶贫"背景下西部民族地区乡村物流发展探究［J］. 贵州民族研究，2018，39（9）：32-36.

［2］程令国，张晔，刘志彪. 农地确权促进了中国土地流转吗？［J］. 管理世界，2016（1）.

［3］丛焕宇. 发展乡村旅游要打好特色牌［N］. 辽宁日报. 2018-12-19

（010）.

[4] 冯晓丽，韩艳慧. 乡村振兴战略背景下华池县乡村旅游发展探析 [J]. 现代乡村科技，2018（12）：95-96.

[5] 耿美荣. 西部欠发达地区农村金融生态问题及优化对策研究 [J]. 兰州交通大学学报，2018，37（5）：113-116，122.

[6] 广西平南县：做强特色产业助力乡村振兴 [J]. 世界热带农业信息，2018（8）：59-60.

[7] 国务院发展研究中心创新发展研究部等. 面向未来的创新型人才发展制度与政策 [M]. 北京：中国发展出版社，2018.

[8] 国务院发展研究中心公共管理与人力资源研究所"我国社会治理创新发展研究"课题组. 我国社会治理的制度与实践创新 [M]. 北京：中国发展出版社，2018.

[9] 韩家彬，张书凤，刘淑云，常进雄. 土地确权、土地投资与农户土地规模经营：基于不完全契约视角的研究 [J]. 资源科学，2018，40（10）：20-28.

[10] 黄旻歆. 西部地区乡村土地流转问题探究 [J]. 山西农经，2018（18）：29-30.

[11] 蒋永穆，高杰. 1978年以来中国西部农村经济：成就、经验和展望 [J]. 福建行政学院学报，2014（1）：89-96.

[12] 景乃权，程晓玲. 中国艺术市场与艺术荣誉制度 [M]. 北京：中国金融出版社，2018.

[13] 黎俊亨. 乡村振兴战略之农业产业差异化发展路径 [J]. 现代园艺，2018（16）：42.

[14] 李栓民. 西部新农村文化建设的现状与对策研究 [J]. 农业网络信息，2016（1）：35-37.

[15] 李硕. 西部民族地区乡村振兴的困境、原因及对策 [J]. 区域金融研究，2018（8）：85-91.

[16] 李甜. 全产业链模式推动乡村全域旅游发展路径 [J]. 农业经济，2018（12）：49-50.

[17] 刘远风，伍飘宇. 三权分置下"确权悖论"的制度破解 [J]. 经济学家，2018（5）：89-97.

[18] 鲁洁，王斌. 人才引进过程中知识产权管理工作研究 [J]. 卷宗，2017（26）：81.

[19] 聂平香，崔艳新，王拓. "一带一路"倡议下对我国中西部利用外资的思考 [J]. 国际贸易，2017（10）：48-55.

［20］秦浩，丁利. 国外鼓励高校毕业生到基层工作的政策支持体系及其启示［J］. 现代教育管理，2016（11）：58-62.

［21］孙雯. 我国高端专业人才个人所得税政策探索［D］. 上海：复旦大学，2013.

［22］陶长江，李子祎. 现代节庆活动的游客感知价值维度构建及实证研究：以成都国际桃花节为例［J］. 旅游论坛，2018，11（3）：1-16.

［23］万原青. 西部边疆民族地区农村金融精准扶贫效率实证研究［D］. 昆明：云南财经大学，2017.

［24］汪怿. 我国探索技术移民制度的若干思考［J］. 第一资源，2012（2）：68-77.

［25］王传胜，孙贵艳，朱珊珊. 西部山区乡村聚落空间演进研究的主要进展［J］. 人文地理，2011，26（5）：9-14.

［26］王弘，靳慧祎，贺立龙. 新时期少数民族地区旅游扶贫［J］. 贵州民族研究，2013，34（3）：86-89.

［27］王辉耀. 国家引进人才五大改进重点［J］. 瞭望周刊. 2013（29）：13

［28］王旎. 大力发展乡村振兴战略，破解西部落后偏远山区土地流转困境［J］. 时代金融，2018（30）：51.

［29］王秀文. 当今农村土地确权工作之我见［J］. 中外企业家，2016（14）：245-246.

［30］吴必虎，伍佳. 中国乡村旅游发展产业升级问题［J］. 旅游科学，2007（3）：11-13.

［31］吴永华. 以科学规划引领乡村振兴［J］. 浙江经济，2018（17）：35-37.

［32］武臻. 西部地区农村金融市场配置效率研究［D］. 咸阳：西北农林科技大学，2015.

［33］熊缨. 国际技术移民制度比较及其对我国的启示［J］. 中国人力资源开发，2015（13）：64-70.

［34］徐佳璟. 西部地区农村金融内生型发展模式研究［D］. 咸阳：西北农林科技大学，2015.

［35］徐健. 西部少数民族地区乡村治理问题研究［J］. 贵州民族研究，2015，36（3）：45-48.

［36］叶兴庆，张云华，等. 农业农村改革若干重大问题研究［M］. 北京：中国发展出版社，2018.

［37］于天. 乡村土地资源与乡村旅游联动发展探究［J］. 农业经济，2018（12）：96-98.

［38］余澳. 农村土地承包经营权有偿退出机制的建构［J］. 农村经济，2018（9）：43-48.

［39］张昊，高康. 中国西部地区物流效率时空分布及影响因素研究：基于超效率 DEA 与 Tobit 回归［J］. 新疆农垦经济，2018（9）：57-64.

［40］张劲松. 乡愁生根：发展不平衡不充分背景下中西部乡村振兴的实现［J］. 江苏社会科学，2018（2）：6-16.

［41］张克俊，李明星. 关于农民土地承包经营权退出的再分析与政策建议［J］. 农村经济，2018（10）：9-15.

［42］张学浪. 城镇化与农村土地流转的互动关系：挑战与出路［J］. 经济体制改革，2018（4）：90-95.

［43］赵丽. 美国科技人才流动的特点及其政策机制［J］. 中国高等教育，2014（18）：60-63.

［44］赵微. 社会稳定和长治久安视角下新疆基层文化建设研究［D］. 乌鲁木齐：新疆大学，2018.

［45］赵微薇. 西部地区乡村金融发展与城乡收入差距关系研究［D］. 南宁：广西大学，2015.

［46］中共中央、国务院印发《乡村振兴战略规划（2018—2022 年）》［EB/OL］. （2018-09-26）［2019-11-20］. http://www. gov. cn/zhengce/2018-09/26/content_5325534. htm.

［47］朱启臻. 产业兴旺的多样性特点［J］. 农村经营管理，2018（9）：20.

——执笔人：陈健，浙江大学中国西部发展研究院；景乃权，浙江大学经济学院；
陈华、王懿、赵孟孟、刘超、吕佳钰、周梦薇，浙江大学金融系

第八章　西部地区公共服务与民生保障研究

摘　要

　　公共服务与民生保障，是以人民为中心的理念的核心内容。西部地区的教育、基本公共卫生和健康服务、养老保障与养老服务是公共服务与民生保障的代表性领域。本章从区域比较和均等化视角出发，分析其主要进展和存在的问题，以实现东中西区域城乡居民基本就学、健康和养老权利的公平享有，维护西部地区社会稳定，促进西部地区经济的可持续发展。分析结果表明，西部地区九年义务教育全面普及，学前教育以及高中阶段教育基本普及，但城乡基础教育资源配置不均衡，在贫困地区、边远山区、革命老区以及部分少数民族地区基础教育普及任务依然艰巨，学前教育阶段师资力量薄弱且严重不足；西部地区基本公共医疗卫生事业获得长足发展，居民健康水平显著提高，但居民整体健康素养偏低，基层医疗卫生机构人才匮乏，医疗救助制度基金的可持续性有待提高；西部地区人口老龄化程度低于全国平均水平，但速度快于全国平均水平，且各省份差异大，农村高于城镇，同时老龄事业发展总体低于全国平均水平，农村老年贫困问题突出，社会养老保险压力大。在此基础上，本章提出了相应的有针对性的对策建议。

Abstract

Public services and people's livelihood are guaranteed as the core content of the people-centered philosophy. Basic education，public health and health services, old-age security and services are the representative areas of public services and livelihood security. From the perspective of regional comparison and equalization, this chapter analyzes the main progress and existing problems in western region in order to realize the fair empowerment of basic schooling, health, and old-age rights for residents in the eastern, central, and western regions, urban and rural areas, maintain social stability in the western region, and promote economic development in the western region sustainable development. The analysis results show that the nine-year compulsory education is universal in the western region, and pre-school education and high school education are basically popularized. However, the basic education resources in urban and rural areas are unevenly distributed. The task of popularizing basic education in poverty-stricken areas, remote mountainous areas, old revolutionary areas, and some ethnic minority areas is still arduous, and teachers are weak and seriously inadequate in the preschool education stage. The basic public medical and health undertakings in the western region have developed rapidly, and the health level of residents has significantly improved, but the overall health literacy of residents is low, the talents of primary medical institutions are scarce, and the sustainability of medical assistance system funds needs to be improved. The population aging in the western region is lower than the national average, but the rate is faster than the national average, and the level of aging are very different among the western provinces, the rural areas are higher than the urban areas. At the same time, the development of the aging cause is generally lower than the national average. The problem of poverty in the elderly in rural areas is prominent and the pressure on social endowment insurance is high. Based on this, corresponding countermeasures and suggestions are put forward.

自实施西部大开发战略以来，尤其是进入 21 世纪以来，我国加大了对西部地区的投资与建设，包括具有较高人力资本劳动力在内的社会资源大量流入西部地区，加速了西部地区卫生事业的发展，基本公共服务体系建设取得了显著成效。本章选取教育、公共卫生与健康服务、养老保障与养老服务作为西部地区公共服务与民生保障的代表性领域，从均等化视角出发，通过比较研究，分析上述三方面的主要进展和存在的主要问题，这对完善西部地区基本公共服务资源的配置，实现区域、城乡居民基本就学、健康和养老权利的公平享有，维护西部地区社会稳定，促进西部地区经济的可持续发展具有重要的现实和长远意义。

一、西部地区基本公共服务现状

自我国实施西部大开发战略以来，西部地区的基本公共服务得到了长足的发展，基本公共服务不均衡的现象得到了缓解，如基础教育、基本公共卫生和健康服务、老年人养老得到了保障。

（一）基础教育现状

基础教育是所有人群接受教育的基础，它是一个动态的概念，随着社会的发展其内涵也在不断扩展，与高等教育有着明显的区别。从狭义上看，初中以及初中以下的所有教育形式都属于基础教育，而从发展的眼光看，高中形式的教育也应该纳入基础教育的范畴，它们都是为高等教育打下基础的教育形式。为便于分析，本文将基础教育定义为普惠性学前教育、小学阶段教育、初中阶段教育以及高中阶段教育四种形式。《国家中长期教育改革和发展规划纲要（2010—2020年)》的出台，对我国基础教育的均等化发展起到了重要的推动作用。

自我国实施西部大开发战略以来，西部地区教育事业取得长足进步，各级教育规模显著扩大，九年义务教育全面普及，学前教育以及高中阶段教育基本普及。2003年为加快西部义务教育的发展，教育部制定了《2003—2007年教育振兴行动计划》和《国家西部地区"两基"攻坚计划2004—2007年》，对西部地区实现"两基"做出了具体的部署，自此西部地区基础教育取得了重要的进展。本章选择各级学校平均在校生人数、生均教育经费、生师比等几个指标来阐述西部地区基础教育发展的现状以及均衡发展和优质发展的进程。

1. 西部地区学前教育迅速发展

近年来，我国学前教育进入新的历史发展期。《国家中长期教育改革和发展规划纲要（2010—2020年)》提出，到2020年，普及学前一年教育，毛入园率达到95％；基本普及学前两年教育，有条件的地区普及学前三年教育。为实现这一目标，2010年国务院颁布了《关于当前发展学前教育的若干意见》，针对投入不足、资源短缺、城乡发展不平衡以及"入园难""入园贵"等制约我国学前教育发展的问题，提出了十项意见。此后全国各省（区、市）连续开展了三期学前教育行动计划，极大地推进了学前教育的发展。

西部地区学前教育的发展成果显著，入园儿童大幅度增加，资金投入增速较快，幼儿园教师规模不断扩大，生师比实现较大幅度上升，学前三年教育毛入园率提高较快。这里采用每十万人口在校生数描述西部地区在校人数的变化，该指标排除了人口总数对生源规模的影响，数据来源于历年《中国统计年鉴》，该指标首次统计结果公布年份是2004年（见表8-1）。显然从2004年起，西部地区幼儿园在校生数量持续增长，其主要原因是政府对学前教育的重视所带来的教育资源倾斜。2004 年西部地区 6 个省（区、市）每十万人口在园人数超过全国平均水平，其中宁夏、广西和四川人口入园比例最大，西藏、甘肃和内蒙古人口入园比例最低。而到 2017 年该指标有 7 个省（区、市）超过全国平均水平，其中新疆、广西和贵州人口入园比例最大，内蒙古、云南和重庆人口入园比例最小。人口入园比例增幅最大的是西藏、新疆，年均增长率超过 12%。生均教育支出也在持续增长（见表 8 - 2），2007 年西部地区 12 个省（区、市）中仅 3 个生均教育支出高于全国平均水平，分别是内蒙古、青海和西藏。而 2016 年有 7 个省（区、市）高于全国平均水平，分别是西藏、内蒙古、青海、宁夏、新疆、陕西和甘肃，仅内蒙古年均增长率低于全国平均水平，显然国家对西部地区学前教育投入巨大。西部地区教师规模也大幅度增长，生师比不断下降（见表 8 - 3）。2004 年西部地区各省（区、市）生师比均超过 23.8，其中 5 个省（区、市）低于全国平均水平，2016 年仅广西生师比超过 23.8，其余 11 个省（区、市）均低于该比例，在幼儿入园率大幅度上升的情况下，生师比越低，说明幼儿教师规模增加越快。经过政府对西部地区学前教育的投入，学前三年毛入园率得到大幅度提高，2017 年西部地区该指标仅云南和西藏低于全国平均水平，其余的省（区、市）毛入园率均超过 80%。

表 8 - 1　　　　西部地区和全国每十万人口幼儿园在校生数及增长率

地区	在校生数（人）			年均增长率（%）
	2004	2010	2017	
全国平均	1 617	2 230	3 327	5.71
内蒙古	1 245	1 572	2 540	5.64
广西	1 828	2 441	4 423	7.03
重庆	1 740	2 479	3 145	4.66
四川	1 756	2 306	3 177	4.67
贵州	1 698	2 025	4 316	7.44
云南	1 722	2 159	2 922	4.15
西藏	304	807	3 213	19.89
陕西	1 291	1 868	3 804	8.67
甘肃	1 347	1 470	3 562	7.76
青海	1 452	2 009	3 495	6.99
宁夏	1 873	2 205	3 415	4.73
新疆	1 358	2 682	6 035	12.16

资料来源：《中国统计年鉴》（2005—2018）。

表 8-2 西部地区和全国学前教育生均教育支出变化

地区	生均教育支出（元）			年均增长率（%）
	2007	2010	2016	
全国平均	3 121.41	3 601.85	8 595.97	11.91
内蒙古	6 236.26	6 621.83	16 604.71	11.50
广西	1 197.52	1 536.12	4 579.68	16.07
重庆	2 383.80	1 814.51	6 800.89	12.35
四川	1 347.47	2 254.26	7 797.17	21.54
贵州	1 562.72	2 696.42	6 175.01	16.49
云南	1 732.04	2 093.17	6 654.38	16.13
西藏	3 480.45	7 954.46	21 913.88	22.68
陕西	2 648.87	4 831.55	10 171.49	16.12
甘肃	2 132.97	2 840.69	9 094.08	17.48
青海	4 793.54	7 316.02	13 197.33	11.91
宁夏	2 429.15	2 305.58	10 717.73	17.93
新疆	2 880.55	7 244.63	10 392.68	15.32

资料来源：相关年份的《中国教育经费统计年鉴》。

表 8-3 西部地区和全国幼儿园生师比及入园率

地区	生师比（教师＝1）			2017 年学前三年教育毛入园率（%）
	2004	2010	2016	
全国平均	26.93	23.15	18.06	79.60
内蒙古	24.42	18.52	14.04	93.00
广西	46.69	34.65	26.13	82.70
重庆	35.13	30.77	20.60	84.44
四川	37.28	33.12	21.08	82.14
贵州	60.73	46.24	18.37	85.00
云南	39.77	31.78	22.74	71.15
西藏	23.87	21.36	23.74	72.50
陕西	24.34	18.74	16.05	86.83
甘肃	26.29	22.26	20.14	91.00

续前表

地区	生师比（教师＝1）			2017 年学前三年教育毛入园率（％）
	2004	2010	2016	
青海	35.09	27.26	18.47	85.57
宁夏	30.94	24.76	16.54	81.46
新疆	25.80	30.00	20.52	95.95

注：幼儿园的生师比是通过在园人数与专任教师、兼职教师、代课教师之和的比值计算出来的，最新数据是 2016 年。

资料来源：相关年份《中国教育统计年鉴》，各省统计公报或者网上查找的政府报告。

2. 西部地区义务教育稳定发展

1986 年我国开始实行《中华人民共和国义务教育法》，规定国家实行九年制义务教育，这是一项保障所有适龄儿童与少年接受义务教育的法令。进入 21 世纪以来，我国义务教育已经基本普及，虽然表 8-4 和表 8-5 显示我国每十万人口小学和初中在校生数呈下降趋势，但主要是由于长期低生育水平的影响，6～15 岁人口比重呈下降趋势，也即接受义务教育的人口比例在下降，而非义务教育入学率所致。

表 8-4   **西部地区和全国每十万人口小学在校生数及增长率**

地区	在校生数（人）			年均增长率（％）
	2004	2010	2017	
全国平均	8 725	7 448	7 300	−1.36
内蒙古	6 978	5 907	5 260	−2.15
广西	9 717	8 856	9 586	−0.10
重庆	8 726	6 993	6 888	−1.80
四川	8 483	7 234	6 679	−1.82
贵州	12 419	11 414	10 185	−1.51
云南	10 105	9 521	7 864	−1.91
西藏	12 119	10 323	9 520	−1.84
陕西	10 071	6 920	6 617	−3.18
甘肃	12 149	8 994	7 110	−4.04
青海	9 637	9 313	7 843	−1.57
宁夏	11 707	10 455	8 613	−2.33
新疆	11 477	8 968	9 534	−1.42

资料来源：同表 8-1。

表 8 - 5	西部地区和全国每十万人口初中在校生数及增长率			
地区	在校生数（人）			年均增长率（％）
	2004	2010	2017	
全国平均	5 058	3 955	3 213	−3.43
内蒙古	4 943	3 364	2 455	−5.24
广西	4 978	4 127	4 206	−1.29
重庆	4 022	4 483	3 249	−1.63
四川	4 165	4 207	3 015	−2.46
贵州	5 396	5 654	5 147	−0.36
云南	4 469	4 551	3 925	−0.99
西藏	4 046	4 792	3 763	−0.56
陕西	5 955	4 356	2 753	−5.76
甘肃	5 175	5 252	3 280	−3.45
青海	4 223	3 938	3 471	−1.50
宁夏	4 708	4 919	4 236	−0.81
新疆	6 223	4 648	3 761	−3.80

资料来源：同表 8 - 1。

　　与全国平均水平相似，西部地区每十万人口小学和初中在校生数也呈逐年下降之势，小学下降速度比初中更快。除了广西之外，西部地区其他 11 个省（区、市）每十万人口小学在校生数下降速度皆快于全国平均水平。其原因一方面是义务教育适龄人口占比呈下降趋势，另一方面是西部地区随父母流迁外出就学的适龄少儿人口较多，而初中阶段教育由于涉及中考因而回流子女增多。

　　西部地区义务教育发展取得了较大成就，生均教育支出增长较快，师生配比得到了极大改善，义务教育巩固率基本都超过 90％。生均教育支出一般用于教育经费（如各类学校员工的工资和公用经费）与教育基本建设（如建设校舍和购买大型教学设备），生均教育支出的高低可以反映地区教育的软件和硬件的好坏程度。2000 年以来，全国义务教育阶段的生均教育支出呈现增长态势（见表 8 - 6 和表 8 - 7），虽然小学生均教育支出规模略低于初中，但年均增长率略高于初中。西部地区 12 个省（区、市）比较，各省（区、市）间差异较大。2016年小学生均教育支出最高的三个省（区）分别是西藏（27 399.33 元）、内蒙古（18 730.47 元）和青海（16 197.13 元）。而最低的三个省（区）分别是广西（8 796.50 元）、贵州（10 556.66 元）和四川（10 711.35 元），其余 9 个省（区、市）小学生均教育支出均高于全国平均水平。2000—2016 年西部各省（区、市）小学生均教育支出年增长率绝大多数高于全国平均水平，仅新疆略低，表明 2000 年以后国家财政转移支付向西部地区有所倾斜。就初中生均教育支出而言，西部地区明显存在基础差、底子薄的问题。虽然 2000 年以后国家对西部地区加大了投入，其生均教育支出增长率 12 个省（区、市）中有 9 个高于全国平均水平，但是 2016 年西部地区仅 5 个省（区、市）高于全国平均水平。显然，国家对西部地区初中教育的投资力度也在不断加大。

表 8－6 西部地区和全国小学生均教育支出变化

地区	生均教育支出（元）				年均增长率（%）
	2000	2005	2010	2016	
全国平均	792.36	1 822.76	4 931.58	11 397.25	18.13
内蒙古	945.06	2 441.31	8 954.37	18 730.47	20.52
广西	611.03	1 299.01	3 857.57	8 795.50	18.14
重庆	698.51	1 731.02	5 368.57	13 456.79	20.31
四川	646.70	1 392.96	4 724.93	10 711.35	19.18
贵州	418.23	1 019.89	2 962.16	10 556.66	22.36
云南	819.00	1 649.84	4 317.51	11 828.18	18.16
西藏	1 254.53	3 095.76	9 302.80	27 399.33	21.26
陕西	466.19	1 306.75	5 294.76	12 124.72	22.59
甘肃	554.73	1 215.78	4 073.92	12 523.78	21.51
青海	877.10	2 112.37	6 821.36	16 197.13	19.99
宁夏	755.77	1 496.96	4 490.04	11 528.69	18.57
新疆	1 010.57	2 418.05	6 570.30	14 300.52	18.01

资料来源：同表 8－2。

表 8－7 西部地区和全国初中生均教育支出变化

地区	生均教育支出（元）				年均增长率（%）
	2000	2005	2010	2016	
全国平均	1 210.42	2 277.32	6 526.73	16 007.22	17.51
内蒙古	1 132.59	2 572.61	10 161.39	21 671.81	20.26
广西	857.95	1 628.42	5 001.27	10 945.68	17.25
重庆	1 077.65	2 486.30	6 319.44	17 095.93	18.86

续前表

地区	生均教育支出（元）				年均增长率（%）
	2000	2005	2010	2016	
四川	954.84	1 705.71	5 609.68	14 497.04	18.53
贵州	648.37	1 317.04	3 499.45	11 347.97	19.59
云南	1 269.09	1 946.25	5 449.07	13 293.60	15.81
西藏	2 929.67	5 252.34	7 901.57	27 635.55	15.06
陕西	769.89	1 419.96	6 211.98	15 405.93	20.59
甘肃	840.90	1 517.54	5 187.41	13 198.75	18.78
青海	1 295.17	2 447.42	9 927.13	20 488.71	18.84
宁夏	1 062.75	2 230.87	7 434.35	15 073.79	18.03
新疆	1 394.20	2 744.94	9 224.42	20 800.03	18.40

资料来源：同表 8-2。

近年来我国义务教育阶段生师比有不同程度的下降，表明义务教育师生配比得到了极大改善。如表 8-8 所示，全国小学生师比由 2004 年的 19.98 下降到 2017 年的 16.98，初中由 2004 年的 18.65 下降到 2017 年的 12.52，初中阶段教育教师投入的改善更为明显。与全国平均水平相比，西部地区小学生师比改善程度更大，2004 年仅有 4 个省（区）小学生师比低于全国平均水平，2017 年则有 9 个省（区、市）低于全国平均水平，反映出西部地区小学教师配比高于全国平均水平，小学生师比指标略为不足的仅有 3 个省区，分别是广西、贵州和青海。2004 年西部地区有 5 个省（区、市）初中阶段生师比低于全国平均水平，2017 年则有 6 个省（区）低于全国平均水平，最高的是广西，显然初中阶段生师比的改善程度低于小学教育，但是也得到了较大幅度的改善。

表 8-8　　　　西部地区和全国小学及初中教育生师比（教师＝1）

地区	小学教育生师比			初中教育生师比		
	2004	2010	2017	2004	2010	2017
全国平均	19.98	17.70	16.98	18.65	14.98	12.52
内蒙古	13.34	12.60	13.30	15.99	12.73	10.74
广西	23.46	19.53	18.77	20.79	16.88	15.68
重庆	23.85	17.23	16.76	18.45	16.63	13.00
四川	23.92	19.37	16.98	19.34	16.82	12.37

续前表

地区	小学教育生师比			初中教育生师比		
	2004	2010	2017	2004	2010	2017
贵州	26.52	21.90	17.92	21.94	19.51	14.35
云南	20.12	18.32	16.51	19.49	17.32	14.52
西藏	24.02	15.84	15.43	19.24	15.66	12.40
陕西	19.73	14.90	15.86	19.31	14.10	10.50
甘肃	24.51	16.89	13.07	19.90	16.64	10.57
青海	18.42	19.52	17.02	16.64	15.32	12.80
宁夏	19.99	19.68	16.98	17.64	16.50	13.84
新疆	16.44	14.45	14.91	16.69	11.98	10.49

资料来源：同表 8-1。

义务教育巩固率是指期末毕业人数与期初入学人数之比，它是义务教育成果与水平巩固情况的具体体现。与此相关的另一个指标是入学率，包括毛入学率与净入学率。毛入学率指某学年某级教育在校生数占相应学龄人口总数的比例；净入学率是指在校生中该学龄人数与相应学龄人口总数的比例，入学率是"十二五"规划之前反映教育发展水平的重要指标。本章中优先使用义务教育巩固率指标，如果该指标缺失，则用毛入学率或者净入学率替代。从总体上看，2017 年西部地区各省（区、市）义务教育普及率都很高，皆在 90%以上，相比较而言，贵州义务教育巩固率略低，2017 年为 90.00%（见表 8-9）。显然经过十多年的努力，西部地区义务教育已经取得了很大成就，义务教育普及率得到了极大提高，距离全国 2020 年义务教育巩固率达到 95%的目标非常接近。

表 8-9　　2017 年西部地区和全国义务教育巩固率或者毛入学率（%）

地区	毛入学率		义务教育巩固率
	小学	初中	
全国平均			93.80
内蒙古	100.00	98.88	
广西			94.00
重庆	99.99	99.84	93.50
四川			94.25
贵州			90.00

续前表

地区	毛入学率		义务教育巩固率
	小学	初中	
云南[a]			93.80
西藏	99.50	99.30	91.60
陕西			93.80
甘肃			95.00
青海		109.30	94.21
宁夏	99.93	107.04	
新疆[b]	99.91	99.96	

注：上标 a 表示是 2018 年数据，上标 b 表示是净入学率。
资料来源：各省（区、市）2017 年国民经济和社会发展统计公报，以及网上政府报告。

3. 西部地区高中阶段教育蓬勃发展

从每十万人口高中阶段在校生数（见表 8 - 10）来看，全国经历了从低到高再到低的过程，由 2004 年的 2 824 人上升到 2010 年的 3 499 人，再降到 2017 年的 2 861 人，13 年间年均增长率为 0.10%，高中阶段在校生数的变化主要由两个原因造成：一方面是由于人口年龄结构的变化，2004 年全国 15～19 岁人口占总人口比重为 8.72%，2011 年下降到 7.02%，2017 年更是降为 5.17%，高中适龄人口总体呈下降趋势；另一方面是国家对高中阶段教育普及日益重视，高中入学率不断提高。从西部 12 个省（区、市）来看，多数省（区、市）的高中在校生年均增长率都超过全国平均水平，部分省区表现出在校生数持续上升的态势，如贵州、云南、西藏、广西、新疆，年均增长率低于全国平均水平的仅有内蒙古和陕西。显然，西部地区高中阶段教育普及率上升是在校生数增加的重要原因。

表 8 - 10　　　　西部地区和全国每十万人口高中阶段在校生数及增长率

地区	在校生数（人）			年均增长率（%）
	2004	2010	2017	
全国平均	2 824	3 499	2 861	0.10
内蒙古	2 821	3 581	2 559	−0.75
广西	2 170	3 432	3 686	4.16
重庆	2 617	4 000	3 305	1.81
四川	2 263	3 496	2 889	1.90
贵州	1 602	2 716	4 502	8.27

续前表

地区	在校生数（人）			年均增长率（%）
	2004	2010	2017	
云南	1 649	2 835	3 094	4.96
西藏	1 344	2 184	2 358	4.42
陕西	3 573	4 931	3 076	−1.15
甘肃	2 640	4 044	3 098	1.24
青海	2 123	3 790	3 647	4.25
宁夏	2 996	4 223	3 412	1.01
新疆	2 455	3 249	3 712	3.23

资料来源：同表 8-1。

西部地区高中阶段教育的普及率得到了极大提高，生均教育支出大幅度增长，师生配比指标得到明显改善。从高中阶段生均教育支出（见表 8-11）来看，2016 年西部地区 5 个省（区、市）生均教育支出高于全国平均水平，最高的是西藏，达到约 3.2 万元。而从年均增长率来看，西部地区有 10 个省（区、市）高于全国平均水平，前四名分别是宁夏、青海、陕西和内蒙古，高中阶段生均教育支出年均增长率超过 14%，说明西部地区近几年高中教育支出大幅度增长，对高中教育越来越重视。

表 8-11　　　　　　西部地区和全国高中阶段生均教育支出变化

地区	生均教育支出（元）				年均增长率（%）
	2000	2005	2010	2016	
全国平均	3 198.82	4 647.28	6 280.49	16 726.95	10.89
内蒙古	2 397.94	3 768.58	8 223.52	19 744.01	14.08
广西	2 102.48	3 311.23	3 949.59	12 649.47	11.87
重庆	2 677.74	4 113.57	5 322.67	17 441.98	12.43
四川	2 595.69	3 242.4	4 538.33	13 167.86	10.68
贵州	1 620.11	2 908.81	4 109.26	12 991.62	13.90
云南	2 698.09	4 269.32	5 537.12	14 863.34	11.25
西藏	6 240.97	5 336.66	—	32 245.58	10.81
陕西	1 680.78	2 727.93	6 536.42	14 287.94	14.31
甘肃	1 602.48	2 685.22	5 529.96	12 529.98	13.72
青海	2 099.34	3 645.95	8 156.34	19 456.67	14.93
宁夏	1 653.64	4 263.28	7 846.08	15 909.75	15.20
新疆	2 590.33	4 767.63	11 703.65	17 952.06	12.86

资料来源：同表 8-2。

　　2004 年以后西部地区高中阶段教师数量也有了较大增长，2004 年西部地区 6 个省（区）普通高中生师比超过 19，分别是内蒙古（19.26）、广西（19.91）、四川（19.49）、贵州（19.75）、陕西（20.45）、甘肃（19.62），而到 2017 年有 5 个省（区、市）普通高中生师比超过 14，分别是广西（17.41）、重庆（15.26）、四川（14.50）、贵州（15.77）、云南（14.74），说明西部地区高中教师增长较快，生师比指标得到了极大改善。而从高中阶段毛入学率来看，2017 年西部 12 个省（区、市）中仅有 4 个省（区）该指标低于全国平均水平，分别是贵州、云南、西藏和青海，且差距都不大于 10%。显然经过多年的努力，西部地区高中阶段教育的普及率也得到了极大的提高（见表 8 - 12）。

表 8 - 12　　　　　　　西部地区和全国普通高中生师比及毛入学率

地区	生师比（教师＝1）			2017 年高中阶段毛入学率（%）
	2004	2010	2017	
全国平均	18.65	15.99	13.39	88.30
内蒙古	19.26	15.81	12.22	92.70[a]
广西	19.91	17.90	17.41	88.50
重庆	18.81	19.45	15.26	95.10
四川	19.49	18.21	14.50	90.92
贵州	19.75	18.75	15.77	87.00
云南	16.74	15.37	14.74	80.00[a]
西藏	15.79	12.84	11.33	80.30
陕西	20.45	17.72	13.21	88.30
甘肃	19.62	17.24	12.72	94.00
青海	15.60	14.27	13.62	83.99
宁夏	18.05	16.07	13.65	90.33
新疆	15.75	13.86	12.75	94.19

　　注：上标 a 表示 2018 年的数据。
　　资料来源：同表 8 - 3。

　　上述分析表明，经过多年的发展，西部地区基础教育在教育投入、办学条件、教育机会等方面都有明显的改善，九年义务教育已经基本普及，幼儿园和普通高中教育的普及率得到了极大的提升。可以说，西部地区基础教育建设已经取得了明显的成效。

（二）公共医疗卫生服务与居民健康现状

公共卫生作为一国公共服务的重要项目，被视为维护社会健康公平、助力低收入群体走出贫困的重要途径，因为没有全民健康，就没有全面小康。全方位、全生命周期地保障人民群众健康是重大的民生工程、民心工程，"以人民健康为中心"成为新形势下我国医疗卫生事业发展的"风向标"。

1. 公共医疗卫生事业有了长足的发展

我国政府高度重视西部地区公共医疗卫生事业的发展，财政投入到西部地区公共医疗卫生事业的总金额也在不断增加，西部地区公共医疗卫生事业正在加速发展，与东部地区的差异正在慢慢缩小。

西部地区医疗卫生机构数量经历了跳跃式增长，占全国的比重经历了从急剧下降到稳定提升的过程。西部12省份的医疗卫生机构数量以2008年为拐点，从2000年的115 711个下降到2008年的最低值90 311个，2009年猛增到280 053个；西部地区医疗卫生机构占全国医疗卫生机构数的比重从2000年的35.6%，下降到2009年的最低点30.6%，随后出现小幅反弹，2012—2017年比重稳定在31.7%左右（见图8-1）。

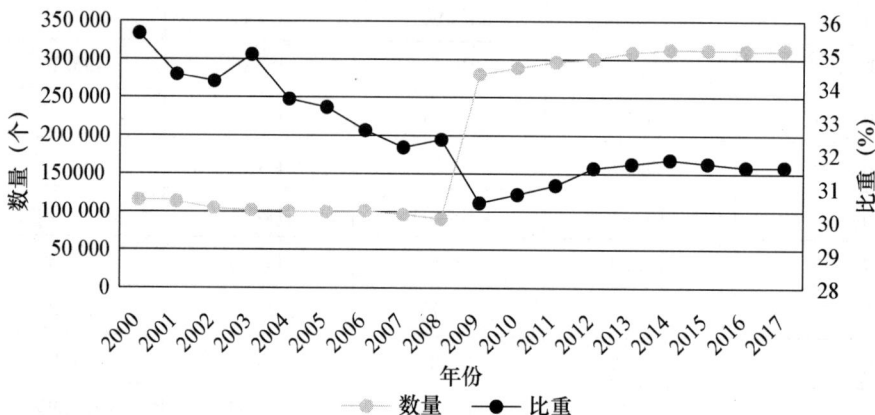

图8-1　2000—2017年西部地区医疗机构数量占全国医疗机构数量的比重

资料来源：《中国统计年鉴》（2001—2017）。

西部地区三甲医院占全国三甲医院总数的比重呈缓慢上升态势（见图8-2），从2002年的21.0%提高到2016年的24.7%，15年间提高了3.7个百分点，同期中部地区占比从21.2%上升到29.5%，提高了8.3个百分点，速度快于西部地区，但是东部地区占比从57.8%下降到45.8%，下降了12.0个百分点。这表明西部地区能够为当地居民提供较高水平医疗服务的医院的比重在上升，但该比重在三大地区中最小，说明西部地区高水平医疗服务能力在提升，但服务供给相对不足。

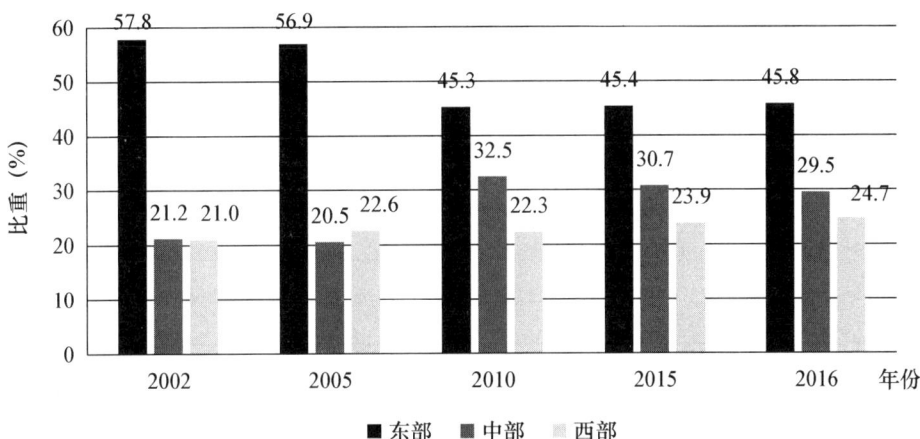

图 8 - 2　2002—2016 年主要年份东、中、西部地区三甲医院占全国三甲医院总数的比重

资料来源:《中国卫生统计年鉴》(2003、2006、2011),《中国卫生和计划生育年鉴》(2016、2017)。

　　从西部地区三甲医院占西部地区医院总数的比重看,其在经历了 2005 年约 2.34% 的低点后逐步提升,到 2016 年回升到了 3.43% 的水平(见图 8 - 3)。图 8 - 3 也表明西部地区三甲医院占西部地区医院总数的比重不仅落后于东部地区、中部地区,也落后于全国平均水平,这说明了西部地区较高医疗水平服务的供给能力要落后于全国的平均水平。

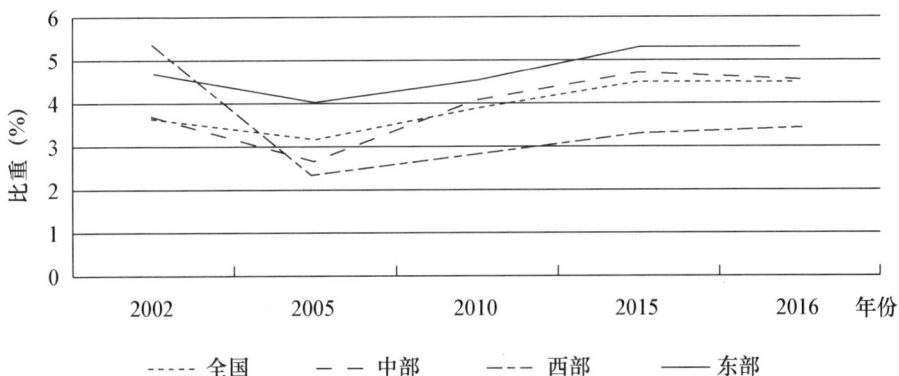

图 8 - 3　2002—2016 年主要年份全国及东、中、西部地区三甲医院占各地区医院总数的比重

资料来源:《中国卫生统计年鉴》(2003、2006、2011),《中国卫生和计划生育年鉴》(2016、2017)。

　　西部地区每千人卫生技术人员数高于全国平均水平,仅低于东部地区。每千人拥有的卫生技术人员数量指标反映了公共医疗卫生服务人力资源供给能力的变化。图 8 - 4 表明,2000—2016 年,只有东部地区每千人卫生技术人员数高于全国平均水平，但是西部地区从全国最低（3.22 人）逐渐上升到次高（7.56 人），实现了跳跃式的增长。此外，从图 8-4 中还可以看到，从2012 年开始西部地区每千人卫生技术人员数超越中部地区，2015 年达到5.80 人的全国平均水平，表明新时期西部地区卫生技术人员队伍正在不断成长壮大。

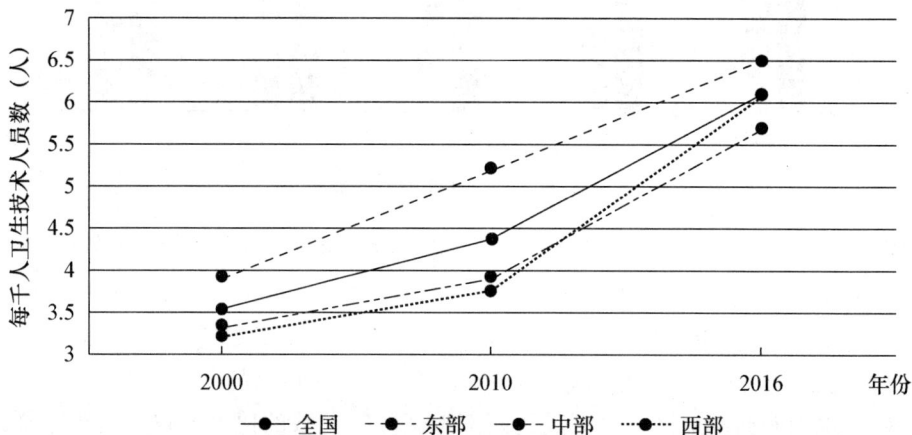

图 8-4　2000 年、2010 年、2016 年东、中、西部地区每千人卫生技术人员数对比图

注：2000 年和 2016 年每千人卫生技术人员数是作者根据《中国统计年鉴》各省份卫生技术人员数和常住人口数计算得到的。

资料来源：《中国卫生统计年鉴》（2011）、《中国统计年鉴》（2001、2018）。

分省（区、市）看，无论是 2000 年、2010 年还是 2016 年，新疆、内蒙古、青海、宁夏和陕西 5 省（区）每千人卫生技术人员数高于全国水平，其余 7 省（区、市）每千人卫生技术人员数均低于全国水平（见表 8-13）。在前述 5 省（区）中，每千人卫生技术人员数上升幅度最大的为陕西省，从 2000 年的 3.65 人上升到 2016 年的 7.6 人，升幅达到 108.2%，表明陕西省卫生技术人员队伍在新时期发展趋势良好。在每千人卫生技术人员数低于全国水平的 7 省（区、市）中，贵州、广西和四川三省（区）每千人卫生技术人员数上升幅度最大，分别达到 156.64%、124.72% 和 97.37%，高于西部地区 89.44% 的平均水平，远高于全国 72.32% 的平均水平。这表明这 3 省（区）卫生技术人员队伍的培养和建设在西部地区速度最快。此外，西藏地区 2016 年每千人卫生技术人员数仅为 4.5人，不但明显低于全国水平，而且 2000—2016 年每千人卫生技术人员数上升幅度仅为 28.94%，显著低于全国 72.32% 的水平，这充分说明了西藏地区的卫生技术人员队伍培养有待加强，以满足本地区人民群众对医疗保健服务不断增长的需求。

表 8-13　2000 年、2010 年和 2016 年东、中、西部地区和全国每千人卫生技术人员数

地区	每千人卫生技术人员数（人）			2000—2010 年增长率（%）	2010—2016 年增长率（%）
	2000	2010	2016		
全国	3.54	4.37	6.1	23.45	39.59
内蒙古	4.51	5.13	6.8	13.75	32.55
广西	2.67	3.56	6.0	33.33	68.54
重庆	3.12	3.36	5.9	7.69	75.60
四川	3.04	3.62	6.0	19.08	65.75
贵州	2.26	2.48	5.8	9.73	133.87
云南	2.92	3.16	5.2	8.22	64.56
西藏	3.49	3.43	4.5	−1.72	31.20
陕西	3.65	4.68	7.6	28.22	62.39
甘肃	3.14	3.65	5.2	16.24	42.47
青海	4.26	4.53	6.2	6.34	36.87
宁夏	3.79	4.66	6.6	22.96	41.63
新疆	5.25	5.73	7.1	9.14	23.91
东部	3.93	5.22	6.5	32.82	24.52
中部	3.35	3.93	5.7	17.31	45.04
西部	3.22	3.76	6.1	16.77	62.23

注：2000 年每千人卫生技术人员数是作者根据《中国统计年鉴》（2001）各省份卫生技术人员数和人口数计算得到的。

资料来源：《中国卫生统计年鉴》（2013）、《中国卫生和计划生育年鉴》（2017）、《中国统计年鉴》（2001）。

　　每千人医疗卫生机构床位数是实现城乡居民公平享有公共医疗卫生服务和安全、有效、方便、价廉的基本医疗服务的关键指标，是实现西部健康必备的基础医疗卫生资源。

　　图 8-5 表明，2000—2010 年东部地区每千人医疗卫生机构床位数高于全国平均水平，2011 年起低于全国平均水平。西部地区则从 2012 年始逐渐上升，到 2016 年提高到 5.71 张，高于 5.37 张的全国平均水平，这表明西部地区医疗卫生资源基础在不断改善。

　　从表 8-14 可以看到 2000 年、2010 年和 2016 年西部各省份每千人医疗卫生机构床位数与全国水平的对比情况。2000—2010 年，只有新疆、青海、陕西、宁夏和内蒙古 5 个省（区）每千人医疗卫生机构床位数超过全国平均水平。到

2016年，已有8个省（区、市）超过全国平均水平，而云南和甘肃已与全国平均水平差距不大。

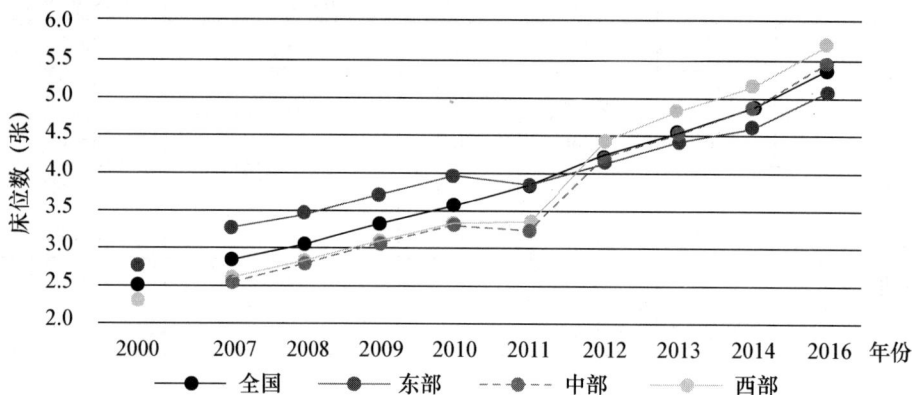

图 8-5 2000—2016 年主要年份东、中、西部地区每千人医疗卫生机构床位数对比

注：2000 年每千人医疗卫生机构床位数是作者根据《中国统计年鉴》（2001）各省份医疗卫生机构床位数和人口数计算得到的。

资料来源：《中国卫生统计年鉴》（2013）、《中国卫生和计划生育年鉴》（2014－2017）、《中国统计年鉴》（2001）。

表 8-14 2000 年、2010 年和 2016 年西部地区和全国每千人卫生机构床位数

地区	每千人医疗卫生机构床位数（张）			2000—2010 年增长率（%）	2010—2016 年增长率（%）
	2000	2010	2016		
全国	2.51	3.56	5.37	41.83	50.84
内蒙古	2.82	3.81	5.53	35.11	45.14
广西	1.79	2.70	4.64	50.84	71.85
重庆	2.32	3.14	6.26	35.34	99.36
四川	2.29	3.35	6.28	46.29	87.46
贵州	1.57	2.51	5.92	59.87	135.86
云南	2.31	3.47	5.31	50.22	53.03
西藏	2.33	3.01	4.37	29.18	45.18
陕西	2.66	3.67	5.91	37.97	61.04
甘肃	2.35	3.33	5.15	41.70	54.65
青海	3.29	3.72	5.86	13.07	57.53

续前表

地区	每千人医疗卫生机构床位数（张）			2000—2010增长率（%）	2010—2016年增长率（%）
	2000	2010	2016		
宁夏	2.53	3.68	5.38	45.45	46.20
新疆	3.84	5.37	6.54	39.84	21.79
东部	2.78	3.96	5.08	42.45	28.28
中部	2.31	3.30	5.46	42.86	65.45
西部	2.33	3.35	5.71	43.78	70.45

　　注：2000年每千人卫生机构床位数是作者根据《中国统计年鉴》（2001）各省份卫生机构床位数和人口数计算得到的。
　　资料来源：《中国卫生统计年鉴》（2013）、《中国卫生和计划生育年鉴》（2017）、《中国统计年鉴》（2001）。

　　西部地区人均卫生总费用总体呈上升趋势。公共医疗卫生事业的发展水平较高往往体现为较高的人均卫生总费用和较低的个人卫生支出占卫生总费用的比重。2012—2015年，西部地区人均卫生总费用从2 178元上升到3 171元，均高于全国平均水平，也高于中部地区，但低于东部地区。从年均增长率看，2012—2015年西部地区年均增长率最高，达到13.34%，不仅高于中部地区，而且高于全国平均水平0.54个百分点，甚至略高于东部地区0.02个百分点（见表8-15）。

表8-15　　　　　　2012—2015年西部地区人均卫生总费用变化

地区	人均卫生总费用（元）		2012—2015年年均增长率（%）
	2012	2015	
全国	2 076.67	2 980.80	12.80
内蒙古	2 486.17	3 302.78	9.93
广西	1 671.24	2 103.71	7.97
重庆	2 110.50	3 315.82	16.25
四川	1 740.81	2 638.14	14.86
贵州	1 378.38	2 136.78	15.73
云南	1 626.26	2 309.65	12.40
西藏	2 079.51	3 208.66	15.55
陕西	2 292.88	3 307.08	12.99
甘肃	1 725.36	2 516.10	13.40
青海	2 485.95	3 667.80	13.84

续前表

地区	人均卫生总费用（元）		2012—2015 年年均增长率（%）
	2012	2015	
宁夏	2 085.87	3 411.75	17.82
新疆	2 536.29	3 691.00	13.32
东部	2 319	3 375	13.32
中部	1 573	2 243	12.56
西部	2 178	3 171	13.34

注：（1）2013 年及以前卫生统计年鉴中分省份的人均卫生总费用不全。（2）分东部、中部和西部地区的人均卫生总费用是作者根据《中国卫生和计划生育统计年鉴》中 2014 年、2017 年分地区的卫生总费用及相应的人口数计算得到的。

资料来源：《中国卫生和计划生育统计年鉴》（2014、2017）。

分省份看，2012 年，内蒙古、重庆、陕西、青海、宁夏和新疆 6 省（区）的人均卫生总费用高于全国平均水平，西藏与全国平均水平持平，最低的是贵州，仅为 1 378.38 元，是全国平均水平的 66.4%。到 2015 年，西藏的人均卫生总费用远高于全国平均水平。从增长速度看，宁夏、重庆、贵州和西藏的增长速度超过 15%。

从个人卫生支出占卫生总费用的比重的变化看，2015 年西部地区个人卫生支出占卫生总费用的比重为 29.08%，不仅低于中部区（32.66%），还略低于全国 29.27% 的平均水平，但高于东部地区平均 28.86% 的水平（见表 8-16）。和 2012 年相比，西部地区这一比重下降了 4.5 个百分点，下降幅度低于全国平均水平，但与东部地区相同。

有研究指出，如果个人卫生支出占卫生总费用的比重低于 30%，则说明公共医疗卫生能够提供有质量保障的服务，农村居民会遇到相对小的困难。这说明 2015 年，西部地区整体的社会公平性、服务可及性、资源利用效率、财政保障程度及社会医疗保险覆盖率达到了相当高的水平。

分省份看，2012 年，只有贵州、西藏、青海和新疆 4 省（区）个人卫生支出占卫生总费用的比重在 30% 以下，其余省（区、市）均超过了 30%，到 2015 年，个人卫生支出占比小于 30% 的省（区）扩大到 8 个，只有内蒙古、陕西、宁夏和云南 4 省（区）的个人卫生支出占比超过 30%。

表 8-16　2012 年、2015 年西部地区和全国个人卫生支出占卫生总费用的比重的变化情况

地区	个人卫生支出占卫生总费用的比重（%）		2012—2015 年差值（百分点）
	2012	2015	
全国	34.3	29.27	−5.0
内蒙古	38.7	36.45	−2.3
广西	33.3	26.64	−6.7

续前表

地区	个人卫生支出占卫生总费用的比重（%）		2012—2015 年差值（百分点）
	2012	2015	
重庆	35.6	28.27	−7.3
四川	33.1	29.67	−3.4
贵州	29.1	23.39	−5.7
云南	34.0	30.24	−3.8
西藏	7.4	5.71	−1.7
陕西	38.0	32.80	−5.2
甘肃	36.4	29.87	−6.5
青海	27.0	23.90	−3.1
宁夏	34.6	32.83	−1.8
新疆	26.9	24.94	−2.0
东部	33.4	28.86	−4.5
中部	39.6	32.66	−6.9
西部	33.6	29.08	−4.5

注：东、中、西部地区个人卫生支出占卫生总费用的比重是作者根据《中国卫生和计划生育统计年鉴》2014 年、2017 年分地区的个人卫生费支出与卫生总费用计算得到的。

资料来源：《中国卫生和计划生育年鉴》（2014、2017）。

2. 西部地区居民的健康水平显著提高

《"健康中国 2030"规划纲要》指出："健康是促进人的全面发展的必然要求，是经济社会发展的基础条件。实现国民健康长寿，是国家富强、民族振兴的重要标志，也是全国各族人民的共同愿望。"近些年来，伴随着中国社会的发展以及党中央对西部地区健康事业发展的高度关注，在西部地区自身的不懈努力下，居民的健康水平不断提升。

（1）0 岁组平均预期寿命不断提高。

2000 年和 2010 年全国 0 岁组人均期望寿命分别为 71.4 岁和 74.83 岁，10 年提高了 3.43 岁，西部地区各省份人均期望寿命稳步提高，与全国平均水平的差距在缩小。2000 年，西部地区平均预期寿命最高的省份为重庆（71.73 岁），高于全国平均水平 0.33 岁，最低的省份是西藏，为 64.37 岁，低于全国平均水平7.03 岁；到 2010 年，西部地区有重庆和广西两省市的平均预期寿命高于全国平均水平，而西藏的平均预期寿命提高到了 68.17 岁，虽然在西部地区仍是最低，但是与全国平均水平的差距缩小到 6.66 岁。2010 年西部各省份平均预期寿命提高的幅度，除宁夏（3.21 岁）外，均高于全国 3.43 岁的平均水平（见表 8-17）。

表 8-17　　　　2000 年、2010 年西部地区和全国 0 岁组平均预期寿命变化

地区	平均预期寿命（岁）		2000 年与全国平均水平之差（岁）	2010 年与全国平均水平之差（岁）	2010 年相比 2000 年提高的幅度（岁）
	2000	2010			
全国	71.40	74.83	—	—	3.43
内蒙古	69.87	74.44	−1.53	−0.39	4.57
广西	71.29	75.11	−0.11	0.28	3.82
重庆	71.73	75.70	0.33	0.87	3.97
四川	71.20	74.75	−0.20	−0.08	3.55
贵州	65.96	71.10	−5.44	−3.73	5.14
云南	65.49	69.54	−5.91	−5.29	4.05
西藏	64.37	68.17	−7.03	−6.66	3.80
陕西	70.07	74.68	−1.33	−0.15	4.61
甘肃	67.47	72.23	−3.93	−2.60	4.76
青海	66.03	69.96	−5.37	−4.87	3.93
宁夏	70.17	73.38	−1.23	−1.45	3.21
新疆	67.41	72.35	−3.99	−2.48	4.94

资料来源：《中国卫生和计划生育统计年鉴》（2015）。

（2）婴儿死亡率不断下降。

婴儿死亡率或 5 岁以下儿童死亡率是衡量一个地区卫生发展水平的重要指标。西部各省份婴儿死亡率大幅下降，下降幅度最大的是云南，从 2000 年的 60.43‰下降到 14.57‰；陕西省的婴儿死亡率则从 2000 年的 28.39‰一路下降到 2010 年的 1.97‰，低于全国 3.82‰的平均水平。但是，西部地区除陕西省外，只有重庆和四川两省市的婴儿死亡率低于全国平均水平，贵州、云南、西藏、青海和宁夏等 5 省区 2010 年婴儿死亡率均超过 10‰，分别为 15.61‰、14.57‰、12.82‰、11.95‰，10.27‰，远高于全国平均水平（见图 8-6）。

（3）孕产妇死亡率显著下降。

我们以每 10 万人孕产妇死亡人数来计算孕产妇死亡率。2010 年全国孕产妇死亡率为每 10 万人 30.0 人，东、中、西部地区的孕产妇死亡率分别为每 10 万人 17.8 人、每 10 万人 29.1 人和每 10 万人 45.1 人，比 2000 年分别下降了 16.0%、44.1%和 60.7%。2000 年西部地区孕产妇死亡率是东部地区的 5.4 倍，2010 年缩小到 2.5 倍[1]（见图 8-7）。

---

[1]　中华人民共和国卫生部. 中国妇幼卫生事业发展报告 2011 [R]. 2011.

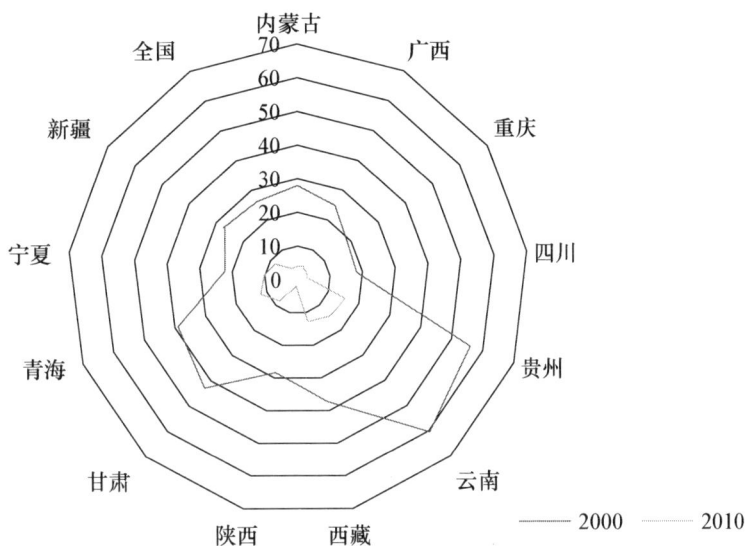

图 8-6　西部各省份及全国婴儿死亡率（‰）

资料来源：根据 2000 年及 2010 年人口普查数据测算。

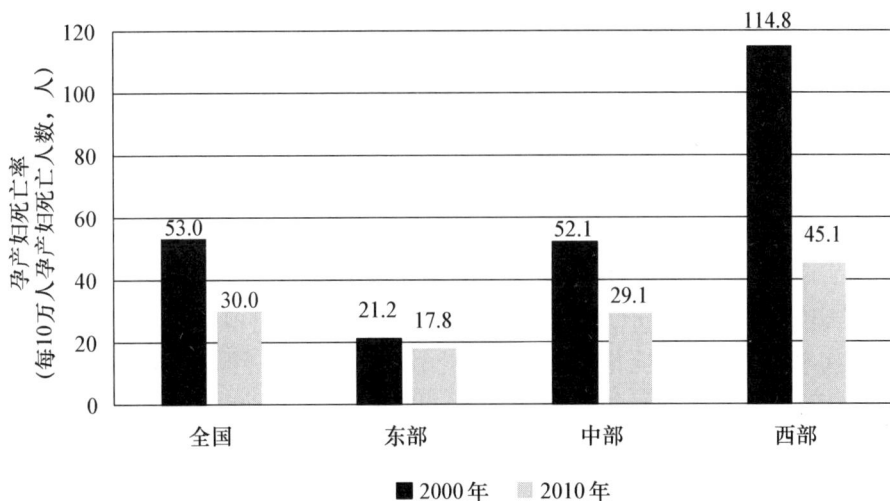

图 8-7　2000 年和 2010 年全国和东、中、西部地区孕产妇死亡率

资料来源：根据《中国妇幼卫生事业发展报告 2011》中的数据计算。

到 2016 年，全国孕产妇死亡率下降到每 10 万人 19.9 人，和 2002 年相比下降了 27.9 人，西部地区孕产妇死亡率最高的省份为西藏（每 10 万人 109.9 人），虽高于全国平均水平（每 10 万人 19.9 人），但是和 2002 年相比，下降了 291.5

人，下降幅度最大；西部地区孕产妇死亡率最低的省份是陕西，仅为每 10 万人
9.5 人，低于全国平均水平。2016 年，西部地区有内蒙古、广西、重庆、四川、
陕西和甘肃 6 个省（区、市）的孕产妇死亡率低于全国平均水平，比 2002 年增
加了 5 个（见表 8－18）。

表 8－18 2002 年和 2016 年西部地区和全国孕产妇死亡率变化

地区	孕妇死亡率（每10 万人孕产妇死亡人数，人）		2002 年与全国平均水平之差（人）	2016 年与全国平均水平之差（人）	2016 年相比 2002 年下降的幅度（人）
	2002	2016			
全国	47.8	19.9	—	—	27.9
内蒙古	47.7	15.6	－0.1	－4.3	32.1
广西	54.0	12.7	6.2	－7.2	41.3
重庆	65.4	13.1	17.6	－6.8	52.3
四川	74.3	17.5	26.5	－2.4	56.8
贵州	111.4	22.4	63.6	2.5	89.0
云南	73.6	23.3	25.8	3.4	50.3
西藏	401.4	109.9	353.6	90.0	291.5
陕西	52.2	9.5	4.4	－10.4	42.7
甘肃	87.3	17.1	39.5	－2.8	70.2
青海	130.9	31.5	83.1	11.6	99.4
宁夏	76.6	20.0	28.8	0.1	56.6
新疆	160.3	31.9	112.5	12.0	128.4

资料来源：《中国卫生统计年鉴》（2003）、《中国卫生和计划生育统计年鉴》（2017）。

（4）甲、乙类传染病①发病率和死亡率不容乐观。

因为甲、乙类传染病口径会随着新的传染病流行而出现调整，且某些传染病
的发生病率会随时间而变化，所以为了比较，用 2016 年甲、乙类传染病发病率
（以每 10 万人发病人数计算）和死亡率（以每 10 万人死亡人数计算）来说明。
2016 年，全国甲、乙类传染病发病率为每 10 万人 215.68 人，西部地区只有四川、
云南、陕西和甘肃四省的发病率低于全国平均水平，分别为每 10 万人 184.9 人、
每 10 万人 187.9 人、每 10 万人 194.26 人和每 10 万人 200.18 人，而青海和新疆两

---

① 依据《中华人民共和国传染病防治法》，甲类传染病是指鼠疫、霍乱；乙类传染病是指传染性非
典型肺炎、艾滋病、病毒性肝炎、脊髓灰质炎、人感染高致病性禽流感、麻疹、流行性出血热、狂犬病、
流行性乙型脑炎、登革热、炭疽、细菌性和阿米巴性痢疾、肺结核、伤寒和副伤寒、流行性脑脊髓膜炎、
百日咳、白喉、新生儿破伤风、猩红热、布鲁氏菌病、淋病、梅毒、钩端螺旋体病、血吸虫病、疟疾、甲
型 H1N1 流感。

省（区）甲、乙类传染病发病率高达每 10 万人 426.63 人和每 10 万人 606.70 人，不仅大幅超过了全国平均水平，而且明显高于西部其他省份（见表 8-19）。

从甲、乙类传染病的死亡率看，2016 年全国总体为每 10 万人 1.31 人，但是广西的死亡率高达每 10 万人 6.04 人，云南和新疆的死亡率也超过每 10 万人 4人，远远高于全国的平均水平，只有内蒙古、西藏、陕西、甘肃、青海和宁夏六省（区）分别以每 10 万人 0.33 人、每 10 万人 0.46 人、每 10 万人 0.51 人、每10 万人 0.45 人、每 10 万人 0.93 人和每 10 万人 0.391 人的甲、乙类传染病死亡率低于全国甲、乙类传染病死亡率的平均水平（见表 8-19）。

表 8-19　2010—2016 年西部地区和全国甲、乙类传染病发病率和死亡率

地区	发病率（每 10 万人发病人数，人）		死亡率（每 10 万人死亡人数，人）	
	2010	2016	2010	2016
全国	238.69	215.68	1.07	1.31
内蒙古	324.57	250.37	0.36	0.33
广西	331.41	254.26	4.24	6.04
重庆	240.82	263.60	1.44	2.63
四川	225.42	184.90	1.44	2.73
贵州	277.47	254.21	1.90	2.19
云南	178.81	187.90	3.06	4.30
西藏	187.85	287.09	1.03	0.46
陕西	212.07	194.26	0.45	0.51
甘肃	402.98	200.18	0.38	0.45
青海	456.13	426.63	0.50	0.93
宁夏	239.70	225.97	0.35	0.39
新疆	539.30	606.70	2.58	4.27

资料来源：《中国卫生统计年鉴》（2011）、《中国卫生和计划生育统计年鉴》（2017）。

事实上，有些传染病的发病率在上升，如艾滋病。2002 年时，我国的艾滋病发病率为每 10 万人 0.06 人，2010 年上升到每 10 万人 1.2 人，2016 年进一步上升到每 10 万人 3.97 人，同时，死亡率也不断上升，从每 10 万人 0.02 人上升到每 10 万人 1.03 人。令人担忧的是，2016 年，全国艾滋病发病率居前 6 位的省份均在西部。其中，广西、云南、四川和重庆的发病率超每 10 万人 10 人，是全国平均水平的 2～3 倍，新疆、贵州超过每 10 万人 7 人。同时，发病率高的地区伴随着高死亡率，如广西的死亡率为每10万人5.57人，是全国每10万人1.03人的平均水平的约5倍，云南高达每10万人3.99人，新疆、重庆和四川的死亡率均高于全国平均水平（见表8-20）。

表8-20 2002—2016年西部地区和全国艾滋病的发病率和死亡率

地区	2002		2010		2016	
	发病率（每10万人发病人数，人）	死亡率（每10万人死亡人数，人）	发病率（每10万人发病人数，人）	死亡率（每10万人死亡人数，人）	发病率（每10万人发病人数，人）	死亡率（每10万人死亡人数，人）
全国	0.06	0.02	1.20	0.58	3.97	1.03
内蒙古	0	0	0.47	0.20	1.14	0.15
广西	0.04	0.03	1.20	0.51	12.48	5.57
重庆	0.03	0.02	1.49	0.67	10.20	2.08
四川	0.01	0	1.94	0.97	11.16	2.47
贵州	0.31	0.12	0.80	0.59	7.42	1.73
云南	0	0	4.81	2.37	12.04	3.99
西藏	0.02	0	0.14	0.03	1.57	0.12
陕西	0.02	0.01	0.34	0.16	2.13	0.35
甘肃	0.03	0.02	0.21	0.06	1.55	0.24
青海	0	0	0.39	0.13	2.97	0.49
宁夏	0	0	0.30	0.13	1.26	0.18
新疆	0.03	0.01	2.50	1.65	8.14	2.83

资料来源：《中国卫生统计年鉴》（2003、2011）、《中国卫生和计划生育统计年鉴》（2017）。

（三）人口老龄化与养老现状

根据联合国对人口老龄化的界定，若一个国家60岁及以上老年人口占总人口的比重达到10%或者65岁及以上老年人口占总人口的比重达到7%，则该国就进入了老龄社会。根据国家统计局人口普查资料，2000年，中国60岁及以上老年人口比重达到10.46%，西部地区60岁及以上老年人口比重达到10.0%，即西部地区和全国一样，自2000年起进入了传统意义上的老龄社会。

1. 西部地区老龄化程度低于全国平均水平，速度快于全国平均水平，各省份差异大，农村高于城镇

2000年，西部地区60岁及以上老年人口规模为3 494.25万人，占西部地区总人口的比重为10.00%，低于全国平均水平0.46个百分点；到2015年，西部地区老年人口规模增加到5 808.59万人，比重提高到15.58%，仍低于全国平均水平0.57个百分点（见表8-21）。

表 8 - 21　　　　　　　　2000—2015 年我国人口老龄化水平变化

地区	2000		2010		2015	
	60 岁及以上（万人）	比重（%）	60 岁及以上（万人）	比重（%）	60 岁及以上（万人）	比重（%）
全国	12 997.79	10.46	17 759.44	13.32	22 205.76	16.15
东部	5 387.40	11.13	7 331.82	13.33	9 356.09	16.42
中部	4 116.14	10.07	5 626.58	13.32	7 041.08	16.29
西部	3 494.25	10.00	4 801.04	13.32	5 808.59	15.58

资料来源：2000 年、2010 年全国人口普查资料，2015 年为 1% 人口抽样调查资料。

从老年人口增长速度看，2000—2015 年，西部地区 60 岁及以上老年人口年均增长率为 3.45%，低于全国年均 3.63% 的增长速度，但快于西部地区总人口 0.43% 的年均增速。分时间看，西部地区 2010—2015 年 60 岁及以上老年人口年均增长率为 3.88%，高于 2000—2010 年年均 3.23% 的增长率，但低于 2010—2015 年全国平均 4.57% 的年均增长速度（见表 8 - 22）。

表 8 - 22　　　　2000—2015 年我国总人口和 60 岁及以上老年人口年均增长速度　　　　（%）

地区	2000—2015		2000—2010		2010—2015	
	总人口	60 岁及以上	总人口	60 岁及以上	总人口	60 岁及以上
东部	1.09	3.75	1.28	3.13	0.72	5.00
中部	0.37	3.64	0.33	3.18	0.45	4.59
西部	0.43	3.45	0.31	3.23	0.69	3.88
全国	0.68	3.63	0.70	3.17	0.62	4.57

资料来源：同表 8 - 21。

西部各省份人口老龄化程度差异巨大。在 2000 年，西部整体上进入老龄社会，其中 60 岁及以上老年人口占总人口的比重最高的重庆市达到了 11.87%，高于全国 10.46% 的平均水平，高于西藏 4.42 个百分点。随着时间推移，人口老龄化程度呈上升趋势。到 2015 年，重庆市的人口老龄化程度已超过 20%，达到 20.20%，而西藏尚未进入老龄社会，60 岁及以上老年人口的比重上升到 8.49%，低于重庆市 11.71 个百分点。西部地区只有重庆、四川的老龄化程度高于全国平均水平（见表 8 - 23）。

分城乡看，全国乡村老龄化程度高于城镇。2015 年，西部地区只有新疆城镇老龄化程度高于农村，其余各省（区、市）农村老龄化程度高于城镇。而在 2000 年，西部地区有甘肃、青海、宁夏和新疆四个省（区）城镇老龄化水平高于农村（见表 8 - 23）。

表 8-23　　　　　西部地区和全国 60 岁及以上老年人口占总人口的比重　　　　（%）

地区	2000			2010			2015		
	平均	城镇	乡	平均	城镇	乡	平均	城镇	乡
全国	10.46	9.68	10.92	13.32	11.69	14.98	16.15	14.34	18.47
内蒙古	8.87	8.43	9.20	11.48	10.44	12.79	15.35	13.27	18.44
广西	10.69	9.27	11.24	13.12	11.00	14.53	14.39	12.43	16.10
重庆	11.87	11.24	12.18	17.42	13.84	21.45	20.20	16.63	25.66
四川	11.39	10.43	11.75	16.30	13.50	18.19	19.64	16.09	22.81
贵州	9.38	8.84	9.55	12.84	10.59	13.99	14.08	12.04	15.54
云南	9.17	8.60	9.34	11.06	10.52	11.35	12.67	11.84	13.30
西藏	7.45	5.15	8.00	7.67	5.43	8.33	8.49	8.30	8.57
陕西	9.61	9.38	9.72	12.85	11.32	14.14	16.02	13.84	18.52
甘肃	8.69	8.73	8.68	12.44	10.94	13.28	14.15	12.66	15.25
青海	7.63	8.46	7.23	9.45	9.68	9.27	10.79	10.43	11.15
宁夏	7.29	7.95	6.98	9.67	9.44	9.88	11.49	10.82	12.32
新疆	7.84	8.26	7.63	9.66	10.73	8.86	10.50	11.36	9.75
东部	11.13	10.06	12.05	13.33	11.58	15.95	16.42	14.50	19.90
中部	10.07	9.25	10.46	13.32	11.91	14.49	16.29	14.63	18.08
西部	10.00	9.40	10.24	13.32	11.63	14.52	15.58	13.64	17.38

资料来源：同表 8-21。

2. 西部地区老年人口以年轻老人为主，高龄老人比重提升较快，老年人总体身体健康，但生活不能自理率略高于全国平均水平

西部地区老年人口以年轻老人为主。2015 年，西部地区 60～69 岁的年轻老人占 60 岁及以上老年人口的比重为 58.60%，但低于全国 59.91% 的平均水平；其次是 70～79 岁的中龄老人，占比为 30.46%，80 岁以上的高龄老人占10.94%，低于全国 11.79% 的平均水平（见表 8-24）。

表 8-24　　　　　2000 年、2015 年西部地区和全国老年人口构成比较　　　　（%）

地区	2015			2000		
	60～69 岁	70～79 岁	80 岁及以上	60～69 岁	70～79 岁	80 岁及以上
全国	59.91	28.31	11.79	58.84	31.93	9.23
内蒙古	62.01	28.29	9.69	66.60	27.73	5.68
广西	55.23	30.60	14.17	57.79	30.97	11.24

续前表

地区	2015			2000		
	60～69 岁	70～79 岁	80 岁及以上	60～69 岁	70～79 岁	80 岁及以上
重庆	59.06	29.84	11.09	58.77	31.94	9.28
四川	58.89	30.00	11.11	59.08	31.74	9.18
贵州	57.68	31.90	10.42	63.09	28.66	8.25
云南	57.74	30.62	11.63	60.54	31.30	8.17
西藏	59.66	30.57	9.77	62.82	30.17	7.00
陕西	60.26	30.18	9.56	63.18	29.13	7.69
甘肃	59.50	31.68	8.82	68.73	25.33	5.93
青海	59.84	32.06	8.10	69.08	25.60	5.32
宁夏	60.21	30.75	9.04	66.14	26.88	6.98
新疆	57.25	33.13	9.61	65.10	26.30	8.61
东部	59.82	27.19	13.00	56.68	33.17	10.15
中部	61.10	28.02	10.88	59.57	31.89	8.54
西部	58.60	30.46	10.94	61.32	30.07	8.61

但是，从表 8-24 中可以看到，从 2000 年到 2015 年，西部地区 80 岁及以上高龄老人占比，从 8.61% 提高到 10.94%，提高了 2.33 个百分点，而 60～69 岁年轻老人的占比则从 61.32% 下降为 58.60%，下降了 2.72 个百分点。这说明西部地区老年人虽以年轻老人为主，但内部结构逐渐老化。分省份看，2015 年广西 80 岁及以上高龄人口占比最高，达到了 14.17%，高于全国平均水平 2.38 个百分点，高于西部地区平均水平 3.23 个百分点；最低为青海省，仅为 8.10%，低于全国平均水平 3.69 个百分点，低于广西 6.07 个百分点。

老年人总体身体健康。2015 年，西部地区 60 岁及以上老年人中，身体健康与基本健康者的比重达到了 80.34%，低于全国平均水平 2.01 个百分点，高于中部地区平均水平 0.57 个百分点，说明西部地区老年人健康状况低于全国平均水平，更低于东部地区但略好于中部地区（见表 8-25）。生活不能自理的老年人的比重，西部地区为 2.70%，与全国平均水平基本持平。

表 8-25　　　　　　　**2015 年西部地区和全国老年人口健康状况**　　　　　　（%）

地区	健康与基本健康			不健康，但生活能自理			生活不能自理		
	平均	男	女	平均	男	女	平均	男	女
全国	82.35	84.27	80.54	15.05	13.43	16.57	2.60	2.30	2.89
内蒙古	78.61	80.74	76.53	18.62	16.77	20.43	2.77	2.49	3.05

续前表

地区	健康与基本健康			不健康，但生活能自理			生活不能自理		
	小计	男	女	小计	男	女	小计	男	女
广西	81.58	83.89	79.53	16.14	14.09	17.95	2.28	2.02	2.52
重庆	83.44	85.16	81.72	14.44	13.03	15.84	2.12	1.80	2.44
四川	81.07	82.99	79.21	16.19	14.65	17.68	2.74	2.37	3.10
贵州	84.17	85.43	83.00	13.88	12.70	14.97	1.95	1.86	2.03
云南	77.88	80.56	75.49	18.98	16.72	21.00	3.14	2.72	3.50
西藏	65.36	68.86	62.51	29.50	27.24	31.34	5.14	3.89	6.15
陕西	80.72	83.10	78.50	16.58	14.55	18.48	2.70	2.35	3.02
甘肃	72.06	75.27	69.00	24.93	22.16	27.57	3.01	2.57	3.43
青海	76.28	78.95	73.77	20.50	18.22	22.62	3.22	2.81	3.60
宁夏	78.71	82.26	75.31	18.42	15.46	21.26	2.87	2.28	3.44
新疆	80.01	82.08	77.88	15.64	13.51	17.81	4.36	4.40	4.31
东部	85.55	87.11	84.10	11.92	10.64	13.13	2.52	2.25	2.78
中部	79.77	81.99	77.64	17.61	15.71	19.42	2.62	2.30	2.94
西部	80.34	82.50	78.29	16.97	15.12	18.71	2.70	2.38	3.00

和 2010 年相比，西部地区健康与基本健康老年人所占比重从 81.22％下降到
80.34％，略降 0.88 个百分点。分省份看，只有重庆和贵州二省（市）这一比重
有所提高，四川基本持平，其余 9 省（区）健康与基本健康的老年人所占的比重
略有下降，尤其是西藏，2015 年健康与基本健康的老年人的比重为 65.36％，比
2010 年下降了 7.69 个百分点（见图 8-8）。

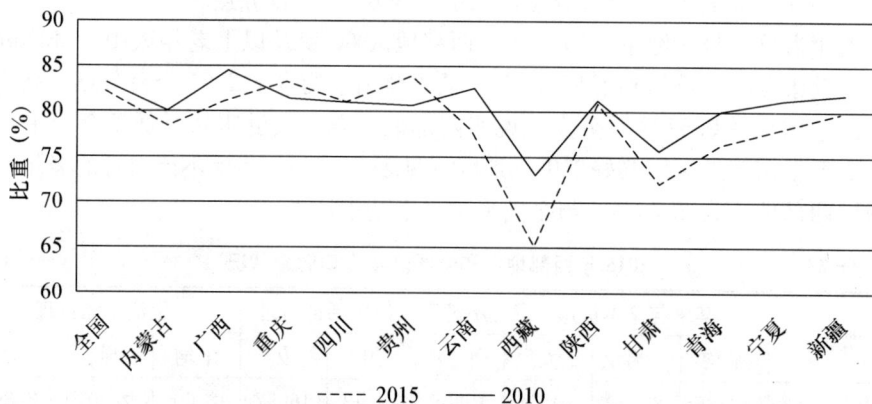

图 8-8 2010 年和 2015 年西部地区和全国 60 岁及以上健康与基本健康的老年人的比重的变化

从老年人中生活不能自理者所占比重看，其从 2010 年的 3.26％下降到 2015 年的 2.70％，下降了 0.56 个百分点，说明老年人健康水平有提升。分省份看，只有新疆有所上升，从 3.18％上升到了 4.36％，提高了 1.18 个百分点（见图 8-9）。

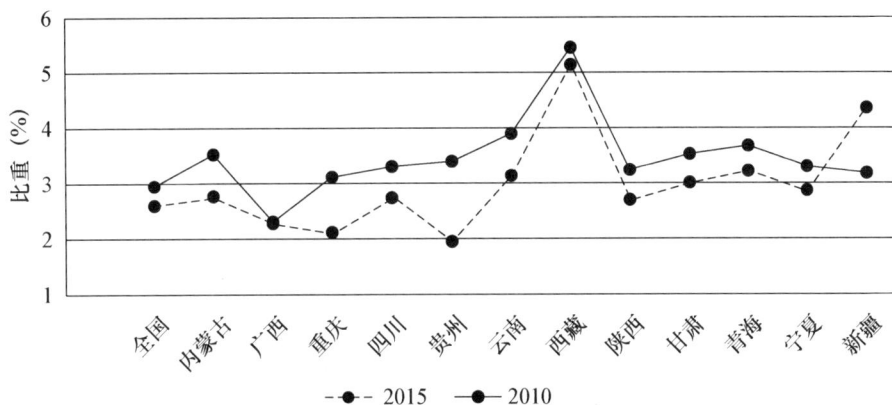

图 8-9　2010 年和 2015 年西部地区和全国 60 岁及以上老年人中生活不能自理者所占比重的变化

3. 西部地区老年人口收入来源以家庭其他成员供养为主，城乡差异大

2015 年，西部地区老年人的收入来源第一是家庭其他成员供养，占 60 岁及以上老年人口的 39.88％；第二是离退休金养老金，占 26.06％；第三是劳动收入，占 22.43％,；第四是最低生活保障收入，占 6.35％（见表 8-26）。

表 8-26　　　　　2015 年西部各省份 60 岁及以上老年人收入来源构成　　　　　（％）

地区	劳动收入	家庭其他成员供养	离退休金养老金	最低生活保障金	其他
内蒙古	19.87	25.18	33.90	13.40	7.65
广西	16.91	52.42	20.07	5.34	5.26
重庆	23.03	33.35	35.41	3.53	4.67
四川	27.94	34.59	28.05	4.73	4.69
贵州	23.13	44.50	16.62	8.49	7.26
云南	21.06	48.97	18.27	7.88	3.81
西藏	15.25	53.36	9.51	10.14	11.74
陕西	23.24	42.42	23.55	5.00	5.78
甘肃	17.90	50.12	20.80	6.44	4.73
青海	11.39	51.93	22.77	6.14	7.77
宁夏	14.61	25.51	44.69	10.42	4.76

续前表

地区	劳动收入	家庭其他成员供养	离退休金养老金	最低生活保障金	其他
新疆	17.13	25.10	43.48	9.03	5.26
西部平均	22.43	39.88	26.06	6.35	5.29

资料来源：根据2015年全国1%人口抽样调查资料整理。

分省份看，家庭其他成员供养所占比重最大的四个省（区）是西藏、广西、青海和甘肃，分别占53.36%、52.42%、51.93%和50.12%，均超过50%，即四省（区）有一半以上的老年人靠家庭其他成员供养，远高于全国36.68%的平均水平。依靠劳动收入的老人所占的比重，只有四川（27.94%）高于全国平均水平，其余省份均低于全国平均水平，最低是青海，仅为11.39%。以离退休金或养老金作为主要生活来源的老人，比重最高的三个省份是宁夏、新疆和重庆，分别为44.69%、43.48%和35.41%，最低的是贵州，仅占16.62%，低于全国平均水平13.59个百分点，低于最高的宁夏28.07个百分点（见表8-26）。这表明，西部地区分省份老年人主要生活来源的差异大于东部、中部、西部三大地区的差异。

分城乡看，2015年西部地区城乡60岁及以上老年人生活主要来源显著不同。在农村，老年人收入来源第一是家庭其他成员供养，占48.16%；第二是劳动收入，占31.28%，二者合计占79.44%；第三是最低生活保障，占8.15%，离退休金养老金仅占6.86%。农村老年人的收入来源仍是传统的家庭养老和自我养老。在城镇，老年人收入来源第一是离退休金养老金，占52.29%，高于农村45.43个百分点；家庭其他成员供养居第二位，占28.56%；第三是劳动收入，仅占10.33%，二者合计占38.89%，低于农村40.55个百分点（见图8-10）。城镇老人的收入来源已主要是社会养老资源。

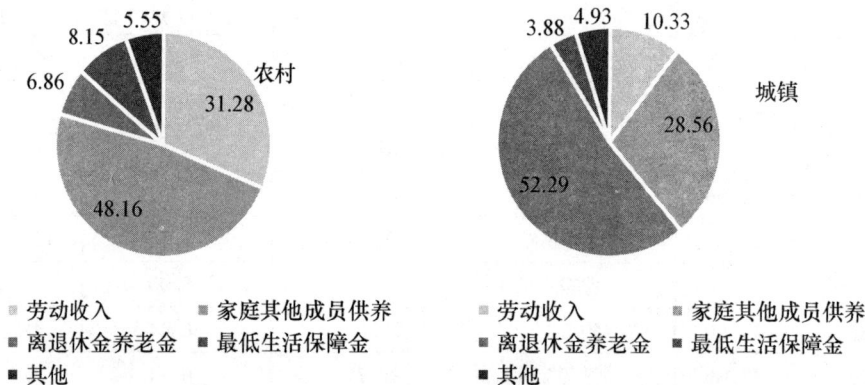

图8-10 2015年西部地区分城乡60岁及以上老年人收入来源（%）

资料来源：同表8-26。

4. 西部地区老龄事业发展总体低于全国平均水平

西部地区每千名老人养老服务机构床位数低于全国平均水平。根据《中国民政统计年鉴》(2017) 资料，2016 年年底，西部地区共有养老服务机构单位 7 028 个，床位数约 83.0 万张，年末在院老人 47.84 万人。考虑到养老服务机构和设施为老年人服务，结合各省份 60 岁及以上老年人口规模，每千名 60 岁及以上老年人拥有的养老机构床位数为 13.1 张（见表 8 - 27），若以 65 岁及以上老年人进行计算，则每千名老人拥有的养老机构床位数为 19.6 张。

表 8 - 27　　　　　　　　2016 年西部地区和全国养老服务机构基本情况表

地区	养老服务机构单位数（个）	60 岁及以上老人（万人）	年末床位数（张）	年末在院老人（万人）	每千名老人床位数（张）
内蒙古	714	391.93	86 253	3.96	22.0
广西	480	837.83	41 779	2.12	5.0
重庆	632	704.74	85 511	5.16	12.1
四川	2 573	1 792.20	319 286	21.25	17.8
贵州	870	560.62	73 966	3.79	13.2
云南	412	623.64	51 504	2.56	8.3
西藏	7	21.01	1 124	0.09	5.3
陕西	569	594.15	84 430	4.76	14.2
甘肃	249	397.95	26 462	1.03	6.6
青海	36	72.50	5 112	0.15	7.1
宁夏	92	84.76	14 035	0.63	16.6
新疆	394	262.99	40 691	2.36	15.5
东部	11 565	9 535.16	1 863 455	83.61	19.5
中部	9 999	7 052.85	1 094 143	63.90	15.5
西部	7 028	6 344.31	830 153	47.84	13.1
全国	28 592	22 932.32	3 787 751	195.35	16.5

资料来源：根据《中国民政统计年鉴》(2017) 整理。

分省份看，养老服务机构单位数最多的省份是四川省，为 2 573 个，最少是西藏，只有 7 个。但是，按 60 岁及以上老年人口计算，每千名老人拥有床位数最多的是内蒙古，达到 22.0 张，不仅高于西部地区平均水平 8.9 张，而且高于全国平均水平（16.5 张），四川、宁夏、新疆三省（区）也高于全国平均水平，但均低于东部地区。每千名老人养老床位最少的是广西，仅为 5.0 张（见表 8 - 27）。

　　"十三五"规划重新确定了以"居家为基础，社区为依托、机构为补充"的养老服务体系，西部地区社区养老机构和设施、社区互助型养老设施得到快速发展。到 2016 年年底，西部地区社区养老机构和设施、社区互助型养老设施达到 10 876 个，年末拥有床位约 39.6 万张，每万人拥有社区养老机构和设施数为 1.7 个，为全国最高水平，高于全国 1.5 个的平均水平，其中青海省高达 3.5 个；每千人拥有社区养老床位数为 6.2 张，虽低于全国 6.7 张的平均水平，但高于东部地区平均 6.0 张的水平（见表 8 - 28）。西部地区社区养老机构和设施数、床位数建设取得了较好的成绩，床位使用率达到了 40.3%，高于全国平均 38.6% 的水平，基本满足了社区老人的养老需求。

表 8 - 28　　　　　2016 年西部地区和全国社区养老机构和设施基本情况

地区	养老机构和设施数（个）	年末职工数（人）	年末床位数（张）	年末在院人数（人）	每千人养老床位数（张）	每万人养老机构和设施数（个）
内蒙古	892	2 837	23 942	7 679	6.1	2.3
广西	1 184	2 499	31 775	12 530	3.8	1.4
重庆	865	3 131	41 257	28 272	5.9	1.2
四川	3 676	11 489	141 211	56 827	7.9	2.1
贵州	1 386	3 879	47 326	14 297	8.4	2.5
云南	1 098	3 613	44 059	14 527	7.1	1.8
西藏	74	2 310	2 467	1 172	11.7	3.5
陕西	410	1 667	19 607	12 012	3.3	0.7
甘肃	750	3 811	21 660	2 500	5.4	1.9
青海	255	1 822	10 974	3 109	15.1	3.5
宁夏	71	194	839	183	1.0	0.8
新疆	215	963	10 633	6 436	4.0	0.8
东部	15 100	72 041	575 840	170 979	6.0	1.6
中部	8 948	45 996	563 835	261 797	8.0	1.3
西部	10 876	38 215	395 750	159 544	6.2	1.7
全国	34 924	156 252	1 535 425	592 320	6.7	1.5

　　资料来源：根据《中国民政统计年鉴》（2017）整理。

　　西部地区老年人拥有的老年活动中心、老年学校和老年人协会低于全国平均水平。2016 年，西部地区现有老年活动中心 86 245 个，占全国老年活动中心总数的 24.1%，低于西部地区 60 岁及以上老年人口所占的比重（27.7%），每万名老人拥有老年活动中心 13.6 个，居三大区域末位，不仅低于全国平均水平 15.6 个，更低于东部地区 18.3 个的平均水平（见表 8 - 29）。

表 8 - 29　　　　　　　　　　2016 年西部地区和全国老龄事业发展情况

地区	每万名老人老年活动中心数（个）	每万名老人老年学校数（所）	每千名老人在校生数（人）	每千名老人老年协会数（个）
内蒙古	5.1	0.2	3.6	0.3
广西	7.6	0.7	9.9	1.1
重庆	10.7	2.50	37.4	1.4
四川	16.4	1.43	34.4	2.5
贵州	7.9	2.99	30.8	2.7
云南	24.9	3.66	54.3	2.7
西藏	0.2	—	—	—
陕西	11.7	0.46	11.0	3.4
甘肃	9.7	0.12	3.1	2.5
青海	8.0	1.38	1.2	0.4
宁夏	9.4	0.19	2.0	1.0
新疆	33.3	2.08	13.4	1.9
东部	18.3	3.49	46.1	2.0
中部	13.9	1.52	15.6	1.5
西部	13.6	1.56	25.3	2.1
全国	15.6	2.35	31.0	1.9

资料来源：根据《中国民政统计年鉴》（2017）整理。

西部地区拥有老年学校 9 917 所，占全国老年学校的 18.4%，每万名老人拥有 1.56 所，低于全国 2.35 所的平均水平；每千名老人中，在老年学校的平均有 25.3 人，虽低于全国 31.0 人的平均水平，但高于中部地区 15.6 人的平均水平（见表 8 - 29）。

西部地区已成立 133 829 个老年协会，占全国老年协会的 31.4%，高于西部地区老年人口占全国的比重，每千名老人拥有老年协会 2.1 个，居全国三大区域之首，高于全国 1.9 个的平均水平，也高于东部地区 2.0 个的平均水平（见表 8 - 29）。

分省份看，表 8 - 29 中四个指标均超过西部地区的平均值的省份只有云南省。四川省有每万名老人老年活动中心数、每千名老人在校生数和每千名老人老年协会数高于西部地区平均水平，贵州也有三个指标超过西部地区平均水平（见表 8 - 29）。

二、西部地区基本公共服务面临的主要问题

（一）基础教育面临的主要问题

尽管西部地区基础教育已经得到较大的提升，但是从基本公共教育服务的视角来看，政府提供的基本公共教育服务必须具备公共性、普惠性、基础性和发展性，对全体民众实现教育的均等化。西部地区基础教育的现状与这一要求还存在不小的差距，主要表现在以下四个方面：

1. 教育经费总体投入不足，投资结构单一

西部地区由于经济发展的限制，自身筹集的教育经费较少，主要通过国家财政专项转移支付和一般转移支付等途径筹措资金，其余部分多数是地方配套经费，社会资金投入比例较低，教育经费来源比较单一，国家在基础教育投入中拥有绝对权力。这同时也导致了地方基础教育投入缺乏主动性、总体经费投入不足等问题。尤其是西部一些贫困地区，地方配套经费难以筹集，使得国家专项经费难以到位，影响了当地基础教育的发展。

2. 城市化进程所致的城乡基础教育资源配置不均衡的矛盾日益扩大

随着城市化进程的加快，西部地区城乡之间教育资源配置不均衡的矛盾逐渐显现。一方面，优质教育资源更倾向于配置在城镇，富有教育经验的老师也更愿意集聚于城镇；另一方面，生源也从农村逐渐向城镇集聚，城镇集中了越来越多的优质教育资源。但是城镇由于土地规划的限制，基础教育硬件设施并不能够随生源及时变化，导致城镇教育资源紧缺，拥有优质教育资源的学校"大班额"现象严重，而农村教育资源闲置率上升，出现空心化现象。

3. 在农村贫困地区和学前教育阶段师资力量薄弱且严重不足

西部地区基础教育师资短缺主要表现在两个方面：一是农村贫困地区教师短缺；二是学前教育教师资源流失严重。农村贫困地区由于生活条件艰苦、收入待遇比较低，优秀教师流失严重，教师资源短缺。而学前教育中教师编制紧缺是影响教师队伍壮大的重要因素，事业编制是教师工资待遇和培训的重要保障，对于教师的职业稳定感和安全感至关重要。而由于学前教育教师编制紧缺，非在编幼儿教师已成为一个庞大的群体，这些非在编教师工资待遇较低，医疗保险、养老保险、失业保险等保障制度难以落实到位，而且学前教育工作负担重、职业认同度不高，使得教师队伍不稳定，人员流失严重。在"两基"攻坚战以后，西部地区九年制义务教育已经取得较好的成效，其师资力量较强，教师资源相对充足。2017年西部一半以上地区的义务教育阶段教师配比都高于全国平均水平，其中小学教育阶段有9个省份生师比不超过全国平均水平（16.98），即平均每个教师

对应不超过 17 个学生。初中教育阶段有 6 个省份生师比不超过全国平均水平。相比较而言，西部地区非义务教育阶段的教师配备相对较弱，如学前教育阶段的教师比较欠缺，虽然近几年幼儿园师资力量已经得到极大增强，但是与全国平均水平相比，仍有较大的差距，2016 年西部地区有 9 个省份学前教育生师配比高于全国平均水平，幼儿园教师的缺口较大。另外，高学历幼儿园教师多数集中在城市，农村高学历教师比重较低。2016 年西部地区农村幼儿园园长及专职教师高中及以下学历者占比超过 20％的有 10 个省份，广西农村该指标最高，占比达到 43.77％。与此同时，城区幼儿园该指标超过 20％的仅贵州一个省，园长及专职教师本科及以上学历者超过 20％的有 8 个省份，而农村仅 3 个省份，反映出西部地区高学历的幼儿园教师主要分布在城市。

4. 贫困地区、边远山区、革命老区以及部分少数民族地区基础教育普及任务依然艰巨

受自然条件、地理区位、历史因素的影响，西部地区集聚了中国大多数的贫困县，贫困面广、贫困程度深、贫困发生率高。2014 年全国公布了国家级贫困县 592 个，其中西部地区有 375 个，占比为 63％。另外，西部地区还包含一些革命老区、边远山区以及少数民族地区，这些地区脱贫攻坚任务艰巨。在国家花了大力气推动精准扶贫脱贫以后，其由于旧有的生活习惯和思维模式，仍存在返贫的风险。特别是生活条件的艰苦导致了教育人才的流失、双语教育师资力量的薄弱，从而影响了这些地区基础教育的普及。

（二）公共医疗卫生服务与居民健康存在的主要问题

自实施西部大开发战略以来，特别是开展医疗卫生精准扶贫以来，西部地区缺医少药的状况得到了较大改善，居民健康状况和平均预期寿命有了很大提高，但受自然历史、经济社会发展、宗教文化等因素影响，与"人人享有基本医疗卫生服务"的目标仍相距较远，尤其是深度贫困地区、民族地区还存在较多问题。

1. 西部地区整体健康素养偏低

健康素养是反映国家卫生事业发展的评价指标，是指个人获取和理解健康信息，并运用这些信息维护和促进自身健康的能力。它由基本知识和理念、健康生活方式与行为、基本技能三方面构成。根据原国家卫生计生委（2014 年）《全民健康素养促进行动规划（2014—2020 年）》的要求，到 2020 年，全国居民健康素养水平提高到 20％，东、中、西部地区居民健康素养水平分别提高到 24％、20％和 16％。事实上，根据《2017 中国居民健康素养监测报告》，西部地区居民的健康素养水平仅为 9.88％，在全国最低，不仅低于全国平均水平 4.30 个百分点，更低于东部地区 8.83 个百分点，离 2020 年 16％的目标相差 6.12 个百分点（见表 8-30）。

表 8 - 30　　　　　全国及东、中、西部地区主要年份人口健康素养水平　　　　（％）

地区	2008	2012	2017	2020
全国	6.48	8.8	14.18	20
东部	7.03	10.31	18.71	24
中部	7.67	8.59	11.55	20
西部	5.23	6.86	9.88	16

资料来源：2008 年和 2012 年来自原国家卫生计生委宣传司、中国健康教育中心《2012 年中国居民健康素养监测报告》；2017 年来自《2017 年中国居民健康素养监测报告》；2020 年来自原国家卫生计生委《全民健康素养促进行动规划（2014—2020 年）》。

西部地区居民健康素养水平低，主要原因是居民不能得到良好的健康教育，缺乏卫生保健知识，存在不健康的生活方式和行为，主要表现为西部地区接受健康教育培训人次数占比较低。2016 年，西部地区接受健康教育培训人次数占比为 21.19％，低于总人口占全国人口的比重（23.41％），而东部地区总人口占比为 47.57％，但接受健康教育培训人次数占比达到了 66.45％[①]。

2. 医疗卫生资源省际、城乡差异共存

西部地区医疗卫生资源省际差异较大。从分省份的医疗卫生机构数、优质资源三甲医院数、每千人卫生技术人员数、床位数，以及人均卫生费用总支出等指标看，西部 12 省份内部差异显著（见表 8 - 31、表 8 - 32）。

西部地区各省份城市和农村之间公共医疗卫生资源比例失衡。如青海，城市每千人医疗卫生机构床位数为 16.19 张，农村只有 3.94 张，城乡比高达 4.1；乡村每千人拥有的卫生技术人员更短缺，城市每千人卫生技术人员数为 22.04 人，农村只有 4.13 人，城乡比达到 5.3，既远高于全国平均水平，更高于西部地区平均水平。不过像四川省，其无论是每千人医疗卫生机构床位数，还是卫生技术人员数，城乡之比均小于 2，既低于全国平均水平，又低于西部地区的平均水平，基本公共医疗卫生资源均等化水平较高（见表 8 - 31）。

表 8 - 31　　　　　西部地区和全国主要医疗卫生资源城乡配置比较

地区	2016 年每千人医疗卫生机构床位数			2017 年每千人卫生技术人员数		
	城市（张）	农村（张）	城乡比	城市（人）	农村（人）	城乡比
全国	8.41	3.91	2.2	10.87	4.28	2.5
西部	8.05	4.28	1.9	12.30	3.70	3.3
内蒙古	10.22	3.94	2.6	12.96	5.13	2.5

① 数据来源于《中国人口统计年鉴》（2018）、《中国卫生和计划生育统计年鉴》（2017）。

续前表

地区	2016 年每千人医疗卫生机构床位数			2017 年每千人卫生技术人员数		
	城市（张）	农村（张）	城乡比	城市（人）	农村（人）	城乡比
广西	7.67	2.85	2.7	9.10	3.89	2.3
重庆	6.87	4.49	1.5	7.88	3.69	2.1
四川	7.62	4.81	1.6	8.54	4.47	1.9
贵州	11.88	3.69	3.2	15.59	3.63	4.3
云南	10.62	4.52	2.3	14.61	4.56	3.2
西藏	10.65	3.01	3.5	9.97	3.04	3.3
陕西	8.03	4.37	1.8	11.56	5.65	2.0
甘肃	7.25	3.82	1.9	8.73	3.80	2.3
青海	16.19	3.94	4.1	22.04	4.13	5.3
宁夏	7.88	3.33	2.4	10.57	4.56	2.3
新疆	11.27	6.18	1.8	14.71	6.43	2.3

　　城乡医疗卫生资源的失衡导致的直接后果是形成了城市对医疗资源、优秀人才、患者和医疗费用的四大虹吸效应，造成了"医保资金向上走，基层病人向上转"的局面。大城市"超级医院"人为地导致医疗资源的失衡。而西部农村地区基层医疗卫生机构建设不足，严重影响了西部农民的医疗服务的可获得性和质量。县级预防机构把主要精力用于门诊、住院等有偿服务的开展上，乡镇卫生院由于管辖区域比较广，门诊量低，病人少，财政补贴不足，大多亏损较严重，没能发挥应有的作用；而村级卫生室在提供基础医疗卫生服务方面，理应发挥更为重要的作用，但是，不少地方的村级卫生室被个体行医者取代，成为营利性的卫生服务机构[1]，使农村居民对公共医疗卫生服务的需求无法得到有效满足，如西部各省份城乡孕产妇死亡率差异显著（见表 8 - 32），西藏的孕产妇死亡率市为每10 万人 13.4 人，农村高达每 10 万人 124.9 人，严重地影响了公共医疗卫生服务的均等化进程。

表 8 - 32　　　　2016 年西部各省区孕产妇死亡率城乡差异　　（每 10 万人死亡人数，人）

地区	市	县	差
内蒙古	14.6	16.4	1.8
广西	13.7	12.1	−1.6
重庆	11.1	16.2	5.1

---

①　先德强，程文玉. 西部农村地区医疗卫生现状和对策［J］. 中国卫生事业管理，2008（8）：553－556.

续前表

地区	市	县	差
四川	12.3	20.6	8.3
贵州	24.5	21.5	−3.0
云南	13.8	26.8	13.0
西藏	13.4	124.9	111.5
陕西	9.3	9.6	0.3
甘肃	14.9	18.2	3.3
青海	10.2	35.5	25.3
宁夏	12.3	27.9	15.6
新疆	21.3	37.1	15.8

资料来源：《中国卫生和计划生育统计年鉴》（2017），表8-4-2。

3. 基层医疗卫生机构人才匮乏

基层医疗卫生机构为城乡居民提供疾病预防、健康维护，常见病诊疗等公共医疗卫生服务，是保障广大群众健康的第一道安全网。但是西部一些地区县医院的装备和建设水平堪比中心城市，一些村医室和乡镇卫生院的装备也在逐渐完善，在大城市和中心城市，博士是医生的标配，而在边远地区和县乡镇的卫生机构，本科毕业的医生都是稀罕人才。因此，基层医疗卫生机构没能有效发挥出其应有的作用，主要原因是：基层医疗卫生机构老龄化现象严重，后继乏人；收入偏低，补贴覆盖不足，因为国家的各项服务费的补贴是以诊疗建档数量为基准的，规模较大的村级卫生所得到的补贴较多，而就医人数较少的村级卫生所得到的补贴较少，收入水平低导致有一技之长的业务骨干大量流失，队伍极不稳定，服务质量不高，招人难、用编难现象较突出，形成了恶性循环。如在调研中发现，四川省乡镇卫生院、社区卫生服务中心的空编率达到了25.16%。从全国看，2017年每千人卫生技术人员城乡比为2.5，即每一千人中，城市的卫生技术人员数是农村的2.5倍，西部地区的城乡比为3.3，即西部地区城市的卫生技术人员数是农村的3.3倍，远高于中部地区的2.0、东部地区的2.5，说明西部地区城市集聚了更多的卫生技术人员。而且，基层医生尤其是乡村医生，学习深造机会不多，培训与实际需求有差距，目前的培训主要是以获得学历或行医资格为主、以临床培训为辅的短期职业教育，与村医的实际需求差距较大，更为困难的是贫困地区的村医队伍建设，他们的业务培训时间短，基础差，自学能力不强，经济生活水平不高，工资待遇偏低，引不来和留不住，卫生技术人员配备总量不足及结构不合理，甚至出现乡村医生断层现象，许多人仅凭粗浅的医学知识和有限的工作经验从事公共卫生工作[①]。

4. 医疗救助制度基金的可持续性有待提高

当前，西部各省份都采取了健康扶贫的多重措施和行动。如四川省提出并实施了健康扶贫的"五大行动"[②]，制定了医疗救助制度，在精准识别贫困患者的基础上，实施"两保、三救助、三基金"[③] 的扶持政策，贫困人口在县域内实行"先诊疗后结算"的制度。但是，医疗救助基金筹措压力大，如四川省医药爱心基金 2016—2018 年呈逐年下降趋势，2016 年募集 2 971 万元，2017 年为 1 343.87 万元，2018 年下降为 50.25 万元。这表明西部地区的医疗救助基金的可持续性有待提高。

事实上，在人口稀疏的西部偏远地区和欠发达地区，中央财政转移支付往往伴随着地方财政配套比例问题，而地方财政投入不足，没有分类别或差异化的投入机制，又缺乏卫生资源配置的调控能力，从而中央财政投入效率达不到预期目标。同时市场力量缺乏盈利性阻碍了医疗卫生事业的发展，西部贫困地区面临着政府能力弱与市场力量失灵的双重困境。

（三）养老保障与养老服务存在的主要问题

人口老龄化已成为中国社会的常态，也是西部地区社会的常态。据浙江大学人口所预测，未来西部地区人口老龄化水平总体低于全国平均水平。到 2020 年，西部地区 60 岁及以上老年人口规模达到 7 006 万人，占总人口的比重达到 18.15%；到 2025 年，老年人口增长到 8 517 万人，占总人口的比重达到 21.22%；到 2035 年，老年人口进一步上升到 11 950 万人左右，占总人口的比重近 30%，达到 29.58%。西部地区总体的社会经济发展水平低于全国平均水平，养老保障和养老服务需求得不到满足，问题较为突出，主要体现在以下几方面：

1. 农村老年贫困问题突出，生活来源仍以家庭成员供养为主

全国扶贫攻坚的重点主要在西部地区，其中老年人贫困问题最值得关注。残疾老年人、日常生活自理能力失能或部分失能老年人、农村高龄老年人、无社会

---

① 周佳，韩云涛，李伟明. 构建西部民族地区农村新型公共卫生服务体系 [J]. 中国农村卫生事业管理，2009（8）：571-573.

② 健康扶贫"五大行动"包括贫困人群医疗救助扶持行动、贫困人群公共卫生保障行动、贫困地区医疗能力提升行动、贫困地区卫生人才培植行动和贫困地区生育秩序整治行动。

③ 所谓"两保、三救助、三基金"是指"基本医疗保险、大病保险；县域内政策范围内住院费用倾斜支付政策、民政医疗救助、疾病应急救助资金；卫生扶贫救助基金、医药爱心基金、重大疾病慈善救助基金"。

保障老年人、部分老年妇女、城市社区工作岗位退休老年人等老年群体为主要的脆弱群体，其突出特征是无社会养老保障收入或收入不能保证其基本生活、医疗和照料支出的需求，抗风险和自我修复能力较弱甚至基本没有。

根据2015年全国1‰人口抽样调查资料，西部地区老年人生活主要来源第一是家庭其他成员供养，占39.88%，高于全国平均水平3.20个百分点，高于东部发达地区6.20个百分点；第二是离退休金养老金，占26.06%，低于全国平均水平4.15个百分点，更低于东部地区9.96个百分点；第三是劳动收入，占22.43%，低于全国平均水平1.04个百分点；第四是最低生活保障金，占6.35%，居三大区域之首，高于全国平均水平1.30个百分点（见表8-33）。尤其是农村老年人，生活来源来自家庭成员和自己劳动收入的比重高达79.44%，最低生活保障金占比达到8.15%，而离退休金养老金的占比仅占6.86%。

表8-33　　　　　西部地区分城乡老年人生活来源与全国及其他地区比较

项目		劳动收入	家庭其他成员供养	离退休金养老金	最低生活保障金	其他
整体	东部	22.76	33.68	36.02	3.74	3.80
	中部	25.26	38.04	25.91	5.71	5.09
	西部	22.43	39.88	26.06	6.35	5.29
	全国	23.47	36.68	30.21	5.05	4.60
农村	东部	35.65	44.24	10.67	5.38	4.05
	中部	35.73	47.14	4.62	7.13	5.38
	西部	31.28	48.16	6.86	8.15	5.55
	全国	34.36	46.40	7.48	6.81	4.95
城镇	东部	13.04	25.71	55.14	2.50	3.62
	中部	13.17	27.54	50.47	4.06	4.74
	西部	10.33	28.56	52.29	3.88	4.93
	全国	12.48	26.88	53.13	3.27	4.24

根据民政部统计年鉴，2016年，全国共有429.34万特困老人，其中西部地区有136.71万人，农村特困老人133.65万人，占特困老人的97.76%，与全国的98.52%相近（见表8-34）。这表明，西部地区老年人的养老问题重点在农村，社会养老保障的重点是农村老年人。

表 8 - 34　**2016 年全国和东、中、西地区分城乡特困人员构成及特困老人占比**

地区	城市特困老人（万人）	农村特困老人（万人）	合计特困老人（万人）	城市占比（%）	农村占比（%）
东部	1.27	105.36	106.63	1.19	98.81
中部	2.02	183.97	185.99	1.09	98.91
西部	3.07	133.65	136.71	2.24	97.76
全国	6.36	422.98	429.34	1.48	98.52

资料来源：《中国民政统计年鉴》（2017）。

2. 人口深度老龄化，社会养老保险压力大

在西部地区，离退休人员与在职职工之比是逐年上升的，2000 年为 0.36（即 1 个在职职工养 0.36 个离退休人员），2010 年提高到 0.44，到 2017 年进一步提高到 0.48。同期，全国从 0.34 下降到 0.32 再回升到 0.38，东部地区则从 0.36 下降到 0.31。这说明西部地区职工养老保险基金压力大于全国平均水平，更大于东部地区（见图 8 - 11）。此外，西部地区总体的经济发展水平和能力低于全国平均水平。2018 年，国务院印发《关于建立企业职工基本养老保险基金中央调剂制度的通知》，正式落地实施在全国建立养老保险中央调剂基金，对各省份养老保险基金进行适度调剂，确保基本养老金按时足额发放。

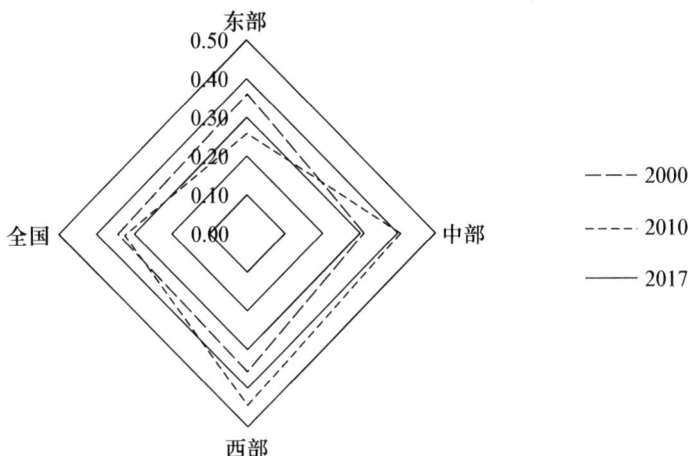

图 8 - 11　**全国和东、中、西部地区离退休人员与在职职工之比变化**

资料来源：根据《中国统计年鉴》（2001、2011、2018）整理。

分省份看，2017 年，重庆、四川和内蒙古三省份的离退休人员与职工之比已超过 0.50，即不到 2 个职工养 1 个离退休人员，离退休人员与职工之比最低的是西

藏，为 0.27，此外，2017 年贵州和陕西离退休人员与职工之比分别为 0.32 和
0.35，低于全国平均水平，养老保险基金压力低于全国平均水平（见表 8 - 35）。

表 8 - 35 西部各省份离退休人员与在职职工之比比较

地区	2000	2010	2017	地区	2000	2010	2017
西部地区	0.36	0.44	0.48	西藏	0.25	0.47	0.27
内蒙古	0.29	0.38	0.59	陕西	0.30	0.38	0.35
广西	0.27	0.44	0.48	甘肃	0.29	0.42	0.49
重庆	0.45	0.49	0.57	青海	0.43	0.37	0.45
四川	0.39	0.51	0.54	宁夏	0.29	0.39	0.42
贵州	0.32	0.35	0.32	新疆	0.56	0.43	0.46
云南	0.33	0.41	0.41				

资料来源：根据《中国统计年鉴》（2001、2011、2018）整理。

随着人口老龄化的深度发展，未来西部地区劳动人口比重下降，老年人口比
重上升，总抚养比[①]将持续快速上升（见图 8 - 12）。老年抚养比下降意味着社会
养老保险缴钱的人少了，领钱的人多了，如果持续下去，不采取积极的应对措
施，那么会对养老保险的可持续发展产生压力和挑战。从图 8 - 12 可以看到，西
部地区劳动年龄人口的抚养压力总体虽略低于全国平均水平，但由于西部地区经
济发展水平较低，因此养老保险基金压力也不容小觑。

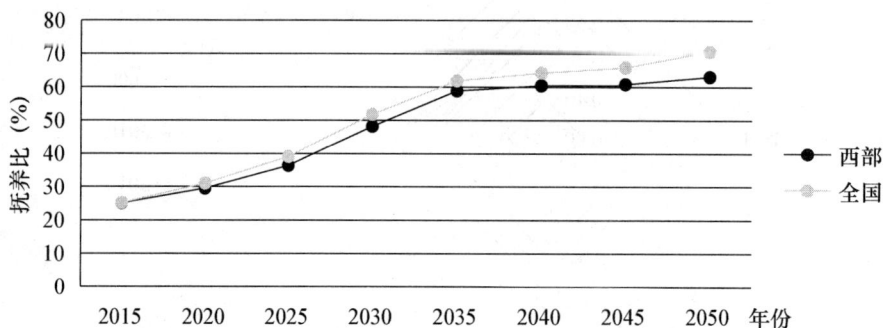

图 8 - 12 未来西部地区和全国老年抚养比比较

资料来源：浙江大学人口与发展研究所预测。

---

① 总抚养比是指 14 岁及以下儿童和 65 岁及以上老年人口与 15～64 岁劳动年龄人口之比，此处的老
年人口与劳动年龄人口口径采用国际标准。

3. 老龄事业发展滞后，养老服务需求得不到满足

随着 20 世纪五六十年代第一生育高峰、第二生育高峰人群陆续进入老年，老年人口规模空前增长，老龄化快速发展，老年人口异质性加大，城乡二元结构继续存在，养老服务需求多元化。

从表 8-27、表 8-28 和表 8-29 可以看到，西部地区老龄事业发展低于全国平均水平，无论是每千名老人养老机构床位数，还是每万名老人老年活动中心、每万名老人老年学校等养老服务机构设施和老龄事业指标，均低于全国平均水平，表明西部地区老人的养老服务需求未得到满足（见图 8-13）。

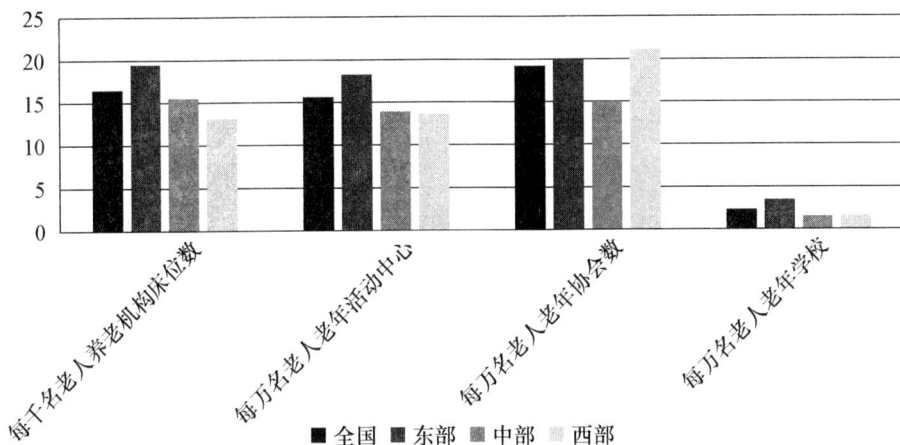

图 8-13　2016 年西部地区养老服务机构和设施与全国及东、中部比较

资料来源：根据《中国民政统计年鉴》（2017）年整理。

三、基本公共服务高质量发展对策建议

（一）基础教育领域

教育优先发展是党和政府一直秉持的发展理念。2017 年党的十九大报告明确提出："建设教育强国是中华民族伟大复兴的基础工程，必须把教育事业放在优先位置，深化教育改革，加快教育现代化，办好人民满意的教育。"显然，教育事业是未来民生保障的重要任务之一，教育发展是我国实现现代化的重要保障。2019 年 2 月中共中央、国务院印发了《中国教育现代化 2035》，提出了推进教育现代化的基本理念和基本原则，明确指出了推进教育现代化的总体目标："到 2020 年，全面实现"十三五"发展目标……到 2035 年，总体实现教育现代化，迈入教育强国行列……建成服务全民终身学习的现代教育体系、普及有质量

的学前教育、实现优质均衡的义务教育、全面普及高中阶段教育、职业教育服务能力显著提升、高等教育竞争力明显提升、残疾儿童少年享有适合的教育、形成全社会共同参与的教育治理新格局。"根据这一战略目标，西部地区在基本公共教育服务领域应该着重解决基础教育在不同教育阶段、不同区域之间、城乡之间、人群之间发展不平衡等问题，推进基础教育优质均衡发展，实现高质量高水平的基本公共教育服务均等化。具体实施途径可从以下几个方面入手：

1. 鼓励多元主体参与，形成教育资源供给模式的多元化

随着社会的发展，基础教育的单一供给难以满足民众日益动态化、多样化的教育诉求，应从以政府为单一主体转变为多元主体，实现政府供给、企业供给、非营利性组织供给、个人供给多元主体共同供给的模式。政府在基础教育多元主体合作的立体架构中发挥主导作用，普惠性的基础教育由政府部门提供，而由个人、企业和其他社会团体提供的教育资源是基础教育的重要补充。充分发挥政府的统筹作用，加强财政、社保、编办、教育、民办教育机构的沟通与协调，形成政府主导、多方联动的基础教育供给网络。政府通过政策引导、财政资金的支持、教师编制管理方式的创新，激活供给各方的合作积极性，推动基础教育的优质发展。在基础教育的发展中，要认真把握基础教育学校与社区的关系，充分认识到基础教育学校是融入社区、全民教育、终身学习的重要基地。城镇基础教育学校是学习型社区文化建设的重要引领者，农村基础教育学校是焕发乡风文明新气象、提升乡村社会文明程度的重要阵地，也是信息技术学习、推广、应用的重要场所。通过多元主体的参与，促进基础教育的健康发展。

2. 多措并举解决农村贫困地区和学前教育阶段的教师短缺问题

可以采取多种措施，补充和提升教师资源。第一，鼓励青年教师进入贫困地区执教，同时也在职称评定、职业培训、工资待遇等方面进行倾斜，增强贫困地区执教的吸引力，提升其职业认同感。第二，鼓励更多的本、专科院校设置贫困地区师资定向生培养计划，扩大贫困地区高素质师资队伍。第三，充分发挥退休教师队伍的余热，鼓励热爱教育事业、有奉献精神且身体健康的退休教师自愿去贫困地区执教，为这些教师提供完善的生活条件及对接渠道，补充贫困地区的师资力量。第四，优化教师转岗制度，缓解学前教育教师短缺的矛盾。针对中小学生源减少、教师编制富余的地区，转岗富余教师去学前教育岗位，以补充学前教育师资的不足。第五，对各级教师定期提供专业培训，提高各级教师的专业化水平。第六，广泛开展多种形式的教师交流合作活动。如开展东、中、西部地区教师交流活动，发达地区与贫困地区教育交流活动等，打通普通学校教师到优质品牌学校培训交流的渠道。

3. 对城乡基础教育应关注不同的重点问题，寻求提高教育资源供给效益的方法

对于城镇基础教育，主要解决基础教育资源配置的公平性问题。受传统教育

体制下"重点"学校制度以及社会"重点"观念的影响，城市地区优质教育资源一直是学生家长追求的热点，这些优质教育资源通常集中在少数学校及少数地区，人们过分地追求这些优质教育资源，使得"择校"问题愈演愈烈，造成"入学难""入学贵""大班额"等现象，影响了基础教育的公平性。要改变这一现象，需要对优质教育资源的配置机制进行改革。一是加快建设重点学校，通过集团化、联合发展以及网络学校等多种形式，扩大重点学校的教学范围，使得优质教育资源在量上实现扩张。二是对重点学校的优秀教师实行有偿的轮换机制，鼓励他们在一定时期内轮换至其他学校，实现优质师资力量的共享，避免优质教育资源固定在少数学校，从而带动其他非重点学校的发展。而对于农村基础教育，需要重点解决基础教育资源配置效率低下的问题，随着城市化水平的提高，农村基础教育领域的教师资源、固定资产总值、学校数量都存在冗余的内在倾向，需要政府采取多种措施提高西部农村地区基础教育资源的配置效率。一是提高农村基础教育的教学质量。积极推动"互联网＋教育"的发展模式，加强农村学校信息化基础设施建设，促进优质学校对农村薄弱学校辐射的常态化。随着农村基础教育教学质量的提高，学生主动流失的内在动力将减弱，使得生源保持稳定。二是合理调整农村基础教育学校布局，适度推进农村基础教育学校撤并计划，既要考虑基础教育学校对于新农村建设的意义，又应该考虑生源规模的变化态势，促进农村基础教育资源效率的提高。

4. 继续提高学前教育和高中阶段教育的普及率

在巩固义务教育发展成果的基础上，提高西部地区学前教育和高中阶段教育的普及率是教育现代化的必然要求。未来基础教育的普及应该从看重入学机会和教育规模的外延发展阶段向注重教育过程、育人方式等内涵发展阶段转变，即从数量普及向质量普及的转变。从前述分析可以看出，虽然近几年西部地区学前教育发展较快，但是与其他教育阶段相比，学前教育资源明显缺乏，与民众的多样化需求有较大差距。应加大对西部地区学前教育资源的投入，着力解决学前教师编制问题，扩大普惠性幼儿园的建设。建立健全学前教育均等化建设标准，立足于西部地区实际，通过对资金投入、师资力量、安全卫生以及软硬件设施等配置标准的设定，综合考虑共性需求和个体差异，建立富有区域特色的、多样化的标准体系，实现高水平的城乡学前教育建设一体化发展。西部地区高中阶段教育在区域之间、城乡之间、学校之间的均衡问题仍是未来发展面临的重要挑战，高中教育阶段正是成为社会所需要的人才的关键时期，按照统一配置标准、单一供给主体配置的高中教育与差异化、多样化需求的矛盾日益突出，需要进行供给主体、办学方式、培养和升学模式等全方位的改革，形成多元出口通道交叉、满足多样化需求的开放型办学体系，推动高中阶段教育的优质均衡发展。

5. 对于西部贫困地区，提高基础教育的覆盖率

基础教育是贫困地区阻隔贫困代际传递的重要途径，提高贫困地区基础教育的覆盖率意义重大。2020 年之前，随着西部地区全面小康社会的建设，在国家和地方政府各项优惠政策的影响下，教育脱贫已经取得了巨大成效，贫困地区基础教育的覆盖率得到了极大提升。然而西部贫困地区经济并没有完全形成良性循环的内生发展动力，基础教育取得的成果主要依赖政府全方位的支持，具有不稳定性，基础教育发展的瓶颈依然没有被完全打破，因此在全面建成小康社会的目标实现以后，贫困地区仍需要花费较大力气巩固教育发展成果，防止基础教育发展停滞，可以从受教育者、学校以及治理体系三方面深化改革。首先，加强宣传，让贫困地区家长及学生充分认识到学习的重要性。通过多种传播手段，使家长及学生充分认识到教育投资的益处，转变思想，自觉地重视基础教育的学习。其次，继续积极争取国家和地方政府的全力支持，建设符合现代基础教育标准的学校。积极争取政府教育资源的支持，包括教育经费、师资力量、政策倾斜等多种资源要素，改善农村基础教育设施，引进多媒体教育，加强贫困地区教师队伍的建设，包括少数民族地区双语教师队伍的储备，努力推动贫困地区基础教育学校现代化的建设进程。最后，依托学校治理体系的改革，构建良好的学校生态环境。在政府、学校、家长以及社会之间搭建有效的沟通渠道，提高政府对基础教育学校的管理水平，学校需要建立健全家长参与以及引领优秀文化的机制，强化家庭的教育责任，畅通学校与社会的互动渠道，构建良好的学校生态，实现基础教育学校均衡优质的发展。

（二）公共医疗卫生服务与健康领域

为了能够公平、高效、合理有序地配置公共医疗卫生资源，优化公共医疗卫生服务，切实提高西部地区尤其是少数民族落后地区、边远贫困地区人民群众的健康水平，实现全面建成小康社会的发展目标，解决民族、边远、封闭、贫困和落后地区人民群众因病致贫、因病返贫的问题，提出以下思考与建议，为政府在公共医疗卫生服务方面的决策提供智力支持。

1. 坚持预防为主，建立和完善提高西部地区居民健康水平的长效机制

在健康中国的大背景下，结合西部地区居民健康的现状，将健康促进融入公共政策的制定，转变基层医疗服务方式，倡导居民健康的生活方式，将健康与脱贫、健康与生活、健康与医改联系起来，探索建立和完善提高西部地区居民健康水平的长效机制。

首先，实施大卫生战略，加强西部地区尤其是贫困地区、边远山区、革命老区以及部分少数民族地区居民的健康教育与健康预防。

享有卫生保健是公民的基本权利。健康教育是我国实现这一目标的的一项重

要措施，是疾病防控与公共卫生的重要策略，也是实现战略目标的重要手段和方法。要解决"少生病"的问题，关键在于坚持预防为主，在西部地区尤其是贫困地区、边远山区、革命老区以及部分少数民族更加重要。调研中发现，这些地区居民的健康理念落后，生活方式有待改进，卫生意识缺乏，因此要坚持健康教育走进家庭、走进学校、走进社区、走进机关企事业单位，将健康教育和健康促进深入到基层各单位和群众的日常生活和工作中，让广大人民群众学习、普及健康知识，共同参与和维护健康环境和疾病防控工作，使健康促进工作顺利实施。

实施大卫生、大健康战略，必须从"以治病为中心"向"以健康为中心"转变，坚持将健康促进融入所有公共政策；加强农村贫困地区的爱国卫生运动，统筹治理贫困地区的环境卫生问题；加强健康教育和健康促进，提高居民的健康素养；改变贫困地区广大居民尤其是农村居民的卫生习惯，倡导和培养健康的生活方式；加大重点传染病、地方病的综合防控力度，有效提升居民的健康水平。

其次，加大对西部贫困乡村地区的医疗卫生投入，加强基层医疗卫生机构能力建设。

高效可持续的转移支付是保证地方政府维持和提高公共医疗卫生服务支出水平的有效路径。加强中央财政对西部少数民族落后地区、边远贫困地区的医疗卫生投入，特别是加大对乡村卫生室的投入和基础医疗服务的支持力度，促进基层非营利性医疗卫生机构的建设，加强对疾病的预防和控制，加大对妇幼保健等专业公共卫生机构的能力建设和人才培养的支持力度，以提高农村地区公共预防保健服务能力，增大农村居民医疗卫生服务的可获性。

再次，加强基本社会医疗保险、大病保险、医疗救助制度的衔接，从制度上提高西部贫困地区居民的负担能力。

虽然我国的医疗卫生保障制度已经基本实现了制度全覆盖，但由于西部地区基本医疗保险筹资水平较低，基本医疗保障水平仍明显低于东部地区，且西部地区受经济社会发展水平的影响，地方财政投入有限，建议提高中央财政对各省份的转移支付的比例，取消基本公共卫生领域的省级财政配套政策。

对西部地区而言，应合理划分医疗卫生领域省、市与县（区）政府间的财政事权和支出责任，加大对困难地区的转移支付力度，提高基层政府基本公共服务的保障能力。同时，西部地区应将资质达标的民营医疗机构纳入基本医疗保险定点医院，使民营医疗机构与公办医疗机构处于公平的竞争环境，从而最终提高公共医疗卫生服务水平。

最后，充分开发西部地区丰富的中医药资源，利用中医药"用药简单、取材方便、疗效灵验、价格低廉"的优势，为农村困难群众减轻看病负担。

2. 推进分级诊疗制度，促进西部地区基本医疗卫生服务均等化

2015 年，《国务院办公厅关于推进分级诊疗制度建设的指导意见》指出，"建立分级诊疗制度，是合理配置医疗资源、促进基本医疗卫生服务均等化的重要举措"。基层医疗卫生机构担负着公共卫生保健、初级诊治和保健康复的功能，建立以常见病、慢性病、多发病为主的分级诊疗制度，既可缓解医疗服务资源过度集中在大城市或大型医院的难题，又可增加基层医疗卫生机构的医疗服务数量，尤其是乡镇卫生院的医疗服务数量，使优质的医疗资源下沉到最需要的基层卫生机构。

通过以"三甲医院"为龙头的医联体、医共体的建设，采用西部地区所有公立基层医疗机构医共体的管理模式，实现医联体的技术支持全覆盖，推动不同层级医疗机构的整合、协同、联动，打造辐射基层的"和谐医疗生态圈"，实现城乡结合、防治结合，以大医院带动基层小医院，使分级诊疗制度真正落地，实现有限医疗资源的效用最大化。

因地制宜，根据西部地区医疗服务的人口规模和服务半径、城镇化发展水平和群众对医疗服务需求的变化等，制定符合西部地区实际情况的卫生资源配置标准。在少数民族聚居的贫困山区，充分发挥中医药、民族医药的优势，为贫困的少数民族群众提供基本的医疗卫生服务，使贫困地区的农村居民真正做到"小病不出村"。

建立政府购买医疗服务和绩效考核的机制，将一定比例的基本公共卫生服务任务交由村卫生室或社区卫生服务站来承担，以提高西部农村基层卫生机构的经费保障水平，保障农村居民基本公共卫生服务质量。

3. 构建一个支持人才留在基层卫生系统的制度体系

西部地区具有地形复杂、地势险峻、交通不便、农村人口居住分散的特点。国家应制定符合西部地区需求的医疗卫生服务人才战略，通过本地人才培养与人才引进相结合的方式，壮大医疗卫生技术人才队伍。如国家应适量增加或扩大医学类高校在西部地区的招生名额，院校培养和在职教育并举，加大对卫生领域紧缺和薄弱专业人才的规范化培训，逐步扭转卫生技术人才长期缺乏的局面。可借鉴甘肃省"医疗卫生大学生进农村计划"的经验，对毕业后愿意留在西部服务西部的大学毕业生，在学费、生活费方面提供一定的补助；同时，出台更多优惠政策，以吸引全国各地的优秀卫生技术人员来西部工作。

针对医疗技术人员的专业化水平比较低的问题，应加强基层卫生人才队伍建设。

一是探索建立人员编制"县管乡用"和医师轮流派驻制度，全面推行基层医

疗卫生机构的一体化管理，开展乡村医生及全科医生团队签约服务。如可借鉴甘肃省"万名医师支援农村卫生工程"等的经验，定期组织县、乡医疗卫生机构的专业技术人员到农村开展巡回医疗活动，指导乡村医生提高专业技术水平。

二是建立符合农村需要和卫生技术人才特点的培养机制，帮助西部农村地区的医疗卫生技术人员尽快提高业务水平。对西部农村贫困地区，特别是民族地区的在职卫生人员，可采取"派下去，送上来"的办法，改变以往集中到县里以会代培，培训的内容以公共卫生方面的知识为主，临床医疗救济知识少，实际效果有限的局面，根据不同层次医务人员的需求特点，确定不同的培养目标和方式。对学历偏低的县、乡两级卫生技术人员，鼓励他们参加学历教育，从而提高其理论水平和业务能力，同时开展实用型专业技术培训，如重大传染病、急救知识、农村常见病诊疗、慢性病防治及公共卫生知识等，帮助民族地区提高卫生技术水平；对学历较高的卫生技术人员要鼓励其进修学习先进技术，不断提高医疗卫生服务能力。

三是制定基层特岗计划，对基层急需的人才岗位给予特殊支持政策，采取国家购买服务的方式向基层群众提供公共服务。基层特岗依需而设，资金随岗而留，收入再做激励，考核依靠群众。

四是农村基层医务人员职称晋升评审标准应注重农村医疗卫生工作的实绩。通过实施"托底调峰、动态考核"的绩效工资政策，加大对农村医生的补偿力度，调动基层医务人员的积极性，留住人才。

4. 加快"互联网＋医疗"平台建设，着力提升西部贫困地区县级或中心镇的公共卫生和医疗服务能力

加强西部贫困地区县级或中心镇的远程医疗能力建设，通过扎实加快推进医保、医疗、医药、医院、中医、医生"六医"统筹，使西部地区县级或中心镇医疗服务能力升级，持续推动信息化赋能惠民，破解"看病难、看病贵、看病繁"问题。

一是根据西部贫困地区的实际情况，首先，加强远程医疗服务的宣传，提高居民的认可度和接受度；其次，加强规范化的远程医疗网络平台和诊疗设施建设；最后，加快远程医疗服务人才的培养，对基层医疗卫生机构人员实施远程医学培训，提升基层卫生人员的远程医疗服务能力。

二是将远程医疗服务项目纳入城乡居民医疗保险或新农合基金支付范围，建立和完善远程医疗服务价格机制、保障政策及监管机制。由于远程医疗的建设成本主要由项目建设费、系统运营费和医疗服务费构成，远程医疗服务价格具有区域差异性，因此，在核定服务价格时应遵循以福利性和公益性为主，以市场调节为辅的原则，使广大偏远贫困地区的农村居民看得起病。

三是建立安全可靠的远程医疗服务技术，实现"一对多、多对多"网络化运行模式，保障远程医疗服务可持续发展。

（三）养老保障与服务领域

从本质上讲，人口老龄化没有好坏之分，所谓的"问题"或"挑战"不完全来自老年人或者老龄化本身，更多地源于变化了的人口年龄结构与现行社会经济结构之间的不匹配所产生的矛盾①。

1. 完善西部地区多元化养老服务模式

从西部地区实情出发，量力而行，实事求是地构建自己的养老模式。居家养老、社区养老、机构养老相结合的多元化的养老服务模式是西部地区未来养老的主要模式。而社会养老保险、家庭成员供给和自我储蓄应是西部地区养老资金保障的主要来源。

家庭养老是中华民族传统的养老方式，是实现"老有所养"的优势所在，也是养老保障的中国特色。在当前的经济社会条件下，养老服务主要还得依靠家庭成员提供，西部地区更是如此。即使将来我国的老年养老保障制度完善了，养老服务的社会化成熟了，其养老的"精神慰藉需求"也还是得落实在家庭成员身上。社区养老服务，"是以社区为依托，采取全托、日托、上门等方式，为社区或居家生活的老年人提供生活照料、康复护理、助餐助行、紧急救援、精神慰藉等服务和产品的总称"。社区养老服务在一定程度上可以弥补家庭养老之不足，最大限度地满足老年人的基本生活需要。由于西部地区各省份之间人口、经济发展水平的差异性，以及家庭养老功能的弱化，因此对社区和机构养老服务的需求将会增加。

此外，应大力提倡和鼓励自我养老。所谓自我养老就是指老年人在经济上的自立、在生活能力上的自理。要做到这一点，当人处在中年时期时，就要为自己未来的养老进行储蓄，抑或在退休以后继续从事有收入的劳动，甚至为未来老年期储存一定的劳务时间。自我养老不仅使老年人在经济上养老更有保障，而且更重要的是，老年人通过社会参与，既体现了老年人的社会价值，又丰富了老年人的精神生活。

2. 完善老龄政策法规体系

老年社会保障的政策法规体系建设缺少配套和衔接。如老年福利政策法规体系与其他经济、社会发展政策不协调甚至相互矛盾。《老年人权益保障法》落实不到位和不落实的现象仍然存在，在西部有些地区还比较突出，特别是财政资

① 胡湛，彭希哲，应对中国人口老龄化的治理选择［J］. 中国社会科学，2018（12）：134－155，202.

助、税收减免、用地划拨等方面的优惠政策落实难。这就迫切要求我们不断完善老年社会保障政策和法律体系，在法律上确保老年人的合法权益，明确执法主体，使老龄工作有法可依。

3. 养老保障因地制宜，分城乡分类解决

在城区开展家庭养老床位建设，以破解中心城区养老服务发展空间严重不足的"先天缺陷"，在各省份民政部门的指导下，鼓励有条件、够资质的机构和组织全面参与家庭养老床位建设，探索出一条既能克服养老用地紧张问题又能实现养老床位持续增长的发展路径。同时，通过设置家庭养老床位、安装智能硬件设备、实行"互联网＋居家养老"等养老模式的创新，让老年人在家里也能享受到专业化的养老服务。

在农村，近期以解决老年人基本生存"两不愁"为重点，对建档立卡的贫困老人、特困人群实施救助，落实最低生活保障制度，保障现时老年人的基本生活，实现精准脱贫；同时，以提高城乡居民养老保险参保率为目标，实现城乡居民养老保险的制度全覆盖到人群全覆盖，以保障现时的中年人或即将进入老年阶段者的基本生活；通过发展经济，完善养老保险制度，使西部地区老年人同步进入小康。

参考文献

［1］周佳，韩云涛，李伟明. 构建西部民族地区农村新型公共卫生服务体系［J］. 中国农村卫生事业管理. 2009（8）：571-573.

［2］胡湛，彭希哲，应对中国人口老龄化的治理选择［J］. 中国社会科学，2018（12）：134-155，202.

［3］民政部对"打造精准化社区养老服务模式"的答复［EB/OL］.（2019-11-01）［2019-11-01］. http://www. mca. gov. cn/article/gk/jytabljggk/rddbjy/201911/20191100020893. shtml.

——执笔人：姚引妹、李芬，浙江大学中国西部发展研究院

第九章　西部地区人才发展策略研究

摘　要

自西部大开发战略实施以来，西部地区人才工作取得了实质性进展，人才总量得到了提升，结构得到了优化，人才优先发展战略得到了强化，人才分类评价改革如火如荼，出台了一系列有利于人才冒尖、人才扎根和人才振兴的举措。但从区域协调发展的视角来看，西部地区人才支撑上成效与问题并存，如受过大专及以上教育的人才总量稳步增长但分布不均衡、专业技术人才总量攀升但结构不够合理、高校专任教师数量增加但高层次人才短缺、人才的经济与科技效能提升空间较大等。面向 2035 年，西部地区人才发展战略应该攻克人才流失严重、整体素质不高、人才环境堪忧、人才评价错位等痛点难点。在这一过程中，应进一步明确战略实现路径，提升西部地区工资待遇总体水平，提高西部地区人力资本投资总量和强度，实现从"人力资源"到"人才红利"、从"引入意识"到"培养意识"，以及从"人力西进"到"智力西进"的观念转变，从政府顶层设计、人才政策、教育改革、社会氛围等多个方面着力，强化西部地区发展的人才支撑。

Abstract

Since the implementation of the China Western Development, the talent work in the western region has made substantial progress, the total talents have been improved, the structure has been optimized, the talent priority development strategy has been strengthened, and the talent classification evaluation reform is in full swing. However, from the perspective of regional coordination, the problems of talent support in the western region still coexist. For example, the total number of talents who have received college education or above is growing steadily but the distribution is uneven, the total number of professional and technical personnel is rising but the structure is not reasonable enough, the number of full-time teachers in colleges and universities is increasing but there is a shortage of high-level talents, and the lack of economic and technological efficiency of talents. Towards 2035, the talent development strategy in the western region should overcome the serious problems of brain drain, low overall quality, tough talent environment, misplaced talent evaluation, etc. In this process, we should further clarify the path of strategy realization, improve the overall level of wages and salvage in the western region, increase the total amount and intensity of human capital investment in the western region, and transform human resources to talent dividends, consciousness of introduction to consciousness of training, humanity westward to intellectual westward advancement. Also governments need to strengthen the talent support for the development of the western region through top-level design talent policy, education reform, and social atmosphere.

人才是社会发展中具有能动性、创新性和内生性的因素。西部地区新时期高质量发展迫切需要创造和发挥人才优势，通过职业培训、创业帮扶、智力引进等手段强化地区创新创业能力，激发西部地区在区域协调、产业转型、军民融合、绿色发展、乡村振兴、公共保障各领域的活力。目前，西部地区人才发展还面临方方面面的问题，这不单单是教育问题，而是与政府治理、公共服务、科研政策、企业创新等外部因素相互缠绕的复杂社会问题。下文将从西部地区人才发展的现状与问题入手，提出支撑西部地区高质量发展的人才策略。

一、西部地区人才发展的现状与问题

西部地区人才欠发展的一个重要宏观因素是中国劳动力的区域分布差异较大。近十年来，中国劳动力的分布出现了不断向东部集聚的趋势，如 2018 年杭州的技术人才吸引力指数居全国首位，其吸引全国科技人才去杭州就业落户的原因包括阿里巴巴公司吸引力较强、杭州人杰地灵、民营经济活跃带来更多机会、周边区位优势明显等。2012年至2016年间，东部地区劳动力比例增加了4.45个百分点，41.29%的劳动力集中在东部地区，而西部地区尽管增速较快，但总比例仅为19.88%。从劳动力的受教育程度上来看，在小学/私塾及以下这一水平上，西部地区无论男女都高于东、中部地区，在大专及以上、普高/职高/技校/中专水平上，西部地区又低于中、东部地区。西部地区男性劳动力平均受教育年限低于东部1.16年，女性低1.11年（见表9-1）。近年来，东部地区愈演愈烈的"抢人大战"更是从落户、购房补贴、生活补贴、车牌指标、配套保障政策等方面吸引全国优质劳动力，形成了以高校毕业生为代表的劳动力大军向经济发达区已有的"人才池"中持续"注水"的格局。

表9-1 　　　　　　　　　东、中、西部劳动力受教育程度差异　　　　　　　（单位：年）

受教育程度	东部		中部		西部	
	男	女	男	女	男	女
小学/私塾及以下	14.51	24.58	23.06	33.94	26.89	34.23
初中	50.20	45.09	52.49	48.02	50.60	48.12
普高/职高/技校/中专	22.40	18.55	15.43	10.98	13.70	10.32
大专及以上	12.89	11.78	9.02	7.06	8.81	7.33
平均受教育年限	9.98	9.26	9.06	8.23	8.82	8.15

资料来源：蔡禾. 中国劳动力动态调查：2017年报告. 北京：社会科学文献出版社，2017.

在劳动力市场发生复杂变化的当下，中国劳动力市场面临复杂形势，大学生毕业就业难、农村劳动力转移就业任务艰巨等显性问题已经成为妨碍社会稳定的潜在因素。受人口结构调整、经济发展形势、技术更替与政策和制度调整等多种因素影响，整体而言，中国面临着劳动力供给减少、结构性失业明显、劳动力城乡流动、机器化趋势不可阻挡、创业带动就业等叠加的形势，给西部地区的人才发展带来了不容乐观的外部客观环境。

高等教育学校（机构）是人才的基地。高等教育和区域经济与社会发展互相协同、密不可分，其中合格人才的输送和科学研究的支撑促进了高校与区域的协同发展。目前教育多样化的程度还远远无法满足创新人才培养和经济社会发展的迫切需要。相对于近14亿人口，我国高等教育优质资源仍十分欠缺，大量的优质资源集中在北京、上海、广州等城市，无论是从"211工程""985工程"还是"双一流"计划的实施来看，西部高校都难以与东部高校抗衡。2017年，全国共有部（委）属高校118所，其中东部地区77所，占总数的65.25%，而中、西部如山西、江西、海南、内蒙古、广西、贵州、西藏、青海、新疆、云南等省份尚未拥有部（委）属本科高校。在2017年9月发布的"双一流"建设高校名单中，

42 所一流大学建设高校分布在 21 个省份，其中北京 8 所，上海 4 所，而中、西部地区仍有 10 个省份没有 1 所，而这一重大政策的制定已经考虑了区域政策补偿和倾斜机制。对中、西部一些高校而言，尽管自身能力建设发展较快，但长期以来资源过少所带来的积弊难以根除①。

不仅在"双一流"建设中西部地区处于后进位置，而且在普通高等学校（机构）数量上也不占优势。2017 年西部地区共有 675 所普通高校，占 25.66%，但教职工总数占全国的比重却低于这一数字。相比 2012 年（24.36%），西部地区普通高校数量占全国的比重提升了 1.3 个百分点（见表 9-2 和表 9-3）。

表 9-2　　　　2017 年各省份全国普通高等学校（机构）和教职工数量

省份	学校数（所）	教职工数（人）	省份	学校数（所）	教职工数（人）
北京	92	142 197	湖北	129	131 395
天津	57	47 143	湖南	124	102 318
河北	121	105 505	广东	151	154 540
山西	80	59 116	广西	74	66 934
内蒙古	53	39 598	海南	19	14 753
辽宁	115	97 806	重庆	65	58 388
吉林	62	63 351	四川	109	121 894
黑龙江	81	73 918	贵州	70	47 896
上海	64	73 891	云南	77	53 533
江苏	167	168 583	西藏	7	3 707
浙江	107	92 654	陕西	93	103 994
安徽	119	81 266	甘肃	49	41 179
福建	89	68 302	青海	12	6 911
江西	100	80 113	宁夏	19	11 695
山东	145	154 311	新疆	47	30 349
河南	134	145 755			

表 9-3　　　　2017 年分地区全国普通高等学校数和教职工数及其比重

地区	学校数（所）	学校数占比（%）	教职工数（人）	教职工数占比（%）
全国	2 631	100.00	2 442 995	100.00

---

① 徐小洲，倪好，辛越优. 走向新时代：我国高等教育均衡发展的难题与策略 [J]. 高等教育研究，2017，38（12）：30—34，42.

续前表

地区	学校数（所）	学校数占比（%）	教职工数（人）	教职工数占比（%）
东部	1 012	38.46	1 021 879	41.83
西部	675	25.66	586 078	23.99
中部	686	26.07	599 963	24.56
东北	258	9.81	235 075	9.62

从宏观的劳动经济学视角或者高等教育发展的视野来看，西部地区人才发展面临的障碍较多，既存在显性的数量与规模问题，也存在结构层次、流动速率、人才效能、发展潜力等方面的问题，值得在实施下一轮西部大开发中密切关注。本节将根据衡量地区人才发展的若干重要指标来考察过去几年西部地区在人力资源、技能与教育等领域的动态演进。

（一）受过大专及以上教育的人才总量稳步增长但分布不均衡

西部大开发战略实施以来，西部地区各类人才总量明显增长。其中受过大专及以上教育的人才从 2000 年的 986.1 万人增长到 2017 年的 4 162.5 万人，在 18 年内净增 3 176.4 万人，实现了年均增长率达 8.84% 的稳步抬升，高于全国年均增长率（见表 9-4）。不过不容乐观的是，从 2017 年西部各省份的数据看来，西部各省份受过研究生教育的人才比重均低于全国平均水平。

表 9-4　2000—2017 年全国各地区受过大专及以上教育的人才总量及占比

地区	人才总量（万人）		比重（%）		年均增长率（%）
	2017	2000	2017	2000	
全国	17 911.6	4 402.1	100.0	100.0	8.61
东部	8 316.3	1 838.0	46.4	41.8	9.29
东北	1 602.1	564.8	8.9	12.8	6.32
中部	3 830.7	1 013.2	21.4	23.0	8.14
西部	4 162.5	986.1	23.2	22.4	8.84

此外，西部地区受过大专及以上教育的人才在全国的比重也在增长，从 2000 年的 22.4% 上升至 2017 年的 23.2%，但东部地区受过大专及以上教育的人才比重则从 2000 年的 41.8% 提高到 2017 年的 46.4%，西部地区的年均增长率（8.84%）低于东部地区（9.29%）。进一步分析发现，从西部各省份情况来看，西部地区受过大专及以上教育的人才分布并不均衡。据统计，2017 年总量排名前六的省份（四川、陕西、内蒙古、云南、新疆和重庆）拥有整个西部地区 71.58% 受过大专及以上教育的人才，而排名末尾的省份，如西藏仅拥有 0.6%

的人才，青海仅占 1.5%，宁夏也仅占到 2.4%，不及靠前省份的零头。

从年均增长率来看，西藏、甘肃、宁夏、内蒙古、贵州、重庆、云南受过大专及以上教育的人才总量年均增长率均高于西部地区平均水平，尤其是人才比重排名较靠后的西藏（12.78%）和宁夏（9.83%），其年均增长率显著高于西部地区年均增长率，甘肃省则以较为适中的体量获得明显的增长速度（10.00%），表现相对较好。广西、陕西等省份受过大专及以上教育的人才数量增长速度低于西部地区平均水平（见表 9-5）。

表 9-5　2000—2017 年西部地区及各省份受过大专及以上教育的人才总量及其年均增长率

地区	人才总量（万人）		2000—2017 年增长量（万人）	2000—2017 年年均增长率（%）
	2017	2000		
全国	17 911.8	4 402.1	13 509.7	8.61
西部	4 162.5	986.1	3 176.4	8.84
四川	835.7	203.9	631.8	8.65
云南	377.3	85.3	292.0	9.14
贵州	313.6	67.5	246.1	9.46
西藏	25.5	3.3	22.2	12.78
重庆	392.6	86.0	306.6	9.34
陕西	546.4	148.6	397.8	7.96
甘肃	339.9	67.2	272.7	10.00
青海	63.8	15.6	48.2	8.64
新疆	396.8	94.6	302.2	8.80
宁夏	99.4	20.2	79.2	9.83
内蒙古	430.9	89.0	341.9	9.72
广西	340.5	104.8	235.7	7.18

资料来源：根据《中国统计年鉴》（2018）和《中国 2000 年人口普查资料》等整理。

普通本专科毕业生是能够有效支撑西部地区创新发展的潜在人才，一定程度上普通本专科毕业生人数的多少代表着一个地区的潜在人才池的大小。尽管如此，事实上，西部地区部分省份普通本专科毕业生人数不少，但能够留住的毕业生占比较低。笔者在甘肃兰州调研时，当地人力资源部门曾表示近六成的大学毕业生倾向于赴省外就业或者升学。数据显示，2017 年西部地区普通本专科毕业生总人数为 1 799 154 人，占全国 24.45%，而中部六省则占 28.01%，总人数为 2 061 008 人，高于西部地区 12 个省份的总数（见表 9-6 和表 9-7）。

表 9-6 　　　　　　　**2017 年各省份普通本专科毕业生人数**　　　　　（单位：人）

省份	本科	专科	合计	省份	本科	专科	合计
北京	121 362	34 082	155 444	湖北	212 847	182 050	394 897
天津	79 010	60 152	139 162	湖南	162 286	170 506	332 792
河北	170 408	159 564	329 972	广东	245 563	265 659	511 222
山西	113 275	97 154	210 429	广西	88 932	121 734	210 666
内蒙古	57 501	60 297	117 798	海南	24 871	25 499	50 370
辽宁	174 113	94 654	268 767	重庆	104 704	91 710	196 414
吉林	114 984	55 075	170 059	四川	184 269	201 876	386 145
黑龙江	125 363	71 820	197 183	贵州	75 025	74 012	149 037
上海	86 945	47 262	134 207	云南	96 365	78 889	175 254
江苏	252 892	236 630	489 522	西藏	5 493	3 527	9 020
浙江	146 131	130 449	276 580	陕西	172 708	132 416	305 124
安徽	152 059	170 727	322 786	甘肃	70 242	54 544	124 786
福建	121 774	82 643	204 417	青海	7 937	6 724	14 661
江西	122 575	173 410	295 985	宁夏	17 205	14 358	31 563
山东	245 517	325 703	571 220	新疆	35 679	43 007	78 686
河南	253 804	250 315	504 119				

资料来源：根据《中国统计年鉴》（2018）整理。

表 9-7 　　　　　　　**2017 年分地区普通本专科毕业生数比较**

地区	本科毕业生（人）	本科毕业生占比（%）	专科毕业生（人）	专科毕业生占比（%）	毕业生总数（人）	毕业生总数占比（%）
全国	3 841 839	100.00	3 516 448	100.00	7 358 287	100.00
东部	1 494 473	38.90	1 367 643	38.89	2 862 116	38.90
西部	916 060	23.84	883 094	25.11	1 799 154	24.45
中部	1 016 846	26.47	1 044 162	29.69	2 061 008	28.01
东北	414 460	10.79	221 549	6.31	636 009	8.64

资料来源：根据《中国统计年鉴》（2018）整理。

（二）专业技术人才总量攀升但结构不够合理

高质量发展需要筑牢技能人才的根基。人才的培养与评价都要遵循以职业属性和岗位要求为基础的分类原则，在共通性中把握特殊性。西部地区专业技术人才、党政人才、高技能人才等各类创新创业人才队伍不断壮大，为西部近十年的发展提供了宝贵的人力资源。按国家职业资格证书规定的人才资格框架来看，各类专业技术人才（包括初级、中级、高级、技师、高级技师）的规模变化特点如下：西部地区的各类人才从 2000 年的 50.7 万人增至 2017 年的 361.6 万人，净增长 310.9 万人，年均增长率为 12.25%，比全国平均水平（9.27%）高出近 3 个百分点。西部地区各类人才占全国人才总量的比重也稳步上升，从 2000 年的 15.8% 增至 2017 年的 25.0%，提高了 9.2 个百分点。从西部各省份的情况来看，内蒙古（25.46%）、甘肃（23.34%）等省份的年均增长率明显高于西部地区平均水平。四川（48.7 万人）、甘肃（48.1 万人）、云南（42.9 万人）、新疆（33.8 万人）、陕西（33.8 万人）、广西（25.5 万人）等省份的各类技术人才增长总量和 2017 年人才总量明显高于其他省份，这六个省份各类技术人才增长总量占了整个西部地区各类技术人才增长总量的 74.9%。西藏、青海、宁夏三省（区）各类技术人才的总量长期居西部地区末尾，但也获得了较为稳健的增长（见表 9-8）。

表 9-8　2000—2017 年西部地区各类技术人才总量及其年均增长率

地区	2017 年各类技术人才总量（万人）	2000 年各类技术人才总量（万人）	2000—2017 年各类技术人才增长总量（万人）	2000—2017 年年均增长率（%）
全国	1 446.2	320.5	1 125.7	9.27
西部	361.6	50.7	310.9	12.25
四川	69.2	20.5	48.7	7.42
云南	48.8	5.9	42.9	13.23
贵州	18.4	2.8	15.6	11.71
西藏	1.5	0.1	1.4	17.27
重庆	34.6	4.0	30.6	13.53
陕西	37.1	3.3	33.8	15.30
甘肃	49.5	1.4	48.1	23.34
青海	4.5	0.8	3.7	10.69
新疆	36.6	2.8	33.8	16.32
宁夏	8.8	0.6	8.2	17.11
内蒙古	18.9	0.4	18.5	25.46
广西	33.7	8.2	25.5	8.67

资料来源：根据《中国劳动统计年鉴》（2001）和《中国劳动统计年鉴》（2018）数据统计而来。

对数据进行进一步分析，比如从人才结构来看，西部地区以初、中级职称的人才为主，缺乏高层次和高职称的人才，且由过去的以中级职称人才为主导慢慢演变为以初级职称人才为主导的结构类型。因而，虽然技术人才总量在增加，占全国的比重也在增加，但从构成上来看，西部地区技术人才的总体发展形势不容乐观。相较 2000 年的比重（53.8%），2017 年西部地区各类技术人才中级职称的比重（37.2%）下降了 16.6 个百分点，高级及以上职称（包括高级、技师和高级技师职称三类）的比重由 2000 年的 11.5% 提高至 2017 年的 14.2%，增加了 2.7 个百分点。从西部各省份的情况来看，7 个省份的各类技术人才高级及以上职称的比重呈现上升趋势，四川、云南、贵州、西藏、陕西、内蒙古、广西等省份高级及以上职称人才的比重上升明显，分别上升了 14.3、7.2、6.8、4.6、3.0、9.5 和 3.3 个百分点（见表 9-9）。在各类技术人才高级及以上职称的比重下降的省份中，青海、新疆、宁夏和甘肃都表现出极为明显的初级职称占主导的特点，而重庆则表现出较为明显的中级职称占主导的特征。

表 9-9　　　　　2000—2017 年西部地区各类技术人才职称的比重　　　　（%）

地区	2017 年各类技术人才的比重			2000 年各类技术人才的比重		
	初级	中级	高级及以上	初级	中级	高级及以上
全国	38.4	37.9	23.7	43.6	46.9	9.5
西部	48.6	37.2	14.2	34.7	53.8	11.5
四川	27.8	49.1	23.1	35.5	55.7	8.8
云南	51.7	29.9	18.4	34.0	54.7	11.2
贵州	43.1	41.6	15.3	31.8	59.7	8.5
西藏	55.0	37.0	8.0	55.5	41.1	3.4
重庆	33.0	56.2	10.8	27.3	40.7	32.0
陕西	34.4	48.3	17.3	30.2	55.6	14.3
甘肃	72.4	25.6	2.0	20.7	72.1	7.2
青海	80.7	9.8	9.5	14.4	65.5	20.2
新疆	70.3	19.9	9.8	31.1	51.6	17.4
宁夏	77.5	18.2	4.3	7.0	81.2	11.8
内蒙古	40.1	34.2	25.7	5.5	78.3	16.2
广西	55.2	35.4	9.4	48.7	45.3	6.1

（三）高校专任教师数量增加但高层次人才短缺

西部各地区普通高等学校专任教师的数量稳步增长，由 2000 年的 10.4 万人增加到 2017 年的 40.10 万人，净增长 29.70 万人，年均增长率为 8.26%，比全国平均水平（7.63%）高出 0.63 个百分点；且西部地区专任教师总数占全国的比重也有所上升，从 2000 年的 22.2% 上升到 2017 年的 24.6%，提高了 2.4 个百分点。从西部各省份的情况来看，广西、贵州、四川、云南、宁夏、甘肃六个省份的年均增长率均高于西部地区平均水平（8.26%）（见表 9 - 10）。2017 年四川、陕西、广西、重庆、云南这五个省份的专任教师数量占西部地区总量的比重之和为 68.57%。

表 9 - 10　2000—2017 年西部地区普通高等学校专任教师总量及其年均增长率

地区	2017		2000		增长规模（万人）	年均增长率（%）
	总量（万人）	比重（%）	总量（万人）	比重（%）		
全国	163.30	100.00	46.8	100.00	116.50	7.63
西部	40.10	24.60	10.4	22.20	29.70	8.26
四川	8.39	20.92	1.8	17.31	6.59	9.48
云南	3.93	9.80	0.9	8.65	3.03	9.06
贵州	3.51	8.75	0.7	6.73	2.81	9.48
西藏	0.25	0.62	0.1	0.96	0.15	5.54
重庆	4.17	10.40	1.1	10.58	3.07	8.15
陕西	6.69	16.68	2.1	20.19	4.59	7.05
甘肃	2.85	7.11	0.7	6.73	2.15	8.61
青海	0.47	1.17	0.2	1.92	0.27	5.15
新疆	2.06	5.14	0.8	7.69	1.26	5.72
宁夏	0.82	2.04	0.2	1.92	0.62	8.65
内蒙古	2.64	6.58	0.9	8.65	1.74	6.53
广西	4.32	10.77	0.9	8.65	3.42	9.67

　　在高校专任教师中，高层次人才数量这一指标尤其能够体现出特定地域范围对人才的吸引力。高层次人才是个相对概念，不过在高校人事政策中已经具有较为固定的外延。一个较为简单的判断是该人才是否带有一顶"帽子"，如两院院士、长江学者、国家"千人计划"创新人才入选者、国务院学科评议组召集人、"百千万人才工程"国家级人选、国家有突出贡献中青年专家、国家级教学名师、国家卫生计生突出贡献中青年专家、全国宣传文化系统"四个一批"人才、省151 人才工程重点资助人选等，不一而足。各省（区、市）还有以当地文化符号或自然地理特征命名的"江河湖海"学者。这些高层次人才的分布特征可以从不

同城市的人才聚集程度得到体现。在 2015—2017 年的评选中，除东莞和宁波的高校没有长江学者产生外，来自其他一线（上海、北京、深圳和广州）和新一线城市（成都、杭州、南京、青岛、沈阳、苏州、天津、无锡、武汉、西安、长沙、郑州、重庆、东莞和宁波）的长江学者达到 1 081 人，占这三批长江学者总数的 82.2%。

"青年千人计划"是高层次人才引进的典型指标，该计划一般引进的是已在海外知名高校、科研机构或者著名企业研发机构受聘正式教学或科研职位，已经取得博士学位后在海外连续工作 36 个月以上的杰出精英。笔者对各批次"青年千人计划"入选人才进行了地域分布分析，发现西部地区入选人数逐年增长，平均批次增长率为 17.5%，到第 14 批时西部地区已经入选 64 人。总体而言，西部地区共引进了 358 位"青年千人计划"入选人才，占全国引进总人数的 10% 左右，比东北地区高出不少。受顶尖高校全国布局的影响，东部地区吸引了全国71.3% 的"青年千人计划"入选人才，比西部地区所占比重高 61.2 个百分点，人数比西部地区多 2 164 人，两者相差近 6 倍，东部地区占据着不可撼动的主导地位（见表 9-11）。

表 9-11　　　　　　全国各地区国家"青年千人计划"入选情况

地区	各批次入选人数（人）									总人数（人）	比重（%）
	1	2	3	4	5	11	12	13	14		
全国	143	218	177	183	396	661	558	590	609	3 535	100.0
东部	95	152	131	133	303	487	384	410	427	2 522	71.3
东北	5	5	4	2	16	24	18	28	19	121	3.4
中部	28	37	29	34	51	78	81	92	94	524	14.8
西部	15	24	13	14	26	71	72	59	64	358	10.1
香港与其他	0	0	0	0	0	1	3	1	5	10	0.3

西部地区的"青年千人计划"入选人才仍然集中在四川（43.9%）和陕西（35.5%）两个省份。四川（157 人）、陕西（127 人）、重庆（34 人）三个省（市）占西部地区的比重高达 88.9%。而到 2019 年年初为止，西藏、青海、新疆、宁夏均未有人入选"青年千人计划"，内蒙古、广西、云南分别只有 1 人、2人、6 人入选该计划，与东部地区的差距大。在主要城市分布上（见表 9-12），"青年千人计划"入选人才主要被北京、上海等传统高等教育强市吸引，但广州、天津等地的吸引力也在增强，除了清华、北大、浙大这样的顶尖名校外，中山大学、天津大学、武汉大学、南方科技大学等高校的吸引力也在逐渐增强，但西部

地区主要城市和大学的吸引力还不足，这与整个高等教育形势有关，也与西部地区社会生活层次、基础设施建设、国际化水平等高等教育之外的因素密切相关。

表 9-12　　　　　2011—2017 年主要城市"青年千人计划"引进人数

主要城市	人数（人）
北京	833
上海	572
武汉	262
南京	238
杭州	219
合肥	194
广州	192
成都	137
西安	115
重庆	34

（四）传统优秀人才外流与新兴产业人才短缺问题并存

受自然条件、经济发展水平、科研平台和团队建设等诸多客观因素影响，西部省份教育系统特别是高等院校引进高层次人才的难度较大，流失率较高，"孔雀东南飞""西北儿女不回家"等现象依旧突出存在。一般来说，正常合理的社会人才流动率会在 5%～20%之间浮动，关键人才流失率应控制在 2%之内。但据不完全统计，近年来我国地方普通本科院校的人才流失率为 15%～20%，部分院校人才流失率最高达 25%，而中西部欠发达地区的高校更是人才流失的"重灾区"[1]。以西北某重点高校为例，近几年人才流失严重，有 4 位科学院院士、1 位工程院院士、2 位长江学者，以及更多普通教授选择了离开。这些专家学者大多被东部沿海的重点高校"组团"挖走，这般"伤筋动骨"已让这所百年名校面临发展危机[2]。

近年来，甘肃省属企事业单位专业技术人才总量达到 57 万人，其中高、中、初级专业技术人才比例约为 10：34：56。但专业技术人员数量不足，高水平创新人才、复合型人才严重缺乏，部分行业高层次人才流失问题比较突出；人才结构性矛盾突出，初级及以下专业技术人员比重依旧较大；受经济实力、收入水

---

① 瞿子娟. 中西部地方高校人才流失成因及对策探讨 [J]. 智库时代，2018（41）：108-109.

② 周军. 让东西部人才争夺熄火 [J]. 中国人力资源社会保障，2018（4）：52.

平、福利待遇等的限制，甘肃吸引人才难度大。另外，随着转方式、调结构步伐的加快，企业技术水平和劳动生产率不断提高，市场对高素质技能人才的需求增加，对劳动力的技能素质的要求逐步提高。劳动力供给与岗位需求不匹配的结构性矛盾越来越突出，一方面是"用工荒"，另一方面是"求职难"的矛盾，"一岗难得"和"一人难求"的就业错位现象存在于诸多领域。

人才短缺问题几乎存在于所有西部省份，但对于成都市这样的西部经济领头羊城市，其人才短缺问题主要集中在新兴产业领域。新兴产业领域人才开发不足成为制约成都等西部经济领头羊城市产业转型的重要因素。在覆盖全市的问卷征集、市场搜集和对 46 个重点产业行业的调研及专业论证的基础上，成都市发布了《2018 年成都市人才开发指引》，指出除了传统的对国际顶尖人才、领军人才和一般高级人才的迫切需求外，其在创客人才、民间优才方面的人才需求也十分强烈。创客人才是指海内外高校在读或毕业 10 年内在成都开展创意转化等创业实践活动，并带动创新创业的人才。从产业需求来看，成都缺少先进制造业、现代服务业、都市现代农业等领域的杰出人才，具体岗位如模具工程师、气动设计工程师、太阳能光伏系统工程师、会展策划师、知识产权运营顾问、园区规划师等。

（五）人才的经济与科技效能提升空间较大

人才的培养、吸收和引进，其目的都是使用。人才用得得当，人尽其用，则能体现人才更高的价值，发挥效能；如果出现人与岗位不适配、人与环境不协调、人与组织产生重大矛盾等情况，则人才效能的发挥往往也会受到影响。在总量无法和东中部地区相提并论的情况下，人才效能不高对西部地区而言无疑是雪上加霜。

为了更好地衡量人才效能，笔者将其界定为单位人才所创造的价值，这里的价值既可以是经济价值，也可以是文化价值、科技价值、社会价值等。显然，人才效能越高，表示单位人才的利用率越高，人才的作用越是得到充分发挥，对组织的发展也就越有利。以 2000 年、2017 年大专及以上受教育程度人口和同期地区生产总值两类数据进行计算，可以大致获得全国及西部各地的人才经济效能情况（见表 9-13）。从表 9-13 可知，陕西的人才经济效能提升最快，从 2000 年的 11.2 万元/人提高到 2017 年的 40.08 万元/人，2017 年的人才经济效能是 2000 年的 3.6 倍，年均增长率达 7.79%，显著高于全国平均水平。西部人才经济效能提升速度较快的地区还有贵州、广西、重庆、宁夏等地，其年均增长率分别为 6.54%、6.19%、5.96% 和 5.89%。

表 9 - 13　　　　　2000—2017 年西部地区人才经济效能发展情况

地区	2000 （万元/人）	2017 （万元/人）	2000—2017 年 年均增长率（%）
全国	20.3	46.18	4.95
四川	19.7	44.25	4.88
云南	22.9	43.40	3.83
贵州	14.7	43.18	6.54
西藏	35.6	51.41	2.19
重庆	18.5	49.48	5.96
陕西	11.2	40.08	7.79
甘肃	14.6	21.95	2.43
青海	16.9	41.14	5.37
新疆	14.4	27.42	3.86
宁夏	13.1	34.64	5.89
内蒙古	15.7	37.35	5.23
广西	19.6	54.40	6.19

统计数据显示（见表 9 - 14），西部地区 2000 年的人才经济效能为 16.9 万元/人，在全国四大区域中处于垫底的位置。2017 年提高到 40.50 万元/人，超过了东北地区，年均增长率为 5.27%。令人欣喜的是，在这 18 年中，西部地区的人才经济效能提升速率快于东部、东北和中部地区。

表 9 - 14　　　　　2000—2017 年全国各地区人才经济效能比较

地区	2000 （万元/人）	2017 （万元/人）	2000—2017 年 年均增长率（%）
全国	20.3	46.18	4.95
东部	27.8	53.85	3.97
东北	17.3	33.87	4.03
中部	19.5	46.07	5.19
西部	16.9	40.50	5.27

人才效能在科技价值方面的体现可以称为人才科技效能，可以用"单位 GDP 专利申请数"这一指标加以反映。单位 GDP 能够在多大程度上创造科学技术，代表着该地区人才科技创新的效率。单位 GDP 专利申请数越高，自然该地

区的人才科技创新力量越强。根据《中国统计年鉴》（2001）和《中国统计年鉴》（2018）的数据，在 2000 年到 2017 年间，西部地区专利申请受理量从 16 381 项增加到 514 622 项，单位 GDP 专利申请数从 2000 年的 1.0 项/亿元增长到 2017 年的 3.05 项/亿元，年均增长率为 6.79％。2017 年的单位 GDP 专利数，西部地区高于东北，但低于东部和中部地区，也低于全国平均水平。从增长速率来看，西部地区高于东北地区、东部地区，但落后于中部地区（见表 9 - 15）。

表 9 - 15 　　　2000—2017 年全国各地区单位 GDP 专利申请数及增长率比较

地区	2000 （项/亿元）	2005 （项/亿元）	2010 （项/亿元）	2017 （项/亿元）	2000—2017 年 年均增长率（％）
全国	1.6	2.1	2.8	4.28	5.95
东部	1.6	2.4	3.4	3.94	5.45
东北	1.3	1.5	2.6	1.87	2.15
中部	0.8	1.0	3.2	6.41	13.03
西部	1.0	1.0	1.4	3.05	6.79

注：单位 GDP 专利申请数＝专利申请数（项）/地区生产总值（亿元）。

从西部地区内部来看（见表 9 - 16），四川、重庆和陕西的单位 GDP 专利申请数一直较高，2017 年均高于西部平均水平。其中，四川 2017 年达 4.53 项/亿元，增长速度为 8.68％，比全国年均增长率（5.95％）高 2.73 个百分点。广西在 2010 年前单位 GDP 专利申请数一直在 1.0 项/亿元以下，但 2017 年提升到了 3.08 项/亿元，超过西部地区的平均水平（3.05 项/亿元），可见其获得了突飞猛进的发展。另外，甘肃省 2017 年单位 GDP 专利申请数（3.28 项/亿元）也超过了西部地区的平均水平，而其余各省份均低于西部平均水平，西藏和内蒙古的单位 GDP 申请数不到 1 项/亿元，与四川、重庆等地的差距较大，另外值得关注的是内蒙古在该时间段内呈现出了负增长的趋势。

表 9 - 16 　　　2000—2017 年西部地区单位 GDP 专利申请数及增长率比较

地区	2000 （项/亿元）	2005 （项/亿元）	2010 （项/亿元）	2017 （项/亿元）	2000—2017 年 年均增长率（％）
全国	1.6	2.1	2.8	4.28	5.95
西部	1.0	1.0	1.4	3.05	6.79
四川	1.1	1.4	2.3	4.53	8.68

续前表

地区	2000 （项/亿元）	2005 （项/亿元）	2010 （项/亿元）	2017 （项/亿元）	2000—2017 年 年均增长率（%）
云南	0.9	0.7	0.8	1.75	4.00
贵州	1.0	1.1	1.0	2.56	5.68
西藏	0.2	0.4	0.3	0.84	8.78
重庆	1.1	2.0	2.9	3.33	6.73
陕西	1.3	1.1	2.3	4.52	7.60
甘肃	0.8	0.9	0.9	3.28	8.65
青海	0.7	0.4	0.4	1.21	3.28
新疆	0.8	0.7	0.7	1.31	2.95
宁夏	1.3	0.9	0.4	2.49	3.90
内蒙古	0.8	0.4	0.2	0.73	−0.56
广西	0.9	0.6	0.5	3.08	7.50

　　总体而言，西部地区大专及以上受教育程度的人才的人均经济效能较低。2017 年，西部地区的人才经济效能提升至 40.50 万元/人，而全国平均水平为 46.18 万元/人，东部地区的人才经济效能已达 53.85 万元/人。与此同时，西部内部人才经济效能又存在巨大的地区差距。2017 年，广西、西藏、重庆的人才经济效能高于全国平均水平，而甘肃、新疆、宁夏、内蒙古等地与其他省份存在较大差距，从而拉低了整个西部地区的发展水平，影响了西部地区人才经济效能的充分发挥。

　　西部地区创新创业人才的科技效能也较低，与全国、东部等地区的差距逐渐拉大。2017 年，西部地区三种专利授权数占全国总量的 14.55%，其中发明专利授权数仅占全国总量的 11.94%，仅为东部地区的 22%。2017 年，西部地区单位 GDP 专利申请数为 3.05 项/亿元，全国平均水平为 4.28 项/亿元，中部地区为 6.41 项/亿元。这说明西部地区的人才利用不够充分，直接影响了地区的科技发明创新能力和专利的申请数量与质量，进而影响了为地区所创造的经济价值。科技创新在西部地区内部也同样存在着明显的差距。在人才科技创新能力方面，四川、陕西、重庆在西部地区一直处于领先地位，与全国的差距不是很大，而西藏、内蒙古、青海、新疆、云南等地的单位 GDP 专利申请数明显低于前三者，与全国平均水平的差距较大。

二、西部地区人才发展战略及其实现路径

人才是激活高质量发展的第一资源，人也是诸多生产要素中最活跃、最具能动性的要素。西部地区各项事业的发展离不开人的发展。面向2035年，西部地区人才发展需要高举中国特色社会主义伟大旗帜，深入学习宣传贯彻习近平新时代中国特色社会主义思想和党的十九大精神、2019年全国两会精神，牢牢把握西部大发展下新动能正在加快孕育、经济结构调整取得显著成效、"一带一路"促进沿边开发开放等重大机遇，紧紧围绕西部地区各省份经济社会发展战略目标，破除体制机制障碍，以鼓励创新、促进创业等工作为突破口，更新人才发展理念，努力营造谋事创业、人尽其才、才尽其用的良好环境，为全面建设小康社会提供坚强的人才保障和智力支持。

面向2035年，西部地区人才发展应以人才数量大幅度增加、地区人才差异进一步缩小、人才结构得到进一步完善、高层次人才青睐"西进""西留"、人才经济与科技效能进一步提升等作为总的战略目标，并对各目标进行细化。各省份应结合自身实际和人才发展基础条件，针对细化目标制定相应的战略规划和指标要求，出台面向2035年的人才发展规划，明确人才战略发展重点，优化人才发展环境，构建多层次人才支撑体系，推进重大人才工程。国家层面应围绕西部地区高质量发展，制定新一轮《关于进一步加强西部地区人才队伍建设的意见》和《西部地区人才开发十年规划》，确定人才发展应该坚持的基本原则，指导各地区加快人才培育进度和并提高人才契合度，推动人才队伍结构和分布趋于合理，健全人才发展的制度支撑与组织保障。

总体而言，本课题团队在对西部若干省份进行调研的基础上，提出如下有助于早日实现西部地区人才发展战略的路径。

（一）提高西部地区工资待遇水平是基础

受地域因素影响，西部省份经济社会发展对人才的吸引力和竞争力不可和东部地区直接相提并论，加之国内高等教育和行业间的竞争加剧，缺乏人才发展软环境的西部地区首先应该从发挥市场配置人才的基础性作用入手，遵循市场经济条件下人才流动规律，建立相应的人才引进机制，提高西部地区人均人力资本投资总量和强度，着力营造以人为本的体制环境，在吸引人才之前先确保能够增强留住紧缺人才的"硬实力"。

西部地区生态屏障功能强，经济发展势头弱，工资待遇水平普遍低于东部沿海地区。调研发现，大量优秀人才从西部流向东南沿海经济发达地区，其关键因素就是待遇问题。人才的流失，对西部地区发展的损害是长期的，甚至某些关键

优秀人才的离开，对高校一个学科的发展或是某个技术问题的突破而言，是不可挽回的损失。缩小东西部地区间工资待遇的差距刻不容缓，尤其要发挥津贴奖金制度方面的灵活性，尽量提高西部地区工资待遇。在排除待遇因素后，西部地区要发挥感情留人、文化留人、生态留人等的作用。

提高西部地区工资待遇水平并不能仅仅瞄准部分高层次人才。目前大多人才政策仅瞄准"千人计划""天赋高端引智计划人才"等特别拔尖人群，并给予5万～200万元的安家补助和200万～500万元的创新创业团队资助，甚至有最高5 000万元的综合资助高额补贴。但更重要的是要可持续地稳固大、中、小人才队伍，提高中小人才队伍的待遇水平，避免大部分人才的待遇水平因少部分高层次人才而"被平均"。

（二）从人力资源到人才红利：进行体制机制改革，出台专门的"人才西部方案"

西部地区目前拥有不少人力资源，但面临的问题是如何将其转化为优质人力资源。西部人才开发方案应不同于其他地区，应结合西部的需求与特点，形成更加高效、不容易流失、与地区需求匹配度较高且能够快速发挥作用的人才队伍。西部地区人才队伍开发方案应该关注人才的基本要求，激发创新意识，以能力和业绩为导向，完善经济利益和社会使命双重激励机制，为人才队伍提供制度保证。调研发现，西部地区人才开发方案不能仅是对东部经验的复制，而是需要基于西部发展实际提出"人才奇招"，实施西部方案。针对调研中各地区反映的人才需求，笔者提出西部人才开发方案至少应包括下列人才工程：

西部地区管理人才创新培训工程。利用现代信息技术开发远程教育培训并覆盖更多群体，加强企业管理人才、政府管理人才、事业单位和社会组织管理人才等多种管理岗位的培训学习，通过若干期项目的实施为地方经济建设提供急需的综合性的、高层次的、专门的管理人才，切实提高管理人员职业素养、工作能力和服务水准，提升组织领导能力、资源整合能力和创新创业能力。

西部地区选调生培训工程。每年对进入西部省份选调生序列的新公务员进行系统培训，除了思想意识和道德方面的教育外，还要强化其在精准扶贫、生态移民等方面的专项工作能力，并进行表达沟通、自我管理、创新意识等方面通用技能的培训。

西部地区村官培训工程。有计划、分批次地组织西部地区尤其是贫困地区村官进行社会使命感和规则红线意识教育，加强扶贫领域的纪律教育，做好基层干部培养，坚决打赢脱贫攻坚战。在工作能力上，要加强农村实用技术和领导能力培训，帮助他们成为农村致富的领头羊。

新旧动能转换人才专项工程。受资源禀赋和产业布局影响，西部地区以原材料、能源等重工业为主，创新资源匮乏，新兴产业体量较小，数据信息、人工智能及先进制造业的优势因缺少人才等原因而处于起步阶段，发展缓慢。目前，在国家支持下，西部地区针对新旧动能转换已在产业转移、税收、土地、物流等方面出台了相关政策，但在培育挖掘有利于新旧动能转换和传统产业转型升级的人才方面还没有专门的应对方案。因此，要因地制宜，对清洁能源、文化旅游、通道物流、循环农业、军民融合、创意经济、智能经济、数字经济等领域的潜在领军人才进行专门培养。

东部城市对口支持西部地区人才培养工程。开展人才对接姊妹城市工程，组织北京、上海、广州、深圳、杭州、苏州、天津、青岛等城市与西部县区进行结对：一是大规模组织西部地区各类人才前往东部学习先进经验，促进不同领域的工作者结对，帮助西部地区培养培训特色优势产业、战略性新兴产业和基本公共服务领域的各类人才和业务骨干；二是通过派遣科技特派员、高校教师挂职干部、优秀研究生实习生等渠道持续支持西部地区发展。

弱势发展地区（集中连片困难地区、边远贫困地区、民族边境地区等）人才托底工程。加强贫困群众职业技能训练，大力实施技能扶贫工程，建议通过大众媒体宣传与引导转变弱势群体的观念，鼓励其参与各级各类就业创业培训，如外出就业培训、岗位技能提升、农产品加工或中小企业创办等。贫困地区政府部门应提高服务下沉深度、拓宽广度，比如送培到村，多渠道开发就业岗位，促进贫困劳动力进入技能型人才系列，并完善乡村创业政策。此外，要关注弱势发展地区的人才工作，鼓励大专院校、科研院所为贫困地区培养人才，鼓励高校毕业生到边远地区就业创业，优先向贫困村配备一定数量的大学生村官，建立大学生村官轮转流通机制；对贫困地区、弱势群体集中地区在单位招工、职务晋升等方面给予适当倾斜，引导各类人才扎根贫困地区，努力造就一支适应贫困地区社会发展需求的基层专业技术人才队伍，在乡村振兴的政策红利下建功立业。

新时代西部"淘金"创业工程。留学生回国潮已经到来，鼓励归国人员投身西部创新创业，将先进技术进行成果转化。西部地区应出奇招，吸引归国人员投入西部建设，尤其是在东部经验基础上，克服由于宏观营商环境不优、创业初期项目定位难融资难、创业中期技术转化难、人才断层和创业理念"水土不服"等障碍。

（三）从引入导向到培养导向：紧扣供给侧改革培养本土创新创业人才

西部地区难以和东部地区比拼吸引人才的政策优势，如果陷入"人才引进—人才流失—人才再引进"的循环中，那么将不仅意味着需要付出吸引人才的大量资本，而且意味着对自身人才培养能力的否定。要改变过去一味靠引入的路径依赖，高强度地培养本土创新创业人才应该成为西部地区人才发展的一大战略，要逐步提升人才自主培养能力，完善人才培养开发的政策机制，实现自主培养人才总量的稳步增长与素质的大幅度提高。完善本土人才培养与开发机制，需要研究制定创新型企业家、创新型科技人才、高技能人才、农村实用人才等的培养计划和实施办法，推进地区文化名家、优秀青年马克思主义者等培养工程，完善专业技术人员参加区域和国际交流管理的办法。培养本土人才，必须与高等教育机构建立密切联系，研究推进普通本科高校向应用型高等学校转变的具体方案，建立体现创新创业导向的人才培养机制，完善产学研用为一体的协同育人模式，在部分高校推行学术导师和行业导师的"双导师制"，研究制定促进校企合作办学的有关规章制度与激励措施。在 2019 年高职扩招 100 万人，我国高等教育迈入普及化阶段的契机下，要研究如何推进培养高质量职业技能人才。

完善离岗创业支持政策并扩大政策覆盖面，培养学术创业者。面对知识经济浪潮的来临，学术创业日益成为高校积极应对外部氛围变化、实现科技成果转移和自身机构发展的有效路径，不少大学正潜移默化地向创业型大学转变。目前不少西部院校已经出台了有利于大学教师离岗创新创业、推动科研技术转化落地的政策。但调研发现，受诸多因素限制，真正申请和利用该政策的教师所占比例并不高，该政策并没能发挥真正促进大学教师创新创业的激励作用。调研发现，部分离岗创业政策制定不科学，方案规划不严谨，调研论证也不够充分，在政策执行上不到位的现象明显，政策执行手段简单，未能考虑科学研究工作的特殊性，对离岗创业人员的管理存在明显的环节缺漏，需要建立单位、企业、个人三方评价和协议制度，针对事业单位人才流失和管理成本的增加，国家和地方应适当给予税收政策上的倾斜，制定相应的补偿机制。对于离岗创业人员服务方面，政府应大力培育创新主体，积极推进创新创业体系建设，提供有针对性的金融服务等；健全事业单位离岗创业人员创新创业风险分担机制，形成鼓励创新、宽容失败的社会氛围，着力构建推动经济发展的新型创新体系，不断增强创新支撑能力①。

深化西部地区创新创业教育改革，培养高水平创新人才和关键性创业人才。创新创业是国家大计，是全球社会面临未来世界经济结构的大调整、大变革所开出的"一剂药方"。从某种意义上说，经济社会结构大调整的结局取决于其社会成员的整体创业素质。谁拥有更多的高素质创业人力资源，谁就将占据创业时代的主动权。因此，推进创业教育，培养创业人才成为西部高质量发展的必然诉求。"把创新创业教育贯穿于人才培养全过程"这一全新理念与政策诉求要深刻融入西部地区人才培养实践中。创新人才培养机制，意味着高校需要探索多

---

①　郭丹凤. 高校专业技术人员创新创业的问题及对策［J］. 人才资源开发，2018（8）：36-37.

种形式的创新创业教育试验，探索多样化的校际、校企、市校与国际合作育人机制；搭建完善的课程体系，需要高校构建"通识课程—嵌入课程—专业课程"三层课程体系，在建设校本优质课程的同时推出高质量的线上课程，包括慕课、视频公开课等在线开放课程模块，建立学分认定制度，联合多方力量编写实用性与科学性兼具的创新创业系列教材；改革教学方法，重在纳入注重培养学生批判性精神、创造性思维的讨论式、启发式、体验式教学方式，注重学生的机会识别意识与问题解决能力培养，同时也应改变过去"重知识，轻实践"的考核方式。不过，也不能忽视发展的客观规律，在物质环境、制度环境、心理环境和社会环境等方面，西部高校创新创业教育的环境支撑与东部存在着一定的区域差距①。

（四）从人力西进到智力西进：发挥"身东'济'西"的特殊机制优势

短期内，西部地区人才发展的状态仍然受到限制，大规模人力资源放弃东部优渥条件而进入西部地区的可能性较小。柔性的智力引进是目前较为可行且有一定经验积累的做法，如采用柔性挂职、科技咨询、定期服务、技术开发等方式。目前，西部各县市需统筹考虑，综合布局，探索人才"身东'济'西"的制度设计和实施规范。在这里，"智"更多的是指无形的智力资源，如依赖劳动者客体存在的管理经验、自然科学知识和创新能力等。东部长期拥有大量的无形智力资源。智力西进，在短期内能够弥补在"真金白银"的人才竞争下人力难以西进的缺憾。长期稳定实施"扶智"战略，将东部的"智力"与西部的需求相结合，也能够解决目前很多柔性挂职人才"挂完职就离开"等问题的困扰，促进效益长效化，最终目的是增强西部地区智力资源的自生能力。

（五）以"破五唯"为契机推进人才评价机制改革

2018年9月10日，习近平总书记在全国教育大会上提出"要深化教育体制改革，健全立德树人落实机制，扭转不科学的教育评价导向，坚决克服唯分数、唯升学、唯文凭、唯论文、唯帽子的顽瘴痼疾，从根本上解决教育评价指挥棒问题"。"五唯"问题是教育和人才评价中的一种现象，要破除这种现象，就要从教育评价的维度分析其存在的根源并通过政策及时进行扭转。"破五唯"并不意味着今后的人才评价可以完全抛弃分数、文凭、论文和帽子等标准，其问题是出在了"唯"的导向机制上。

人才评价能够发挥指挥棒的作用。西部地区人才评价机制的改革有助于激发人才队伍活力，形成公正合理、竞争择优、人人努力的健康发展格局。西部地区应该在全国"破五唯"的契机下，深化人才评价制度改革，完善人才评价标准和

---

① 余小茅. 西部高校创新创业教育的环境建设 [J]. 教育研究，2018，39（5）：72-75.

方式，推进重点领域人才评价改革，如对科技人才、教育人才、哲学社会科学和艺术人才、医疗卫生人才、国有企业经营管理人才、农村实用人才等的评价需要分类建立导向鲜明、合理可行、各有侧重的体系。

为了更加有效地甄别人才，鼓励优秀人才"冒出来"，完善人才评价制度尤其必要。基础研究人才以同行评价为主，强调其成果的原创性、科学价值和社会影响等，克服过于繁重的考核，鼓励潜心和长期积累；应用研究和计划开发人才应该突出市场机制，增加专利发明和成果转化方面的权重，尤其是创办企业方面的能力应纳入评价指标，并适当削减论文在其中的限制作用。哲学社会科学人才应注重同行评价和社会影响，注重学术影响力，而非简单地依赖 SSCI 论文数量，应将调查报告、智库成果等影响改革实践的标志性成果作为职称晋升条件，积极探索并建立与教师实践影响有关的评价制度。

西部地区尤其要注重向青年人才倾斜、向艰苦边远地区和基层一线人才倾斜、向产业企业界人才倾斜、向有关重大发展战略的高层次人才倾斜的特殊评价通道。如对青年优秀人才，可以适当放宽年龄和资历限制，注重真才实学、潜力突出、堪当重任等条件。

（六）继续加强对西部高校的支持，促进东西部高校全方位对口支援

切实扩大高等院校在人才服务方面的权力和便利。全面落实扩大公开招聘自主权，畅通人才流动渠道，创新编制管理方式，如对关键急需人才岗位申请使用人才专项事业编制，不受原有编制计划限制。对高校而言，十分重要的是扩大职称评审自主权，科学合理地下放职称评审限制，重视科研人员在岗或者离岗状态下的创新创业业绩，对部分特殊领域不再设置外语和计算机应用能力等条件。深入推进实施人才服务"最多跑一次"，优化公共服务体系，政府相关部门主动融入高校服务办事机构，设立办事大厅并探索建立专业化、国际化、一体化的人才服务机构。人才公共服务体系包括人才住房租房、医疗待遇、外籍人才停留居留手续、技能培训、信息通畅、文化氛围等多个方面。不少城市在这方面的经验可供其他城市借鉴，如成都设立了"蓉漂人才日"，举办"蓉漂"高峰荟活动，在重大社会场合、重要时段和重要位置宣传"蓉漂"人才，在公交、地铁等贴近日常生活的场合进行"蓉漂"宣介，开展"感知成都行"等活动让潜在的青年人才感受天府文化、体验创新创业活动；此外，成都在创新创业政策扶持、落户落籍政策、医疗保障和子女教育等方面出台了系列优惠措施，甚至对高层次人才提供"一带一"服务，做到了"用心留人"。

长期以来，在教育部的积极推动下，在西部地区政府和教育行政部门的精心组织下，在支援高校和受援高校的共同努力下，对口支援西部高校工作在推进高等教育协调发展、提升西部地区高校办学质量、为西部地区培养人才等方面取得了显著成效①。西部地区高校自身也获得了较为明显的发展，"中西部高校综合实力提升工程"入选高校协作联盟的成立也代表着部分优秀高校开始启动西部抱团式发展。《中西部高等教育振兴计划（2012—2020 年）》针对中西部高校办学能力与规模不相适应、高水平大学欠缺的问题指出，一定程度上的制度倾斜有助于完善国家优质资源的布局，补齐高等教育短板。进入新时代，教育部应审时度势，总结过去近二十年的中西部对口支援经验和教训，出台新的"对口支援2.0"计划，推动实质对口，继续促进西部高校在师资力量、人才培养质量、科研水平、社会服务上取得长足进步。

参考文献

［1］ J. R. 科斯，等. 财产权利与制度变迁［M］. 上海：上海三联书店，上海人民出版社，1994：375－377.

［2］ Northam R M. Urban Geography. New York：J. Wiley Sons，1975：65－67.

［3］ 曹刚. "精准扶贫"背景下西部民族地区乡村物流发展探究［J］. 贵州民族研究，2018，39（9）：32－36.

［4］ 钞小静，薛志欣，李俏. 新时代西部地区经济发展评价及高质量发展的路径［M］//岳利萍，等. 西部蓝皮书：中国西部经济发展报告. 北京：社科文献出版社，2018.

［5］ 程令国，张晔，刘志彪. 农地确权促进了中国土地流转吗［J］. 管理世界，2016（1）.

［6］ 丛焕宇. 发展乡村旅游要打好特色牌［N］. 辽宁日报，2018-12-19（10）.

［7］ 冯晓丽，韩艳慧. 乡村振兴战略背景下华池县乡村旅游发展探析［J］. 现代乡村科技，2018（12）：95－96.

［8］ 高兆明. 政治正义：中国问题意识［M］. 北京：人民出版社，2014：237－238.

［9］ 耿美荣. 西部欠发达地区农村金融生态问题及优化对策研究［J］. 兰州交通大学学报，2018，37（5）：113－116，122.

［10］ 广西平南县：做强特色产业助力乡村振兴［J］. 世界热带农业信息，2018（8）：59－60.

---

① 高亢. 高等学校对口支援互动双赢机制研究［D］. 石河子：石河子大学，2013.

[11] 国家发改委. 西部地区重点生态区综合治理规划纲要（2012—2020年）[R]. 2013.

[12] 国务院. 关于进一步完善退耕还林政策措施的若干意见 [R]. 2002.

[13] 国务院办公厅. 关于健全生态保护补偿机制的意见 [R]. 2016.

[14] 国务院办公厅. 关于进一步推进排污权有偿使用和交易试点工作的指导意见 [R]. 2016.

[15] 韩家彬，张书凤，刘淑云，等. 土地确权、土地投资与农户土地规模经营：基于不完全契约视角的研究 [J]. 资源科学，2018，40（10）：2015-2028.

[16] 环境保护部. 关于加快推进生活方式绿色化的实施意见 [R]. 2015.

[17] 环境保护部，国家发改委，财政部. 关于加强国家重点生态功能区环境保护和管理的意见 [R]. 2013.

[18] 环境保护部，国家发改委，科技部等. 关于推进大气污染联防联控工作改善区域空气质量指导意见 [R]. 2010.

[19] 黄旻歆. 西部地区乡村土地流转问题探究 [J]. 山西农经，2018（18）：29-30.

[20] 景乃权，程晓玲. 中国艺术市场与艺术荣誉制度 [M]. 北京：中国金融出版社，2018.

[21] 黎俊亨. 乡村振兴战略之农业产业差异化发展路径 [J]. 现代园艺，2018（16）：42.

[22] 李栓民. 西部新农村文化建设的现状与对策研究 [J]. 农业网络信息，2016（1）：35-37.

[23] 李硕. 西部民族地区乡村振兴的困境、原因及对策 [J]. 区域金融研究，2018（8）：85-91.

[24] 李甜. 全产业链模式推动乡村全域旅游发展路径 [J]. 农业经济，2018（12）：49-50.

[25] 林毅夫. 新结构经济学：重构发展经济学的框架 [J]. 经济学（季刊），2011，10（1）.

[26] 刘远风，伍飘宇. 三权分置下"确权悖论"的制度破解 [J]. 经济学家，2018（5）：89-97.

[27] 刘志彪. 新常态下我国经济运行的三个特点和规律 [J]. 江海学刊，2017（1）.

[28] 鲁洁，王斌. 人才引进过程中知识产权管理工作研究 [J]. 卷宗，2017（26）.

[29] 梅多斯，等. 增长的极限 [M]. 北京：商务印书馆，1984.

［30］国务院发展研究中心创新发展研究部. 面向未来的创新型人才发展制度与政策［M］. 北京：中国发展出版社，2018.

［31］聂平香，崔艳新，王拓. "一带一路"倡议下对我国中西部利用外资的思考［J］. 国际贸易，2017（10）：48-55.

［32］诺斯访谈：诺斯的"制度富国论"［N］. 21世纪经济报道，2002-04-08.

［33］齐晶晶，阎维洁. 制度创新与经济发展：新视角、新观点的分析［J］. 经济体制改革，2009（4）：31-35.

［34］钱纳里，塞尔昆. 发展的格局［M］. 北京：中国财政经济出版社，1989.

［35］秦浩，丁利. 国外鼓励高校毕业生到基层工作的政策支持体系及其启示［J］. 现代教育管理，2016（11）：58-62.

［36］任保平，魏婕，王竹君，等. 新时代西部地区高质量发展的态势与成就［M］. 岳利萍，等. 西部蓝皮书：中国西部经济发展报告. 北京：社科文献出版社，2018.

［37］任保平，张倩. 西部大开发20年西部地区经济发展的成就、经验与转型［J］. 陕西师范大学学报（哲学社会科学版），2019（4）.

［38］生态环境部. 关于进一步强化生态环境保护监管执法的意见［R］，2018.

［39］孙雯. 我国高端专业人才个人所得税政策探索［D］. 上海：复旦大学，2013.

［40］万原青. 西部边疆民族地区农村金融精准扶贫效率实证研究［D］. 昆明：云南财经大学，2017.

［41］汪怿. 我国探索技术移民制度的若干思考［J］. 第一资源，2012（2）：68-77.

［42］汪增洋，张士杰. 中国城市群建设与区域协调发展："中国城市群发展高端论坛（第2期）"综述［J］. 重庆大学学报（社会科学版），2018，24（5）：29-33.

［43］王传胜，孙贵艳，朱珊珊. 西部山区乡村聚落空间演进研究的主要进展［J］. 人文地理，2011，26（5）：9-14.

［44］王弘，靳慧祎，贺立龙. 新时期少数民族地区旅游扶贫［J］. 贵州民族研究，2013，34（3）：86-89.

［45］王辉耀. 国家引进人才五大改进重点［J］. 瞭望周刊，2013（7）.

［46］王金根. 论"越是欠发达地区越需创新驱动发展"［J］. 中国农村科

技，2017（4）.

[47] 王旎. 大力发展乡村振兴战略，破解西部落后偏远山区土地流转困境 [J]. 时代金融，2018（30）：51.

[48] 国务院发展研究中心公共管理与人力资源研究所"我国社会治理创新发展研究"课题组. 我国社会治理的制度与实践创新 [M]. 北京：中国发展出版社，2018.

[49] 吴必虎，伍佳. 中国乡村旅游发展产业升级问题 [J]. 旅游科学，2007（3）：11-13.

[50] 吴永华. 以科学规划引领乡村振兴 [J]. 浙江经济，2018（17）：35-37.

[51] 武臻. 西部地区农村金融市场配置效率研究 [D]. 咸阳：西北农林科技大学，2015.

[52] 肖建国. 民事诉讼程序价值论 [M]. 北京：中国人民大学出版社，2000：5-6.

[53] 熊缨. 国际技术移民制度比较及其对我国的启示 [J]. 中国人力资源开发，2015（13）：64-70.

[54] 徐佳璟. 西部地区农村金融内生型发展模式研究 [D]. 咸阳：西北农林科技大学，2015.

[55] 徐健. 西部少数民族地区乡村治理问题研究 [J]. 贵州民族研究，2015，36（3）：45-48.

[56] 杨光斌. 制度范式：一种研究中国政治变迁的途径 [J]. 中国人民大学学报，2003（3）：117-123.

[57] 叶兴庆，张云华，等. 农业农村改革若干重大问题研究 [M]. 北京：中国发展出版社，2018.

[58] 于天. 乡村土地资源与乡村旅游联动发展探究 [J]. 农业经济，2018（12）：96-98.

[59] 余澳. 农村土地承包经营权有偿退出机制的建构 [J]. 农村经济，2018（9）：43-48.

[60] 张昊，高康. 中国西部地区物流效率时空分布及影响因素研究：基于超效率 DEA 与 Tobit 回归 [J]. 新疆农垦经济，2018（9）：57-64.

[61] 张劲松. 乡愁生根：发展不平衡不充分背景下中西部乡村振兴的实现 [J]. 江苏社会科学，2018（2）：6-16.

[62] 张克俊，李明星. 关于农民土地承包经营权退出的再分析与政策建议 [J]. 农村经济，2018（10）：9-15.

[63] 张学浪. 城镇化与农村土地流转的互动关系：挑战与出路 [J]. 经济

体制改革，2018（4）：90-95.

[64] 赵丽. 美国科技人才流动的特点及其政策机制 [J]. 中国高等教育，2014（18）：60-63.

[65] 赵微. 社会稳定和长治久安视角下新疆基层文化建设研究 [D]. 乌鲁木齐：新疆大学，2018.

[66] 赵微薇. 西部地区乡村金融发展与城乡收入差距关系研究 [D]. 南宁：广西大学，2015.

[67] 中共中央，国务院. 关于全面加强生态环境保护，坚决打好污染防治攻坚战的意见 [R]. 2018.

[68] 中共中央，国务院. 生态文明体制改革总体方案 [R]，2015.

[69] 中共中央，国务院. 关于新时代推进西部大开发形成新格局的指导意见 [R]. 2019.

[70] 中共中央办公厅，国务院办公厅. 关于划定并严守生态保护红线的若干意见 [R]. 2017.

[71] 中共中央办公厅，国务院办公厅. 建立国家公园体制总体方案 [R]. 2017.

[72] 钟茂初. 经济增长：环境规制从"权衡"转向"制衡"的制度机理 [J]. 中国地质大学学报（社会科学版），2017，17（3）：64-73.

[73] 朱启臻. 产业兴旺的多样性特点 [J]. 农村经营管理，2018（9）：20.

——执笔人：倪好、周丽萍，浙江大学中国西部发展研究院；

徐冰娜，浙江大学教育学院

后　记

　　《中国西部大开发发展报告》是 2011 年教育部资助的 11 个哲学社会科学发展报告直接建设项目之一。该项目旨在鼓励高等学校组建人文社科研究团队，围绕国民经济社会发展重点领域或重大问题开展对策性、前瞻性研究，充分发挥高校哲学社会科学的智囊团、思想库作用。

　　《中国西部大开发发展报告（2019）》以董雪兵、周谷平为项目总负责人，由浙江大学中国西部发展研究院、经济学院、公管学院、电气工程学院以及浙江工业大学、浙江科技学院等相关教师组成了跨学科研究团队。本发展报告的基本构思、章节架构由董雪兵、周谷平提出，课题组讨论后分头写作。各章负责人如下，总论：董雪兵、杜立民、钱滔、周伟、朱西湖、张旭亮、徐曦磊；第一章：周伟；第二章：陈志新；第三章：赖普清；第四章：汪建坤、张春媛、熊予意、姚益清、朱孔宇、汪鲁越、叶青霞、曹卫星；第五章：马吉恩、邹大挺；第六章：孟东军、武福兰、敖晶、叶晗；第七章：陈健、景乃权、陈华、王懿、赵孟孟、刘超、吕佳钰、周梦薇；第八章：姚引妹、李芬；第九章：倪好、周丽萍、徐冰娜。各章完成初稿后，董雪兵、周谷平负责全书的审阅校对，提出详细的修改意见，会同各章作者共同讨论进行修改完善，并终校定稿。

　　在本书即将付梓之际，我们要特别感谢本书的各位学术指导专家，他们对本报告提出了诸多宝贵意见，很大程度上提升了该报告的质量。我们每年能够将西部地区研究的最新成果展现给各位读者，离不开教育部社科司的长期支持。长期以来，国家发改委地区经济司和区域开放司对我们从事西部开发研究给予了很大支持，在此表示特别的感谢。也要感谢秦玉才先生，他热情洋溢的序言为本报告增色不少！撰写过程中，我们组织研究人员深入甘肃、四川等地实地调研、考察，掌握了大量第一手资料，在此基础上，编写团队参阅了大量的文献，几易其稿，完成编撰。最后，感谢各章作者，以及中国人民大学出版社的编辑，谢谢各位的辛勤付出。

实现西部地区高质量发展必须从西部地区的实际出发，深入探究西部地区发展的经济规律与自然规律。研究西部地区高质量发展是一个不断探索实践的过程，在此，我们抛砖引玉，真诚地希望并欢迎读者及学界同仁不吝赐教！

浙江大学中国西部发展研究院

2020 年 3 月 20 日

图书在版编目（CIP）数据

中国西部大开发发展报告 .2019：新时代促进西部地区高质量发展思路研究/董雪兵，周谷平主编. --北京：中国人民大学出版社，2020.12

ISBN 978-7-300-28954-0

Ⅰ.①中… Ⅱ.①董…②周… Ⅲ.①西部经济-区域开发-研究报告-中国-2019 Ⅳ.①F127

中国版本图书馆 CIP 数据核字（2021）第 020763 号

中国西部大开发发展报告（2019）

——新时代促进西部地区高质量发展思路研究

董雪兵　周谷平　主编

Zhongguo Xibu Dakaifa Fazhan Baogao（2019）

出版发行	中国人民大学出版社	
社　　址	北京中关村大街 31 号	**邮政编码**　100080
电　　话	010-62511242（总编室）	010-62511770（质管部）
	010-82501766（邮购部）	010-62514148（门市部）
	010-62515195（发行公司）	010-62515275（盗版举报）
网　　址	http://www.crup.com.cn	
经　　销	新华书店	
印　　刷	北京玺诚印务有限公司	
规　　格	170 mm×228 mm　16 开本	**版　　次**　2020 年 12 月第 1 版
印　　张	19.5 插页 1	**印　　次**　2020 年 12 月第 1 次印刷
字　　数	366 000	**定　　价**　78.00 元